2019

Tax Preparation Course

Bilingual Edition

Volume 2

Quick Start Guide

WELCOME to the most advanced tax learning system in the United States: Prendo365 powered by Latino Tax Professionals Association! Our tax education is a powerful user-friendly E-learning system. An optional textbook is available. The following instructions will provide the steps to create and/or login to your Prendo365 account.

First Time User

Step 1: Enter prendo365.com into your preferred browser then hit enter.

Step 2: Click on the "Register" button.

Step 3: Follow the instructions to set up your profile. Be sure to use your favorite email address for your username.

Step 4: Enter your PTIN and State information for Continuing Education Credits, if applicable. If you do not have a PTIN, type "N/A".

Step 5: If you have an instructor, click on the drop-down menu and select your instructor. Otherwise, click on the "I Accept the terms of the privacy policy" and click "Next."

Step 6: Open the email you used to register and find the email from edsupport@latinotaxpro.org. Click the link to confirm your registration and use the temporary password provided to sign in.

Step 7: Enter your temporary password and then create a new password that you will remember. Click "Save Changes."

Step 8: Scroll down to "Start your course," click on your course icon, and start the fun!

Returning User

Step 1: Enter Prendo365.com on your preferred browser. Hit enter.

Step 2: Click the "Sign In" button.

Step 3: Enter your Username and Password. Forgot your Password? Click "Forgot your password?"

Step 4: Click "Sign In."

Step 5: Haven't started your course yet? It will be found in the "Start your course" section on your Home page – right where you're at. Click on "Start Learning Now."

Step 6: Started your course already? It will be found in the "Courses in Progress" on your Home page. Choose "Resume Where You Left Off."

Still have questions? Please call support at 866.936.2587 ext. 8428 or email your questions to edsupport@latinotaxpro.org.

Guía de inicio rápido

BIENVENIDO al sistema de aprendizaje de impuestos más avanzado de los Estados Unidos: ¡Prendo365, impulsado por Latino Tax Professionals! Nuestra educación fiscal es un sistema de aprendizaje electrónico poderoso fácil de usar con libros de texto opcionales. Siga los pasos a continuación para crear o iniciar sesión en su cuenta de Prendo365.

Usuario principiante

Paso 1: Ingrese a Prendo365.com en un navegador. Presione entrar. Aunque puede usar su navegador preferido, el sistema funciona mejor con Firefox o Google.

Paso 2: Haga clic en el botón "Registrar".

Paso 3: Siga las instrucciones para configurar su perfil. Asegúrese de usar su dirección de correo electrónico preferida para su nombre de usuario.

Paso 4: Ingrese su PTIN e información estatal para los Créditos de Educación Continua, si corresponde. Si no tiene un PTIN, escriba "N/A".

Paso 5: Si tiene un instructor, haga clic en el menú desplegable y seleccione su instructor; de lo contrario, haga clic en "Acepto los términos de la política de privacidad" y haga clic en "Siguiente".

Paso 6: Abra el correo electrónico con el que se registró y busque el correo electrónico de edsupport@latinotaxpro.org. Haga clic en el enlace para confirmar su registro y use la contraseña temporal suministrada para iniciar sesión. El correo electrónico puede tardar hasta 10 minutos en llegar a su bandeja de entrada dependiendo de su velocidad de Internet. Si no recibe la contraseña temporal incluso después de 10 minutos, revise su casilla de correo no deseado para ver si está allí.

Paso 7: Ingrese su contraseña temporal y luego cree una nueva contraseña que usted debe recordar. Haga clic en "Guardar cambios".

Paso 8: Desplácese hacia abajo hasta "Inicie su curso", haga clic en el ícono de su curso y ¡que comience la diversión!

Usuario recurrente

Paso 1: Ingrese a Prendo365.com en un navegador. Presione entrar. Aunque puede usar su navegador preferido, el sistema funciona mejor con Firefox o Google.

Paso 2: Haga clic en el botón "Iniciar sesión".

Paso 3: Ingrese su nombre de usuario y contraseña. ¿Olvidó su contraseña? Haga clic en "¿Olvidó su contraseña?"

Paso 4: Haga clic en "Iniciar sesión".

Paso 5: ¿No ha iniciado su curso todavía? Se encontrará en la sección "Comience su curso" en su página de inicio, justo donde está. Haga clic en "Comience a aprender ahora".

Paso 6: ¿Ya inició su curso? Se encontrará en los "Cursos en progreso" en su página de inicio. Elija "Reanude desde donde lo dejó".

¿Aún tiene preguntas? Por favor, llame a atención al cliente al 866.936.2587 ext. 8428 o envíe sus preguntas por correo electrónico a edsupport@latinotaxpro.org.

Table of Contents

Upcoming Events

Regional Seminars

The Tax Cuts and Jobs Act (TCJA) is the biggest tax overhaul in 30 years. Parts of the new law will impact individual and business clients. This seminar will provide an overview summary of the new law.

Tax professionals will:

- Recognize which adjustments to income are suspended.
- Know the standard deduction and personal exemption changes.
- Identify the Schedule A changes.
- Realize the child tax credit changes.
- Understand the 20% qualified business deductions (QBI).
- Classify individuals who qualify for the Other Dependents Credit.
- And much more!

Oct 19, 2019	Anaheim, CA
Oct 26, 2019	New Jersey
Nov 9, 2019	Houston, TX
Nov 16, 2019	Miami, FL
Dec 7, 2019	San Antonio, TX

Locations subject to change. Call for details.

Visit LatinoTaxPro.com to register

Join Us for Our National Convention

The only tax convention with classes in English AND Español.

Featuring IRS speakers and other leaders in the industry.

Complete all your CTEC CE and AFSP* in person.

Mariachi concert and Pool Party with live music.

MGM Grand Hotel & Casino Las Vegas, NV
July 14 - 16, 2020

LatinoTaxFest.com | (866) 936-2587

Textbook Updates

The digital version of the textbook accessible in the learning path will be updated frequently throughout the year to make sure it always contains the most recent information. The physical copy of the book will also be updated periodically, but it will not be updated as frequently, as consistently, or as quickly as the online version, so be sure to pay attention to the course notifications on Prendo365.com to make sure you never miss an update.

Mission Statement

This course is designed to give you the knowledge needed to fulfill the IRS requirements and give you a basic understanding of tax law and practice to ensure you serve your clients with the highest quality. Our courses are convenient, easy-to-use, affordable, and bilingual. Increasing your knowledge of tax law and practice will help you grow your business and increase profits!

This course has been approved by the California Tax Education Council (2080-QE-001), which fulfills the 60-hour qualifying education requirement imposed by the state of California to become a tax preparer. A listing of additional requirements to register as a tax preparer may be obtained by contacting CTEC at P.O. Box 2890, Sacramento, CA, 95812-2890 or 1-877-850-2832 or www.CTEC.org. This course qualifies for 15 Hours of IRS continuing education.

Our proprietary Professional Training System combines traditional book courses with online interactive questions and practice tax returns. Each chapter is the foundation for the next chapter. After each chapter, the student will complete online review questions and Practice Tax Returns (PTR). The PTR is in PDF format and includes a link to the necessary forms to complete a tax return by hand prior to answering questions. Returns containing Schedule A are prepared with state income tax withholding on line 5 and the additional state specific taxes such as CASDI. PTRs are based on covered material.

All review questions and practice tax returns (PTR) must be passed with a score of 70% or better. Review questions and PTRs may be taken as many times as necessary to achieve the required score.

Our Commitment

This publication is designed to provide accurate and authoritative information on the matter covered. It is presented with the understanding that Latino Tax Professionals Association® is not engaged in rendering legal or accounting services or other professional advice and assumes no liability in connection with its use. Pursuant to Circular 230, this text has been prepared with due diligence; however, the possibility of mechanical or human error does exist. The text is not intended to address every situation that may arise. Consult additional sources of information, as needed, to determine the solution of tax questions.

Tax laws are constantly changing and are subject to differing interpretation. In addition, the facts and circumstances of your particular situation may not be the same as those presented here. Therefore, we urge you to do additional research to help ensure that you are fully informed before using the information contained in this publication.

Actualizaciones de libros de texto

La versión digital del libro de texto disponible en el curso digital se actualizará con frecuencia durante todo el año para asegurarse de que siempre contiene la información más reciente. La copia física del libro también se actualizará periódicamente, pero no se actualizará con la misma frecuencia, tan consistentemente o tan rápidamente como la versión en línea, así que asegúrese de prestar atención a las notificaciones del curso en Prendo365.com para asegurarse de que nunca se pierda una actualización.

Misión

Este curso está diseñado para brindarle el conocimiento que necesita a fin de cumplir con todos los requisitos del IRS y CTEC y le brinda una amplia comprensión de la legislación fiscal y su práctica para garantizar que proporcione a sus clientes la mejor calidad de servicio. Nuestros cursos son convenientes, fáciles de usar, asequibles y bilingües. ¡Al aumentar su conocimiento de la legislación fiscal y su práctica, podrá hacer crecer su negocio y aumentar sus ganancias!

Este curso ha sido aprobado por el Consejo de Educación Tributaria de California (CTEC) (2080-QE-001), el cual cumple con el requisito de 60 horas de educación calificada que impone el estado de California para convertirse en un preparador de impuestos. Existe una lista de requisitos adicionales para registrarse como un preparador de impuestos que puede obtener si se pone en contacto con el CTEC a P.O. Box 2890, Sacramento, CA 95812-2890 o al 1-877-850-2832 o en el sitio web www.CTEC.org. Este curso califica para las 15 horas de educación continua del IRS.

Nuestro Sistema de Capacitación Profesional combina los cursos con libros de texto, preguntas interactivas en línea y declaraciones de impuestos de práctica. Cada capítulo es la fundación para el siguiente capítulo. Después de cada capítulo, el/la estudiante podrá responder las preguntas de repaso y las declaraciones de impuestos de práctica (PTR). Las PTR están en formato de PDF e incluyen un enlace para los formularios que necesita para completar las declaraciones a mano antes de responder a las preguntas. Las declaraciones que contienen un Anexo A están preparadas con retenciones estatales de impuestos sobre ingreso en la línea 15 e impuestos estatales adicionales específicos tales como CASDI. Las PTR estas basadas en el material que hemos cubierto.

Tiene que aprobar todas las preguntas de repaso y las declaraciones de impuestos de práctica (PTR) con una calificación de 79% o mejor. Las preguntas de repaso y la (PTR) se pueden tomar tasta veces como le sea posibles para lograr la calificación que necesita

Nuestro compromiso

Esta publicación está diseñada para proporcionar información precisa y fidedigna sobre el tema tratado. Se presenta con el entendimiento de que Latino Tax Professionals Association® no se dedica a prestar servicios legales o contables ni ninguna otra asesoría profesional y no asume ninguna responsabilidad en relación con su uso. De conformidad con la Circular 230, este texto ha sido preparado con la debida diligencia; sin embargo, existe la posibilidad de error mecánico o humano. El texto tampoco está destinado a abordar todas las situaciones que puedan surgir. Consulte fuentes de información adicionales según sea necesario para determinar las soluciones para las preguntas sobre impuestos.

Las leyes fiscales cambian constantemente y, a menudo, están sujetas a diferentes interpretaciones. Además, los hechos y circunstancias de su situación particular pueden no ser los mismos que se presentan aquí. Por lo tanto, le instamos a que realice una investigación adicional y se asegure de que esté completamente informado antes de utilizar la información contenida en esta publicación.

Who We Are

We seek to promote entrepreneurship, education, diversity, and knowledge among tax preparation businesses across the nation — a number that is growing every year. As well as providing education, we provide support for tax professionals who seek to open their own tax preparation businesses or for current business owners who seek to expand their businesses.

➢ Our **GOAL** is to help you grow your practice and increase your profits.
➢ Our **VISION** is to give you the best education, leadership, and business-skill training available.
➢ Our **MISSION** is to give tax professionals a unified, powerful voice on a national level.

Authors: Kristeena S. Lopez, MA Ed, EA
Carlos C. Lopez, MDE, EA

Editor: Aaron Young, BA

Contributing Staff: Antoni Martinez, BS, EA
Niki Young, BS, EA
Fernando Cabrera, ED. D. Candidate
Andres Santos, EA

Graphic Designers: Susan Espinoza, BS
David Lopez

ISBN: 9781080068272   Made in California, USA

Publishing Date: July 11, 2019

¿Quiénes somos?

Buscamos promover el espíritu empresarial, la educación, la diversidad y el conocimiento entre las empresas de preparación de impuestos en todo el país, un número que crece cada año. Además de brindar educación, ofrecemos apoyo a los profesionales de impuestos que buscan abrir sus propios negocios de preparación de impuestos o para los propietarios de negocios actuales que buscan expandir sus negocios.

➢ Nuestro **OBJETIVO** es ayudarle a hacer crecer su práctica y aumentar sus ganancias.
➢ Nuestra **VISIÓN** es brindarle la mejor capacitación disponible en educación, liderazgo y habilidades empresariales.
➢ Nuestra **MISIÓN** es dar a los profesionales de impuestos una voz unificada y poderosa a nivel nacional.

Autores: Kristeena S. Lopez, MA Ed, EA
Carlos C. Lopez, MDE, EA

Editor: Aaron Young, BA

Contribuidores: Antoni Martinez, BS, EA
Niki Young, BS, EA
Fernando Cabrera, ED. D. Candidate
Andres Santos, EA

Diseñadores gráficos: Susan Espinoza, BS
David Lopez

ISBN: 9781080068272   **Hecho en California, USA**

Fecha de publicación: 11 de julio de 2019

Textbook Reference Guide

LTPA believes the best way to begin tax preparation is by understanding Form 1040 efficiently. The chapters in this textbook are designed to give the student basic instructions. When the chapter reading is completed, the student will go online and complete multiple-choice review questions with feedback for review.

LTPA has created practice tax returns (PTR) to assist the student in understanding tax preparation. Ideally, the student would prepare the PTR by hand and then answer the PTR review questions on the website. All practice returns are prepared based on California law.

Interested in growing your tax business? Interested in becoming an instructor? We offer daily lesson plans that will guide you to teaching others how to prepare tax returns. Contact our sales staff to learn more about this unique training system and opportunity.

How to Use This Textbook

LTPA has organized this study material to give line-by-line instructions for Form 1040. It is our editorial staff's belief that you, the student, should understand theory before putting it into practice. Therefore, we recommend that all practice returns be prepared by hand first. Our course is designed to explain where tax information is reported on returns.

Chapter Objectives

Each chapter is designed to build upon the others. The chapter objectives state the framework for the material presented in the chapter.

Chapter Resources

Each chapter is built from Publication 17 as well as from other resource material. The chapter resources serve as a guide for students when more research may be needed on a particular topic. Our editorial team has created this list of resources to make it easier to begin researching.

Chapter Introduction

Each chapter begins with an introductory paragraph that will give the student an overview of what is covered in the chapter.

Chapter Review Questions

At the end of each chapter there are review questions. These are designed to help the student recall subject matter from throughout the chapter. These review questions are not graded and are not part of the final exam.

Scenario to Think About

The scenario given at the end of each chapter is to help the student begin thinking about how to interview a client and what questions to ask, as well as encourage the students to think about questions that were not mentioned and should be asked. These questions are just steppingstones to help the student begin to learn the importance of interviewing a client.

Guía de referencia de libros de texto

LTPA cree que la mejor manera de aprobar el curso AFTR es leer la guía de referencia, responder las preguntas de repaso del campo y realizar el examen cronometrado de 100 preguntas. El contenido de esta guía de referencia cubre los tres campos que el IRS requiere para estar en la prueba. El estudiante puede usar la guía de referencia mientras toma la prueba y puede tomar la prueba tantas veces como sea necesario para pasar con un 70% o más.

LTPA ha desarrollado ejercicios de práctica en la preparación de impuestos (PTR) para que el/la estudiante aprenda a prepararlas. Lo ideal sería que el estudiante los hiciera en papel y luego contestara las preguntas sobre la PR en el sitio web. Todas las declaraciones de práctica están diseñadas conforme a la ley tributaria actual.

¿Interesado en hacer crecer su negocio de impuestos? ¿Interesado en ser instructor? Ofrecemos planes de lecciones diarias que lo guiarán a través del proceso de enseñar a otros cómo preparar declaraciones de impuestos. Póngase en contacto con nuestro personal de ventas para obtener más información sobre este sistema y oportunidad de capacitación únicos.

Como usar este texto

LTPA ha organizado el material de estudio para instruir línea por línea sobre el Formulario 1040. Nuestro personal editorial cree que usted debe comprender la teoría antes de ponerla en práctica. Por eso, recomendamos que primero desarrolle todas las situaciones de práctica en papel. Nuestros cursos están diseñados para que sepa dónde debe reportar la información en la declaración de impuestos.

Objetivos de capítulos

Cada capítulo está diseñado para que incremente lo que aprendió de los anteriores. Los objetivos del capítulo son el marco en el que se presenta el material de cada capítulo.

Recursos del capítulo

Cada capítulo está compuesto de varias fuentes de información, así como de la Publicación 17. Los recursos enlistados al comienzo del capítulo son la guía para que los estudiantes puedan hacer una investigación más profunda sobre el tema que cubre el capítulo. Esta guía, es el esfuerzo de nuestro equipo editorial para facilitar la investigación al estudiante nuevo.

Introducción al capítulo

Cada capítulo comienza con un párrafo introductorio que le dará al estudiante una visión general de lo que cubre el capítulo.

Preguntas de repaso de capítulo

Al final de cada capítulo hay preguntas de repaso. Éstas, están diseñadas para recordarle el/la estudiante lo que se trató a través del capítulo. Estas preguntas de repaso no se califican y no son parte del examen final.

Situación para reflexionar de práctica

La situación para reflexionar al final de cada capítulo ayuda al estudiante a que comience a pensar en la forma en que puede entrevistar a su cliente y qué preguntar; además, el/la estudiante puede reflexionar en las preguntas que no se mencionaron y que puede hacer. Estas preguntas son sólo un escalón que guían el/la estudiante a desarrollar la forma en que debe entrevistar a su cliente.

Online Review Questions

The online review questions are graded and are entered into the electronic grade book. All students need to pass the *entire* course with a 70% grade or better. Each chapter is built upon the prior chapter(s), and the student will be unable to pass the course if each chapter online review questions have not been passed with a 70% or better. This course also has a final set of review questions that is a culmination of all the review questions. The online portion of the course randomizes the questions and the answers. The online portion is designed to open to the last chapter that has not been completed with a 70% or better.

Online Practice Tax Returns

Each practice tax return (PTR) is based on a scenario encompassing the content the course has covered to that point. For example, if a lesson covers income, the tax calculations will not reflect any credits that have not yet been discussed in the course, even if the taxpayer in the scenario would have qualified for them. The PTRs are designed to be completed by hand and not with tax software. LTPA does not discourage software preparation.

Included in this course:

> ➢ Textbook Study Guide
> ➢ Online Review Questions
> ➢ Online Practice Tax Returns (PTR)
> ➢ Online Final

This course has been published by Latino Tax Professionals Association, LLC, who can be contacted at www.latinotaxpro.com or 866-936-2587.

This course expires on June 30, 2020

Preguntas de repaso en línea

Las preguntas de repaso en línea se califican y se ingresan en el libro de calificaciones electrónico. Todos los estudiantes deben aprobar el curso completo con una calificación de 70% o mejor. Cada capítulo continúa desarrollando los temas de los capítulos anteriores y el/la estudiante no podrá aprobar el curso si no ha aprobado las preguntas de repaso en línea con 70% o mejor. Este curso también tiene un examen final de las preguntas de repaso que es la culminación de todas las preguntas de repaso. La parte del curso en línea genera las preguntas y respuestas al azar. La parte en línea del curso está diseñada para abrirse en el último capítulo que se aprobó con 70% o mejor.

Ejercicios de práctica en la declaración de impuestos

Cada capítulo tiene una *Práctica de declaración de impuestos* que está basada en la situación que cubre el tema del capítulo hasta ese punto. Por ejemplo, si la lección cubre la línea 17 del Formulario 1040 y el/la contribuyente en esta práctica puede calificar para los créditos que no se han cubierto aún en el curso, los cálculos no reflejan dichos créditos.

Este curso incluye:

> ➢ Un libro de texto como guía de estudios
> ➢ Preguntas de repaso en línea
> ➢ Ejercicios de práctica en la preparación de impuesto (PTR)
> ➢ Examen Final en línea

Latino Tax Professionals Association, LLC publica este libro de texto y puede comunicarse con nosotros al 866-936-2587 o por chat al www.latinotaxpro.com.

Este curso caduca el 30 de junio de 2020.

Chapter 8: Federal Business Income

Introduction

This chapter presents a detailed discussion on startup costs, the different types of sources of income, the differences between an employee and a contractor, the different types of income reported on Schedule C and related expenses, and Form 1040, Schedule 1, line 12.

Sole proprietorship is not a legal entity. It simply refers to a person who owns a business and is personally responsible for its debts. Sole proprietorship is a popular business structure due to the simplicity, ease of setup, and nominal startup costs. Ultimately, a sole proprietor would register the business name with the state and city, obtain local business licenses, and then open for business. A disadvantage of being a sole proprietor is that the owner is 100% personally liable for the business's debt. All income earned is reported by the business owner on Schedule C and flows to Form 1040, Schedule 1, line 12.

Objectives

At the end of this lesson, the student will be able to do the following:

- ➢ Identify the differences between accounting periods and accounting methods.
- ➢ Understand the guidelines between an independent contractor and an employee.
- ➢ Explain when to use Schedule C-EZ and when to use Schedule C.
- ➢ Recognize what determines start-up costs.

Resources

Form 1040	Publication 15	Instructions Form 1040
Form 1099-MISC	Publication 15-A	Instructions Form 1099-MISC
Form 3115	Publication 334	Instructions Form 3115
Form 4562	Publication 463	Instructions Form 4562
Form 4797	Publication 535	Instructions Form 4797
Form 8829	Publication 536	Instructions Form 8829
Schedule C	Publication 538	Instructions for Schedule C
Schedule C-EZ	Publication 544	Instructions Schedule SE
Schedule SE	Publication 551	Instructions for Schedule E
Schedule E	Publication 560	Publication 946
	Publication 587	Publication 527

Capítulo 8: Ingreso federal de negocios

Introducción

Este capítulo presenta una discusión detallada sobre los costos iniciales, los diferentes tipos de fuentes de ingresos, las diferencias entre un empleado y un contratista, los diferentes tipos de ingresos declarados en el Anexo C y los gastos relacionados, y el Formulario 1040, Anexo 1, línea 12.

La propiedad individual no es una entidad legal. Simplemente se refiere a una persona que posee un negocio y es personalmente responsable de sus deudas. La propiedad individual es una estructura comercial popular debido a la simplicidad, la facilidad de configuración y los costos nominales de inicio. En última instancia, una propiedad individual registraría el nombre comercial con el estado y la ciudad, obtendría licencias de negocios locales y luego abriría su negocio. Una desventaja de ser un propietario único es que el propietario es 100% responsable personalmente de la deuda de la empresa. Todos los ingresos obtenidos son declarados por el propietario del negocio en el Anexo C y fluyen al Formulario 1040, Anexo 1, línea 12.

Objetivos

Al final de esta lección, el estudiante podrá:

> ➢ Identificar las diferencias entre períodos contables y métodos contables.
> ➢ Entender las directrices entre un contratista independiente y un empleado.
> ➢ Explicar cuándo usar el Anexo C-EZ y cuándo usar el Anexo C.
> ➢ Reconocer lo que determina los costos iniciales.

Recursos

Formulario 1040	Publicación 15	Instrucciones del Formulario 1040
Formulario 1099-MISC	Publicación 15-A	Instrucciones del Formulario 1099-MISC
Formulario 3115	Publicación 334	Instrucciones del Formulario 3115
Formulario 4562	Publicación 463	Instrucciones del Formulario 4562
Formulario 4797	Publicación 535	Instrucciones del Formulario 4797
Formulario 8829	Publicación 536	Instrucciones del Formulario 8829
Anexo C	Publicación 538	Instrucciones para el Anexo C
Anexo C-EZ	Publicación 544	Instrucciones para el Anexo SE
Anexo SE	Publicación 551	Instrucciones para el Anexo E
Anexo E	Publicación 560	Publicación 946
	Publicación 587	Publicación 527

Segment 1

The Types of Business Entities

There are many different types of business entities, each with its own set of rules, regulations, and guidelines within the US tax laws.

Sole Proprietorship

A sole proprietor is an individual owner of a business or a self-employed individual. Taxable income is reported on Schedule C and on Form 1040, Schedule 1, line 12. A business owner may also be required to pay self-employment tax reported on Schedule SE. A sole proprietor with business expenses of $5,000 or less may be able to file a Schedule C-EZ.

A sole proprietorship reports the income and expenses from the owner's business on Schedule C, *Profit or Loss from a Business*. One is self-employed if some of the following apply:

➢ Conducts a trade or business as a sole proprietorship.
➢ Is an independent contractor.
➢ Is in business for himself or herself in any other way.

Self-employment can include work in addition to regular full-time business activities. It can also include certain part-time work done at home or in addition to a regular job.

Minimum Income Reporting Requirements for Schedule C Filers

If the taxpayer's net earnings from self-employment are $400 or more, the taxpayer is required to file a tax return. If net earnings from self-employment were less than $400, the taxpayer may still have to file a tax return if he or she meets other filing requirements.

Husband and Wife Qualified Joint Venture (QJV)

A husband and wife cannot be sole proprietors of the same business. If they are joint owners, they are partners and should file a partnership return using Form 1065, *US Partnership Return of Income*. They can be partners, but "sole" means one, and for the purposes of a business, the IRS does not recognize spouses as one.

If the taxpayer and spouse each materially participated in the business as the only members of a jointly owned and operated business and if they file a joint return, they can elect to be taxed as a qualified joint venture (QJV) instead of a partnership. This election does not generally increase the total tax on the joint return, but it does give the self-employment credit for each taxpayer's social security earnings.

To make the QJV election, the spouses must divide all their income and expenses between them and file two separate Schedule Cs, Schedule C-EZs, Schedule Es, or Schedule Fs. Once the election has been made, it can only be revoked with IRS permission. The election will remain in effect as long as the spouses file as a qualified joint venture. If the taxpayer and spouse do not qualify in one year, then they will need to resubmit the paperwork to try to qualify as a qualified joint venture for the next year.

Segmento 1

Tipos de entidades comerciales

Existen muchos tipos diferentes de entidades comerciales, cada una con su propio conjunto de reglas, regulaciones y directrices dentro de las leyes fiscales de los EE. UU.

Propiedad individual

Una propiedad individual es un propietario único de una empresa o una persona que trabaja por cuenta propia. Los ingresos imponibles se declaran en el Anexo C y en el Formulario 1040, Anexo 1, línea 12. También se puede requerir que el propietario de un negocio pague el impuesto sobre el trabajo como independiente que figura en el Anexo SE que se analiza más adelante en este capítulo. Un propietario único con gastos comerciales de $5,000 o menos puede presentar un Anexo C-EZ.

Una propiedad individual declara los ingresos y gastos del negocio del propietario en el Anexo C, *Ganancias o Pérdidas de un Negocio*. Un individuo es un trabajador independiente si se aplica cualquiera de las siguientes opciones:

> ➤ Mantiene una actividad o negocio como una propiedad individual.
> ➤ Es un contratista independiente.
> ➤ Está en el negocio por sí mismo de otra manera.

El trabajo como independiente puede incluir trabajo además de las actividades comerciales de tiempo completo regulares. También puede incluir cierto trabajo de medio tiempo realizado en el hogar o además de un trabajo regular.

Requisitos de declaración de ingresos mínimos para los archivadores del Anexo C

Si las ganancias netas del contribuyente del trabajo como independiente son de $400 o más, es necesario que el/la contribuyente presente una declaración de impuestos. Si las ganancias netas del trabajo como independiente fueron inferiores a $400, el/la contribuyente todavía tendrá que presentar una declaración de impuestos si cumple con otros requisitos de presentación.

Empresa conjunta calificada para Esposo y Esposa (QJV)

Un esposo y una esposa no pueden ser propietarios únicos del mismo negocio. Si son copropietarios, son socios y deben presentar una declaración de sociedad utilizando el Formulario 1065, *Declaración de Ingresos de la Asociación de los EE. UU.* Pueden ser socios, pero "individual" significa uno, y para los fines de un negocio, el IRS no reconoce a los cónyuges como uno solo.

Si el/la contribuyente y su cónyuge participaban materialmente en el negocio como los únicos miembros de un negocio de propiedad y operación conjunta, y si presentan una declaración conjunta, pueden elegir ser gravados como una empresa conjunta calificada (QJV) en lugar de una sociedad. Esta elección generalmente no aumenta el impuesto total sobre la declaración conjunta, pero otorga el crédito por las ganancias de seguro social de cada contribuyente.

Para realizar la elección de QJV, los cónyuges deben dividir todos sus ingresos y gastos entre ellos y presentar dos Anexos C, C-EZ, E, o F. Una vez que se realiza la elección, solo se puede revocar con "el permiso del IRS". La elección permanecerá en vigencia mientras los cónyuges la presenten como una empresa conjunta calificada. Si el/la contribuyente y el/la cónyuge no califican en un año, entonces deberán volver a presentar la documentación para intentar calificar como una empresa conjunta calificada para el próximo año.

If the spouses own an unincorporated business and if they live in a state, foreign country, or a U.S. possession that has community property laws, the income must be treated as either a sole proprietorship or a partnership. Alaska, Arizona, California, Idaho, Louisiana, Nevada, New Mexico, Texas, Washington, and Wisconsin are the only US states with community property laws.

Accounting Periods

A taxpayer must use a tax year to figure taxable income. A tax year is an annual accounting period used for keeping records as well as for reporting income and expenses. The average taxpayer generally uses the calendar-year accounting period for their individual income tax returns. Business owners must choose the accounting period they intend to use when filing their first Schedule C.

An accounting period cannot be longer than 12 months, and one's options include the following:

> ➢ The standard calendar year.
> ➢ A fiscal year, which is a 12-month period that can end on the last day of any month except December.

Calendar Year

A calendar tax year is the 12 consecutive months from January 1 to December 31. Sole proprietors must adopt the calendar year if any of the following apply:

> ➢ The taxpayer does not keep books or records.
> ➢ The taxpayer has no annual accounting period.
> ➢ The taxpayer's present tax year does not qualify as a fiscal year.
> ➢ The taxpayer's use of the calendar tax year is required under the Internal Revenue Code (IRC) or the Income Tax Regulations.

Fiscal Year

A fiscal year is 12 consecutive months ending on the last day of any month except December. A "52 to 53-week tax year" is a fiscal year that varies from 52 to 53 weeks. It does not have to end on the last day of the month. For more information on fiscal years, who might choose them, and why, see Publication 538.

Change in Tax Year

To change the type of tax year used, the taxpayer should file Form 1128, *Application to Adopt, Change, or Retain a Tax Year.* See *Instructions Form 1128* for more information.

Accounting Methods

Accounting methods are sets of rules used to determine when income and expenses are reported on a return. The accounting method chosen for the business must be used throughout the life of the business. If the owner wants to change the accounting method, he or she must secure approval from the IRS. The most commonly used methods are *cash* and *accrual*. Businesses that have inventory must use the accrual accounting method.

Si los cónyuges son dueños de un negocio no constituido y viven en un estado, país extranjero o una dependencia de los EE. UU. con leyes de bienes gananciales, los ingresos deben declararse como una propiedad individual o una sociedad. Los únicos estados de los Estados Unidos con leyes de bienes gananciales son Alaska, Arizona, California, Idaho, Luisiana, Nevada, Nuevo México, Texas, Washington y Wisconsin.

Periodos contables

Un/a contribuyente debe usar un año tributario para calcular los ingresos gravables. Un año fiscal es un período contable anual utilizado para llevar registros y declarar los ingresos y gastos. El/la contribuyente promedio generalmente usa el período contable del año natural para su declaración de impuestos sobre la renta individual. Los propietarios de negocios deben elegir el período contable que pretenden utilizar cuando presenten su primer Anexo C.

El período contable no puede exceder los 12 meses y las opciones incluyen lo siguiente:

> ➤ El año natural estándar.
> ➤ Un año fiscal, un período de 12 meses que puede finalizar el último día de cualquier mes, excepto diciembre.

Año calendario

Un año calendario tributario consta de 12 meses consecutivos, comenzando el 1 de enero y terminando el 31 de diciembre. La propiedad individual debe adoptar el año natural si se cumple cualquiera de las siguientes condiciones:

> ➤ El/la contribuyente no mantiene libros o registros.
> ➤ El/la contribuyente no tiene un período contable anual.
> ➤ El año tributario actual del contribuyente no califica como un año fiscal.
> ➤ El uso del año tributario por parte del contribuyente se requiere bajo el Código de Rentas Internas (IRC) o el Reglamento del Impuesto sobre la Renta.

Año fiscal

Un año fiscal consta de 12 meses consecutivos que finalizan el último día de cualquier mes, excepto diciembre. Un "año fiscal de 52 a 53 semanas" es un año fiscal que varía de 52 a 53 semanas. No tiene que terminar el último día del mes. Para obtener más información sobre los años fiscales, quién puede elegirlos y por qué, consulte la Publicación 538.

Cambio en el año tributario

Para cambiar el tipo de año tributario utilizado, el/la contribuyente debe presentar el Formulario 1128, *Solicitud para adoptar, cambiar o conservar un año tributario.* Para obtener más información, consulte las instrucciones del Formulario *1128.*

Métodos contables

Los métodos contables son un conjunto de reglas utilizadas para determinar cuándo se declaran los ingresos y los gastos en la declaración. El método contable elegido para el negocio debe ser utilizado a lo largo de la vida del negocio. Si los propietarios desean cambiar el método contable, se necesita la aprobación del IRS. Los métodos más comúnmente utilizados son *efectivo* y *devengo*. Las empresas que tienen inventario deben usar el método contable de devengo.

The following are acceptable accounting methods:

> ➢ The cash method.
> ➢ The accrual method.
> ➢ Special methods of accounting for certain items of income and expenses.
> ➢ The combination (hybrid) method, using elements of two or more of the above.

Taxpayers are not required to have any particular accounting method, and they should choose whichever system best reflects their income. If they do not choose an accounting method that clearly reflects their income, the IRS may recalculate the taxpayer's income to reflect the correct accounting method, a process that could involve penalties and interest. Taxpayers must use the same accounting method when figuring their taxable income and keeping their books. However, business owners can use a different accounting method for each business they operate. See Publication 538, *Accounting Periods and Methods*.

Cash Method

If one uses the cash method, all items must be reported as income in the year in which they are actually or constructively received. Income is constructively received when it becomes or is made available to the taxpayer without restrictions, such as through a bank account; the income does not necessarily have to be in the taxpayer's physical possession.

When using the cash method, all expenses are deducted in the year they are paid. This is the method most individual taxpayer's use. Exceptions to the rule include prepaid expenses—for example, insurance or tuition. If expenses were paid in advance, it is generally deductible only in the year to which the expense applies.

Example: In the beginning of 2018, Chandler paid his business insurance expenses in advance for 2018, 2019, and 2020. For his 2018 tax return, he will only be able to claim the portion of those expenses that were used for 2018. He will only be able to claim the portion of the expense used for 2019 and 2020 on his tax returns for those respective years.

Cash method is the simplest accounting method, and taxpayers must use this method if they do not keep regular or adequate books.

The following three types of taxpayers are unable to use the cash method:

1. C corporations.
2. Partnerships that have a C corporation as a partner.
3. Tax shelters.

Accrual Method

If the accrual method is used, income is generally reported when earned, whether or not it has been actually or constructively received. Similarly, expenses are deducted when incurred rather than when paid. Businesses that have an inventory are required to use the accrual method to track the business' cost-of-goods-sold. Once this accounting method has been chosen, the taxpayer cannot change to a different accounting method without the IRS' permission.

A continuación, se describen los métodos contables aceptables:

- ➤ El método del efectivo.
- ➤ El método de devengo.
- ➤ Métodos especiales de contabilidad para ciertos artículos de ingresos y gastos.
- ➤ Método de combinación (híbrido), utilizando elementos de dos o más de las opciones anteriores.

No se requiere que los contribuyentes tengan un método contable en particular, y deben elegir el sistema que mejor refleje sus ingresos. Si no eligen un método contable que refleje claramente sus ingresos, el IRS puede volver a calcular los ingresos del contribuyente para reflejar el método contable correcto, un proceso que podría incluir multas e intereses. Los contribuyentes deben usar el mismo método contable para calcular sus ingresos imponibles y mantener sus libros. Sin embargo, los propietarios del negocio pueden usar un método contable diferente para cada negocio que operan. Consulte la Publicación 538, *Periodos y Métodos Contables*.

Método de efectivo

Si uno utiliza el método de efectivo, todos los artículos se declaran como ingresos en el año en que se reciben de manera efectiva o constructiva. Los ingresos se reciben de manera constructiva cuando se vuelven o están disponibles para el/la contribuyente , sin restricciones, como a través de una cuenta bancaria; el ingreso no necesariamente tiene que estar en la posesión física del contribuyente.

Al utilizar el método de efectivo, todos los gastos se deducen en el año en que se pagan. Este es el método que usan la mayoría de los contribuyentes individuales. Las excepciones a la regla incluyen gastos prepagos, por ejemplo, seguro o matrícula. Si los gastos se pagaron por adelantado, generalmente es deducible solo en el año al que se aplica el gasto.

Ejemplo: A principios de 2018, Chandler pagó sus gastos de seguro comercial por adelantado para 2018, 2019 y 2020. Para su declaración de impuestos de 2018, solo podrá reclamar la parte de los gastos que se utilizaron para 2018. Solo podrá reclamar la parte del gasto utilizado para 2019 y 2020 en sus declaraciones de impuestos para esos años respectivos.

El método de efectivo es el método contable más simple, y los contribuyentes deben usar este método si no mantienen libros regulares o adecuados.

Los siguientes tres tipos de contribuyentes no pueden usar el método de efectivo:

1. Sociedades anónimas C.
2. Sociedades que tienen una sociedad anónima C como socio.
3. Amparos tributarios.

Método de devengo

Si se utiliza el método de devengo, los ingresos generalmente se declaran cuando se devengan, independientemente si se han recibido o no real y constructivamente. De manera similar, los gastos se deducen cuando se incurren en lugar de cuando se pagan. Es necesario que las empresas que tienen un inventario usen el método de devengo para la parte de su negocio que se vende con el costo de los bienes. Una vez que se ha elegido este método contable, el/la contribuyente no puede cambiar a un método contable diferente sin el permiso del IRS.

If a business owner chooses the accrual method, he or she would report the amount of gross income on the earliest of the following events:

➢ When payment was received.
➢ When the income is due.
➢ When the business earned the income.
➢ When title was passed to the business.

Example: Ruben is a calendar-year taxpayer who uses the accrual method and owns a dance studio. He received payment on October 1, 2018 for a one-year contract for 48 one-hour lessons beginning on October 1, 2018. Ruben gave eight lessons in 2018. Ruben would include one-sixth (8/48) of the payment in his 2018 income and the remaining five-sixths (40/48) would be reported in his 2019 tax year because, under the accrual method, income is reported when it has been earned, not when it has been actually or constructively received.

Combination (Hybrid) Method

The taxpayer can choose any combination of cash, accrual, and special methods of accounting if the combination clearly shows the taxpayer's income and expenses and if the method is used consistently. The combination (or hybrid) method is often used when a company possesses some kind of inventory that is not essential to accounting for income. The combination method cannot be used in the following cases:

➢ If inventory is necessary to account for income, then the accrual method must be used.
➢ If the cash method for figuring income is used, the cash method must also be used for expenses. It cannot be combined with another method.
➢ If the taxpayer uses an accrual method for reporting expenses, then he or she must use the accrual method of income for everything else as well.
➢ If the taxpayer uses a combination method that includes the cash method, treat that combination method as the cash method.

Independent Contractors

An independent contractor is an individual who is hired by employers on a per-contract basis where the employer only has the right to control or direct the result of the work but cannot dictate what or how the result will be achieved. This classification permits the taxpayer to certain tax benefits and full responsibility for his or her employment taxes. An independent contractor can itemize all ordinary and necessary business expenses by using Schedule C.

In order to be considered an independent contractor, the taxpayer should set his or her own hours and work schedule, be responsible for having his or her own tools or equipment, and usually work for multiple individuals or companies.

If a taxpayer is an independent contractor, the taxpayer would not fill out Form W-4, *Employee's Withholding Allowance Certificate*, for individuals for whom the taxpayer works, nor will anything be withheld from the taxpayer's paycheck(s). The independent contractor is responsible for paying self-employment tax (social security and Medicare) and making estimated tax payments to cover both the self-employment tax and his or her income tax.

Si el propietario del negocio elige el método de devengo, declarará la cantidad de ingresos brutos en la primera de las siguientes opciones:

➢ Cuando reciba el pago.
➢ Cuando el ingreso se vence.
➢ Cuando la empresa obtenga los ingresos.
➢ Cuando el título haya pasado a la empresa.

Ejemplo: Rubén es un/a contribuyente de año natural que utiliza el método de devengo y posee un estudio de danza. Recibió el pago el 1 de octubre de 2018 por un contrato de un año para 48 lecciones de una hora comenzando el 1 de octubre de 2018. Rubén dio ocho lecciones en 2018. Rubén incluiría un sexto (8/48) del pago en sus ingresos de 2018 y los cinco sextos (40/48) restantes se declararían en su año fiscal 2019 porque, según el método de devengo, los ingresos se declaran cuando han sido ganados, no cuando han sido recibidos real o constructivamente.

Método de combinación (híbrido)

El/la contribuyente puede elegir cualquier combinación de efectivo, devengo y métodos especiales de contabilidad si la combinación muestra claramente los ingresos y gastos del contribuyente y si el método se usa de manera coherente. El método de combinación (o híbrido) se usa a menudo cuando una empresa posee algún tipo de inventario que no es esencial para contabilizar los ingresos. El método de combinación no se puede utilizar en los siguientes casos:

➢ Si el inventario es necesario para tener en cuenta los ingresos, entonces se debe utilizar el método de devengo.
➢ Si se usa el método de efectivo para calcular el ingreso, el/la contribuyente debe usar el método de efectivo para los gastos. No se puede combinar con otro método.
➢ Si el/la contribuyente usa un método de devengo para declarar los gastos, entonces él o ella debe usar el método de acumulación de ingresos para todo lo demás.
➢ Si el/la contribuyente usa un método de combinación que incluye el método de efectivo, trate ese método de combinación como el método de efectivo.

Contratista independiente

Un contratista independiente es un individuo que es contratado por los empleadores por contrato, donde el empleador solo tiene el derecho de controlar o dirigir el resultado del trabajo, pero no puede dictar qué o cómo se logrará el resultado. Esta clasificación le permite al contribuyente ciertos beneficios sujetos a impuestos y le otorga plena responsabilidad por sus impuestos de empleo. El contratista independiente puede detallar todos los gastos comerciales utilizando el Anexo C.

Para ser considerado un contratista independiente, el/la contribuyente debe establecer sus propias horas y horario de trabajo, ser responsable de tener sus propias herramientas o equipos, y generalmente trabajar para más de un individuo o compañía.

Si un/a contribuyente es un contratista independiente, él o ella no llenaría el Formulario W-4, *Certificado de asignación de retención del empleado*, para las personas para quienes el/la contribuyente trabaja, ni se retendrá nada de los cheques del contribuyente. El contratista independiente es responsable de pagar el impuesto sobre el trabajo independiente (seguro social y Medicare) y hacer pagos de impuestos estimados para cubrir el impuesto sobre el trabajo independiente y su impuesto sobre la renta.

Taxpayers are considered employees and not independent contractors if the following apply:

> ➢ Must comply with their employer's work instructions.
> ➢ Receive training from the employer or the employer's designee.
> ➢ Provide services that are integral to the employer's business.
> ➢ Provide services that are personally rendered.
> ➢ Hire, pay, and supervise workers for the employer.
> ➢ Have an ongoing working relationship with the employer.
> ➢ Must follow set hours of work.
> ➢ Work full time for the employer.
> ➢ Work on the employer's premises.
> ➢ Work in a sequence set by the employer.
> ➢ Submit regular reports to the employer.
> ➢ Receive payments of regular amounts at regular intervals.
> ➢ Receive payments for business or travel expenses.
> ➢ Rely on employer to provide tools and materials.
> ➢ Do not have a major investment in resources for providing service.
> ➢ Do not make a profit or suffer a loss from services provided.
> ➢ Work for one employer at a time.
> ➢ Do not offer services to the general public.
> ➢ Can be fired by the employer.
> ➢ May quit anytime without incurring liability.
> ➢ Are statutory employees.

If one qualifies as a statutory employee for income tax purposes, the box titled "Statutory Employee" on Form W-2, *Wage and Tax Statement*, will be checked. Income, as well as both ordinary and necessary business expenses, are reported on Schedule C.

Statutory Employees

A statutory employee is an independent contractor who is nevertheless still treated as an employee due to some statute. This applies to the following occupational groups, all of whom qualify as statutory employees under US law:

> ➢ Agent drivers or commissioned drivers limited to those who distribute food, beverages (other than milk products), and laundry or dry-cleaning services for someone else.
> ➢ Full-time life insurance salespeople who work for one company.
> ➢ A home worker who follows the guidelines of his or her employer using materials furnished by that employer and returning them as designated by the employer.
> ➢ Traveling or city salespeople who sell for one principal employer. The goods sold must be merchandise for resale or supplies for use in the buyer's business operation. The customers must be retailers, wholesalers, contractors, or operators of hotels, restaurants, or other businesses dealing with food or lodging.

To make sure that the salespeople are employees under the usual common-law rules, individuals must be evaluated separately. If a salesperson does not meet the tests for a common-law employee, he or she may be considered a statutory employee. See Publication 15 and Publication 535.

Los contribuyentes se consideran empleados y no contratistas independientes si hacen lo siguiente:

> - Deben cumplir con las instrucciones de trabajo del empleador.
> - Recibir capacitación del empleador o la persona designada por el empleador.
> - Proporcionar servicios que son parte integral del negocio del empleador.
> - Proporcionar servicios que se prestan personalmente.
> - Contratar, pagar y supervisar a los trabajadores para el empleador.
> - Tener una relación laboral en curso con el empleador.
> - Debe seguir las horas fijas de trabajo.
> - Trabajar a tiempo completo para el empleador.
> - Trabajar en las instalaciones del empleador.
> - Trabajar en una secuencia establecida por el empleador.
> - Presentar informes regulares al empleador.
> - Recibir pagos de cantidades regulares a intervalos regulares.
> - Recibir pagos por gastos de negocios o viajes.
> - Contar con el empleador para el suministro de herramientas y materiales.
> - No tener una gran inversión en recursos para proporcionar servicio.
> - No obtener ganancias o sufrir una pérdida por servicios prestados.
> - Trabajar para un empleador a la vez.
> - No ofrecer servicios al público en general.
> - Pueden ser despedidos por el empleador.
> - Pueden renunciar en cualquier momento sin incurrir en responsabilidad.
> - Son empleados estatutarios.

Si uno califica como empleado estatutario para fines del impuesto sobre la renta, debe marcarse la casilla titulada "Empleado legal" en el Formulario W-2, *Declaración de salarios e impuestos*. Los ingresos, así como los gastos comerciales ordinarios y necesarios, se informan en el Anexo C.

Empleados estatutarios

Un empleado estatutario es un contratista independiente que, sin embargo, todavía es tratado como un empleado debido a algún estatuto. Esto se aplica a los siguientes grupos ocupacionales, los cuales califican como empleados estatutarios según la ley de los EE. UU.:

> - Los conductores de agentes o conductores a comisión, limitados a quienes distribuyen alimentos, bebidas (que no sean productos lácteos) y servicios de lavandería o tintorería para otra persona.
> - Vendedores de seguros de vida a tiempo completo que trabajan para una compañía.
> - Un trabajador del hogar que sigue las directrices de su empleador utilizando materiales proporcionados por ese empleador y devolviéndolos según lo designado por el empleador.
> - Vendedores ambulantes o establecidos en una ciudad que venden para un empleador principal. Los bienes vendidos deben ser mercancía para reventa o suministros para su uso en la operación comercial del comprador. Los clientes deben ser minoristas, mayoristas, contratistas u operadores de hoteles, restaurantes u otras empresas que se ocupan de alimentos o alojamiento.

Para asegurarse de que los vendedores sean empleados según las normas usuales de ley común, las personas deben evaluarse por separado. Si el vendedor no cumple con los requisitos para un empleado de hecho, se le puede considerar como un empleado estatutario. Consulte la Publicación 15 y la Publicación 535.

A statutory employee is very limited and must meet specific criteria to meet the definition. Tax preparers should watch for incorrectly marked Forms W-2 and advise people with incorrectly marked forms to have their employers reissue a corrected Form W-2. If the taxpayer does not wish to do this, the tax professional should prepare the return using the information reported on Form W-2.

Statutory Nonemployees

Generally, these individuals are treated as self-employed for federal tax purposes, including income and employment taxes. The following is the list of statutory nonemployees:

- ➢ Direct sellers.
- ➢ Qualified real estate agents.
- ➢ Certain types of caretakers.

Identification Numbers

Generally, the taxpayer can use his or her SSN or taxpayer identification number (TIN) on Schedule C. However, the taxpayer must have an employer identification number (EIN) if either of the following applies:

- ➢ The taxpayer pays wages to one or more employees.
- ➢ The taxpayer files pension or excise tax returns.

Taxpayers can obtain an EIN by completing Form SS-4, *Application for Employer Identification Number.* A new EIN must be obtained if either the entity type or the ownership of the taxpayer's business changes. If the taxpayer has employees, the taxpayer employer must obtain the SSN and name of each employee exactly as it appears on the employee's social security card. The employer must have each employee complete Form W-4.

Schedule SE: Self-Employment Tax

Social security and Medicare taxes become a little more complicated for self-employed taxpayers. Normally, the standard 12.4% tax for social security and 2.9% tax for Medicare is split between employees and their employer; an employee pays half this amount, and the employer matches it. Self-employed individuals, however, are simultaneously the employee and the employer and thus must pay the full 15.3% tax for social security and Medicare by themselves. This is called the self-employment tax, and self-employed taxpayers must pay it because they do not have social security and Medicare taxes withheld from their earnings.

The self-employment tax is not as daunting as it might seem, however. For example, the 15.3% self-employment tax is figured from 92.35% of the taxpayer's net profit; it is not figured from their gross income or even from their total net profit, just 92.35% of it. Furthermore, if a taxpayer's net profit is under $400, he or she does not have to pay the self-employment tax; if the net earnings from self-employment are $400 or more, however, then self-employment tax will need to be paid. Finally, self-employed taxpayers are allowed to deduct half of the self-employment tax as an adjustment to income on Form 1040, Schedule 1, line 27.

Un empleado estatutario es muy limitado y debe cumplir con criterios específicos para cumplir con la definición. El preparador de impuestos debe estar atento a los Formularios W-2 marcados incorrectamente y avisar a las personas que tienen formularios marcados incorrectamente para que sus empleadores vuelvan a emitir un Formulario W-2 corregido. Si el/la contribuyente no desea hacer esto, el profesional de impuestos debe preparar la declaración usando la información presentada en el Formulario W-2.

Empleados no estatutarios

En general, estas personas son tratadas como trabajadores independientes para fines de impuestos federales, incluyendo los impuestos sobre la renta y el empleo. A continuación, se indica una lista de empleados no estatutarios:

> ➢ Vendedores directos.
> ➢ Agentes de bienes raíces calificados.
> ➢ Ciertos tipos de cuidadores.

Números de identificación

En general, el/la contribuyente puede usar su número de seguro social o el número de identificación del contribuyente (TIN) en el Anexo C. Sin embargo, el/la contribuyente debe tener un número de identificación patronal (EIN) si se aplica cualquiera de las siguientes condiciones:

> ➢ El/la contribuyente paga salarios a uno o más empleados.
> ➢ El/la contribuyente presenta declaraciones de impuestos sobre pensiones o impuestos especiales.

Los contribuyentes pueden obtener un EIN al completar el Formulario SS-4, *Solicitud para el número de identificación del empleador.* Se debe obtener un nuevo EIN si cambia el tipo de entidad o la propiedad del negocio del contribuyente. Si el/la contribuyente tiene empleados, el/la contribuyente empleador debe obtener el SSN y el nombre de cada empleado exactamente como aparece en la tarjeta del seguro social del empleado. El empleador necesita que cada empleado complete el Formulario W-4.

Impuesto sobre el trabajo independiente

Los impuestos de seguro social y Medicare se vuelven un poco más complicados para los contribuyentes que trabajan de forma independiente. Normalmente, el impuesto estándar del 12,4% para el seguro social y el impuesto del 2,9% para Medicare se divide entre los empleados y su empleador; un empleado paga la mitad de esta cantidad y el empleador la iguala. Sin embargo, los trabajadores independientes son al mismo tiempo el empleado y el empleador y, por lo tanto, deben pagar el impuesto total del 15.3% para el seguro social y Medicare por sí mismos. Esto se denomina impuesto sobre el trabajo como independiente, y los contribuyentes que trabajan de forma independiente deben pagarlo porque no tienen impuestos de seguro social ni de Medicare retenidos de sus ganancias.

Sin embargo, el impuesto sobre el trabajo independiente no es tan desalentador como podría parecer. Por ejemplo, el impuesto sobre el trabajo independiente del 15.3% se calcula del 92.35% de la ganancia neta del contribuyente; no se calcula a partir de sus ingresos brutos, ni siquiera de su beneficio neto total, solo el 92,35%. Además, si la ganancia neta de un/a contribuyente es inferior a $400, él o ella no tiene que pagar el impuesto sobre el trabajo como independiente; sin embargo, si las ganancias netas del trabajo como independiente son de $400 o más, entonces se deberá pagar el impuesto sobre el trabajo independiente. Finalmente, los contribuyentes que trabajan de forma independiente pueden deducir la mitad del impuesto sobre el trabajo independiente como un ajuste a los ingresos en el Formulario 1040, Anexo 1, línea 27.

Reported on Form 1040, Schedule 4, line 57, the SE tax applies to everyone who has self-employment income with net earnings of $400 or more Self-employment income consists of income from self-employed business activities that are reported on Schedule C and Schedule F as well as income received by clergy and employees of churches and religious organizations. There are three ways to figure net earnings from self-employment:

> ➤ The regular method.
> ➤ The nonfarm optional method.
> ➤ The farm optional method.

The regular method must be used unless the taxpayer qualifies to use one or both of the other, optional methods, which are beyond the scope of this course. To calculate net earnings (sometimes referred to as "actual earnings") using the regular method, multiply the self-employment earnings by 92.35% (.9235).

Taxpayers should make estimated tax payments to cover the self-employment tax they expect to owe. The due dates of estimated tax payments are:

> ➤ April 15.
> ➤ June 15.
> ➤ September 15.
> ➤ January 15 of the upcoming calendar year.

If any of these dates fall on a holiday or weekend, the payment is due the next business day.

Go Online

Segment 2

Schedule C

A small business owner will use Schedule C, *Profit or Loss from Business*, if he or she is the sole proprietor of a business (or the sole owner of an LLC) to show the income and expenses of his or her business during a given tax year. A separate Schedule C must be filed for each business an individual owns and each must be attached to the Form 1040.

Schedule C-EZ

While most taxpayers are required to use Schedule C to report their business income, others are eligible to report their income on Schedule C-EZ. A taxpayer may use Schedule C-EZ if all of the following apply:

> ➤ Business expenses are $5,000 or less.
> ➤ The taxpayer is using the cash method of accounting.
> ➤ The taxpayer did not have an inventory at any time during the year.
> ➤ The taxpayer did not have a net loss from his or her business.

Se reporta en la línea 57 del Anexo 4 del Formulario 1040, el impuesto SE se aplica a todas las personas que tienen ingresos de trabajo por cuenta propia con ganancias netas de $400 o más. Los ingresos por trabajo por cuenta propia consisten en ingresos de actividades comerciales por cuenta propia que se reportan en el Anexo C y el Anexo F así como los ingresos recibidos por el clero y los empleados de iglesias y organizaciones religiosas. Hay tres formas de calcular los ingresos netos del trabajo por cuenta propia:

- ➤ El método regular
- ➤ El método opcional no agrícola
- ➤ El método de opción agrícola

El método regular debe utilizarse a menos que el contribuyente califique para utilizar uno o ambos de los otros métodos opcionales, que están fuera del alcance de este curso. Para calcular los ingresos netos (a veces denominados "ganancias reales") utilizando el método regular, multiplique los ingresos por trabajo por cuenta propia por un 92,35% (.9235).

Los contribuyentes deben hacer pagos de impuestos estimados para cubrir el impuesto sobre el trabajo independiente que esperan adeudar. Las fechas de vencimiento de los pagos de impuestos estimados son:

- ➤ 15 de abril.
- ➤ 15 de junio.
- ➤ 15 de septiembre.
- ➤ 15 de enero del próximo año calendario.

Si alguna de estas fechas corresponde a un día feriado o un fin de semana, el pago se vence el siguiente día hábil.

Segmento 2

Anexo C

El propietario del negocio utilizará el Anexo C, *Ganancias o pérdidas de la empresa*, si es el único propietario de una empresa (o el único propietario de una LLC) para mostrar los ingresos y gastos de su empresa durante un ejercicio determinado. Se debe presentar un Anexo C separado para cada negocio que una persona posee y cada uno debe adjuntarse al Formulario 1040.

Anexo C-EZ

Si bien la mayoría de los contribuyentes están obligados a usar el Anexo C para declarar sus ingresos comerciales, otros son elegibles para declarar sus ingresos en el Anexo C-EZ. Un/a contribuyente puede usar el Anexo C-EZ si se aplica todo lo siguiente:

- ➤ Los gastos de negocios son de $5,000 o menos.
- ➤ El/la contribuyente está utilizando el método contable en efectivo.
- ➤ El/la contribuyente no tuvo un inventario en ningún momento durante el año.
- ➤ El/la contribuyente no tuvo una pérdida neta de su negocio.

- ➢ The taxpayer had only one business as a sole proprietor.
- ➢ The taxpayer had no employees during the year.
- ➢ The taxpayer is not required to file Form 4562.
- ➢ The taxpayer did not deduct expenses for business use of the home.
- ➢ The taxpayer did not have un-allowed passive activity losses from the business in the prior year.

Completing Schedule C

Unlike the Schedule C-EZ, the regular Schedule C form is much longer and significantly more complicated. As with most forms, however, the first portion requires basic information about the business and its type.

Line A: Enter the business or professional activity that provided the principal source of income reported on line 1 of the Schedule C. If the taxpayer owned more than one business, each business should complete a separate Schedule C. If the general field or activity is wholesale or retail trade or services connected with production services, state the type of customer or client. For example, "wholesale of hardware to retailers" or "appraisal of real estate for lending institutions."

Portion of 2018 Schedule C

Line B: Enter the six-digit code found in the instructions for Schedule C to designate the type business. If the taxpayer's company-type is not listed, find a similar principal business or professional activity code. No matter how unsure you are about which code to use, try not to use business code 999999, *Unknown Business*; business with this code are significantly more likely to be audited by the IRS due to the lack of information provided by using that code.

Line C: Enter the business name, if applicable. If the business does not have a name, leave the line blank.

Line D: Enter the employer ID number (EIN). The taxpayer would have obtained this number by filling out and submitting Form SS-4 online to IRS. If there is no EIN, enter the taxpayer's SSN at the top of the page where indicated. Remember that, as a sole proprietorship, the company only needs an EIN in the following cases:

- ➢ The company has a qualified retirement plan.

➤ El/la contribuyente tuvo un solo negocio como propietario único.

➤ El/la contribuyente no tuvo empleados durante el año.

➤ El/la contribuyente no está obligado a presentar el Formulario 4562.

➤ El/la contribuyente no dedujo gastos por el uso comercial de la vivienda.

➤ El/la contribuyente no tuvo pérdidas de actividad pasiva no permitidas del negocio en el año anterior.

Completando el anexo C

A diferencia del Anexo C-EZ, el formulario regular del Anexo C es mucho más largo y mucho más complejo. Sin embargo, como con la mayoría de los formularios, la primera parte requiere información básica sobre el negocio y su tipo.

Línea A: Ingrese la actividad comercial o profesional que proporcionó la fuente principal de ingresos declarada en la línea 1 del Anexo C. Si el/la contribuyente es propietario de más de un negocio, cada negocio debe completar un Anexo C independiente. Si el campo o actividad general es comercio mayorista o minorista o servicios relacionados con actividades de producción, indique el tipo de cliente. Por ejemplo, "venta al por mayor de hardware a minoristas" o "tasación de bienes raíces para instituciones crediticias".

SCHEDULE C (Form 1040)	Profit or Loss From Business (Sole Proprietorship)	OMB No. 1545-0074
Department of the Treasury Internal Revenue Service (99)	▶ Go to www.irs.gov/ScheduleC for instructions and the latest information. ▶ Attach to Form 1040, 1040NR, or 1041; partnerships generally must file Form 1065.	2018 Attachment Sequence No. 09

Name of proprietor		Social security number (SSN)
A	Principal business or profession, including product or service (see instructions)	B Enter code from instructions ▶
C	Business name. If no separate business name, leave blank.	D Employer ID number (EIN) (see instr.)
E	Business address (including suite or room no.) ▶ _____ City, town or post office, state, and ZIP code	
F	Accounting method: (1) ☐ Cash (2) ☐ Accrual (3) ☐ Other (specify) ▶ _____	
G	Did you "materially participate" in the operation of this business during 2018? If "No," see instructions for limit on losses	☐ Yes ☐ No
H	If you started or acquired this business during 2018, check here ▶ ☐	
I	Did you make any payments in 2018 that would require you to file Form(s) 1099? (see instructions)	☐ Yes ☐ No
J	If "Yes," did you or will you file required Forms 1099?	☐ Yes ☐ No

Porción del Anexo C de 2018

Línea B: Ingrese el código de seis dígitos que se encuentra en las instrucciones del Anexo C para designar el tipo de negocio. Si el tipo de compañía del contribuyente no figura en la lista, busque un código de actividad profesional o de negocios principal similar. No importa qué tan seguro pueda estar sobre qué código utilizar, intente no usar el código de negocio 999999, *Negocio Desconocido*; el negocio con este código es significativamente más propenso a ser auditado por el IRS debido a la falta de información provista por el uso de ese código.

Línea C: Ingrese el nombre de la empresa, si corresponde. Si la empresa no tiene un nombre, deje la línea en blanco.

Línea D: Ingrese el número de identificación del empleador (EIN). El/la contribuyente habría obtenido este número al completar y enviar el Formulario SS-4 en línea al IRS. Si no hay un EIN, ingrese el SSN del contribuyente en la parte superior indicada en la página. Recuerde que, como propiedad individual , la empresa solo necesita un EIN en los siguientes casos:

➤ La empresa cuenta con un plan de jubilación calificado.

> ➤ The company is required to file an employment, an excise, or an alcohol, tobacco, or firearms return.
> ➤ At least part of the company involves paying gambling winnings.

Line E: Business address. Enter the physical address of the business, not a PO Box number. If the business has a suite or room number, make sure that it is entered as well. If the business was conducted from the taxpayer's home and if it is the same address used on Form 1040, page 1, do not complete this line.

Line F: Select which accounting method was used by the business during the tax year.

Line G: Material Participation

A business is a passive activity if the owner does not regularly participate in the day to day operations of the business. Rental activity is the most common type of passive activity, but it is far from the only kind. If the business experienced a passive activity loss, the loss may be limited by reducing the percentage of the business's income that can be taxed, but only if the taxpayer can show that they materially participated in the business. "Material participation" is when an owner of a passive activity takes part in the business' operations even though they typically wouldn't.

To be able to limit losses by claiming "material participation", the taxpayer must meet any of the seven material participation tests that form the requirements we list below. These generally cover any work done in connection with an activity in which one owned an interest at the time the work was completed. However, work is considered participation if it is work that the owner would not customarily do in the same type of activity and if one of the main reasons for doing the work was to avoid the disallowance of losses or credits from the activity under the passive activity rules.

If the taxpayer meets any of these tests, check "yes" on line g; otherwise, check "No". For the purposes of the passive activity rules, any of the following requirements must be met to be considered to have materially participated:

> ➤ The taxpayer substantially participated in the activity on a regular and continuous basis for more than 500 hours during the tax year.
> ➤ If the taxpayer participated during the tax year as much as any other person in the company, the 500-hour minimum is reduced to 100.
> ➤ A significant participation passive activity is any trade or business activity in which you participated for more than 100 hours during the tax year, but you did not materially participate. In order to materially participate, you must meet one of several tests to determine if a business is or is not a passive activity. Generally, material participation includes being involved in the operations of any activity on a standard, continual, and significant basis.
> ➤ The taxpayer materially participated in the activity for any 5 of the prior 10 tax years.
> ➤ The taxpayer is in a personal service activity in which the taxpayer materially participated for any three prior tax years. A personal service activity is an activity that involves performing personal services in the fields of health, law, engineering, architecture, accounting, consulting, or any other trade or business in which capital is not a material income-producing factor.

➢ Se requiere que la compañía presente una declaración de empleo, un impuesto especial o de alcohol, tabaco o armas de fuego.
➢ Al menos parte de la empresa implica pagar ganancias de juego.

Línea E: Dirección comercial. Introduzca la dirección física de la empresa, no un número de apartado postal. Si el negocio tiene un número de suite o habitación, asegúrese de que también se ingrese. Si el negocio se realizó desde la casa del contribuyente y si es la misma dirección que se usa en el Formulario 1040, página 1, no complete esta línea.

Línea F: Seleccione qué método contable fue utilizado por la empresa durante el año fiscal.

Línea G: Participación material

Un negocio es una actividad pasiva si el propietario no participa regularmente en las operaciones diarias del negocio. La actividad de alquiler es el tipo más común de actividad pasiva, pero está lejos de ser el único. Si la empresa experimentó una pérdida de actividad pasiva, la pérdida puede limitarse al reducir el porcentaje de los ingresos de la empresa que se pueden gravar, pero solo si el/la contribuyente puede demostrar que participó materialmente en la empresa. La "participación material" se produce cuando un propietario de una actividad pasiva participa en las operaciones de la empresa, aunque normalmente no lo haría.

Para poder limitar las pérdidas al reclamar la "participación material", el/la contribuyente debe cumplir con cualquiera de las siete pruebas de participación material que conforman los requisitos que enumeramos a continuación. En general, cubren cualquier trabajo realizado en relación con una actividad en la que uno tenía una participación en el momento en que se completó el trabajo. Sin embargo, el trabajo se considera participación si es un trabajo que el propietario no haría habitualmente en el mismo tipo de actividad y si una de las razones principales para hacer el trabajo era evitar el rechazo de pérdidas o créditos de la actividad bajo las reglas de actividad pasiva.

Si el/la contribuyente cumple con cualquiera de estas pruebas, marque "sí" en la línea g; de lo contrario, marque "No". Para las reglas de actividad pasiva, se debe cumplir cualquiera de los siguientes requisitos para que se considere que ha participado significativamente:

➢ El/la contribuyente participó sustancialmente en la actividad de forma regular y continua durante más de 500 horas durante el año fiscal.
➢ Si el/la contribuyente participó durante el año fiscal tanto como cualquier otra persona en la empresa, el mínimo de 500 horas se reduce a 100.
➢ Una actividad pasiva de participación material es cualquier actividad comercial o de negocios en la que participó durante más de 100 horas durante el año fiscal, pero no participó materialmente. Para participar materialmente, debe cumplir con una de varias pruebas para determinar si una empresa es o no una actividad pasiva. En general, la participación material incluye estar involucrado en las operaciones de cualquier actividad sobre una base estándar, continua y significativa.
➢ El/la contribuyente participó en la actividad durante 5 de los 10 años tributarios anteriores.
➢ El/la contribuyente está en una actividad de servicio personal en la que el/la contribuyente participó materialmente por cualquiera de los tres años fiscales anteriores. Una actividad de servicio personal es una actividad que implica realizar servicios personales en los campos de salud, derecho, ingeniería, arquitectura, contabilidad, consultoría o cualquier otra actividad comercial o negocio en el que el capital no sea un factor importante que genere ingresos.

> ➤ Participation in managing the activity does not count in determining if the taxpayer meets this test if any person other than the taxpayer did the following:
>   - o Received compensation for performing management services in connection with the activity.
>   - o Spent more hours during the tax year doing other activities than he or she spent performing management services in connection with the activity, regardless of whether the person was compensated for the service.

Line H: If the business was started or acquired in the current tax year, check the box.

Line I: If the taxpayer made any payments that would require the taxpayer to file Form(s) 1099, check yes; otherwise, check no.

Part I: Income

Gross Income Receipts. Self-employment income is income earned from the performance of personal services that cannot be classified as wages because an employer-employee relationship does not exist between the payer and the payee because they the same person. A self-employment tax is imposed on any U.S. citizen or resident alien who has self-employment income. If one is self-employed in a business that provides services (where products are not a factor), the gross income goes on line 7 of Schedule C and also includes amounts reported on Form 1099-MISC.

Different Kinds of Income. The taxpayer must report on his or her tax return all income received in business unless it is excluded by law. In most circumstances, income will be in the form of cash, checks, and credit card charges. Bartering is another form of income and its fair market value must be included as income.

Example: Ernest operates a plumbing business and uses the cash method of accounting. Jim owns a computer store and contacted Ernest to discuss fixing the clogged pipes in his store in exchange for a laptop for Ernest's business. This is business-to-business bartering. If Ernest accepts the deal, he must report the fair market value of the laptop as income because it was the "wage" he received in exchange for his service.

Miscellaneous Income. If one is self-employed in a business involving manufacturing, merchandising, or mining, the gross income on line 7 of Schedule C is the total sales from that business, minus the cost of goods sold, and plus any income from investments and incidental or outside operations or sources. If the taxpayer is involved in more than one business, a separate Schedule C is filed for each business (for example, newspaper delivery and computer consulting). Other income commonly includes bank interest, rebates, and reimbursements from government food programs for a daycare provider.

Part I	Income		
1	Gross receipts or sales. See instructions for line 1 and check the box if this income was reported to you on Form W-2 and the "Statutory employee" box on that form was checked . . . . ▶ ☐	1	
2	Returns and allowances	2	
3	Subtract line 2 from line 1	3	
4	Cost of goods sold (from line 42)	4	
5	**Gross profit.** Subtract line 4 from line 3	5	
6	Other income, including federal and state gasoline or fuel tax credit or refund (see instructions)	6	
7	**Gross income.** Add lines 5 and 6 . . . . ▶	7	

Portion of 2018 Schedule C

> La participación en la gestión de la actividad no cuenta para determinar si el/la contribuyente cumple con esta prueba si alguna otra persona que no sea el/la contribuyente hizo lo siguiente:
> - Recibió una compensación por la prestación de servicios de gestión en relación con la actividad.
> - Pasó más horas durante el año tributario realizando otras actividades que las que él o ella dedicó para realizar servicios de administración en relación con la actividad, independientemente si la persona fue compensada por el servicio.

Línea H: Si el negocio se inició o se adquirió en el año fiscal actual, marque la casilla.

Línea I: Si el/la contribuyente realizó algún pago que requiriera que el/la contribuyente presente el (los) Formulario(s) 1099, marque sí; de lo contrario, marque no.

Parte I: Ingresos

Recibos de ingresos brutos. El ingreso por trabajo como independiente es un ingreso que se obtiene del desempeño de servicios personales que no pueden clasificarse como salarios porque no existe una relación empleador-empleado entre el pagador y el beneficiario porque son la misma persona. Se impone un impuesto de trabajo como independiente a cualquier ciudadano estadounidense o extranjero residente que tenga ingresos de trabajo como independiente. Si trabaja por cuenta propia en una empresa que brinda servicios (donde los productos no son un factor), el ingreso bruto se incluye en la línea 7 del Anexo C y también incluye los montos declarados en el Formulario 1099-MISC.

Diferentes tipos de ingresos. El/la contribuyente debe declarar en su declaración de impuestos todos los ingresos recibidos en el negocio a menos que esté excluido por la ley. En la mayoría de los casos, los ingresos serán en efectivo, cheques y cargos de tarjeta de crédito. El trueque es otra forma de ingreso y su valor justo de mercado debe incluirse como ingreso.

Ejemplo: Ernest opera un negocio de plomería y utiliza el método contable en efectivo. Jim es dueño de una tienda de computadoras y se comunicó con Ernest para discutir la reparación de las tuberías obstruidas en su tienda a cambio de una computadora portátil para el negocio de Ernest. Esto es un trueque de negocio a negocio. Si Ernest acepta el trato, debe declarar el valor justo de mercado de la computadora portátil como ingresos porque fue el "salario" que recibió a cambio de su servicio.

Ingresos misceláneos. Si uno es un trabajador independiente en un negocio que involucra manufactura, comercialización o minería, el ingreso bruto en la línea 7 del Anexo C es el total de ventas de ese negocio, menos el costo de los bienes vendidos, más cualquier ingreso por inversiones y gastos incidentales u Operaciones o fuentes externas. Si el/la contribuyente está involucrado en más de un negocio, se presenta un Anexo C separado para cada negocio (por ejemplo, entrega de periódico y consultoría informática). Otros ingresos comúnmente incluyen intereses bancarios, bonificaciones y reembolsos de programas de alimentos del gobierno para un proveedor de guardería.

Part I	Income				
1	Gross receipts or sales. See instructions for line 1 and check the box if this income was reported to you on Form W-2 and the "Statutory employee" box on that form was checked . . . . ▶ ☐	1			
2	Returns and allowances	2			
3	Subtract line 2 from line 1	3			
4	Cost of goods sold (from line 42)	4			
5	**Gross profit.** Subtract line 4 from line 3	5			
6	Other income, including federal and state gasoline or fuel tax credit or refund (see instructions)	6			
7	**Gross income.** Add lines 5 and 6 . . . . ▶	7			

Porción del Anexo C de 2018

Line 1: Enter the gross receipts for the year from the trade or business. Include all amounts received, even if the income was not reported on Form 1099-MISC.

Line 2: Enter returns and allowances for the year from the trade or business. Even though this amount will be subtracted later, make sure it is entered here as a positive number. A sales return is a refund given to the taxpayer's customers who returned defective, damaged, or unwanted products.

Line 6: Report all amounts from finance reserve income, scrap sales, bad debts recovered, interest (on notes and accounts receivable), state gasoline or fuel tax refunds received in 2018, the amount of credit for biofuel claimed on line 2 of Form 6478, or any credit for biodiesel and renewable diesel fuels for federal taxes paid (topic is beyond the scope of this course). Prizes and awards related to the trade or business and other miscellaneous business income are also reported on line 6.

Part II: Expenses

To be a deductible business expense, the tangible or nontangible item must be either ordinary or necessary. An ordinary expense is an expense that is common, standard, and accepted in the taxpayer's industry. A necessary expense is one that is helpful and appropriate for the taxpayer's trade or business. An expense does not have to be indispensable to be considered necessary. The taxpayer needs to keep records of their expenses no matter how minimal the payment is. Documentation is the key if the taxpayer is ever audited for proof of expenses.

Part II	Expenses. Enter expenses for business use of your home **only** on line 30.					
8	Advertising	8		18	Office expense (see instructions)	18
9	Car and truck expenses (see instructions)	9		19	Pension and profit-sharing plans	19
10	Commissions and fees	10		20	Rent or lease (see instructions):	
11	Contract labor (see instructions)	11		a	Vehicles, machinery, and equipment	20a
12	Depletion	12		b	Other business property	20b
13	Depreciation and section 179 expense deduction (not included in Part III) (see instructions)	13		21	Repairs and maintenance	21
				22	Supplies (not included in Part III)	22
				23	Taxes and licenses	23
				24	Travel and meals:	
14	Employee benefit programs (other than on line 19)	14		a	Travel	24a
15	Insurance (other than health)	15		b	Deductible meals (see instructions)	24b
16	Interest (see instructions):			25	Utilities	25
a	Mortgage (paid to banks, etc.)	16a		26	Wages (less employment credits)	26
b	Other	16b		27a	Other expenses (from line 48)	27a
17	Legal and professional services	17		b	Reserved for future use	27b

Portion of 2018 Schedule C

The following examples are expenses that can be deducted:

Line 8: Advertising: Advertising is communicating with the general public to promote a product or service that the business provides. All advertising expenses can generally be deducted if the expense is related to the business. Advertising for purposes of influencing legislation is not deductible as this is considered lobbying, which is beyond the scope of this course.

Line 9: Car and Truck Expenses: Expenses used for business can be deducted as a business expense. Vehicle expenses include gasoline, oil, repairs, license tags, insurance, and depreciation. For 2018, the mileage rate for claiming expenses was 54.5 cents per mile; for 2019, the mileage rate is 58 cents per mile. The standard mileage rate for each mile of business use can be used for the taxpayer's owned or leased vehicle. The standard mileage rate cannot be used if five or more cars or light trucks are used at the same time.

Línea 1: Coloque los ingresos brutos del año de la actividad o negocio. Incluya todas las cantidades recibidas, aun cuando los ingresos no se declaren en el Formulario 1099-MISC.

Línea 2: Ingrese las devoluciones y asignaciones para el año de la actividad o negocio. Aunque esta cantidad se restará más adelante, asegúrese de que se ingrese aquí como un número positivo. Una devolución de venta es un reembolso que se otorga a los clientes del contribuyente que devolvieron productos defectuosos, dañados o no deseados.

Línea 6: Declare todos los montos provenientes de ingresos de reservas financieras, ventas de chatarra, deudas incobrables recuperadas, intereses (en notas y cuentas por cobrar), reembolsos de impuestos estatales a la gasolina o combustible recibidos en 2018, el monto del crédito por biocombustible reclamado en la línea 2 del Formulario 6478, o cualquier crédito por biodiesel y combustibles diésel renovables para impuestos federales pagados (este contenido está fuera del alcance de este curso). Los premios y las gratificaciones relacionadas con la actividad o negocio y otros ingresos comerciales diversos también se declaran en la línea 6.

Parte II: Gastos

Para ser un gasto comercial deducible, el elemento tangible o no tangible debe ser ordinario o necesario. Un gasto ordinario es un gasto que es común, estándar y aceptado en la industria del contribuyente. Un gasto necesario es un gasto útil y apropiado para la actividad o negocio del contribuyente. Un gasto no tiene que ser indispensable para ser considerado necesario. El/la contribuyente debe mantener registros de sus gastos, sin importar lo mínimo que sea el pago. La documentación es la clave si el/la contribuyente es auditado para la prueba de gastos.

Part II	Expenses. Enter expenses for business use of your home **only** on line 30.					
8	Advertising	8		18	Office expense (see instructions)	18
9	Car and truck expenses (see instructions)	9		19	Pension and profit-sharing plans	19
10	Commissions and fees	10		20	Rent or lease (see instructions):	
11	Contract labor (see instructions)	11		a	Vehicles, machinery, and equipment	20a
12	Depletion	12		b	Other business property	20b
13	Depreciation and section 179 expense deduction (not included in Part III) (see instructions)	13		21	Repairs and maintenance	21
				22	Supplies (not included in Part III)	22
				23	Taxes and licenses	23
				24	Travel and meals:	
14	Employee benefit programs (other than on line 19)	14		a	Travel	24a
15	Insurance (other than health)	15		b	Deductible meals (see instructions)	24b
16	Interest (see instructions):			25	Utilities	25
a	Mortgage (paid to banks, etc.)	16a		26	Wages (less employment credits)	26
b	Other	16b		27a	Other expenses (from line 48)	27a
17	Legal and professional services	17		b	Reserved for future use	27b

Porción del Anexo C de 2018

Los siguientes ejemplos son gastos que pueden ser deducidos:

Línea 8: Publicidad: La publicidad se está comunicando con el público en general para promover un producto o servicio que proporciona la empresa. Todos los gastos de publicidad generalmente se pueden deducir si el gasto está relacionado con el negocio. La publicidad con el propósito de influir en la legislación no es deducible ya que se considera lobbying, lo que está fuera del alcance de este curso.

Línea 9: Gastos de auto y camión: Los gastos que se utilizan para los negocios se pueden deducir como un gasto comercial. Los gastos de vehículo incluyen gasolina, aceite, reparaciones, etiquetas de licencia, seguro y depreciación. Para 2018, la tasa de kilometraje para reclamar gastos fue de 54.5 centavos por milla; para 2019, la tasa de kilometraje es de 58 centavos por milla. Es posible usar la tasa estándar por milla para cada milla de uso comercial del vehículo adquirido o alquilado por el/la contribuyente. La tasa estándar por milla no se puede aplicar si se usan cinco o más autos o camionetas al mismo tiempo.

The taxpayer may choose between using the actual expenses incurred by using the vehicle or using the standard mileage rate. Report the expense amount on Schedule C, Part II, line 9. The taxpayer should include the following in his or her daily business mileage log:

➢ Beginning mileage.
➢ Ending mileage.
➢ Commuting mileage.

Remember, ordinary business-related meals are 50% deductible if business travel is either overnight or long enough to require the taxpayer to stop for sleep or rest to properly perform his or her duties. The taxpayer should note the destination and the reason for travel on a daily business mileage document.

Line 10: Commissions and Fees: A commission is a service charge for providing advice or an investment purchase for the taxpayer. The commission must be ordinary and necessary for the type of business the taxpayer claims. Expenses paid for services rendered by a nonemployee could be considered commissions or fees. If more than $600 is paid to one individual, Form 1099-MISC must be filed, and a copy of the form should be issued to the independent contractor by January 31 of the following year. A copy of the form must be sent to the taxpayer who rendered the work; a copy must also be sent to the IRS along with Form 1096, which is beyond the scope of this course.

Line 11: Contract Labor: Contract labor includes payments to individuals that are not employees, such as independent contractors. Report the payment amounts on this line.

Line 12: Depletion: Depletion is only deducted when a taxpayer has an economic interest in mineral property such as oil, gas, and standing timber reported on this line. This is beyond the scope of this course.

Line 13: Depreciation: Depreciation is the annual deduction that is allowed or allowable on all qualified business property reported on this line.

Line 14: Employee Benefit Programs: Employee benefit programs are an expense for the business owner and include retirement plans, disability insurance, life insurance, education assistance and vacation and holiday pay. Expenses for employees such as accidents, health plans, dependent-care expenses, and group life insurance plans can be deducted on this line.

Line 15: Insurance: The following business insurance premiums may be deducted on this line:

➢ Liability insurance.
➢ Malpractice insurance.
➢ Casualty insurance, such as fire or theft.
➢ Workers' compensation insurance.
➢ Disability insurance that covers the business's overhead expenses if the sole proprietor becomes unable to work.
➢ Bond insurance.
➢ Insurance to cover inventory and merchandise.
➢ Credit insurance.
➢ Business interruption insurance.

El/la contribuyente puede elegir entre usar los gastos reales incurridos al usar el vehículo o usar la tarifa estándar por milla. Declare la cantidad del gasto en el Anexo C, Parte II, línea 9. El/la contribuyente debe incluir lo siguiente en su registro diario de kilometrajes para el negocio:

➢ Kilometraje inicial.
➢ Kilometraje final.
➢ Kilometraje de desplazamiento.

Recuerde, las comidas ordinarias relacionadas con los negocios son deducibles en un 50% si los viajes de negocios se hacen durante la noche o son lo suficientemente largos como para exigir que el/la contribuyente se detenga para dormir o descansar para cumplir con sus obligaciones adecuadamente. El/la contribuyente debe anotar el destino y el motivo del viaje en un documento de kilometraje diario de trabajo.

Línea 10: Comisiones y honorarios: Una comisión es un cargo por servicio por proporcionar asesoramiento o una compra de inversión para el/la contribuyente. La comisión debe ser ordinaria y necesaria para el tipo de negocio que el/la contribuyente reclama. Los gastos pagados por los servicios prestados por una persona no empleada podrían considerarse comisiones u honorarios. Si se paga más de $600 a una persona, se debe presentar el Formulario 1099-MISC, y se debe emitir una copia del formulario al contratista independiente antes del 31 de enero del año siguiente. Se debe enviar una copia del formulario al contribuyente que realizó el trabajo; también se debe enviar una copia al IRS junto con el Formulario 1096, que está fuera del alcance de este curso.

Línea 11: Mano de obra contratada: La mano de obra contratada incluye pagos a individuos que no son empleados, como contratistas independientes. Declare los montos de pago en esta línea.

Línea 12: Agotamiento: El agotamiento solo se deduce cuando un/a contribuyente tiene un interés económico en propiedades minerales como petróleo, gas y madera en pie que se declara en esta línea. Esto está fuera del alcance de este curso.

Línea 13: Depreciación: La depreciación es la deducción anual que se permite o es permisible en todas las propiedades comerciales calificadas declaradas en esta línea. Esto será discutido en un capítulo posterior.

Línea 14: Programas de beneficios para empleados: Los programas de beneficios para empleados son un gasto para el propietario de la empresa e incluyen planes de jubilación, seguro de discapacidad, seguro de vida, asistencia educativa, vacaciones y pago de días feriados. Los gastos para los empleados como accidentes, planes de salud, gastos de cuidado de dependientes y planes de seguro de vida grupales se pueden deducir en esta línea.

Línea 15: Seguro: Las siguientes primas de seguros comerciales se pueden deducir en esta línea:

➢ Seguro de responsabilidad.
➢ Seguro de mala praxis.
➢ Seguro de accidentes, como incendio o robo.
➢ Seguro de indemnización de trabajadores.
➢ Seguro de discapacidad que cubre los gastos generales del negocio si el propietario único no puede trabajar.
➢ Seguro de bonos.
➢ Seguro para cubrir inventario y mercadería.
➢ Seguro de crédito.
➢ Seguro de interrupción de negocios

One who is self-employed may qualify to deduct up to 100% of the medical insurance premiums paid for him or herself and his or her family on Form 1040, Schedule 1, line 29. To take the deduction, the insurance plan must be established under the business, and the business must make a profit.

Line 16: Interest: The following are examples of deductible interest reported on this line:

> ➢ The portion of mortgage interest related to the business.
> ➢ If auto is used in business, business percentage of the auto loan interest.
> ➢ Interest capitalization.
> ➢ Interest on business purchases.

Line 17: Legal and Professional Fees: The following are examples of deductible legal and professional expenses on this line:

> ➢ Bookkeeping and accounting fees.
> ➢ Tax preparation fees for business tax preparation.
> ➢ Business-related attorney's fees.

Line 18: Office Expense: Office expenses that are not included in office-in-home expenses are deducted here. The following are examples of deductible expenses on this line:

> ➢ Postage
> ➢ Office supplies

Line 19: Pension and Profit-Sharing Plans: Deduct the contribution portion of an employee's pension or profit-sharing plan that is paid as a benefit to the employee using this line.

Line 20: Rent or Lease: Schedule C, Part II, line 20a, is used for the lease of vehicles, machinery, and equipment rentals. Part II, line 20b is used for leasing other rental property, such as rent for an office, building, or warehouse.

Line 21: Repairs and Maintenance: Repairs and maintenance of equipment, offices, buildings, or structures are deductible expenses and should include the cost of labor and supplies on this line.

Line 22: Supplies: Ordinary and necessary expenses that are not included in inventory should be deducted on this line.

Line 23: Taxes and Licenses: The following are examples of deductible expenses on this line:

> ➢ License and regulatory fees for the trade or business.
> ➢ Real estate and personal property taxes on business assets.
> ➢ State and local sales taxes imposed for the selling of goods or services.
> ➢ Social security and Medicare taxes paid to match employee wages.
> ➢ Paid federal unemployment tax.
> ➢ Federal highway use tax.
> ➢ Contributions to a state unemployment insurance fund or to a disability benefit fund if the contributions are considered taxes under state law.

Un trabajador independiente puede calificar para deducir hasta el 100% de las primas de seguro médico pagadas por él y su familia en el Formulario 1040, Anexo 1, línea 29. Para tomar la deducción, el plan de seguro debe establecerse bajo el negocio, y el negocio debe obtener una ganancia.

Línea 16: Interés: Los siguientes son ejemplos de intereses deducibles declarados en esta línea:

> - La parte de los intereses hipotecarios relacionados con el negocio.
> - Si el auto se usa en el negocio, el porcentaje de negocios del auto crea un interés.
> - Capitalización de intereses.
> - Intereses en compras de negocios.

Línea 17: Honorarios legales y profesionales: Los siguientes son ejemplos de gastos legales y profesionales deducibles en esta línea:

> - Gastos de mantenimiento de registros y contabilidad.
> - Gastos de preparación de impuestos para la preparación de impuestos comerciales.
> - Honorarios de abogados relacionados con la empresa.

Línea 18: Gasto de oficina: Aquí se deducen los gastos de oficina que no están incluidos en los gastos de oficina en el hogar. Los siguientes son ejemplos de gastos deducibles en esta línea:

> - Franqueo
> - Material de oficina

Línea 19: Pensiones y planes de participación en las ganancias: Deduzca la parte de contribución de la pensión de un empleado o el plan de participación en los beneficios que se paga como un beneficio para el empleado que utiliza esta línea.

Línea 20: Alquiler o arrendamiento: La parte II, línea 20a se usa para arrendar otras propiedades de alquiler, como el alquiler de una oficina, edificio o almacén. La parte II, línea 20b se usa para arrendar otras propiedades de alquiler, como el alquiler de una oficina, edificio o almacén.

Línea 21: Reparaciones y mantenimiento: Las reparaciones y el mantenimiento de equipos, oficinas, edificios o estructuras son gastos deducibles y deben incluir el costo de mano de obra y suministros en esta línea.

Línea 22: Suministros: Los gastos ordinarios y necesarios que no están incluidos en el inventario deben deducirse en esta línea.

Línea 23: Impuestos y licencias: Los siguientes son ejemplos de gastos deducibles en esta línea:

> - Licencia y tarifas regulatorias para la actividad o negocio.
> - Impuestos sobre bienes muebles y bienes inmuebles sobre activos empresariales.
> - Impuestos estatales y locales a las ventas impuestas por la venta de bienes o servicios.
> - Impuestos de seguro social y Medicare pagados para igualar los salarios de los empleados.
> - Impuesto federal de desempleo pagado.
> - Impuesto federal sobre el uso de la carretera.
> - Contribuciones a un fondo estatal de seguro de desempleo o a un fondo de beneficios por discapacidad se consideran impuestos según la ley estatal.

Do not deduct the following:

➤ Federal income tax, including the self-employment tax.
➤ Estate and gift taxes.
➤ Taxes used to pay for improvements, such as paving and sewers.
➤ Taxes on the taxpayer's primary residence.
➤ State and local sales taxes on property purchased for use in the business.
➤ State and local sales taxes imposed on the buyer that were required to be collected and paid to state and local governments.
➤ Other taxes and licenses fees not related to the business.

Line 24a: Travel: The following are examples of ordinary and necessary business travel expenses that can be deducted on this line:

➤ Business airfare.
➤ Hotels for business trips.
➤ Taxi fares and tips while on business.

Example: Gladys lives in Seattle, Washington and is a paid tax practitioner. She went to the Latino Tax Fest to learn the latest tax law and updates. The Fest was held on Tuesday, Wednesday, and Thursday. Gladys flew from Seattle, WA to Las Vegas, Nevada on Sunday and then flew home on Friday. Her ordinary and necessary expenses are the above costs that were incurred during the days of the convention, not the costs that were incurred on Sunday, Monday and Friday. Her meals and hotel room on Sunday, Monday and Friday are not a business expense.

Line 24b: Meals: Include expenses for meals and entertainment while traveling away from home on this line.

Line 25: Utilities: Utility expenses include water, gas, electric, and telephone costs. Business telephone expenses do not include the base rate for any personal phone lines into the taxpayer's house, even if they are used for the business. If the taxpayer has additional costs related to the business use of the phone, such as long-distance calls, the taxpayer can deduct those expenses on this line. If the taxpayer has a dedicated second phone line for business, all expenses may be deducted in regard to the second phone line via this line.

Line 26: Wages: The gross amount paid in wages (minus employment credits) to employees is deducted from the business' gross income. If the taxpayer paid him or herself, the wages cannot be deducted. This is considered a *draw* and is not a deductible expense for this line.

Line 27: Other Expenses: Other expenses are deducted in Part V of Schedule C, and the total amount of any deductions in Part V is reported here. Other expenses include any expense that is not described elsewhere and is both ordinary and necessary in the operation of the taxpayer's business.

No deduzca lo siguiente:

➢ Impuesto federal sobre la renta, incluyendo el impuesto sobre el trabajo independiente.
➢ Impuestos sobre bienes y donaciones.
➢ Impuestos utilizados para pagar mejoras, como pavimentación y alcantarillado.
➢ Impuestos sobre la vivienda primaria del contribuyente.
➢ Impuestos de ventas estatales y locales sobre la propiedad comprada para uso en el negocio.
➢ Los impuestos estatales y locales sobre las ventas impuestas al comprador que debían cobrarse y pagarse a los gobiernos estatales y locales.
➢ Otros impuestos y tasas de licencias no relacionadas con el negocio.

Línea 24a: Viajes: Los siguientes son ejemplos de gastos de viaje de negocios ordinarios y necesarios que se pueden deducir en esta línea:

➢ Tarifa aérea de negocios.
➢ Hoteles para viajes de negocios.
➢ Tarifas de taxi y propinas en viaje de negocios.

Ejemplo: Gladys vive en Seattle, Washington y es una especialista de impuestos remunerada. Ella fue a Latino Tax Fest para conocer las últimas leyes y actualizaciones fiscales. El evento se celebró el martes, miércoles y jueves. Gladys voló desde Seattle, WA a Las Vegas, Nevada el domingo y luego voló a casa el viernes. Sus gastos ordinarios y necesarios son los costos anteriores en los que incurrió durante los días de la convención, no los costos en que incurrió el domingo, lunes y viernes. Sus comidas y la habitación del hotel el domingo, lunes y viernes no son un gasto de negocios.

Línea 24b: Comidas: En esta línea incluya los gastos de comidas y entretenimiento mientras viaja lejos de casa.

Línea 25: Servicios públicos: Los gastos de servicios públicos incluyen los costos de agua, gas, electricidad y teléfono. Los gastos de telefonía comercial no incluyen la tarifa base para las líneas telefónicas personales en la casa del contribuyente, incluso si se utilizan para el negocio. Si el/la contribuyente tiene costos adicionales relacionados con el uso comercial del teléfono, como las llamadas de larga distancia, el/la contribuyente puede deducir esos gastos en esta línea. Si el/la contribuyente tiene una segunda línea telefónica dedicada para negocios, todos los gastos pueden ser deducidos con respecto a la segunda línea telefónica a través de esta línea.

Línea 26: Salarios: El monto bruto pagado en salarios (menos créditos de empleo) a los empleados se deduce del ingreso bruto de la empresa. Si el/la contribuyente se pagó a sí mismo, no se pueden deducir los salarios. Esto se considera una ganancia y no es un gasto deducible para esta línea.

Línea 27: Otros gastos: Otros gastos se deducen en la Parte V del Anexo C, y el monto total de las deducciones en la Parte V se informa aquí. Otros gastos incluyen cualquier gasto que no se describa en otra parte y es tanto ordinario como necesario en la operación del negocio del contribuyente.

Line 30: Business Use of the Home

28	**Total expenses** before expenses for business use of home. Add lines 8 through 27a . . . . ▶	**28**
29	Tentative profit or (loss). Subtract line 28 from line 7	**29**
30	Expenses for business use of your home. Do not report these expenses elsewhere. Attach Form 8829 unless using the simplified method (see instructions). **Simplified method filers only:** enter the total square footage of: (a) your home: _____ and (b) the part of your home used for business: _____ . Use the Simplified Method Worksheet in the instructions to figure the amount to enter on line 30	**30**
31	**Net profit or (loss).** Subtract line 30 from line 29. • If a profit, enter on both **Schedule 1 (Form 1040), line 12** (or Form 1040NR, line 13) and on **Schedule SE, line 2.** (If you checked the box on line 1, see instructions). Estates and trusts, enter on **Form 1041, line 3.** • If a loss, you **must** go to line 32.	**31**
32	If you have a loss, check the box that describes your investment in this activity (see instructions). • If you checked 32a, enter the loss on both **Schedule 1 (Form 1040), line 12** (or **Form 1040NR, line 13**) and on **Schedule SE, line 2.** (If you checked the box on line 1, see the line 31 instructions). Estates and trusts, enter on **Form 1041, line 3.** • If you checked 32b, you **must** attach **Form 6198.** Your loss may be limited.	**32a** ☐ All investment is at risk. **32b** ☐ Some investment is not at risk.

Portion of 2018 Schedule C

Report the total amount of expenses from business use of the home on Line 30 of the Schedule C. This amount is typically determined by completing Form 8829.

Form 8829: Office in the Home

Self-employed taxpayers may be able to use Form 8829, *Expenses for Business Use of Your Home,* to claim deductions for certain expenses for business use of his or her home. To qualify for these deductions, the taxpayer must show that they used a space (such as an office) in the home exclusively and regularly for business. The amount of deduction a taxpayer can receive is based on what percent of the house's total square footage is being used for the business.

Example: Monica has an office she exclusively uses to manage and run her catering business. To receive a deduction for her home business expenses, Monica would divide the square footage of her office by the total square footage of her home to find the percentage of expense she can deduct. If her office is 130 square feet and her home is 1000 square feet, then the percentage of her expenses she can deduct would be 13%.

Day-care providers would use Form 8829 to report expenses based on the amount hours spent caring for children or disabled dependents. The time also includes time spent cleaning the house before and after children arrive or leave as well as time spent preparing activities for the children.

Form **8829**	**Expenses for Business Use of Your Home** ▶ File only with Schedule C (Form 1040). Use a separate Form 8829 for each home you used for business during the year. ▶ Go to *www.irs.gov/Form8829* for instructions and the latest information.	OMB No. 1545-0074 20**18** Attachment Sequence No. **176**
Department of the Treasury Internal Revenue Service (99)		
Name(s) of proprietor(s)		Your social security number

Part I	**Part of Your Home Used for Business**			
1	Area used regularly and exclusively for business, regularly for daycare, or for storage of inventory or product samples (see instructions)	**1**		
2	Total area of home	**2**		
3	Divide line 1 by line 2. Enter the result as a percentage	**3**		%
	For daycare facilities not used exclusively for business, go to line 4. All others, go to line 7.			
4	Multiply days used for daycare during year by hours used per day	**4**	hr.	
5	Total hours available for use during the year (365 days x 24 hours) (see instructions)	**5**	8,760 hr.	
6	Divide line 4 by line 5. Enter the result as a decimal amount . . .	**6**	.	
7	Business percentage. For daycare facilities not used exclusively for business, multiply line 6 by line 3 (enter the result as a percentage). All others, enter the amount from line 3 . . . . . ▶	**7**		%

Portion of 2018 Schedule 8829

Segmento 3

Línea 30: Uso comercial del hogar

			28	
28	**Total expenses** before expenses for business use of home. Add lines 8 through 27a . . . . . . ▶		28	
29	Tentative profit or (loss). Subtract line 28 from line 7		29	
30	Expenses for business use of your home. Do not report these expenses elsewhere. Attach Form 8829 unless using the simplified method (see instructions). **Simplified method filers only:** enter the total square footage of: (a) your home: _____ and (b) the part of your home used for business: _____ . Use the Simplified Method Worksheet in the instructions to figure the amount to enter on line 30		30	
31	**Net profit or (loss).** Subtract line 30 from line 29. • If a profit, enter on both **Schedule 1 (Form 1040), line 12** (or **Form 1040NR, line 13**) and on **Schedule SE, line 2.** (If you checked the box on line 1, see instructions). Estates and trusts, enter on **Form 1041, line 3.** • If a loss, you **must** go to line 32.		31	
32	If you have a loss, check the box that describes your investment in this activity (see instructions). • If you checked 32a, enter the loss on both **Schedule 1 (Form 1040), line 12** (or **Form 1040NR, line 13**) and on **Schedule SE, line 2.** (If you checked the box on line 1, see the line 31 instructions). Estates and trusts, enter on **Form 1041, line 3.** • If you checked 32b, you **must** attach **Form 6198.** Your loss may be limited.		32a ☐ All investment is at risk. 32b ☐ Some investment is not at risk.	

Porción del Anexo C de 2018

Declare la cantidad total de gastos por uso comercial del hogar en la Línea 30 del Anexo C. Esta cantidad generalmente se determina al completar el Formulario 8829.

Formulario 8829: Oficina en el hogar

Los contribuyentes que trabajan como independientes pueden usar el Formulario 8829, *Gastos por el uso comercial de su hogar*, para reclamar deducciones por ciertos gastos por el uso comercial de su hogar. Para calificar para estas deducciones, el/la contribuyente debe demostrar que usó un espacio (como una oficina) en el hogar exclusiva y regularmente para negocios. La cantidad de deducción que un/a contribuyente puede recibir se basa en el porcentaje del total de pies cuadrados de la casa que se utiliza para el negocio.

Ejemplo: Mónica tiene una oficina que usa exclusivamente para dirigir y llevar a cabo su negocio de cátering. Para recibir una deducción por los gastos del negocio de su hogar, Mónica dividiría los pies cuadrados de su oficina por el total de pies cuadrados de su casa para encontrar el porcentaje de gastos que puede deducir. Si su oficina es de 130 pies cuadrados y su hogar es de 1000 pies cuadrados, entonces el porcentaje de sus gastos que puede deducir sería del 13%.

Los proveedores de cuidado diurno usarían el Formulario 8829 para declarar los gastos según la cantidad de horas dedicadas a la atención de niños o dependientes discapacitados. El tiempo también incluye el tiempo dedicado a limpiar la casa antes y después de que los niños lleguen o se vayan, así como el tiempo dedicado a preparar las actividades para los niños.

Form **8829**	**Expenses for Business Use of Your Home**	OMB No. 1545-0074
Department of the Treasury Internal Revenue Service (99)	▶ File only with Schedule C (Form 1040). Use a separate Form 8829 for each home you used for business during the year. ▶ Go to *www.irs.gov/Form8829* for instructions and the latest information.	20**18** Attachment Sequence No. **176**

Name(s) of proprietor(s)		Your social security number		
Part I **Part of Your Home Used for Business**				
1	Area used regularly and exclusively for business, regularly for daycare, or for storage of inventory or product samples (see instructions)		1	
2	Total area of home		2	
3	Divide line 1 by line 2. Enter the result as a percentage		3	%
	For daycare facilities not used exclusively for business, go to line 4. All others, go to line 7.			
4	Multiply days used for daycare during year by hours used per day	4	hr.	
5	Total hours available for use during the year (365 days x 24 hours) (see instructions)	5	8,760 hr.	
6	Divide line 4 by line 5. Enter the result as a decimal amount . . .	6	.	
7	Business percentage. For daycare facilities not used exclusively for business, multiply line 6 by line 3 (enter the result as a percentage). All others, enter the amount from line 3 . . . . . ▶		7	%

Parte del Formulario 8829 de 2018

If child-care providers do not use their entire home for childcare, they will use a combination of hours and square feet to determine business use. The home portion does not have to meet the exclusive-use test if the use is for an in-home day-care facility.

Business expenses that apply to a part of the taxpayer's home may be a deductible business expense if the part of the home was exclusively used on a regular basis in all of the following ways:

> ➤ As the principal place of business for any of the taxpayer's trade or business.
> ➤ As a place of business used by patients, clients, or customers to meet or deal during the normal course of trade or business.
> ➤ In connection with the trade or business if the office is a separate structure that is not attached to the taxpayer's home.

Some exceptions to the "space rule used on a regular basis" are certain day-care facilities and storage spaces used for inventory or product samples. The tax professional must determine whether the office in the home qualifies as the taxpayer's principal place of business.

To qualify the office in the home as the primary place of business, the following requirements must be met:

> ➤ The taxpayer uses the home exclusively and regularly for administrative or management activities of the taxpayer's trade or business.
> ➤ The taxpayer has no other fixed location where the taxpayer conducts substantial administrative or management activities of his or her trade or business.

Administrative or Management Activities. There are many activities that can be considered administrative or managerial in nature. Some of the most common include the following:

> ➤ Billing customers, clients, or patients.
> ➤ Keeping books and records.
> ➤ Ordering supplies.
> ➤ Setting up appointments.
> ➤ Writing reports or forwarding orders.

If the following activities are performed at another location, the taxpayer would be disqualified for being able to claim the home office deduction:

> ➤ The taxpayer conducts administrative or management activities at other locations other than the home.
> ➤ The taxpayer conducts administrative or management activities at places that are not fixed locations of his or her business, such as in a car or a hotel room.
> ➤ The taxpayer occasionally conducts administrative or management activities at an outside location not at his or her home.
> ➤ The taxpayer conducts substantial nonadministrative or nonmanagement business activities at a fixed location outside of the home.
> ➤ The taxpayer has suitable space to conduct administrative or management activities outside of his or her home but chooses to work at home for these activities.

Si los proveedores de cuidado infantil no usan todo su hogar para el cuidado infantil, usarán una combinación de horas y pies cuadrados para determinar el uso comercial. La parte del hogar no tiene que cumplir con la prueba de uso exclusivo si el uso es para una guardería en el hogar.

Los gastos comerciales que se aplican a una parte de la vivienda del contribuyente pueden ser un gasto comercial deducible si la parte de la vivienda se utilizó exclusivamente de forma regular de todas las siguientes maneras:

> Como el lugar principal de negocios para cualquier actividad o negocio del contribuyente.
> Como un lugar de negocios utilizado por los pacientes o clientes para reunirse o negociar durante el curso normal de la actividad o negocio.
> En relación con la actividad o negocio, si la oficina es una estructura separada que no está adjunta a la casa del contribuyente.

Algunas excepciones a la "regla de espacio utilizada regularmente" son ciertas instalaciones de guardería y espacios de almacenamiento utilizados para el inventario o muestras de productos. El profesional de impuestos debe determinar si la oficina en el hogar califica como el lugar principal de negocios del contribuyente.

Para calificar la oficina en el hogar como el lugar principal de negocios, se deben cumplir los siguientes requisitos:

> El/la contribuyente utiliza el hogar exclusiva y regularmente para actividades administrativas o de gestión de la actividad o negocio del contribuyente.
> El/la contribuyente no tiene otra ubicación fija donde el/la contribuyente realice actividades administrativas o de gestión sustanciales de su actividad o negocio.

Actividades administrativas o de gestión. Existen muchas actividades que pueden ser consideradas de naturaleza administrativa o gerencial. Algunos de los más comunes incluyen los siguientes:

> Facturación a clientes o pacientes.
> Mantenimiento de libros y registros.
> Pedido de suministros.
> Creación de citas.
> Redacción de informes o reenvío de pedidos.

Si las siguientes actividades se realizan en otro lugar, el/la contribuyente sería descalificado para poder reclamar la deducción de oficina en el hogar:

> El/la contribuyente realiza actividades administrativas o de gestión en otros lugares que no sean el hogar.
> El/la contribuyente realiza actividades administrativas o de gestión en lugares que no son ubicaciones fijas de su negocio, como en un automóvil o una habitación de hotel.
> El/la contribuyente ocasionalmente lleva a cabo actividades administrativas o de gestión en un lugar externo que no se encuentra en su hogar.
> El/la contribuyente realiza importantes actividades comerciales no administrativas en un lugar fijo fuera del hogar.
> El/la contribuyente tiene un espacio adecuado para llevar a cabo actividades administrativas o de gestión fuera de su hogar, pero opta por trabajar en el hogar para estas actividades.

Example: Fernando is a self-employed plumber. Most of Fernando's time is spent installing and repairing plumbing at customers' homes and offices. He has a small office in his home that he uses exclusively and regularly for the administrative or management activities of his business, such as calling customers, ordering supplies, and keeping his books. Fernando writes up estimates and records of work completed at his customers' premises but does not conduct any substantial administrative or management activities at any fixed location other than his home office. Fernando does not do his own billing. He uses a local bookkeeping service to bill his customers.

Because it is the only fixed location where he does his administrative and managerial activities, Fernando's home office qualifies as his principal place of business for deducting expenses for its use. The fact that a bookkeeper does his billing is not important, as it does not change or impact where Fernando does his business administrative and managerial activities.

Simplified Option for Home Office Deduction

Taxpayers may use a simplified option to figure the home office business deduction. Revenue Procedure 2013-13 provides an optional safe harbor method that taxpayers may use which is an alternative to the calculation, allocation, and substantiation of actual expenses for purposes of satisfying the Internal Revenue Code section 280A. These rules do not change the home office criteria for claiming business use but instead simplify the ruling for record keeping and calculation.

The major highlights of the simplified option are as follows:

➢ Standard deduction of $5 per square foot of home used for business with a maximum 300 square feet.
➢ Allowable home-related itemized deductions claimed in full on Schedule A.
➢ No home depreciation deduction or later recapture of depreciation for the years the simplified option is used.

When selecting a method, the taxpayer must choose to use either the simplified method or the regular method for any taxable year and can make that choice by using their selected method on their tax return. However, once the method has been chosen for the year, it cannot be changed. If the methods are used in different tax years, the correct depreciation table must be used. Year-by-year determination is acceptable.

The deduction under the safe harbor method cannot create a net loss; it is limited to the business' gross income reduced by deductions unrelated to the home office deduction. Any excess is disallowed and cannot be carried over or back, unlike the carryover of un-allowed expenses that is available to offset income from that activity in the succeeding year when using the actual expense method.

Regardless of the method that is used to claim the home office, the space must be regularly and exclusively used as the taxpayer's principal place of business. If the taxpayer used the simplified method for tax year 2017, and he or she chose not to use it for 2018, he or she may have an unallowed expense from a prior year carryover to the current year. This is beyond the scope of this course; see Instructions Form 8829 for lines 25 and 31 for more information.

Regular and Exclusive Use. The portion of the home that is used must be used exclusively for conducting business.

Ejemplo: Fernando es un plomero independiente. Fernando invierte la mayor parte del tiempo de en la instalación y reparación de tuberías en los hogares y oficinas de los clientes. Tiene una pequeña oficina en su hogar que utiliza de forma exclusiva y regular para las actividades administrativas o de gestión de su negocio, como llamar a los clientes, pedir suministros y mantener sus libros. Fernando escribe las estimaciones y los registros del trabajo realizado en las instalaciones de sus clientes, pero no realiza ninguna actividad administrativa o de gestión sustancial en ningún lugar fijo que no sea su oficina central. Fernando no hace su propia facturación. Utiliza un servicio de contabilidad local para facturar a sus clientes.

Debido a que es la única ubicación fija donde realiza sus actividades administrativas y de gestión, la oficina central de Fernando califica como su principal lugar de negocios para deducir los gastos por su uso. El hecho de que un contador haga su facturación no es importante, ya que no cambia ni crea un impacto donde Fernando hace sus actividades administrativas y gerenciales.

Opción simplificada para la deducción de la oficina en el hogar

Los contribuyentes pueden usar una opción simplificada para calcular la deducción del negocio de la oficina en el hogar. El Procedimiento Administrativo Tributario 2013-13 proporciona un método de puerto seguro opcional que los contribuyentes pueden usar, que es una alternativa al cálculo, la asignación y la justificación de los gastos reales a los fines de cumplir con la Sección 280A del Código de Rentas Internas. Estas reglas no cambian los criterios de la oficina central para reclamar el uso comercial, sino que simplifican la resolución para el mantenimiento y cálculo de registros.

Los principales aspectos destacados de la opción simplificada son los siguientes:

> Deducción estándar de $5 por pie cuadrado de un hogar utilizado para negocios con un máximo de 300 pies cuadrados
> Deducciones detalladas permitidas relacionadas con el hogar que se declaran en su totalidad en el Anexo A
> Sin deducción por depreciación de vivienda o recuperación posterior de depreciación para los años en que se usa la opción simplificada

Al seleccionar un método, el/la contribuyente debe elegir el uso del método simplificado o el método regular para cualquier año contributivo y puede hacer esa elección utilizando el método seleccionado en su declaración de impuestos. Sin embargo, una vez que el método ha sido elegido para el año, no se puede cambiar. Si los métodos se utilizan en diferentes años fiscales, se debe usar la tabla de depreciación correcta (esto se tratará más adelante en un capítulo posterior). La determinación año por año es aceptable.

La deducción bajo el método de puerto seguro no puede crear una pérdida neta; se limita a los ingresos brutos del negocio reducidos por deducciones no relacionadas con la deducción de la oficina en el hogar. Cualquier exceso se rechaza y no se puede transferir o devuelto, a diferencia del traspaso de gastos no permitidos que está disponible para compensar los ingresos de esa actividad en el año siguiente cuando se usa el método de gasto real.

Independientemente del método que se utilice para reclamar la oficina en el hogar, el espacio debe ser utilizado de forma regular y exclusiva como el lugar principal de negocios del contribuyente. Si el/la contribuyente utilizó el método simplificado para el año fiscal 2017, y optó por no usarlo para 2018, es posible que tenga un gasto no permitido de un traspaso del año anterior al año en curso. Esto está fuera del alcance de este curso; consulte las instrucciones del Formulario 8829 para las líneas 25 y 31 para obtener más información.

Uso regular y exclusivo. La parte del hogar que se utiliza debe usarse exclusivamente para realizar negocios.

Example: Nadine teaches piano lessons in her home. She has a piano in her spare bedroom and a grand piano in her living room. She uses the piano in her spare bedroom to teach her students and the grand piano for the students' recitals. Nadine does not use the spare bedroom for anything else except teaching students and storing music books related to her students. Her spare bedroom is used exclusively and regularly for business, but her grand piano is not; it is only used for recitals for her students. Therefore, she would only be able to claim the spare bedroom as a deduction and not the living room.

Like everything with tax law there are exceptions to the rule. The taxpayer does not have to meet the exclusive use test if either of the following applies:

> ➢ If the taxpayer uses part of their home for storage of inventory or sample product(s), he or she may deduct business use of the home expense if the following conditions are met:
>   - ○ The taxpayer sells products at wholesale or retail as his or her trade or business.
>   - ○ The taxpayer keeps inventory in his or her home for the trade or business.
>   - ○ His or her home is the only fixed location for the trade or business.
>   - ○ The storage space is used on a regular basis.
>   - ○ The space used can be identifiable as a separate suitable space for storage.
> ➢ The taxpayer uses part of the home as a day-care facility.

Principal Place of Business.

If the taxpayer conducts business outside of the home and uses his or her home substantially and regularly to conduct business, he or she may qualify for a home office deduction. The taxpayer can also deduct expenses for a separate freestanding structure such as a studio or a barn, but the regular and exclusive use test must apply. To determine if the place used is the primary place of business, the following factors must be considered:

> ➢ The relative importance of the activities performed at each location where the taxpayer conducts his or her business.
> ➢ The amount of time spent at each location where the taxpayer conducts business.

Part II	Figure Your Allowable Deduction				
8	Enter the amount from Schedule C, line 29, **plus** any gain derived from the business use of your home, **minus** any loss from the trade or business not derived from the business use of your home (see instructions)				8
	See instructions for columns (a) and (b) before completing lines 9–21.	(a) Direct expenses	(b) Indirect expenses		
9	Casualty losses (see instructions)	9			
10	Deductible mortgage interest (see instructions)	10			
11	Real estate taxes (see instructions)	11			
12	Add lines 9, 10, and 11	12			
13	Multiply line 12, column (b) by line 7		13		
14	Add line 12, column (a) and line 13			14	
15	Subtract line 14 from line 8. If zero or less, enter -0-			15	
16	Excess mortgage interest (see instructions) .	16			
17	Insurance	17			
18	Rent	18			
19	Repairs and maintenance	19			
20	Utilities	20			
21	Other expenses (see instructions).	21			
22	Add lines 16 through 21	22			
23	Multiply line 22, column (b) by line 7	23			
24	Carryover of prior year operating expenses (see instructions) . .	24			
25	Add line 22, column (a), line 23, and line 24			25	
26	Allowable operating expenses. Enter the **smaller** of line 15 or line 25			26	

Portion of 2018 Form 8829

Ejemplo: Nadine enseña clases de piano en su casa. Ella tiene un piano en su habitación libre y un piano de cola en su sala de estar. Ella usa el piano en su habitación libre para enseñar a sus alumnos y el piano de cola para los recitales de los alumnos. Nadine no usa la habitación libre para nada más, excepto para enseñar a los estudiantes y guardar libros de música relacionados con sus estudiantes. Su habitación libre se usa exclusiva y regularmente para negocios, pero no su piano de cola; solo se utiliza para recitales para sus alumnos. Por lo tanto, ella solo podría reclamar la habitación libre como una deducción y no la sala de estar.

Como todo en la ley tributaria, existen excepciones a la regla. El/la contribuyente no tiene que cumplir con la prueba de uso exclusivo si se cumple alguna de las siguientes condiciones:

> Si el/la contribuyente usa parte de su hogar para almacenar el inventario o los productos de muestra, puede deducir el uso comercial del gasto de la casa si se cumplen las siguientes condiciones:
>   o El/la contribuyente vende productos al por mayor o al por menor como su actividad o negocio.
>   o El/la contribuyente mantiene el inventario en su hogar para la actividad o negocio.
>   o Su hogar es el único lugar fijo para la actividad o negocio.
>   o El espacio de almacenamiento se utiliza de forma regular.
>   o El espacio utilizado puede identificarse como un espacio separado adecuado para el almacenamiento.
> El/la contribuyente utiliza parte de la casa como una guardería.

Lugar principal de negocios.

Si el/la contribuyente realiza negocios fuera del hogar y utiliza su hogar de manera sustancial y regular para realizar negocios, él o ella puede calificar para una deducción de la oficina en el hogar. El/la contribuyente también puede deducir los gastos de una estructura separada independiente, como un estudio o un granero, pero se debe aplicar la prueba de uso regular y exclusivo. Para determinar si el lugar utilizado es el lugar principal del negocio, se deben considerar los siguientes factores:

> La importancia relativa de las actividades realizadas en cada lugar donde el/la contribuyente lleva a cabo sus negocios.
> La cantidad de tiempo invertido en cada ubicación donde el/la contribuyente lleva a cabo negocios.

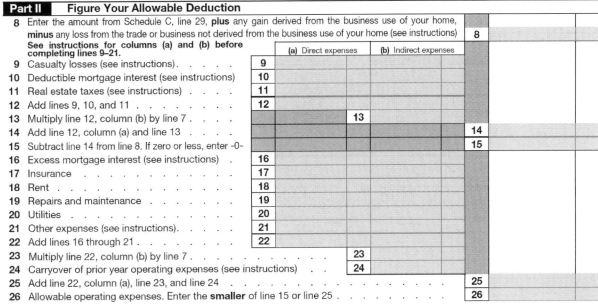

Parte del Formulario 8829 de 2018

In Publication 587, *Business Use of Your Home*, the IRS provides a simplified method to determine the expenses related to using your home for business.

Expenses

There are three types of expenses included in the operation of a home when considering an office in the home:

➤ Direct Expenses incurred only for the business part of the home such as painting and repairs in the area used for business. These expenses are fully deductible.
➤ Indirect Expenses for running the home such as insurance, utilities, and general repairs (e.g., roof, HVAC, etc.). These expenses are deducted based on the percentage of business use of the home.
➤ Unrelated Expenses only for parts of the home not used for businesses such as lawn care and painting a room not used for business. These expenses are not deductible.

Direct expenses include the following:

➤ Business portion of casualty losses.
➤ Insurance: indirect insurance covers the entire home while direct insurance covers the business; rider insurance policies (which are beyond the scope of this course) can be a direct expense.
➤ Business rent.
➤ Business repairs for the home.
➤ Business portion of real estate taxes.
➤ Business portion of home mortgage interest.

Samples of indirect expenses include:

➤ *Security system*: The cost to maintain and monitor the system is considered an indirect cost. However, the taxpayer may depreciate the percentage of the system that relates to his business.
➤ *Utilities and services*: Include electricity, gas, trash removal, and cleaning services.
➤ *Telephone*: The basic local service charge, including taxes for the first line into the home, is a nondeductible personal expense. Long distance phone calls and the cost of a secondary home phone line used exclusively for business are both deductible expenses.
➤ *Depreciation*: If the taxpayer owns the home, he or she may deduct depreciation. For more information, see Publication 587. Before calculating the depreciation deduction, the following information is needed:
  ○ The month and year the taxpayer began using the home for business.
  ○ The adjusted basis and fair market value of the home at the time the taxpayer began using it for business; the cost of the home plus any improvements, minus casualty losses or depreciation deducted in earlier years; land is never considered part of the adjusted basis.
  ○ The cost of improvements before and after the taxpayer began using the home for business.
  ○ The percentage of the home used for business.

En la Publicación 587, *Uso comercial de su hogar,* el IRS proporciona un método simplificado para determinar los gastos relacionados con el uso de su hogar para fines comerciales.

Gastos

Existen tres tipos de gastos incluidos en la operación del hogar al considerar una oficina en el hogar:

➢ Gastos directos incurridos solo para la parte comercial de la casa, como pintura y reparaciones en el área utilizada para el negocio. Estos gastos son totalmente deducibles.
➢ Gastos indirectos para manejar el hogar, como seguros, servicios públicos y reparaciones generales (por ejemplo, techo, HVAC, etc.). Estos gastos se deducen según el porcentaje de uso comercial de la vivienda.
➢ Gastos no relacionados solo para las partes de la casa que no se usan para negocios como el cuidado del césped y pintar una habitación que no se usa para negocios. Estos gastos no son deducibles.

Los gastos directos incluyen lo siguiente:

➢ Parte del negocio de pérdidas por hechos fortuitos.
➢ Seguro: el seguro indirecto cubre toda la casa, mientras que el seguro directo cubre el negocio; las pólizas de seguro para pasajeros (que están fuera del alcance de este curso) pueden ser un gasto directo.
➢ Alquiler de negocios.
➢ Reparaciones comerciales para el hogar.
➢ Parte del negocio de los impuestos inmobiliarios.
➢ Parte del negocio de interés hipotecario.

Los ejemplos de gastos indirectos incluyen:

➢ *Sistema de seguridad:* El costo de mantener y supervisar el sistema se considera un costo indirecto. Sin embargo, el/la contribuyente puede depreciar el porcentaje del sistema que se relaciona con su negocio.
➢ *Servicios y servicios públicos*: Incluye los servicios de electricidad, gas, eliminación de basura y limpieza.
➢ *Teléfono:* El cargo por servicio local básico, incluyendo los impuestos para la primera línea en el hogar, es un gasto personal no deducible. Las llamadas telefónicas de larga distancia y el costo de una línea telefónica residencial secundaria utilizada exclusivamente para negocios son gastos deducibles.
➢ *Depreciación:* Si el/la contribuyente es propietario de la casa, él o ella puede deducir la depreciación. Para más información, consulte la Publicación 587. Antes de calcular la deducción por depreciación, necesita la siguiente información:
  o El mes y el año en que el/la contribuyente comenzó a usar el hogar para negocios.
  o La base ajustada y el valor justo de mercado de la vivienda en el momento en que el/la contribuyente comenzó a utilizarla para negocios; el costo de la vivienda más cualquier mejora, menos las pérdidas por accidentes o la depreciación deducida en años anteriores; la tierra nunca se considera parte de la base ajustada.
  o El costo de las mejoras antes y después del contribuyente comenzó a utilizar el hogar para negocios.
  o El porcentaje de la vivienda utilizada para el negocio.

The following are expenses that cannot be deducted:

- ➢ Bribes and kickbacks.
- ➢ Charitable contributions.
- ➢ Demolition expenses or losses.
- ➢ Dues paid to business, social, athletic, luncheon, sporting, airline, and hotel clubs.
- ➢ Lobbying expenses.
- ➢ Penalties and fines paid to a governmental agency for breaking the law.
- ➢ Personal, living, and family expenses.
- ➢ Political contributions.
- ➢ Repairs that add value to the home or increase the property life.

28	Limit on excess casualty losses and depreciation. Subtract line 27 from line 15	28
29	Excess casualty losses (see instructions)	29
30	Depreciation of your home from line 42 below	30
31	Carryover of prior year excess casualty losses and depreciation (see instructions)	31
32	Add lines 29 through 31	32
33	Allowable excess casualty losses and depreciation. Enter the **smaller** of line 28 or line 32	33
34	Add lines 14, 27, and 33	34
35	Casualty loss portion, if any, from lines 14 and 33. Carry amount to **Form 4684** (see instructions)	35
36	**Allowable expenses for business use of your home.** Subtract line 35 from line 34. Enter here and on Schedule C, line 30. If your home was used for more than one business, see instructions ▶	36

Portion of 2018 Form 8829

Go Online

Segment 4

Part III: Cost of Goods Sold

Schedule C (Form 1040) 2018   Page **2**

Part III   **Cost of Goods Sold** (see instructions)

33	Method(s) used to value closing inventory: a ☐ Cost b ☐ Lower of cost or market c ☐ Other (attach explanation)	
34	Was there any change in determining quantities, costs, or valuations between opening and closing inventory? If "Yes," attach explanation ☐ Yes ☐ No	
35	Inventory at beginning of year. If different from last year's closing inventory, attach explanation	35
36	Purchases less cost of items withdrawn for personal use	36
37	Cost of labor. Do not include any amounts paid to yourself	37
38	Materials and supplies	38
39	Other costs	39
40	Add lines 35 through 39	40
41	Inventory at end of year	41
42	**Cost of goods sold.** Subtract line 41 from line 40. Enter the result here and on line 4	42

Portion of 2018 Schedule C

Los siguientes son gastos que no pueden ser deducidos:

> Sobornos y comisiones.
> Contribuciones caritativas.
> Gastos o pérdidas de demolición.
> Cuotas pagadas a clubes de negocios, sociales, deportivos, de comidas, aerolíneas y hoteles.
> Gastos de lobbying.
> Sanciones y multas pagadas a una agencia gubernamental por violar la ley.
> Gastos personales, de vida y familiares.
> Aportaciones políticas.
> Reparaciones que agregan valor a la vivienda o aumentan la vida útil de la propiedad.

28	Limit on excess casualty losses and depreciation. Subtract line 27 from line 15		28
29	Excess casualty losses (see instructions)	29	
30	Depreciation of your home from line 42 below	30	
31	Carryover of prior year excess casualty losses and depreciation (see instructions)	31	
32	Add lines 29 through 31		32
33	Allowable excess casualty losses and depreciation. Enter the **smaller** of line 28 or line 32 . .		33
34	Add lines 14, 27, and 33.		34
35	Casualty loss portion, if any, from lines 14 and 33. Carry amount to **Form 4684** (see instructions)		35
36	**Allowable expenses for business use of your home.** Subtract line 35 from line 34. Enter here and on Schedule C, line 30. If your home was used for more than one business, see instructions ▶		36

Porción del Formulario 8829 de 2018

Vaya a su cuenta en línea

Segmento 4

Parte III: Costo de los bienes vendidos

Schedule C (Form 1040) 2018   Page **2**

Part III   **Cost of Goods Sold**   (see instructions)

33	Method(s) used to value closing inventory: **a** ☐ Cost **b** ☐ Lower of cost or market **c** ☐ Other (attach explanation)		
34	Was there any change in determining quantities, costs, or valuations between opening and closing inventory? If "Yes," attach explanation . . . . ☐ Yes ☐ No		
35	Inventory at beginning of year. If different from last year's closing inventory, attach explanation . . .	35	
36	Purchases less cost of items withdrawn for personal use	36	
37	Cost of labor. Do not include any amounts paid to yourself	37	
38	Materials and supplies	38	
39	Other costs	39	
40	Add lines 35 through 39	40	
41	Inventory at end of year	41	
42	**Cost of goods sold.** Subtract line 41 from line 40. Enter the result here and on line 4	42	

Porción del Anexo C de 2018

The cost of goods sold is used when a business has inventory or produces a product. Inventory must be calculated at the beginning and end of the year. The following items are used to calculate a business's cost of goods sold:

Line 35: Beginning Inventory: This should be the same as last year's closing inventory, unless the business was started in the current tax year.

Line 36: Purchases: The amount of reported purchases on this line is the completed products or raw materials used for manufacturing, merchandising, or mining plus the cost of shipping minus the cost of items for personal use.

Line 37: Cost of Labor: The cost of labor used in the actual production of the goods. The cost of labor is not wages, which are reported on Schedule C, Part II, line 26, *Wages*. The cost of labor is mainly used in manufacturing or mining, since the labor can be properly charged to the cost of goods sold. A manufacturing business can properly allocate indirect and direct labor to the expense of the cost of goods. A direct expense would be the labor to fabricate raw material into a saleable product.

Line 38: Materials and Supplies: Materials used in the actual production or processing of the goods such as hardware and chemicals are charged to the cost of goods sold.

Line 39: Other Costs: A proportion of overhead expenses related to creating a product. Containers and freight used for raw materials are examples of other costs.

Line 41: Ending Inventory: The counted inventory at the end of the tax year is used as the beginning inventory for the next year's return.

Inventory is an itemized list of goods, with valuations, held for sale or consumption in a manufacturing or merchandising business. Inventory should include all finished or partly finished goods and only those raw materials and supplies that have been acquired for sale or that will physically become a part of merchandise intended for sale. How companies valuate inventory varies from business to business. See Publication 334 for more information.

Part IV: Information on Your Vehicle

Part IV Information on Your Vehicle. Complete this part only if you are claiming car or truck expenses on line 9 and are not required to file Form 4562 for this business. See the instructions for line 13 to find out if you must file Form 4562.

43 When did you place your vehicle in service for business purposes? (month, day, year) ▶ / /

44 Of the total number of miles you drove your vehicle during 2018, enter the number of miles you used your vehicle for:

a Business _____ b Commuting (see instructions) _____ c Other _____

45 Was your vehicle available for personal use during off-duty hours? ☐ Yes ☐ No

46 Do you (or your spouse) have another vehicle available for personal use? ☐ Yes ☐ No

47a Do you have evidence to support your deduction? ☐ Yes ☐ No

 b If "Yes," is the evidence written? ☐ Yes ☐ No

Portion of 2018 Schedule C

El costo de los bienes vendidos se utiliza cuando una empresa tiene un inventario o produce un producto. El inventario debe ser calculado al principio y al final del año. Los siguientes se utilizan para calcular el costo de las ventas de una empresa:

Línea 35: Inventario inicial: Este debe ser el mismo que el inventario de cierre del año pasado, a menos que el negocio se haya iniciado en el año fiscal actual.

Línea 36: Compras: La cantidad de compras declaradas en esta línea son los productos terminados o las materias primas utilizadas para la fabricación, comercialización o minería más el costo de envío menos el costo de los artículos para uso personal.

Línea 37: Costo de Mano de Obra: El costo de la mano de obra utilizada en la producción real de los bienes. El costo de la mano de obra no es el salario, que se declara en el Anexo C, Parte II, línea 26, *Salarios*. El costo de la mano de obra se utiliza principalmente en la manufactura o la minería, ya que la mano de obra se puede cargar adecuadamente al costo de los bienes vendidos. Una empresa manufacturera puede asignar adecuadamente la mano de obra indirecta y directa a expensas del costo de los bienes. Un gasto directo sería la mano de obra para fabricar materia prima en un producto vendible.

Línea 38: Materiales y suministros: Los materiales utilizados en la producción o el procesamiento real de los bienes, como hardware y productos químicos, se cargan al costo de los bienes vendidos.

Línea 39: Otros costos: Una proporción de los gastos generales relacionados con la creación de un producto. Los contenedores y la carga utilizados para las materias primas son ejemplos de otros costos.

Línea 41: Inventario de finalización: El inventario contado al final del año fiscal se utiliza como el inventario inicial para la declaración del próximo año.

El inventario es una lista detallada de productos, con valoraciones, mantenidos para la venta o el consumo en un negocio de fabricación o comercialización. El inventario debe incluir todos los productos terminados o parcialmente terminados y solo aquellas materias primas e insumos que se han adquirido para la venta o que se convertirán físicamente en parte de la mercancía destinada a la venta. La forma en que las empresas valoran el inventario varía de una empresa a otra. Consulte la Publicación 334 para más información.

Parte IV: Información sobre su vehículo

Part IV Information on Your Vehicle. Complete this part **only** if you are claiming car or truck expenses on line 9 and are not required to file Form 4562 for this business. See the instructions for line 13 to find out if you must file Form 4562.

43 When did you place your vehicle in service for business purposes? (month, day, year) ▶ ___ / ___ / ___

44 Of the total number of miles you drove your vehicle during 2018, enter the number of miles you used your vehicle for:

a Business _____ b Commuting (see instructions) _____ c Other _____

45 Was your vehicle available for personal use during off-duty hours? . . . . ☐ Yes ☐ No

46 Do you (or your spouse) have another vehicle available for personal use?. . . . . ☐ Yes ☐ No

47a Do you have evidence to support your deduction? . . . . ☐ Yes ☐ No

b If "Yes," is the evidence written? . . . . ☐ Yes ☐ No

Porción del Anexo C de 2018

The taxpayer would enter the information of his or her vehicle in Part IV to be able to claim the related expenses. Commuting is generally considered travel between home and work. Part IV is used to calculate the standard mileage rate for the taxpayer's vehicle. If more than one vehicle was used, attach a statement containing the same information included in Schedule C, Part IV. The following circumstances may not meet the commuting rules:

➢ The taxpayer has at least one regular location away from home, and the travel is to a temporary work location in the same trade or business.
➢ The travel is to a temporary work location outside the location where he or she lives and normally works.
➢ The home is the principal place of business, and the travel is to another work location in the same trade or business, regardless of whether the location is regular or temporary and regardless of the distance.

For more information on record keeping rules for vehicles, see Publication 463.

Part V: Other Expenses

Other expenses are deducted in Part V, Schedule C. Other expenses include any expense that is not included elsewhere and is both ordinary and necessary in the operation of the taxpayer's business. Once all other expense have been reported, figure the total amount and report it on line 27 of Schedule C, Part II.

Part V	Other Expenses. List below business expenses not included on lines 8–26 or line 30.	
48 Total other expenses. Enter here and on line 27a	**48**	

Portion of 2018 Schedule C

Any ordinary and necessary business expense that was not deducted elsewhere on Schedule C would be reported in this section. List the type and amount of each expense separately in the spaces provided. If more space is needed, use another sheet of paper. Other expenses can include the following:

➢ Amortization that began in 2018; Form 4562 will need to be attached.
➢ Bad Business debts that was previously reported as income. If the bad debt is paid off after writing the amount off as a deduction or expense, the business must include the reduction amount that they had received as income on their next return.
➢ At-risk loss deduction. This is beyond the scope of this course.

El/la contribuyente ingresaría la información de su vehículo en la Parte IV para poder reclamar los gastos relacionados. El traslado en general se considera un viaje entre el hogar y el trabajo. La Parte IV se utiliza para calcular la tarifa estándar por milla para el vehículo del contribuyente. Si se usó más de un vehículo, adjunte una declaración que contenga la misma información incluida en el Anexo C, Parte IV. Las siguientes circunstancias pueden no cumplir con las reglas de traslado:

➢ El/la contribuyente tiene al menos una ubicación regular fuera del hogar, y el viaje es a un lugar de trabajo temporal en la mismo actividad o negocio.
➢ El viaje es a un lugar de trabajo temporal fuera del lugar donde él o ella vive y normalmente trabaja.
➢ El hogar es el lugar principal de negocios, y el viaje es a otro lugar de trabajo en la misma actividad o negocio, sin importar si la ubicación es regular o temporal y sin importar la distancia.

Para obtener más información sobre las reglas de mantenimiento de registros para vehículos, consulte la Publicación 463.

Parte V: Otros gastos

Otros gastos se deducen en la Parte V, Anexo C. Otros gastos incluyen cualquier gasto que no esté incluido en otra parte y que sea tanto ordinario como necesario en la operación del negocio del contribuyente. Una vez que se hayan declarado todos los demás gastos, calcule la cantidad total y colóquela en la línea 27 del Anexo C, Parte II.

Part V	Other Expenses. List below business expenses not included on lines 8–26 or line 30.		
48	Total other expenses. Enter here and on line 27a	48	

Porción del Anexo C de 2018

Cualquier gasto comercial ordinario y necesario que no se haya deducido en otro lugar en el Anexo C se declararía en esta sección. Anote el tipo y la cantidad de cada gasto por separado en los espacios provistos. Si necesita más espacio, use otra hoja. Otros gastos pueden incluir los siguientes:

➢ Amortización que comenzó en 2018; El Formulario 4562 deberá adjuntarse.
➢ Deudas incobrables de negocios que previamente fueron declarados como ingresos. Si la deuda incobrable se cancela después de descontar el monto como una deducción o gasto, la empresa debe incluir el monto de reducción que habían recibido como ingreso en su próxima declaración.
➢ Deducción por pérdida de riesgo. Esto está fuera del alcance de este curso.

- ➤ Business start-up costs. This will be further discussed later in this chapter.
- ➤ Costs of making commercial buildings energy efficient. This is beyond the scope of this course.
- ➤ Deductions for removing barriers to individuals with disabilities and the elderly. This is beyond the scope of this course.
- ➤ Excess farm loss. This is beyond the scope of this course.
- ➤ Film and television production expenses. This is beyond the scope of this course.
- ➤ Forestation and reforestation costs. This is beyond the scope of this course.

Do not included the following as Other Expenses:

- ➤ Charitable contributions.
- ➤ Cost of business equipment or furniture. This is beyond the scope of this course.
- ➤ Replacements or permanent improvements to property. This is beyond the scope of this course.
- ➤ Personal, living, and family expenses. This is beyond the scope of this course.
- ➤ Fines or penalties paid to a government for violating any law. This is beyond the scope of this course.

Bad Debts from Sales or Services: The business owner accrues bad debt when he or she is unable to collect money they are owed by customers. The only kind of debt that can be reported on the tax return is bad business debt. Bad debt that is unrelated to business is not a reportable entry. Bad debt is loss that was either of the following:

- ➤ Created or acquired in the taxpayer's trade or business.
- ➤ Closely connected to the taxpayer's trade or business when the debt became partly or 100% valueless.

Debts are deductible only when they become totally worthless. When using the cash method of accounting, bad debts cannot be deducted unless the amount was previously included as income. Bad business debts are usually the result of credit card sales to customers

Start-Up Costs

Start-up costs are the expenses incurred before a business begins as a result of starting or purchasing a business. Taxpayers can elect to deduct up to $5,000 of start-up costs and up to $5,000 of organizational expenditures that were paid or incurred during the tax year in which the trade or business began. Start-up or organizational expenditures that are not deductible in the year in which the trade or business began must be capitalized and amortized over the course of the 15 years following the business or trade's beginning.

The following are examples of start-up costs:

- ➤ Survey of market.
- ➤ Advertisements for the opening of the business.
- ➤ Training wages.
- ➤ Travel and other expenses incurred to secure distributors, suppliers, etc.
- ➤ Consulting fees and professional fees connected with starting a business.
- ➤ Legal fees.
- ➤ Net operating loss (NOL).

- ➢ Los costos iniciales de empresas. Esto será discutido más adelante en este capítulo.
- ➢ Costos para hacer edificios comerciales energéticamente eficientes. Esto está fuera del alcance de este curso.
- ➢ Deducciones por eliminar barreras a personas con discapacidad y personas mayores. Esto está fuera del alcance de este curso.
- ➢ Exceso de perdidas en la granja. Esto está fuera del alcance de este curso.
- ➢ Gastos de producción de cine y televisión. Esto está fuera del alcance de este curso.
- ➢ Costos de forestación y reforestación. Esto está fuera del alcance de este curso.

No incluya lo siguiente como otros gastos:

- ➢ Contribuciones caritativas (que serán discutidas en un capítulo posterior).
- ➢ Costo del equipo o mobiliario de negocios. Esto está fuera del alcance de este curso.
- ➢ Reemplazos o mejoras permanentes a la propiedad. Esto está fuera del alcance de este curso.
- ➢ Gastos personales, de vida y familiares. Esto está fuera del alcance de este curso.
- ➢ Multas o sanciones pagadas a un gobierno por violar cualquier ley. Esto está fuera del alcance de este curso.

Deudas incobrables por ventas o servicios: El propietario del negocio acumula una deuda incobrable cuando no puede cobrar el dinero que le deben los clientes. El único tipo de deuda que se puede incluir en la declaración de impuestos es la deuda comercial incobrable. La deuda incobrable que no está relacionada con el negocio no es una entrada declarable. La deuda incobrable es una de las siguientes pérdidas:

- ➢ Creada o adquirida en la actividad o negocio del contribuyente.
- ➢ Conectada estrechamente con la actividad o negocio del contribuyente cuando la deuda perdió su valor total o parcialmente.

Las deudas son deducibles solo cuando pierden su valor. Cuando se utiliza el método contable en efectivo, las deudas incobrables no se pueden deducir a menos que la cantidad se haya incluido previamente como ingreso. Las deudas incobrables de negocios generalmente son el resultado de ventas de tarjetas de crédito a clientes.

Costos iniciales

Los costos iniciales son los gastos incurridos antes de que una empresa inicie como resultado del comienzo o la compra de una empresa. Los contribuyentes pueden optar por deducir hasta $5,000 de los costos iniciales y hasta $5,000 de los gastos de organización que se pagaron o incurrieron durante el año fiscal en el que comenzó la actividad o negocio. Los gastos iniciales u organizacionales que no son deducibles en el año en que comenzó la actividad o negocio deben capitalizarse y amortizarse en el transcurso de los 15 años posteriores al inicio de la actividad o negocio.

Los siguientes son ejemplos de costos iniciales:

- ➢ Encuesta de mercado.
- ➢ Anuncios para la apertura de la empresa.
- ➢ Salarios de formación.
- ➢ Viajes y otros gastos incurridos para asegurar distribuidores, proveedores, etc.
- ➢ Honorarios de consultoría y honorarios profesionales relacionados con el inicio de un negocio.
- ➢ Cargos legales.
- ➢ Pérdida operativa neta (NOL).

A net operating loss is incurred when business expenses and expenditures exceed business income. Sometimes the loss is great enough to offset income from other tax years, but this is beyond the scope of this course. For more information, see Publication 536, *Net Operating Losses (NOLs) for Individuals, Estates and Trusts.*

Go Online

Segment 5

Schedule E, Rental Income, Form 1040, Schedule 1, Line 17

Rental income is any payment received for the use or occupation of real estate or personal property. The payment received is taxable to the taxpayer and is reported on Schedule E.

Types of Rental Income

Generally, the fair market value of property or cash received for the use of real estate or personal property is taxable rental income. Individuals who operate on the "cash basis" report their rental income when it was constructively received and deduct expenses as they are paid. In addition to normal rent, many other things may be considered rent.

Reporting Rental Income: If the taxpayer rents buildings, rooms, or apartments and provides heat and electric, trash collection, etc., the taxpayer normally reports rental income and expenses in Part I of Schedule E of Form 1040. However, do not use Schedule E to report a not-for-profit activity.

Advance Rent: Advance rent is any amount received by the taxpayer before the period that it covers. Include advance rent as rental income in the year the taxpayer receives it, regardless of the period covered or the method of accounting used.

Example: On March 18, 2018, Matthew signed a 10-year lease to rent Martha's property. During 2018, Martha received $9,600 for the first year's rent and $9,600 as rent for the last year of the lease. Martha must include $19,200 as rental income in 2018 ($9,600 + $9,600 = $19,200).

Canceling a Lease: The tenant paid the landlord to cancel the lease agreement; the amount received by the landlord is considered rent. The amount paid from the tenant is included as income in the year received, regardless of the accounting method used.

Expenses Paid by Tenant: If the tenant pays any of the landlord's expenses, the payments are rental income. The taxpayer must include them as income. The taxpayer can deduct the expenses if they are deductible rental expenses.

Example: Anet pays the water and sewage bill for Fernando's rental property and deducts the amount from the normal rent payment. Under the terms of the lease, Anet is not required to pay those bills. Fernando would deduct the amount Anet paid for the water and sewage bill as a utility expense and include the amount as rental income.

Se incurre en una pérdida operativa neta cuando los gastos del negocio y los gastos generales superan los ingresos comerciales. A veces, la pérdida es lo suficientemente grande como para compensar los ingresos de otros años tributarios, pero esto está fuera del alcance de este curso. Para obtener más información, consulte la Publicación 536, *Pérdidas operativas netas (NOL) para individuos, herencias y fideicomisos.*

Segmento 5

Anexo E, Ingresos por alquiler, Formulario 1040, Anexo 1, Línea 17

El ingreso por alquiler es cualquier pago recibido por el uso u ocupación de bienes raíces o propiedad personal. El pago que se recibe está sujeto a impuestos al contribuyente y generalmente se declara en el Anexo E.

Tipos de ingresos de alquiler

En general, el valor justo de mercado de la propiedad o el efectivo recibido por el uso de bienes raíces o propiedad personal es un ingreso de alquiler sujeto a impuestos. Las personas que operan sobre la base de efectivo declaran sus ingresos de alquiler cuando se recibieron de manera constructiva y deducen los gastos a medida que se les paga. Además del alquiler normal, muchas otras cosas pueden considerarse alquiler.

Declaración de ingresos de alquiler: Si el/la contribuyente alquila edificios, habitaciones o apartamentos y proporciona calefacción y electricidad, recolección de basura, etc., el/la contribuyente normalmente declara ingresos y gastos de alquiler en la Parte I del Anexo E del Formulario 1040. Sin embargo, no use el Anexo E para declarar una actividad sin fines de lucro.

Alquiler anticipado: Es la renta anticipada es cualquier cantidad recibida por el/la contribuyente antes del período que cubre. Incluya el alquiler anticipado como ingreso de alquiler en el año en que el/la contribuyente lo reciba, independientemente del período cubierto o del método contable utilizado.

Ejemplo: El 18 de marzo de 2018, Matthew firmó un contrato de arrendamiento de 10 años para alquilar la propiedad de Martha durante el 2018, Martha recibió $9,600 por el alquiler del primer año y $9,600 por el alquiler para el último año del contrato de arrendamiento. Martha debe incluir $19,200 como ingresos por alquiler en 2018 ($9,600 + $9,600 = $19,200).

Cancelación de un Arrendamiento: El inquilino le pagó al propietario para cancelar el contrato de arrendamiento; la cantidad recibida por el propietario se considera renta. El monto pagado por el inquilino se incluye como ingreso en el año recibido, independientemente del método contable utilizado.

Gastos pagados por el inquilino: Si el inquilino paga cualquiera de los gastos del arrendador, los pagos son ingresos de alquiler. El/la contribuyente debe incluirlos como ingresos. El/la contribuyente puede deducir los gastos si son gastos de alquiler deducibles.

Ejemplo: Anet paga la factura de agua y alcantarillado de la propiedad de alquiler de Fernando y deduce el monto del pago del alquiler normal. Bajo los términos del contrato de arrendamiento, Anet no está obligada a pagar esas facturas. Fernando deduciría la cantidad que Anet pagó por la factura de agua y alcantarillado como un gasto de servicios públicos e incluiría la cantidad como ingreso de alquiler.

Property or Services (instead of rent): If the taxpayer receives property or services as rent instead of money, the fair market value of the property or service is included in income as rent.

Example: Lynn is a house painter and is Leonard's tenant. Lynn offers to paint the rental property instead of paying two months' rent. Leonard accepts the offer. Leonard will include in his rental income the amount that Lynn would have paid for the two months' rent. Leonard can deduct the same amount that was included as rent as a rental expense for painting the property.

Security Deposits: Do not include a security deposit as income when it is received if the landlord plans to return it to the tenant at the end of the lease. However, if the taxpayer keeps part or the entire security deposit during any year because the tenant does not perform under the terms of the lease, the taxpayer must include the retained amount as income for that year.

If a security deposit is to be used as the final rent payment, it is advance rent. The taxpayer would include it as income in the year received.

Rental Property Also Used as a Home: If the taxpayer rented property that is also used as his or her primary residence, and it is rented for fewer than 15 days during the tax year, do not include the rent received as rental income or deduct rental expenses.

Fair Rental Value of Portion of Building Used as a Home: The fair rental value for property is generally an amount that a person who is not related to the taxpayer would be willing to pay for rental use. If any part of the building or structure is occupied by the taxpayer for personal use, the gross rental income includes the fair rental value of the part occupied for personal use.

Part Interest: If the taxpayer owns a partial interest in rental property, the taxpayer must report his or her part of the rental income from that property.

Lease with Option to Purchase: If the rental agreement offers the tenant the right to purchase the property, the payments received under the agreement are generally rental income. If the tenant exercises the right to purchase the property, the payments received for the period after the date of sale are considered part of the selling price.

Uncollected Rent: If the taxpayer is a cash-basis taxpayer, the taxpayer cannot deduct uncollected rent since the cash-basis taxpayer would not have included the uncollected rent as income anyway. If the taxpayer is an accrual-basis taxpayer, the taxpayer reports the income when it is earned. If the taxpayer is unable to collect the rent, he or she may be able to deduct it as a bad-debt business expense.

Vacant Rental Property: If the taxpayer holds property for rental purposes, the taxpayer may be able to deduct ordinary and necessary expenses (including depreciation) for managing, conserving, or maintaining rental property from the time it is made available for rent. Loss of rental income cannot be deducted.

Points: The term "points" is used to describe certain charges paid or treated as paid by a borrower to obtain a home mortgage. Points are not added to the basis of the property.

Bienes o Servicios (en lugar de alquiler): Si el/la contribuyente recibe bienes o servicios como renta en lugar de dinero, el valor justo de mercado de la propiedad o servicio se incluye en los ingresos como alquiler.

Ejemplo: Lynn pinta casas y es la inquilina de Leonard. Lynn ofrece pintar la propiedad de alquiler en lugar de pagar dos meses de alquiler. Leonard acepta la oferta. Leonard incluirá en sus ingresos de alquiler la cantidad que Lynn hubiera pagado por los dos meses de alquiler. Leonard puede deducir la misma cantidad que se incluyó en el alquiler como gasto de alquiler por pintar la propiedad.

Depósitos de garantía: No incluya un depósito de garantía como ingreso cuando se recibe si el propietario planea devolverlo al inquilino al final del contrato de arrendamiento. Sin embargo, si el/la contribuyente mantiene parte o la totalidad del depósito de garantía durante cualquier año debido a que el inquilino no cumple con los términos del contrato de arrendamiento, el/la contribuyente debe incluir el monto retenido como ingreso para ese año.

Si se va a utilizar un depósito de garantía como pago final de la renta, se trata de una renta anticipada. El/la contribuyente lo incluiría como ingreso en el año recibido.

La propiedad en alquiler también se utiliza como vivienda: Si el/la contribuyente alquiló una propiedad que también se usa como su residencia principal, y se alquila por menos de 15 días durante el año fiscal, no incluya el alquiler recibido como ingreso de alquiler ni deduzca los gastos de alquiler.

Valor justo de alquiler de la parte del edificio utilizado como vivienda: El valor justo de alquiler de una propiedad es generalmente la cantidad que una persona que no está relacionada con el/la contribuyente estaría dispuesta a pagar por el uso del alquiler. Si alguna parte del edificio o estructura está ocupada por el/la contribuyente para uso personal, el ingreso bruto de alquiler incluye el valor justo de alquiler de la parte ocupada para uso personal.

Interés Parcial: Si el/la contribuyente posee un interés parcial en la propiedad de alquiler, el/la contribuyente debe declarar su parte de los ingresos de alquiler de esa propiedad.

Arrendamiento con opción a compra: Si el contrato de alquiler ofrece al inquilino el derecho a comprar la propiedad, los pagos recibidos en virtud del acuerdo generalmente son ingresos por alquiler. Si el inquilino ejerce el derecho de comprar la propiedad, los pagos recibidos por el período posterior a la fecha de venta se consideran parte del precio de venta.

Alquiler no cobrado: Si el/la contribuyente es un/a contribuyente de base de efectivo, no puede deducir el alquiler no cobrado ya que el/la contribuyente de base de efectivo no habría incluido el alquiler no cobrado como ingreso. Si el/la contribuyente es un/a contribuyente de base acumulada, el/la contribuyente declara los ingresos cuando lo devengue. Si el/la contribuyente no puede cobrar el alquiler, él o ella puede deducirlo como un gasto comercial de deuda incobrable.

Propiedad de alquiler vacante: Si el/la contribuyente posee una propiedad para fines de alquiler, puede deducir los gastos ordinarios y necesarios (incluida la depreciación) para administrar, conservar o mantener la propiedad en alquiler desde el momento en que se pone a disposición para ser alquilada. La pérdida de los ingresos por alquiler no se puede deducir.

Puntos: El término "puntos" se usa para describir ciertos cargos pagados o tratados como pagados por un prestatario para obtener una hipoteca sobre la vivienda. Los puntos no se agregan a la base de la propiedad.

Importance of Good Record Keeping

A tax professional should emphasize how important it is for their clients to keep good records and to keep their business accounts separate from personal accounts. If a taxpayer has a loss on Schedule C, remind the taxpayer of the hobby rules. The IRS may rule that the business is a hobby if the taxpayer cannot prove that his or her intent is to become profitable. A taxpayer does not want to lose expense deductions due to poor record keeping because of the high amount of taxes he or she may have to pay on the profit. The tax professional should spend time with their clients who start a business or are thinking of starting a business to educate them on how to track income and expenses. The taxpayer could save significant amounts of money on taxes by making sure they keep good records.

Benefits of Record Keeping. Everyone in business must keep appropriate and accurate records. Record keeping will help the taxpayer:

- ➢ Monitor the progress of his or her business.
- ➢ Prepare his or her financial statement.
- ➢ Identify source(s) of his or her receipts.
- ➢ Keep track of deductible business expenses.
- ➢ Prepare the tax return.
- ➢ Support items reported on his or her tax return.

Records will show the taxpayer if the business is improving, what items are selling the best, or what changes might be necessary to increase the success of the business. Records are needed to prepare accurate financial statements, which include profit and loss, balance sheets, and any other financial statements. This course does not cover profit and loss statements, balance sheets, or any other financial statements.

Taxpayers should identify receipts as he or she obtains them. It is easier to get into the habit of tracking receipts when received rather than having to deal with them or find them when the tax return is being prepared. A tax professional should teach clients how to identify and track receipts. In the long run, this will make your job easier!

Kinds of Records to Keep

The taxpayer should choose the record-keeping system that is best for him or her. The system to be chosen is the one that matches the accounting method of the taxpayer's tax year. The record-keeping system should include a summary for all the taxpayer's business transactions. For example, record keeping should show gross income as well as deductions and credits for the business. Supporting documentation for consistent transactions, such as purchases, sales, and payroll, should also be maintained. It is important to retain the documentation that supports the entries in the journal, ledgers, and the tax return. Records for travel, transportation, and gift expenses fall under specific record keeping rules. For more information see Publication 463. There are also specific employment tax records the employer must keep. For a complete list, see Publication 51 (Circular A).

Assets used in business can be property, such as machinery and equipment used to conduct business. Records of the asset are used to figure depreciation and the gain or loss when the asset is sold. Records should show the following pieces of information:

Segmento 6

Importancia de mantener un buen registro

Un profesional de impuestos debe enfatizar qué tan importante es para sus clientes mantener buenos registros y mantener sus cuentas comerciales separadas de las cuentas personales. Si un/a contribuyente tiene una pérdida en el Anexo C, recuérdele las reglas del pasatiempo. El IRS puede dictaminar que el negocio es un pasatiempo si el/la contribuyente no puede demostrar que su intención es que sea rentable. Un/a contribuyente no desea perder las deducciones de gastos debido a un mal mantenimiento de los registros por la gran cantidad de impuestos que puede tener que pagar sobre la ganancia. El profesional de impuestos debe pasar tiempo con sus clientes que inician un negocio o están pensando en iniciar un negocio para educarlos sobre cómo realizar un seguimiento de los ingresos y gastos. El/la contribuyente podría ahorrar importantes cantidades de dinero en impuestos asegurándose de mantener buenos registros.

Beneficios del mantenimiento de registros. Todos en el negocio deben mantener registros apropiados y precisos. El mantenimiento de registros ayudará al contribuyente a:

> ➢ Supervisar el progreso de su negocio.
> ➢ Preparar su estado financiero.
> ➢ Identificar la(s) fuente(s) de sus recibos.
> ➢ Llevar un registro de los gastos comerciales deducibles.
> ➢ Preparar la declaración de impuestos.
> ➢ Respaldar los artículos detallados en su declaración de impuestos.

Los registros mostrarán al contribuyente si el negocio está mejorando, qué artículos se están vendiendo o los cambios necesarios para aumentar el éxito del negocio. Los registros son necesarios para preparar estados financieros precisos, incluyendo los resultados, los balances y los extractos bancarios. Este curso no cubre estados de pérdidas y ganancias, balances y estados de cuenta bancarias.

Los contribuyentes deben identificar los recibos a medida que los obtienen. Es más fácil adoptar el hábito de hacer seguimiento de los recibos cuando se reciben en lugar de tener que lidiar con ellos cuando se prepara la declaración de impuestos. Un profesional de impuestos debe enseñar a los clientes a identificar y hacer seguimiento a los recibos. A la larga, ¡esto facilitará su trabajo!

Tipos de mantenimiento de registros

El/la contribuyente debe elegir el sistema de mantenimiento de registros que sea mejor para él o ella. El sistema a elegir es el que coincide con el método contable del año fiscal del contribuyente. El sistema de mantenimiento de registros debe incluir un resumen de todas las transacciones comerciales del contribuyente. Por ejemplo, el mantenimiento de registros debe mostrar los ingresos brutos, así como deducciones y créditos para el negocio. Se debe mantener la documentación de respaldo para transacciones consistentes, tales como compras, ventas y nómina. Es importante conservar la documentación que admite las entradas en el diario, los libros mayores y la declaración de impuestos. Los registros de gastos de viaje, transporte, entretenimiento y donaciones están sujetos a reglas específicas de mantenimiento de registros. Para obtener más información, consulte la Publicación 463. También existen registros específicos de impuestos de empleo que el empleador debe mantener. Para obtener una lista completa, consulte la Publicación 51 (Circular A).

Los activos utilizados en los negocios pueden ser propiedades tales como maquinaria y equipo para llevar a cabo los negocios. Los registros de activos se utilizan para calcular la depreciación y la ganancia y/o pérdida cuando se vende el activo. Los registros deben mostrar la siguiente información:

> ➤ When and how the business asset was acquired.
> ➤ The purchase price of the business asset.
> ➤ The cost of any business improvements.
> ➤ Section 179 deduction.
> ➤ Business deductions taken for depreciation.
> ➤ Business deductions taken for casualty losses, such as losses resulting from fires, storms, or natural disasters.
> ➤ How the business asset was used.
> ➤ When and how the business asset was disposed.
> ➤ The selling price of the asset or the business. This is beyond the scope of this course.
> ➤ The expense of the business asset. This is beyond the scope of this course.

The following are examples of records that might show the information from the above list:

> ➤ Purchase and sales business invoices.
> ➤ Business purchase of real estate closing statements (HUD-1).
> ➤ Canceled business checks.
> ➤ A business' bank statements.

How Long to Keep Records

Tax records should be kept as needed for the administration of any provision of the Internal Revenue Code. Business records should be kept that support an item of income or deduction appearing on the return until the period of limitations is finished. Generally, that time frame is a 3-year period, although certain records must be kept longer than 3 years.

Employment records must be kept for at least 4 years after the date the tax becomes due or is paid. Records that pertain to assets such as property should be kept as long as the taxpayer owns the business asset. Other creditors, such as an insurance company, may want the business records kept longer than the Internal Revenue Service.

Qualified Business Income

For any tax year, Qualified Business Income (QBI) is the net amount of income, gain, deduction, and loss with respect to any qualified business of the taxpayer. Qualified items of income, gain deduction, and loss include items that are effectively connected with the conduct of a U.S. trade or business and are included in determining the business's taxable income for the tax year.

The initial step in calculating the Sec. 199A deduction begins with determining the QBI, which is determined separately for each of the taxpayer's qualified businesses. Certain investment items are excepted from QBI, including short-term and long-term capital gains and losses, dividends, and interest income not properly allocable to a trade or business. QBI also does not include reasonable compensation payments to a taxpayer for services rendered to a qualified business, guaranteed payments to a partner for services rendered to a business, and, to the extent provided in regulations, a Sec. 707(a) payment to a partner for services rendered to the business (Sec. 199A(c)).

> ➤ Cuándo y cómo se adquirió el activo del negocio.
> ➤ El precio de compra del activo del negocio.
> ➤ El costo de cualquier mejora del negocio.
> ➤ Deducción de la Sección 179 discutida en un capítulo posterior.
> ➤ Deducciones de negocios realizadas por depreciación.
> ➤ Deducciones tomadas por pérdidas fortuitas tales como pérdidas resultantes de incendios, tormentas o desastres naturales
> ➤ Cómo se utilizó el activo del negocio.
> ➤ Cuándo y cómo se eliminó el activo del negocio.
> ➤ El precio de venta del activo o del negocio. Esto está fuera del alcance de este curso.
> ➤ El gasto del activo del negocio. Esto está fuera del alcance de este curso.

Los siguientes son ejemplos de registros que pueden mostrar la información de la lista anterior:

> ➤ Compras y ventas de facturas del negocio.
> ➤ Compra comercial de declaraciones de cierre de bienes inmuebles (HUD-1).
> ➤ Cheques del negocio cancelados.
> ➤ Estados de cuenta bancarios del negocio.

Cuánto tiempo debe mantener los registros

Los registros fiscales deben mantenerse según sea necesario para la administración de cualquier disposición del Código de Rentas Internas. Deben mantenerse registros que respalden un artículo de ingreso o deducción que aparezca en la declaración hasta que el período de limitaciones haya finalizado. En general, ese período de tiempo es de 3 años, aunque ciertos registros deben mantenerse por más de 3 años.

Los registros de empleo deben mantenerse durante al menos 4 años después de la fecha en que el impuesto vence o se paga. Los registros que pertenecen a los activos, como la propiedad, se deben conservar siempre que el/la contribuyente posea el activo. Otros acreedores, como la compañía de seguros del contribuyente, pueden exigir que los registros se mantengan incluso por más tiempo que el Servicio de Rentas Internas.

Ingreso de negocio calificado

Para cualquier año fiscal, el QBI es el monto neto de elementos de ingreso, ganancias, deducción y pérdida con respecto a cualquier negocio calificado del contribuyente. Los elementos calificados de ingreso, deducción de ganancias y pérdida incluyen los elementos que están conectados efectivamente con la conducta de un comercio o negocio de Estados Unidos y están incluidos en la determinación del ingreso de negocio imponible para el año fiscal.

El paso inicial para calcular la deducción de la Secc. 199A empieza con la determinación del QBI. Ciertos elementos de inversión están exceptuados del QBI, incluyendo ganancias y pérdidas de capital a corto y a largo plazo, dividendos e ingreso por intereses que no es asignable apropiadamente a un comercio o negocio. El QBI tampoco incluye pagos de compensación razonables para un contribuyente por servicios prestados a un negocio calificado, pagos garantizados a un socio por servicios prestados a un negocio y, en la medida establecida en las regulaciones, un pago de la Sección 707(a) a un socio por servicios prestados a un negocio (Secc. 199A(c)).

20% Deduction for a Pass-Through Qualified Trade or Business

Another definition is for the "combined QBI amount" (Sec. 199A(b)). The combined QBI amount serves as a placeholder: It is the amount of the Sec. 199A deduction before considering a final overall limitation. Under this overall limitation, a taxpayer's QBI deduction is limited to 20% of the taxpayer's taxable income in excess of any net capital gain. The combined QBI amount is the sum of the deductible QBI amounts for each of the taxpayer's qualified businesses. The deductible QBI amount of a qualified business is generally 20% of its QBI, but the deductible QBI amount may be limited when the business is a specified service trade or business or by a wage and capital limitation.

The calculation of a taxpayer's Sec. 199A deduction depends on whether the taxpayer's taxable income is below a lower taxable income threshold ($157,500, or $315,000 if filing a joint return), above a higher taxable income threshold ($207,500, or $415,000 if filing a joint return), or between the lower and higher taxable income thresholds. When computing taxable income for this purpose, the Sec. 199A deduction is ignored.

If a taxpayer has income below the lower threshold, calculating the Sec. 199A deduction is straightforward. The taxpayer first calculates the deductible QBI amount for each qualified business and combines the deductible QBI amounts to determine the combined QBI amount. If the taxpayer has only one qualified business, the combined QBI amount is the deductible QBI amount for that business. The taxpayer then applies the overall taxable income limitation to the combined QBI. Thus, the taxpayer's Sec. 199A deduction is equal to the lesser of the combined QBI amount or the overall limitation (20% × taxpayer's taxable income in excess of any net capital gain).

Issues in Calculating the Deduction

If the taxpayer has taxable income above the higher threshold amount, two issues arise in the calculation of the Sec. 199A deduction. First, a business of the taxpayer will not be treated as a qualified business, and the income of the business of the taxpayer will not be included in QBI if the business meets the definition of a specified service trade or business (see below). Thus, the Sec. 199A deduction will be denied in full for the business. Second, if a business is a qualified business (i.e., it is not a specified service trade or business), the deductible QBI amount for the business is subject to a W-2 wage and capital limitation. As described above, taxpayers with taxable income of more than $415,000 are denied Sec. 199A deduction for the income from any business that is a specified service trade or business.

Specified Service Trade or Business

A specified service trade or business is defined in Sec. 199A(d)(2) as "any trade or business which is described in section 1202(e)(3)(A) (applied without regard to the words 'engineering, architecture,') ... or which involves the performance of services that consist of investing and investment management, trading, or dealing in securities (as defined in section 475(c)(2)), partnership interests, or commodities (as defined in section 475(e)(2))."

Deducción del 20% para un pase a través de comercio o negocio calificado.

Otra definición es para el "monto combinado de QBI" (Secc. 199A(b)). El monto combinado de QBI sirve como un marcador de posición. Es el monto de la deducción de la Secc. 199A antes de tomar en cuenta una limitación general final. Bajo esta limitación general, la deducción de QBI de un contribuyente está limitada al 20% del ingreso imponible de un contribuyente que sobrepase cualquier ganancia neta de capital. El monto combinado de QBI es la suma de los montos deducibles de QBI para cada uno de los negocios calificados del contribuyente. El monto deducible de QBI de un negocio calificado normalmente es el 20% de su QBI, pero el monto deducible de QBI puede estar limitado (1) por un salario y limitación de capital y/o (2) cuando el negocio es un comercio o negocio especificado de servicios.

El cálculo de la deducción de la Sección 199A de un contribuyente depende de si el ingreso imponible de un contribuyente está (1) debajo de un umbral inferior de ingresos imponibles ($157,500 o $315,000 si está presentando una declaración conjunta), (2) por encima de un umbral superior de ingresos imponibles ($207,500 o $415,000 si está presentando una declaración conjunta) o (3) entre los umbrales inferior y superior de ingresos imponibles (al calcular ingresos imponibles para este fin, se ignora la deducción de la Sección 199A).

Si un contribuyente tiene un ingreso por debajo del umbral inferior, calcular la deducción de la Sección 199A es bastante sencillo. Primero (1), el contribuyente calcula el monto deducible del QBI para cada negocio calificado y (2) combina los montos deducibles de QBI para determinar el monto combinado de QBI. Si el contribuyente solo tiene un negocio calificado, el monto combinado del QBI es el monto deducible del QBI para dicho negocio. Luego, el contribuyente aplica el límite general de ingreso imponible al QBI combinado. Por lo tanto, la deducción de la Sección 199A del contribuyente es igual a lo que es menor de entre (1) el monto combinado de QBI o (2) el límite general (20% × ingreso imponible del contribuyente que sobrepasa cualquier ganancia neta de capital).

Asuntos al calcular la deducción

Si el contribuyente tiene un ingreso imponible por encima del monto del umbral superior, surgen dos problemas en el cálculo de la deducción de la Sección 119A. Primero, un negocio del contribuyente no será tratado como un negocio calificado y el ingreso del negocio del contribuyente no estará incluido en el QBI si el negocio cumple con la definición de un comercio o negocio especificado de servicios (vea abajo). Por lo tanto, la deducción de la Sección 199A será rechazada por completo para el negocio. Segundo, si un negocio es un negocio calificado (en otras palabras, no es un comercio o negocio especificado de servicios), el monto deducible del QBI para el negocio está sujeto a un salario W-2 y límite de capital. Como está descrito arriba, a los contribuyentes con ingresos imponibles de más de $415,000 se les niega la deducción de la Sección 199A para el ingreso de cualquier negocio que sea un comercio o negocio especificado de servicios.

Un oficio o negocio de servicio especifico

Un oficio o negocio especificado de servicios está definido en la Sección 199A(d)(2) como "cualquier comercio o negocio que está descrito en la sección 1202(e)(3)(A) (aplicado sin consideración a las palabras 'ingeniería, arquitectura')... o que involucre la prestación de servicios que consiste de invertir y manejo de inversiones, comercio o trata de valores (como está definido en la sección 475(c)(2)), intereses sobre sociedades o productos básicos (como está definido en la sección 475(e)(2))".

Sec. 1202(e)(3)(A) defines a "qualified trade or business" as:

…any trade or business involving the performance of services in the fields of health, law, engineering, architecture, accounting, actuarial science, performing arts, consulting, athletics, financial services, brokerage services, or any trade or business where the principal asset of such trade or business is the reputation or skill of 1 or more of its employees or owners.

Thus, service trades or businesses (e.g., engineering, architecture, manufacturing, etc.) that are not specified service trades or businesses are eligible for the deduction regardless of the taxpayer's taxable income, but businesses providing specified services (e.g., law, accounting, consulting, investment management, etc.) of taxpayers who have taxable income above the higher taxable income threshold limit are barred from the deduction.

Taxpayers with Income above the Threshold

If a taxpayer has taxable income above the higher taxable income threshold and owns a business that is not a specified service trade or business, the QBI deductible amount for the business is subject to a limitation based on W-2 wages or capital (capital here is measured as the unadjusted basis of certain business assets) (Sec. 199A(b)(2)(B)). The deductible QBI amount for the business is equal to the *lesser* of 20% of the business's QBI or the *greater* of 50% of the W-2 wages for the business or 25% of the W-2 wages plus 2.5% of the business's unadjusted basis in all qualified property. Thus, two alternative limitations under Sec. 199A(b)(2) may limit the deductible QBI amount for each business that is included in a taxpayer's combined QBI amount (a pure 50% wage test or a combined 25% wage and capital test).

QBI and the W-2

W-2 wages are total wages subject to wage withholding, elective deferrals, and deferred compensation paid during the tax year that are attributable to QBI (Sec. 199A(b)(4)). However, amounts not properly included in a return filed with the Social Security Administration on or before the 60th day after the due date (including extensions) for that return are not included (Sec. 199A(b)(4)(C)). A partner's allocable share of W-2 wages is required to be determined in the same manner as the partner's share of wage expenses.

QBI and Property

The basis of qualifying property is calculated as the unadjusted basis immediately after acquisition of that property. Qualifying property means tangible property or depreciable property that was held by and available for use in the business at the close of the tax year or was used in the production of QBI at any time during the year and for which the "depreciable period" has not ended before the close of the tax year (Sec. 199A(b)(6)).

The depreciable period starts on the date the property is first placed in service and ends the last day of the last full year of the applicable recovery period under Sec. 168 (ignoring Sec. 168(g)) or 10 years after the beginning date, whichever is later. This rule allows "qualified property" to include property that has exhausted its modified accelerated cost recovery system (MACRS) depreciation period if it is still in its first 10 years of service. The statute directs Treasury to provide anti-abuse rules to prevent the manipulation of the depreciable period of qualified property through related-party transactions and for determining the unadjusted basis immediately after the acquisition of qualified property in like-kind exchanges and involuntary conversions.

La Sección 1202(e)(3)(A) define un "comercio o negocio calificado" como:

> ...cualquier comercio o negocio que involucra la prestación de servicios en los campos de salud, leyes, ingeniería, arquitectura, contabilidad, ciencia actuarial, artes escénicas, consultoría, atletismo, servicios financieros, servicios de corretaje o cualquier comercio o negocio donde el principal bien de dicho comercio o negocio es la reputación o la habilidad de 1 o más de sus empleados o propietarios.

Por lo tanto, los comercios o negocios de servicios (ej.: ingeniería, arquitectura, fabricación, etc.) que no son comercios o negocios especificados de servicios son elegibles para la deducción sin importar el ingreso imponible del contribuyente, pero los negocios que prestan servicios específicos (ej.: leyes, contabilidad, consultoría, manejo de inversiones, etc.) de los contribuyentes que tienen ingresos imponibles por encima del límite superior del umbral del ingreso imponible están bloqueados de la deducción.

Contribuyentes con ingreso por encima de los límites

Si un contribuyente tiene un ingreso imponible por encima del umbral superior de ingreso imponible y es propietario de un negocio que no es un comercio o negocio especificado de servicios, el monto deducible del QBI para el negocio está sujeto a un límite basado en los salarios W-2 y/o el capital (el capital aquí es medido como la base no ajustada de ciertos activos de negocios) (Sección 199A(b)(2)(B)). El monto deducible de QBI para el negocio es igual al *menor* de (1) 20% del QBI del negocio o (2) el *mayor* de: (a) El 50% de los salarios W-2 para el negocio o (b) 25% de los salarios W-2 más 2.5% de la base no ajustada del negocio en toda la propiedad calificada. Por lo tanto, dos limitaciones alternativas bajo la Sección 199A(b)(2) pueden limitar el monto deducible de QBI para cada negocio que está incluido en un monto combinado de QBI del contribuyente (una prueba pura de 50% del salario o una prueba combinada de 25% del salario y capital).

QBI y el W2

Los salarios W-2 son salarios totales sujetos a retención de salarios, aplazamientos electivos y compensación diferida pagada durante el año fiscal que son atribuibles al QBI (Sección 199A(b)(4)). Sin embargo, los montos que no están incluidos apropiadamente en una declaración de impuestos presentada con la Administración de Seguro Social el o antes del día 60 después de la fecha de pago (incluyendo extensiones) para esa declaración de impuestos no están incluidos (Sección 199A(b)(4)(C)). La parte asignable de salarios W-2 de un socio debe determinarse de la misma forma que la parte de gastos de salarios de un socio.

QBI y la propiedad

La base de propiedad que califica es calculada como la base no ajustada inmediatamente después de la adquisición de esa propiedad. La propiedad que califica es (1) tangible, (2) propiedad depreciable (3) retenida y disponible para uso en el negocio al final del año fiscal, (4) usada en la producción de QBI en cualquier momento durante el año y (5) para la cual el "período depreciable" no ha terminado antes del cierre del año fiscal (Sección 199A(b)(6)).

El período depreciable comienza en la fecha en que la propiedad es puesta en servicio por primera vez y termina en lo que ocurra *después*, de entre (1) 10 años después de la fecha de inicio o (2) el último día del último año completo del período de amortización aplicable bajo la Sección 168 (ignorando la Sección 168(g)). Esta regla permite que la "propiedad calificada" incluya propiedad que ha agotado su período de depreciación del sistema modificado de recuperación acelerada de costos (MACRS, por sus siglas en inglés) si aún está en sus primeros 10 años de servicio. El estatuto dirige la Tesorería para proporcionar reglas en contra del abuso para prevenir la manipulación del período depreciable de propiedad calificada por medio de transacciones relacionadas y para determinar la base no ajustada inmediatamente después de la adquisición de propiedad calificada en intercambios similares y conversiones involuntarias.

Service Trade Disqualifier

A taxpayer potentially loses all or part of the Sec. 199A deduction if taxable income rises too high and the income is from a specified service business. The income phaseout amounts are as follows:

Single	$157,500 - $207,500 partial phase out of Sec. 199A
	$207,500 and above complete phase out of Sec. 199A
MFJ	$315,000 - $415,000 partial phase out of Sec. 199A
	$415,500 and above complete phase out of Sec. 199A

A taxpayer potentially loses all or part of the Sec. 199A deduction if taxable income rises too high and the income is from a specified service business, which includes "fields of health, law, accounting, actuarial science, performing arts, consulting, athletics, financial services, brokerage services, or any trade or business where the principal asset of the business is the reputation or skill of one or more of its employees or owners."

Taxpayer earnings under the threshold amount could qualify for the Sec. 199A deduction even if the income is from a specified service business.

Single	< $157,500
MFJ	< $315,000

Taxpayer earnings over the threshold amount qualify for a lesser amount or for none of the Sec. 199A deduction.

Single	$207,000 and above
MFJ	$415,000 and above

The "within the United States" requirement means taxpayers only receive the 20% deduction on business income earned "inside" the U.S. and on rental income from property located inside the U.S. The taxpayer only gets to count wages as W-2 wages for businesses or real estate located within the U.S. If depreciable property figures into the formula, that property must be located inside the U.S. Therefore, if an entrepreneur has qualified business income from within and outside the U.S., separate the two before calculating Sec. 199A deduction.

Sec. 199A allows taxpayers other than corporations a deduction of 20% of qualified business income earned in a qualified trade or business within these certain limitations:

➢ It should be a "bigger deal" than mortgage interest deduction for middle-class small business owners with established firms – giving them the chance to save thousands annually.
➢ It must produce a bigger tax benefit than a small business pension plan because it truly cuts taxes rather than postponing them until some later time.
➢ It must allow a person to not pay income taxes on about the last fifth of their income.

Descalificador de comercio de servicios

Un contribuyente posiblemente pierde todo o parte de la deducción de la Sección 199A si los ingresos imponibles se elevan demasiado y el ingreso es de un negocio especificado de servicios. Ingreso por encima de los montos de eliminación gradual:

Soltero $157,500 - $207,500 eliminación gradual parcial de la Sección 199A
$207,500 y más eliminación gradual completa de la Sección 199A
MFJ $315,000 - $415,000 eliminación gradual parcial de la Sección 199A
$415,500 y más eliminación gradual completa de la Sección 199A

Un contribuyente posiblemente pierde todo o parte de la deducción de la Sección 199A si los ingresos imponibles se elevan demasiado y el ingreso es de un negocio especificado de servicios. Un negocio especificado de servicios incluye:
"campos de salud, leyes, contabilidad, ciencia actuarial, artes escénicas, consultoría, atletismo, servicios financieros, servicios de corretaje o cualquier comercio o negocio donde el principal bien del negocio es la reputación o la habilidad de 1 o más de sus empleados o propietarios".

Ganancias de los contribuyentes bajo el monto del umbral podrían calificar para la deducción de la Sección 199A, incluso si el ingreso es de un negocio especificado de servicios.

Soltero   < $157,500
MFJ   < $315,000

Ganancias del contribuyente por encima del monto del umbral califican para un monto menor o ninguno de la deducción de la Sección 199A

Soltero $207,000 y más
MFJ $415,000 y más

El requisito "dentro de los Estados Unidos" significa que el contribuyente solo recibe la deducción del 20% en el ingreso del negocio obtenido "dentro" de los Estados Unidos y en ingresos por alquiler de una propiedad ubicada "dentro" de los Estados Unidos. El contribuyente solo puede contar como salarios W-2 para aquellos negocios o bienes raíces ubicados "dentro" de los Estados Unidos. Si la propiedad depreciable entra en la fórmula, esa propiedad debe estar ubicada "dentro" de los Estados Unidos. Por lo tanto, si un empresario cuenta con ingresos de negocios calificados de "dentro" Y "fuera" de los Estados Unidos, separa los dos antes de calcular la deducción de la Sección 199A.

La Sección 199A permite que los contribuyentes que no sean corporaciones tengan una deducción de 20% de ingresos de negocios calificados obtenidos en un comercio o negocio calificado, sujeto a ciertas limitaciones.

> ➤ Debería ser un "mejor" negocio que la deducción de intereses hipotecarios para los propietarios de negocios pequeños de clase media con compañías establecidas – dándoles la oportunidad de ahorrar miles cada año.
> ➤ Produce un beneficio fiscal más grande que un plan de pensión de un negocio pequeño porque realmente disminuye los impuestos en lugar de posponerlos hasta un punto posterior.
> ➤ Permite que una persona "no pague impuestos sobre la renta" por alrededor del último quinto de sus ingresos.

Pass Through Entities

The pass-through deduction is available regardless of whether you itemize deductions or take the standard deduction. In general, the deduction cannot exceed 20% of the excess of your taxable income over net capital gain. If QBI is less than zero, it is treated as a loss from a qualified business in the following year.

For pass-through entities other than sole proprietorships, the deduction cannot exceed whichever of the following is greater:

➢ 50% of the W-2 wages with respect to the qualified trade or business ("W-2 wage limit").
➢ The sum of 25% of the W-2 wages paid with respect to the qualified trade or business *plus* 2.5% of the unadjusted basis of all "qualified property" immediately after acquisition.

"Qualified property" is any tangible, depreciable property that is held by and available for use in a qualified trade or business at the close of the tax year and was used at any point during the tax year in the production of qualified business income and for which the depreciable period has not ended before the close of the tax year.

For a partnership or S corporation, each partner or shareholder is treated as having W-2 wages for the tax year in an amount equal to his or her allocable share of the W-2 wages of the entity for the tax year. A partner's or shareholder's allocable share of W-2 wages is determined in the same way as the partner's or shareholder's allocable share of wage expenses. For an S corporation, an allocable share is the shareholder's pro rata share of an item. However, the W-2 wage limit begins phasing out in the case of a taxpayer with taxable income exceeding $315,000 for married individuals filing jointly ($157,500 for other individuals). The application of the W-2 wage limit is phased in for individuals with taxable income exceeding these thresholds over the next $100,000 of taxable income for married individuals filing jointly (or $50,000 for other individuals).

Sec. 199A Overview

In order to get the savings, a business owner may want to make operational, legal, and accounting changes early in the year.

The three major concepts with the Sec. 199A deduction are as follows:

➢ It benefits the following "pass-through entities":
  o Sole proprietorships.
  o Partnerships.
  o S Corporations.
  o Real estate investment trusts.
  o Qualified cooperatives.
➢ It shelters taxable income that would otherwise be taxed as ordinary income subject to the highest individual tax rates.
➢ The bigger the benefit, the more complex the rules.

Entidades de conducto

La deducción de conducto está disponible independientemente de si usted detalla deducciones o toma la deducción estándar. En general, la deducción no puede exceder el 20% del exceso de su ingreso imponible por encima de la ganancia de capital neto. Si el QBI es menos de cero, es tratado como una pérdida de un negocio calificado al año siguiente.

Para las entidades conducto, con excepción de las empresas individuales, la deducción no puede exceder lo que es mayor de:

> 50% de los salarios W-2 con respecto al comercio o negocio calificado ("límite de salario W-2") o

> la suma del 25% de los salarios W-2 pagados con respecto al comercio o negocio calificado *más* 2.5% de la base no ajustada, inmediatamente después de la adquisición, de toda la "propiedad calificada".

La "propiedad calificada" está definida como propiedad tangible y depreciable que es retenida y disponible para uso en el comercio o negocio calificado al final del año fiscal, que es usada en cualquier punto durante el año fiscal en la producción de ingreso de negocios calificado y el período depreciable para el cual no ha terminado antes del cierre del año fiscal.

Para una sociedad o corporación S, cada socio o accionista es tratado como si tuviera salarios W-2 para el año fiscal en un monto igual a su porción asignable de los salarios W-2 de la entidad para el año fiscal. La porción asignable de un socio o accionista de los salarios W-2 es determinada de la misma forma que la porción asignable de un socio o accionista de los gastos de salario. Para una corporación S, una porción asignable es la porción prorrateada de un elemento del accionista. Sin embargo, el límite de salario W-2 comienza a eliminarse gradualmente en el caso de un contribuyente con ingresos imponibles que exceden los $315,000 para individuos casados que presentan una declaración en conjunto ($157,500 para otros individuos). La solicitud del límite de salario W-2 es eliminada gradualmente para individuos con ingresos imponibles que sobrepasan estos umbrales durante los próximos $100,000 de ingresos imponibles para individuos casados que presentan declaraciones conjuntas ($50,000 para otros individuos).

Sección 199A - Desventajas

Para obtener los ahorros, el propietario de un negocio puede querer hacer cambios operativos, legales y contables a principios del año.

Los tres conceptos principales con la deducción de la Sección 199A:

> Beneficios de "entidades conducto"
>   o Empresas individuales
>   o Sociedades
>   o Corporaciones S
>   o Fideicomisos de inversiones de bienes raíces
>   o Cooperativas calificadas
> Protege ingresos imponibles que, de otra manera, serían gravados como ingresos ordinarios sujetos a las tasas más altas de impuestos individuales.
> Mientras más grande es el beneficio, más complejas son las reglas.

Summary and Review

Business income is derived from a multitude of sources using Schedules C, E, and F. How business income is calculated and what deductions and expenses are reported can vary wildly based on the type of business, the method of accounting used, and many other factors. It is vital that the tax professional be familiar with all of the concepts when preparing business returns.

Questions

These review questions are not part of the final exam and will not be graded by LTPA. To obtain maximum benefit from the course, LTPA recommends that you complete the following questions before you compare your answers with the provided solutions.

1. Which of the following federal forms is used with Schedule C to report home office expenses?

   a. Form 2106
   b. Form 8829
   c. Form 4562
   d. Form 8889

2. Which of the following is not a major highlight of the new federal simplified option method?

   a. Standard deduction of $15 per square foot of home used for business, with a maximum of 300 square feet
   b. Allowable home-related itemized deductions claimed in full on Schedule A
   c. No home depreciation deduction or later recapture of depreciation for the years the simplified option is used
   d. Standard deduction of $5 per square foot of home used for business, with a maximum of 300 square feet

3. Which of the following is not an accounting method?

   a. Cash method
   b. Accrual method
   c. Combination method
   d. First in, first out

4. Jade started a new business in 2018. Which of the following is not considered to be self-employment income?

   a. Income from Schedule C-EZ
   b. Income from Schedule F
   c. Income from Schedule C
   d. Income from wages

Resumen y revisión

Los ingresos comerciales se derivan de una multitud de fuentes que utilizan los Anexos C, E y F. La forma en que se calculan los ingresos comerciales y las deducciones y gastos informados puede variar enormemente según el tipo de negocio, el método contable utilizado y muchos otros factores. Es vital que el profesional de impuestos esté familiarizado con todos los conceptos al preparar declaraciones comerciales.

Preguntas

Estas preguntas de repaso no son parte del examen final y no serán calificadas por LTPA. Para obtener el máximo beneficio del curso, LTPA recomienda que complete las siguientes preguntas antes de comparar sus respuestas con las soluciones proporcionadas.

1. ¿Cuál de los siguientes formularios federales se usa con el Anexo C para declarar el gasto de oficina en el hogar?

   a. Formulario 2106
   b. Formulario 8829
   c. Formulario 4562
   d. Formulario 8889

2. ¿Cuál de las siguientes opciones no es un aspecto destacado del nuevo método federal de opción simplificada?

   a. Deducción estándar de $15 por pie cuadrado de un hogar utilizado para negocios, con un máximo de 300 pies cuadrados
   b. detalladas permitidas relacionadas con el hogar que se declaran en su totalidad en el Anexo A
   c. Sin deducción por depreciación de vivienda o recuperación posterior de depreciación para los años en que se usa la opción simplificada
   d. Deducción estándar de $5 por pie cuadrado de un hogar utilizado para negocios, con un máximo de 300 pies cuadrados

3. ¿Cuál de las siguientes opciones no es un método contable?

   a. Método de efectivo
   b. Método de devengo
   c. Método de combinación
   d. Primero en entrar primero en salir

4. Jade comenzó un nuevo negocio en 2018. ¿Cuál de las siguientes opciones no se considera un ingreso como trabajador independiente?

   a. Ingresos del Anexo C-EZ
   b. Ingresos del Anexo F
   c. Ingresos del Anexo C
   d. Ingresos de salarios

Answers

1. Which of the following federal forms is used with Schedule C to report home office expenses?

    a. Form 2106
    b. Form 8829
    c. Form 4562
    d. Form 8889

Feedback: Form 2106 is used to report unreimbursed business expense for an employee. Form 4562 reports depreciation and amortization; Form 8889 reports Health Savings Account, and Form 8829 is used for taxpayers who claim business use of their home.

2. Which of the following is not a major highlight of the new federal simplified option method?

    a. Standard deduction of $15 per square foot of home used for business, with a maximum of 300 square feet
    b. Allowable home-related itemized deductions claimed in full on Schedule A
    c. No home depreciation deduction or later recapture of depreciation for the years the simplified option is used
    d. Standard deduction of $5 per square foot of home used for business, with a maximum of 300 square feet

Feedback: The major highlights of the simplified option are as follows:

➢ Standard deduction of $5 per square foot of home used for business with a maximum 300 square feet.
➢ Allowable home-related itemized deductions claimed in full on Schedule A.
➢ No home depreciation deduction or later recapture of depreciation for the years the simplified option is used.

3. Which of the following is not an accounting method?

    a. Cash method
    b. Accrual method
    c. Combination method
    d. First in, first out

Feedback: First in, first out is a method used for inventory, not accounting. The most commonly used *accounting* methods are *cash* and *accrual*. Businesses that have inventory must use the accrual accounting method. The following are acceptable accounting methods:

➢ Cash method.
➢ Accrual method.
➢ Special methods of accounting for certain items of income and expenses.
➢ Combination (hybrid) method, using elements of two or more of the above.

Respuestas

1. ¿Cuál de los siguientes formularios federales se usa con el Anexo C para declarar el gasto de oficina en el hogar?

   a. Formulario 2106
   b. Formulario 8829
   c. Formulario 4562
   d. Formulario 8889

Comentarios: El Formulario 2106 se utiliza para declarar los gastos comerciales no reembolsados de un empleado. El Formulario 4562 declara la depreciación y amortización, el Formulario 8889 declara la cuenta de ahorros para la salud y el Formulario 8829 se usa para los contribuyentes que declaran el uso comercial de su hogar.

2. ¿Cuál de las siguientes opciones no es un aspecto destacado del nuevo método federal de opción simplificada?

   a. Deducción estándar de $15 por pie cuadrado de un hogar utilizado para negocios, con un máximo de 300 pies cuadrados
   b. Deducciones detalladas permitidas relacionadas con el hogar que se declaran en su totalidad en el Anexo A
   c. Sin deducción por depreciación de vivienda o recuperación posterior de depreciación para los años en que se usa la opción simplificada
   d. Deducción estándar de $5 por pie cuadrado de un hogar utilizado para negocios, con un máximo de 300 pies cuadrados

Comentarios: Los principales aspectos destacados de la opción simplificada son los siguientes:

   ➢ Deducción estándar de $5 por pie cuadrado de un hogar utilizado para negocios con un máximo de 300 pies cuadrados
   ➢ Deducciones detalladas permitidas relacionadas con el hogar que se declaran en su totalidad en el Anexo A
   ➢ Sin deducción por depreciación de vivienda o recuperación posterior de depreciación para los años en que se usa la opción simplificada

3. ¿Cuál de las siguientes opciones no es un método contable?

   a. Método de efectivo
   b. Método de devengo
   c. Método de combinación
   d. Primero en entrar primero en salir

Comentarios: Primero en entrar, primero en salir es un método utilizado para el inventario, no para la contabilidad. Los métodos contables más utilizados son el *efectivo* y el *devengo*. Las empresas que tienen inventario deben usar el método contable de devengo. A continuación, se describen los métodos contables aceptables:

   ➢ Método de efectivo.
   ➢ Método de devengo.
   ➢ Métodos especiales de contabilidad para ciertos artículos de ingresos y gastos.
   ➢ Método de combinación (híbrido), utilizando elementos de dos o más de las opciones anteriores

4. Jade started a new business in 2018. Which of the following is not considered to be self-employment income?

    a. Income from Schedule C-EZ
    b. Income from Schedule F
    c. Income from Schedule C
    d. Income from wages

Feedback: Wages are reported on Form W-2 and generally are for employees and not self-employed taxpayers. Self-employment income consists of income from self-employed business activities that are reported on Schedule C, Schedule F, and by clergy and employees of churches and religious organizations.

4. Jade comenzó un nuevo negocio en 2018. ¿Cuál de las siguientes opciones no se considera un ingreso como trabajador independiente?

a. Ingresos del Anexo C-EZ
b. Ingresos del Anexo F
c. Ingresos del Anexo C
d. Ingresos de salarios

Comentarios: Los salarios se informan en el Formulario W-2 y, en general, son para empleados y no para contribuyentes que trabajan como independientes. Los ingresos del trabajo independiente consisten en ingresos de actividades comerciales como trabajador independiente que se informan en el Anexo C, Anexo F, y por el clero y los empleados de iglesias y organizaciones religiosas.

Chapter 9: Federal Depreciation

Introduction

Depreciation is an annual deduction that allows taxpayers to recover the cost or other basis of their business or investment property over a certain number of years. Depreciation is an allowance for the wear and tear, decline, or uselessness of a property and begins when a taxpayer places property in service for use in a trade or business. The property ceases to be depreciable when the taxpayer has fully recovered the property's cost or other basis or when the property has been retired from service, whichever comes first. Depreciation is reported on Form 4562.

Objectives

At the end of this lesson, the student will be able to do the following:

> ➤ Describe when property cannot be depreciated.
> ➤ Recognize when depreciation begins and ends.
> ➤ Identify which method of depreciation to use for the property.

Resources

Form 1040 Form 4562	Publication 544 Publication 551 Publication 946	Instructions Form 1040 Instructions Form 4562

Segment 1

Depreciation

Depreciation is an annual allowance for the wear and tear of certain property; is also the process of allocating the cost of a tangible asset to expense over its estimated useful life. To be depreciable, tangible property must have a limited life. Tangible property can be divided into two parts: real property and personal property. Real property is land, land improvements, buildings, and building improvements. Land does not have a limited life; therefore, it does not qualify for depreciation. Personal property is usually business machinery and equipment, office furniture, and fixtures. The term "personal property" should not be confused with property owned by an individual for personal use.

Capítulo 9: Depreciación federal

Introducción

La depreciación es una deducción anual que permite a los contribuyentes recuperar el costo u otra base de su negocio o propiedad de inversión durante un cierto número de años. La depreciación es una prestación para el uso y desgaste, declive o inutilidad de una propiedad y comienza cuando un/a contribuyente coloca la propiedad en servicio para su uso en una actividad o negocio. La propiedad deja de ser depreciable cuando el/la contribuyente ha recuperado totalmente el costo de la propiedad u otra base, o cuando la propiedad ha sido retirada del servicio, lo que ocurra primero. La depreciación se declara en el Formulario 4562.

Objetivos

Al final de esta lección, el estudiante podrá:

➢ Describir cuándo la propiedad no puede ser depreciada.
➢ Reconocer cuándo comienza y termina la depreciación.
➢ Identificar qué método de depreciación utilizar para la propiedad.

Recursos

Formulario 1040 Formulario 4562	Publicación 544 Publicación 551 Publicación 946	Formulario de Instrucciones 1040 Formulario de Instrucciones 4562

Segmento 1

Depreciación

La depreciación es una prestación anual para el uso y desgaste de ciertas propiedades; también es el proceso de asignar el costo de un activo tangible al gasto a lo largo de su vida útil estimada. Para ser depreciable, la propiedad tangible debe tener una vida limitada. La propiedad tangible se puede dividir en dos partes: bienes inmuebles y bienes muebles. Los bienes inmuebles son terrenos, mejoras de terrenos, edificios y mejoras de edificios. La tierra no tiene una vida limitada; por lo tanto, no califica para depreciación. Los bienes muebles suelen ser maquinarias y equipos comerciales, muebles de oficina y accesorios. El término "bienes muebles" no debe confundirse con la propiedad de un individuo para uso personal.

Depreciation is a way of accounting for the costs associated with durable goods used in a business, for investment, or for a hobby. The recovery period is determined by the IRS and the taxpayer deducts the cost of the item over the property class life. Only the percentage of the cost corresponding to the percentage of use attributable to deductible purposes can be depreciated; costs attributed to personal use can never be depreciated. Depreciation starts when the asset is placed into service and ends when the property is disposed or worn out.

Although it will be discussed in full later on in the course, it is important to know and understand the term "basis," as it will be referred to throughout this chapter. Basis is a way of determining the cost of an investment in property and is decided by how it was acquired. If the property was purchased, the purchase price is the basis. Any improvements made to the property are then added to that basis. The purchase price plus improvements constitutes the adjusted basis. Other items that add to the basis are the expenses of acquiring the property (commissions, sales tax, and freight charges). There are also items that reduce the basis, which include depreciation, nontaxable distributions, and postponed gain on home sales. This is also referred to as cost basis.

The Beginning and End of Depreciation

Depreciation begins when the property is placed in service for use in the trade or business or for the production of income. Depreciation ends when the cost (or other basis) has been fully recovered or when it has been retired from service, whichever comes first.

Property is placed in service when it is ready and available for a specific use for a business activity, an income-producing activity, a tax-exempt activity, or a personal activity. Even if the property is not being used, it is still placed in service when it is ready, available, and capable of performing its specific use.

Example 1: Joel purchased a machine in December of last year for his copier business. The machine was delivered January but not installed. Joel had the machine installed and ready for use in February of the current tax year. The machine would be considered to be placed in service in February of the current year and not December or January because it wasn't until it was installed in February that the machine became ready to use and thus "placed in service".

If the property has been converted from personal to business use, the "placed in service" date is the date it was converted to business use or to an income-producing activity. In other words, depreciation begins when the property has been placed in service.

Example 2: Nicolas purchased a home as his primary residence in 2010, and in 2018 he converted it to a rental property. He placed the home in service in February 2018; therefore, Nicolas would start depreciation the February it was placed into service as an income-producing property.

Property That Can Be Depreciated

Most types of tangible property can be depreciated. Examples of tangible property are as follows:

> ➤ Buildings
> ➤ Vehicles

La depreciación es una forma de contabilizar los costos asociados con los bienes duraderos utilizados en una empresa, para inversión o para un pasatiempo. El IRS determina el período de recuperación y el/la contribuyente deduce el costo del artículo durante la vida útil de la clase de propiedad. Solo se puede depreciar el porcentaje del costo correspondiente al porcentaje de uso atribuible a los fines deducibles; los costos atribuidos al uso personal nunca pueden depreciarse. La depreciación comienza cuando el activo se pone en servicio y finaliza cuando la propiedad se desecha o se desgasta.

Aunque se discutirá en detalle más adelante en el curso, es importante conocer y comprender el término "base", como se mencionará en este capítulo. La base es una forma de determinar el costo de una inversión en propiedad y se decide por la forma en que se adquirió. Si la propiedad fue comprada, el precio de compra es la base. Cualquier mejora hecha a la propiedad se agrega a esa base. El precio de compra más las mejoras constituye la base ajustada. Otros elementos que se agregan a la base son los gastos de adquisición de la propiedad (comisiones, impuestos sobre las ventas y cargos de flete). También existen elementos que reducen la base, que incluyen la depreciación, las distribuciones no sujetas a impuestos y la ganancia pospuesta en las ventas de viviendas. Esto también se conoce como base de costo.

Inicio y final de la depreciación

La depreciación comienza cuando la propiedad se pone en servicio para uso en la actividad o negocio o para la producción de ingresos. La depreciación finaliza cuando el costo (u otra base) se ha recuperado por completo o cuando se ha retirado del servicio, lo que ocurra primero.

La propiedad se pone en servicio cuando está lista y disponible para un uso específico para una actividad comercial, una actividad que genera ingresos, una actividad exenta de impuestos o una actividad personal. Incluso si la propiedad no se está utilizando, aún se pone en servicio cuando está lista, disponible y capaz de realizar su uso específico.

Ejemplo 1: Joel compró una máquina en diciembre del año pasado para su negocio de copiadoras. La máquina fue entregada en enero, pero no fue instalada. Joel tenía la máquina instalada y lista para su uso en febrero del año fiscal actual. Se consideraría que la máquina se puso en servicio en febrero del año en curso y no en diciembre o enero porque no fue hasta que se instaló en febrero que la máquina estuvo lista para ser utilizada y, por lo tanto, "puesta en servicio".

Si la propiedad se ha convertido de uso personal a uso comercial, la fecha de "puesta en servicio" es la fecha en que se convirtió en uso comercial o en una actividad que genera ingresos. En otras palabras, la depreciación comienza cuando la propiedad ha sido puesta en servicio.

Ejemplo 2: Nicolás compró una casa como su residencia principal en 2010, y en 2018 la convirtió en una propiedad de alquiler. Puso la casa en servicio en febrero de 2018; por lo tanto, Nicolás comenzaría la depreciación el febrero en que se puso en servicio como una propiedad que genera ingresos.

Bienes que pueden depreciarse

La mayoría de los tipos de propiedad tangible se pueden depreciar. Ejemplos de propiedad tangible son los siguientes:

➢ Edificios
➢ Vehículos

➢ Machinery
➢ Furniture
➢ Equipment
➢ Storage facilities

Some intangible items that can be depreciated are the following:

➢ Copyrights.
➢ Patents.
➢ Computer software (if the software life value is more than one year).

Property that can be depreciated must meet the following requirements:

➢ Must be the taxpayer's own property.
➢ Must be used in the taxpayer's business or income-producing activity.
➢ Property must have a determinable useful life.
➢ The property is expected to last more than one year.

Property Owned. To claim depreciation, one must be the owner of the property, even if the property has debt. Leased property can be claimed only if ownership of the property includes the following:

➢ The legal title to the property.
➢ The legal obligation to pay for the property.
➢ The responsibility to pay maintenance and operating expenses.
➢ The duty to pay any taxes on the property.
➢ The risk of loss if the property is destroyed, condemned, or diminished in value through obsolescence or exhaustion.

Example: Amanda made a down payment on a rental property and took over Tony's mortgage payments. Amanda owns the property and can depreciate it.

If the property is held as a business or as an investment property as a life tenant, the taxpayer may depreciate the property.

Property Having a Determinable Useful Life. Property must have a determinable useful life to be depreciated. It must be something that wears out, decays, gets used up, becomes obsolete, or loses its value from natural causes.

Property Lasting More than One Year. To be able to depreciate property, the useful life should extend beyond the year the property will be or was placed in service.

Example: Ms. Wilson maintains a library for her tax business and purchases yearly technical journals for its use. The library would be depreciated because the technical journals do not have a useful life of more than one year before the information they contain will become outdated. The technical journals can be taken as a yearly business expense.

> ➢ Maquinaria
> ➢ Muebles
> ➢ Equipos
> ➢ Instalaciones de almacenamiento

Algunos elementos intangibles que pueden depreciarse son los siguientes:

> ➢ Derechos de autor.
> ➢ Patentes.
> ➢ Software de computadora (si el valor de la vida del software es más de un año).

Los bienes que pueden depreciarse deben cumplir los siguientes requisitos:

> ➢ Debe ser propiedad del contribuyente.
> ➢ Se debe utilizar en el negocio del contribuyente o en la actividad que genera ingresos.
> ➢ La propiedad debe tener una vida útil determinable.
> ➢ Se espera que la propiedad dure más de un año.

Bienes de Propiedad. *Para reclamar la depreciación, uno debe ser el propietario del bien, incluso si el bien tiene una deuda.* Un inmueble arrendado se puede reclamar solo si la propiedad del inmueble incluye lo siguiente:

> ➢ El título legal del inmueble.
> ➢ La obligación legal de pagar el inmueble.
> ➢ La responsabilidad de pagar los gastos de mantenimiento y operación.
> ➢ El deber de pagar cualquier impuesto sobre el inmueble.
> ➢ El riesgo de pérdida si el inmueble se destruye, se condena o disminuye en valor por obsolescencia o agotamiento.

Ejemplo: Amanda realizó un pago inicial de una propiedad de alquiler y se hizo cargo de los pagos de la hipoteca de Tony. Amanda es propietaria del inmueble y se puede depreciar.

Si el inmueble se mantiene como un negocio o como propiedad de inversión como inquilino vitalicio, el/la contribuyente puede depreciar el inmueble.

Propiedad con vida útil determinable. *La propiedad debe tener una vida útil determinable para ser depreciada.* Debe ser algo que se desgasta, se descompone, se agota, se vuelve obsoleto o pierde su valor por causas naturales.

Propiedad con duración superior al año. *Para poder depreciar la propiedad, la vida útil debe extenderse más allá del año en que la propiedad estará o se puso en servicio.*

Ejemplo: La Sra. Wilson mantiene una biblioteca para su negocio de impuestos y compra revistas técnicas anuales para su uso. La biblioteca se depreciaría porque las revistas técnicas no tienen una vida útil de más de un año antes de que la información que contienen se desactualice. Las revistas técnicas pueden tomarse como un gasto comercial anual.

Property used in Business or an Income-Producing Activity. To claim depreciation on property, one must use it in their business or income-producing activity. If the taxpayer uses the property to produce an investment use, then the income is taxable. One cannot depreciate property used solely for personal activities.

If the property is used for business and personal use, the portion used as business may be depreciated. For instance, you cannot deduct deprecation on a car used only for commuting to and from work or for personal shopping trips and family vacations. You must keep records showing business and personal use of the property.

Containers used for the products one sells are a part of inventory and cannot be depreciated. Containers used to ship products can be depreciated if they have a life expectancy of more than one year and meet the following requirements:

- Qualify as property used in business.
- Title to the containers does not pass to the buyer.

To determine if the above requirements are met, the following things need to be considered:

- Does the sales contract, sales invoice, or some other type of order acknowledgement indicate whether the taxpayer has retained the title of the containers?
- Does the invoice treat the containers as a separate item?
- Do any of the taxpayer's records indicate that he or she has the basis in the containers?

Property That Cannot Be Depreciated

Land does not wear out; therefore, it cannot be depreciated. The cost of land generally includes clearing, grading, planting, and landscaping. Although land is never depreciated, certain improvements to the land can be depreciated, such as landscaping and building.

The following exceptions are property that cannot be depreciated even if the requirements are met:

- Property placed in service and disposed of in the same year.
- Equipment used to build capital improvements.
- Section 197 intangibles that must be amortized.
- Certain term interests.

Inventory cannot be depreciated. Inventory is any property that is held primarily for sale to customers in the ordinary course of business. If the taxpayer is in the rent-to-own business, certain property held for business may be considered as depreciable instead of inventory. See Publication 946 chapter 4 for more information.

Propiedad utilizada en negocios o en una actividad que produce ingresos. *Para reclamar la* depreciación de la propiedad, se debe usar en un negocio o actividad que genere ingresos. Si el/la contribuyente usa la propiedad para producir un uso de inversión, entonces el ingreso está sujeto a impuestos. No es posible depreciar la propiedad utilizada únicamente para actividades personales.

Si la propiedad se utiliza para uso comercial y personal, la parte utilizada como negocio puede depreciarse. Por ejemplo, no puede deducir la depreciación por un automóvil utilizado solo para ir y venir del trabajo o para viajes de compras personales y vacaciones familiares. Debe mantener registros que muestren el uso comercial y personal de la propiedad.

Los contenedores utilizados para los productos que se venden forman parte del inventario y no pueden depreciarse. Los contenedores utilizados para enviar productos pueden depreciarse si tienen una expectativa de vida de más de un año y cumplen los siguientes requisitos:

> Califican como propiedad utilizada en el negocio.
> El título de los contenedores no pasa al comprador.

Para determinar si se cumplen los requisitos anteriores, se debe considerar la siguiente información:

> ¿El contrato de venta, la factura de venta o algún otro tipo de confirmación de pedido indica si el/la contribuyente ha retenido el título de los contenedores?
> ¿La factura trata los contenedores como un artículo separado?
> ¿Alguno de los registros del contribuyente indica que él o ella tiene la base en los contenedores?

Bienes que no pueden depreciarse

La tierra no se desgasta; por lo tanto, no se puede depreciar. El costo de la tierra generalmente incluye el desmonte, clasificación, plantación y paisajismo. Aunque el terreno nunca se deprecia, ciertas mejoras en el terreno pueden depreciarse, como el paisajismo y la construcción.

Las siguientes excepciones son propiedad que no se puede depreciar incluso si se cumplen los requisitos:

> Propiedad puesta en servicio y enajenada en el mismo año.
> Equipo utilizado para construir mejoras de capital.
> Intangibles de la Sección 197 que se deben amortizar.
> Ciertos intereses a plazo.

El inventario no se puede depreciar. El inventario es cualquier propiedad que se mantiene principalmente para la venta a clientes en el curso ordinario de los negocios. Si el/la contribuyente está en el negocio de alquiler con opción a compra, ciertas propiedades mantenidas para el negocio pueden considerarse depreciables en lugar de inventario. Consulte la publicación 946 capítulo 4 para más información.

Depreciation Methods

Modified Accelerated Cost Recovery System (MACRS).

MACRS is the current system allowed in the United States to calculate depreciation-related tax deductions for depreciable assets. The Modified Accelerated Cost Recovery System (MACRS) should be used to depreciate property. MACRS cannot be used in the following situations:

> ➤ Property placed in service before 1987.
> ➤ Property owned or used in 1986.
> ➤ Intangible property.
> ➤ Films, video tapes, and recordings.
> ➤ Certain corporate or partnership property that was acquired in a nontaxable transfer.
> ➤ Property that has been elected to be excluded from MACRS.

Property Placed in Service Before 1987. If property was placed in service before 1987 unless the taxpayer elected to use MACRS after July 31, 1986, it must use ACRS or Straight Line. See Publication 534 for more information.

Generally, MACRS must be used to depreciate property that was acquired for personal use before 1987 but placed in service after 1986. Improvements that were made to the property placed in service before 1986 must be depreciated as separate depreciable property using MACRS depreciation.

Certain property that was acquired and placed in service after 1986 may not be able to use MACRS. If any of the following situations apply, you can find the depreciation methods in Publication 534. MACRS cannot be used for personal property in any of the following situations:

> ➤ The taxpayer or someone related to the taxpayer owned or used the property in 1986.
> ➤ The taxpayer acquired the property from a person who owned it in 1986, and, as a part of the transaction, the user of the property did not change.
> ➤ The taxpayer leased the property to a person or someone related to that person who owned or used the property in 1986.
> ➤ The taxpayer acquired the property in a transaction in which the following took place:
>   ○ The user of the property did not change.
>   ○ The property was not a MACRS property in the hands of the person from whom the taxpayer acquired it because of one of the reasons above.

One cannot depreciate Section 1250 property using MACRS in any of the following situations:

> ➤ The taxpayer or someone related to the taxpayer owned the property in 1986.
> ➤ The taxpayer leased the property to a person who owned the property or to someone related to that person in 1986.
> ➤ The taxpayer acquired the property in a like-kind exchange, involuntary conversion, or repossession of property that was owned by the taxpayer or someone related to the taxpayer in 1986.

MACRS only applies to the part of basis in the acquired property that represents cash paid or unlike property exchanged. It does not apply to the carried-over part of the basis.

Métodos de depreciación

Sistema Modificado de Recuperación de Costos Acelerados (MACRS).

MACRS es el sistema actual permitido en Estados Unidos para calcular las deducciones fiscales relacionadas con la depreciación de los activos depreciables. El Sistema Modificado de Recuperación de Costos Acelerados (MACRS) debe usarse para depreciar la propiedad. El MACRS no se puede utilizar en las siguientes situaciones:

> ➢ Propiedad puesta en servicio antes de 1987.
> ➢ Bienes de propiedad o usados en 1986.
> ➢ Propiedad intangible.
> ➢ Películas, cintas de video y grabaciones.
> ➢ Ciertos bienes corporativos o de asociación que se adquirieron en una transferencia no tributable.
> ➢ Propiedad que ha sido elegida para ser excluida del MACRS.

Propiedad Puesta en Servicio Antes de 1987. *Si la propiedad se puso en servicio antes de 1987, a menos que el/la contribuyente eligiera usar el MACRS después del 31 de julio de 1986, debe usar el ACRS o la línea recta.* Consulte la Publicación 534 para más información.

En general, el MACRS se debe utilizar para depreciar los bienes que se adquirieron para uso personal antes de 1987, pero que se pusieron en servicio después de 1986. Las mejoras que se hicieron en la propiedad puesta en servicio antes de 1986 se deben depreciar como propiedad depreciable separada utilizando la depreciación del MACRS.

Ciertas propiedades que fueron adquiridas y puestas en servicio después de 1986 pueden no ser utilizadas en el MACRS. Si se aplica alguna de las siguientes situaciones, puede encontrar los Métodos de depreciación en la Publicación 534. El MACRS no se puede utilizar para propiedad personal en ninguna de las siguientes situaciones:

> ➢ El/la contribuyente o alguien relacionado con el/la contribuyente era propietario o utilizó la propiedad en 1986.
> ➢ El/la contribuyente adquirió la propiedad de una persona que la poseía en 1986 y, como parte de la transacción, el usuario de la propiedad no cambió.
> ➢ El/la contribuyente arrendó la propiedad a una persona o alguien relacionado con esa persona que era propietaria o usaba la propiedad en 1986.
> ➢ El/la contribuyente adquirió la propiedad en una transacción en la que se llevó a cabo lo siguiente:
>> o El usuario de la propiedad no cambió.
>> o La propiedad no era una propiedad del MACRS en manos de la persona de quien el/la contribuyente la adquirió debido a una de las razones anteriores.

No es posible depreciar la propiedad de la Sección 1250 utilizando el MACRS en cualquiera de las siguientes situaciones:

> ➢ El/la contribuyente o alguien relacionado con él/ella era propietario del bien en 1986.
> ➢ El/la contribuyente arrendó la propiedad a una persona que era propietaria del bien o alguien relacionado con esa persona en 1986.
> ➢ El/la contribuyente adquirió la propiedad en un intercambio similar, conversión involuntaria o recuperación de propiedad que era propiedad del contribuyente o alguien relacionado con el/la contribuyente en 1986.

El MACRS solo se aplica a la parte de base de la propiedad adquirida que representa el pago en efectivo o no se compara con la propiedad intercambiada. No se aplica a la parte transferida de la base.

Exceptions to the above rules apply to the following:

➢ Residential rental property or nonresidential real property.
➢ Any property if, in the first tax year that it is placed in service, the deduction under Accelerated Cost Recovery System (ACRS) is more than the deduction under MACRS using the half year convention. To learn more about ACRS, see Publication 534.

The following are examples of related persons who cannot depreciate using Section 1250 property:

➢ An individual and a member of his or her family, including only a spouse, child, parent, brother, sister, half-brother, half-sister, ancestor, and lineal descendant.
➢ A corporation or an individual who directly or indirectly owns more than 10% of the value of the outstanding stock of that corporation.
➢ Two corporations that are members of the same controlled group.
➢ A trust fiduciary and a corporation if more than 10% of the value of the outstanding stock is directly or indirectly owned by or for the trust or grantor of the trust.
➢ The grantor and fiduciary, and the fiduciary and beneficiary of any trust.
➢ The fiduciaries of two different trusts and the fiduciaries and beneficiaries of two different trusts if the same person is the grantor of both trusts.
➢ A tax-exempt educational or charitable organization and any person (or a member of that person's family) who directly or indirectly controls the organization.
➢ Two S corporations, and an S corporation and a regular corporation, if the same individual owns more than 10% of the value of the outstanding stock of each corporation.
➢ A corporation and a partnership if the same persons own both of the following:
  o More than 10% of the value of the outstanding stock of the corporation.
  o More than 10% of the interest gained from the capital or profits of the partnership.
➢ The executor and beneficiary of any estate.
➢ A partnership and a person who directly or indirectly owns more than 10% of the capital or profits interest in each.
➢ Two partnerships, if the same person directly or indirectly owns more than 10% of the capital or profits of each.
➢ The related person and a person who is engaged in trades or businesses under common control. See section 52(a) and 52(b) of the Internal Revenue Code for more information.

You should determine the nature of a relationship at the time the property is acquired.

Intangible Property

Intangible property is anything of value that can be owned that has no corresponding physical object (for example, a patent, copyright, or partnership interests). It is generally depreciated using the straight-line method. The taxpayer may choose to depreciate intangible property by using the income forecast method, which is not covered in this course. See Publication 946 for more information.

Las excepciones a las reglas anteriores se aplican a lo siguiente:

> ➢ Propiedad residencial de alquiler o bienes inmuebles no residenciales.
> ➢ Cualquier propiedad si, en el primer año fiscal en que se pone en servicio, la deducción bajo el Sistema de Recuperación de Costos Acelerado (ACRS) es más que la deducción bajo el MACRS utilizando la convención de medio año. Para obtener más información sobre ACRS, consulte la Publicación 534.

Los siguientes son ejemplos de personas relacionadas que no pueden depreciar utilizando la propiedad de la Sección 1250:

> ➢ Un individuo y un miembro de su familia, incluyendo solo un/a cónyuge, hijo, padre, hermano, hermana, hermanastro, media hermana, ancestro y descendiente directo.
> ➢ Una sociedad anónima o un individuo que directa o indirectamente posee más del 10% del valor de las acciones en circulación de esa sociedad anónima.
> ➢ Dos sociedades anónimas que son miembros del mismo grupo controlado.
> ➢ Un fiduciario de fideicomiso y una sociedad anónima, si más del 10% del valor de las acciones en circulación son propiedad directa o indirecta de o para el fideicomiso o otorgante del fideicomiso.
> ➢ El otorgante y fiduciario, y el fiduciario y beneficiario de cualquier fideicomiso.
> ➢ Los fiduciarios de dos fideicomisos diferentes y los fiduciarios y beneficiarios de dos fideicomisos diferentes si la misma persona es el otorgante de ambos fideicomisos.
> ➢ Una organización educativa o caritativa exenta de impuestos y cualquier persona (o un miembro de la familia de esa persona) que controle la organización directa o indirectamente.
> ➢ Dos sociedades anónimas S, una sociedad anónima S y una sociedad anónima regular, si el mismo individuo posee más del 10% del valor de las acciones en circulación de cada sociedad anónima.
> ➢ Una sociedad anónima y una sociedad si las mismas personas son propietarias de lo siguiente:
>   - o Más del 10% del valor de las acciones en circulación de la sociedad anónima.
>   - o Más del 10% de los intereses obtenidos del capital o ganancias de la sociedad.
> ➢ El albacea y beneficiario de cualquier patrimonio.
> ➢ Una sociedad y una persona que directa o indirectamente posee más del 10% del capital o participación en las ganancias de cada uno.
> ➢ Dos sociedades, si la misma persona posee directa o indirectamente más del 10% del capital o las ganancias de cada una.
> ➢ La persona relacionada y una persona que se dedica a intercambios o negocios bajo control común. Consulte la sección 52(a) y 52(b) del Código de Impuestos Internos para obtener más información.

Debe determinar la naturaleza de una relación en el momento en que se adquiere la propiedad.

Propiedad intangible

La propiedad intangible es algo de valor que puede ser propiedad que no tiene un objeto físico correspondiente (por ejemplo, una patente, derechos de autor o intereses de asociación). Generalmente se deprecia utilizando el método de línea recta. El/la contribuyente puede optar por depreciar la propiedad intangible utilizando el método de previsión de ingresos, que no está cubierto en este curso. Consulte la Publicación 946 para más información.

Straight Line Method

The straight-line method of deprecation allows the taxpayer to deduct the same amount each year over the useful life of the property. To determine the deduction, first determine the adjusted basis, salvage value, and estimated useful life of the property. Subtract the salvage value, if any, from the adjusted basis. The balance is the depreciation that can be taken for the property. Divide the balance by the number of years in the useful life. This is the yearly depreciation deduction. To use the straight-line method, you must prorate (divide the value proportionally based on a unit of time, months in use) the depreciation deduction for the number of months in use.

Example: Francisco purchased a patent in August for $5,100 that is not intangible property as defined in section 197. Francisco will depreciate the patent using the straight-line method. The useful life for a patent is 17 years with no salvage value. Francisco would divide the $5,100 basis by 17 years to get the yearly depreciation of $300. In the first year of business Francisco only used the patent for 9 months so he would have to multiply the $300 x 9/12 to get his deduction of $225 for the first year. Over the next full year, Francisco would claim the $300 depreciation deduction.

Computer software is generally a section 197 tangible and cannot be depreciated if the taxpayer acquired it in connection with the acquisition of assets constituting a business. However, when it meets the following tests, computer software that is not a section 197 intangible can be depreciated even if it's acquired in a business acquisition:

➢ It is readily available for purchase by the general public.
➢ It is subject to a nonexclusive license.
➢ It has not been substantially modified.

If the software meets the above test, it may also qualify for section 179. If computer software can be depreciated, use the straight-line method over a useful life of 36 months.

Go Online

Segment 2

Basis of Depreciable Property

To calculate the depreciation deduction, one must know the basis of the property. To determine the basis of the property you must know the cost or other basis in the property.

Cost Basis. The basis of property that has been purchased is the cost plus the amounts paid for certain items. The cost includes the amount paid in cash, debt obligations, other property, or services. Some items that might be added to basis are as follows:

➢ Sales tax.
➢ Freight charges.
➢ Installation fees.

Método de la línea recta

El método de depreciación en línea recta permite al contribuyente deducir la misma cantidad cada año durante la vida útil de la propiedad. Para determinar la deducción, primero determine la base ajustada, el valor de recuperación y la vida útil estimada de la propiedad. Reste el valor de recuperación, si corresponde, de la base ajustada. El saldo es la depreciación que puede tomarse por la propiedad. Divide el saldo por el número de años en la vida útil. Esta es la deducción por depreciación anual. Para usar el método de línea recta, debe prorratear (dividir el valor proporcionalmente en función de una unidad de tiempo, meses en uso) la deducción por depreciación para el número de meses en uso.

Ejemplo: Francisco compró una patente en agosto por $5,100 que no es propiedad intangible según se define en la sección 197. Francisco depreciará la patente utilizando el método de línea recta. La vida útil de una patente es de 17 años sin valor residual. Francisco dividiría la base de $5,100 entre 17 años para obtener la depreciación anual de $300. En el primer año de negocios, Francisco solo usó la patente durante 9 meses, por lo que tendría que multiplicar los $300 x 9/12 para obtener su deducción de $225 para el primer año. Durante el próximo año completo, Francisco reclamaría la deducción por depreciación de $300.

El software de computadora es generalmente una sección 197 tangible y no puede depreciarse si el/la contribuyente lo adquirió en relación con la adquisición de activos que constituyen un negocio. Sin embargo, cuando cumple con las siguientes pruebas, el software informático que no es intangible de la sección 197 puede depreciarse incluso si se adquiere en una adquisición de negocios:

➢ Está disponible para su compra por el público en general.
➢ Está sujeto a una licencia no exclusiva.
➢ No ha sido sustancialmente modificado.

Si el software cumple con la prueba anterior, también puede calificar para la sección 179. Si el software de una computadora puede depreciarse, use el método de línea recta durante una vida útil de 36 meses.

Segmento 2

Base de la propiedad depreciable

Para calcular la deducción por depreciación, se debe conocer la base de la propiedad. Para determinar la base de la propiedad, debe conocer el costo u otra base en la propiedad.

Base de Costo. La base de la propiedad que se ha comprado es el costo más los montos pagados por ciertos artículos. El costo incluye el monto pagado en efectivo, obligaciones de deuda, otros bienes o servicios. Algunos elementos que podrían agregarse a la base son los siguientes:

➢ Impuesto de venta.
➢ Gastos de flete.
➢ Gastos de Instalación.

- ➢ Testing fees.
- ➢ Settlement costs.
- ➢ Legal and recording fees.
- ➢ Abstract fees.
- ➢ Survey charges.
- ➢ Owner's title insurance.
- ➢ Amounts the seller owes that the buyer agrees to pay, such as back taxes, interest, recording or mortgage fees, charges for improvements or repairs, and sales commissions.

Other Basis. Other basis refers to the way the owner of the property received the property. Was the property acquired by a like-kind exchange, as payment for services performed, as a gift, inheritance, or some other way? Like-kind is beyond the scope of this course, so see Publication 551 for more information.

Adjusted Basis. Certain adjustments, whether an increase or a decrease, may have to be made to determine the adjusted basis in property. These events occur between the time that the property was acquired and placed into service. The events could include any of the following:

- ➢ Installing utility lines.
- ➢ Paying legal fees.
- ➢ Setting zoning issues.
- ➢ Receiving rebates.
- ➢ Incurring a casualty or theft loss.

Reduce the basis of property by the depreciation allowed or allowable, whichever is greater. "Depreciation allowed" is depreciation that the taxpayer was entitled to and has already deducted as a tax benefit. "Depreciation allowable" is depreciation that the taxpayer was entitled to but has not yet deducted. See Publication 551 for more information.

Figuring Depreciation under MACRS

The Modified Accelerated Cost Recovery System (MACRS) is used to recover the basis of most business and investment property placed in service after 1986. MACRS consists of two deprecation systems, the General Deprecation System (GDS) and the Alternative Depreciation System (ADS). These two systems provide different methods and recovery periods to figure deductions. Generally, the method used is GDS unless the law requires the ADS method to be used or the taxpayer has elected to use ADS.

If the taxpayer is required to use ADS to depreciate the property, no special deprecation allowance can be claimed on the property. Although the property may qualify for GDS, the taxpayer can elect to use ADS. The election must cover all property in the same property class that was placed in service during the year.

GDS Property Classifications. There are nine property classifications under GDS. The classifications are divided by the length of the depreciation period and by the type of property being depreciated. Most of the classifications have the same recovery period as the title of the year. We have provided a few examples for each classification; to see the entire list, see Publication 946.

> ➢ Tasas de Prueba.
> ➢ Costos de Liquidación.
> ➢ Honorarios legales y de registro.
> ➢ Resumen de tarifas.
> ➢ Cargos de inspección.
> ➢ Seguro de título del propietario.
> ➢ Las cantidades que el vendedor debe y que el comprador acepta pagar, tales como impuestos atrasados, intereses, tasas de registro o hipotecas, cargos por mejoras o reparaciones y comisiones de ventas.

Otras Bases. Otras bases se refieren a la forma en que el dueño de la propiedad recibió el bien. ¿Se adquirió la propiedad mediante un intercambio similar, como pago por servicios realizados, como donación, herencia o de alguna otra manera? El intercambio similar está fuera del alcance de este curso, por lo que consulte la Publicación 551 para obtener más información.

Bases Ajustadas. Ciertos ajustes, ya sea un aumento o una disminución, deben realizarse para determinar la base ajustada en la propiedad. Estos eventos ocurren entre el momento en que la propiedad fue adquirida y puesta en servicio. Los eventos podrían incluir cualquiera de los siguientes:

> ➢ Instalar líneas de servicios públicos.
> ➢ Pagar honorarios legales.
> ➢ Definir problemas de zonificación.
> ➢ Recibir descuentos.
> ➢ Incurrir en un siniestro por pérdida o robo.

Reducir la base de la propiedad por la depreciación permitida o permisible, la que sea mayor. "Depreciación permitida" es la depreciación a la que el/la contribuyente tenía derecho y ya ha deducido como un beneficio fiscal. "Depreciación permisible" es la depreciación a la que el/la contribuyente tenía derecho, pero aún no ha deducido. Consulte la Publicación 551 para más información.

Cálculo de la depreciación bajo el MACRS

El Sistema Modificado de Recuperación de Costos Acelerados (MACRS) se utiliza para recuperar la base de la mayoría de las propiedades de negocios e inversiones puestas en servicio después de 1986. El MACRS consta de dos sistemas de depreciación, el Sistema de Depreciación General (GDS) y el Sistema de Depreciación Alternativo (ADS). Estos dos sistemas proporcionan diferentes métodos y períodos de recuperación para calcular las deducciones. En general, el método utilizado es el GDS, a menos que la ley exija que se use el método ADS o que el/la contribuyente haya optado por utilizar el ADS.

Si se requiere que el/la contribuyente use el ADS para depreciar la propiedad, no se puede reclamar una asignación especial de depreciación en la propiedad. Aunque la propiedad puede calificar para GDS, el/la contribuyente puede elegir utilizar el ADS. La elección debe cubrir toda la propiedad en la misma clase de propiedad que se puso en servicio durante el año.

Clasificaciones de Propiedad del GDS.
Existen nueve clasificaciones de propiedad bajo el GDS. Las clasificaciones se dividen entre la duración del período de depreciación y entre el tipo de propiedad que se está depreciando. La mayoría de las clasificaciones tienen el mismo período de recuperación que el título del año. Hemos proporcionado algunos ejemplos para cada clasificación; para ver la lista completa, consulte la Publicación 946.

Classification One: 3-year property:

> ➢ Tractor units for over the road use.
> ➢ Racehorses that were over 2 years old when placed in service.
> ➢ Any other horses that were over 12 years old when placed in service.

Classification Two: 5-year property:

> ➢ Automobiles, taxis, buses, and trucks.
> ➢ Office machinery such as calculators, copiers and computers.
> ➢ Dairy cattle and breeding cattle.

Classification Three: 7-year property:

> ➢ Office furniture and fixtures such as desks, chairs, and a safe.
> ➢ Railroad tracks.
> ➢ Any property that does not have a class life and has not been designated by law as being in any other class.

Classification Four: 10-year property:

> ➢ Any tree or vine bearing fruit or nuts.
> ➢ Any single-purpose agricultural or horticultural structure.
> ➢ Vessels, barges, tugs, and similar water transportation equipment.

Classification Five: 15-year property:

> ➢ Certain improvements made directly to land or added to land, such as shrubbery, fences, roads, sidewalks and bridges.
> ➢ Any municipal wastewater treatment plant.
> ➢ The initial clearing and grading for land improvements for gas utilities

Classification Six: 20-year property:

> ➢ Farm buildings, other than single-purpose agricultural or horticultural structures.
> ➢ Initial clearing and grading land improvements for electric utility transmission and distribution plants.

Classification Seven: 25-year property:

> ➢ Property that is an integral part of the gathering, without regard to this provision would be 20-year property.
> ➢ Municipal sewers other than property placed in service under a binding contract in effect at all times since June 9, 1996. treatment, or commercial distribution of water and that

The eight classification is residential rental property. Rental property includes any building or structure such as rental income which includes dwelling units and mobile homes. A dwelling unit is considered to be an apartment or house that is used to provide living accommodations in a building or structure. Motels, hotels, and other similar establishments that use more than 50% of the rooms for transients are not included; for these, the property class-life is 27.5 years.

Clasificación uno: propiedad de 3 años:

➢ Unidades tractoras para uso en carretera.
➢ Caballos de carrera que tenían más de 2 años cuando fueron puestos en servicio.
➢ Cualquier otro caballo que tenga más de 12 años cuando se ponga en servicio.

Clasificación dos: propiedad de 5 años:

➢ Automóviles, taxis, autobuses y camiones.
➢ Maquinaria de oficina como calculadoras, copiadoras y ordenadores.
➢ Ganado lechero y ganadero.

Clasificación tres: propiedad de 7 años:

➢ Muebles de oficina y accesorios tales como escritorios, sillas y una caja fuerte.
➢ Vías del tren.
➢ Cualquier propiedad que no tenga una vida útil y no haya sido designada por la ley como parte de otra clase.

Clasificación cuatro: propiedad de 10 años:

➢ Cualquier árbol o vid que dé fruta o nueces.
➢ Cualquier estructura agrícola u hortícola de un solo propósito.
➢ Embarcaciones, barcazas, remolcadores y equipos similares de transporte de agua.

Clasificación cinco: propiedad de 15 años:

➢ Ciertas mejoras hechas directamente a la tierra o agregadas a la tierra, como jardinería, cercas, caminos, aceras y puentes.
➢ Cualquier planta de tratamiento de aguas residuales municipales.
➢ La limpieza inicial y la clasificación para mejoras de terrenos para empresas de servicios de gas.

Clasificación seis: propiedad de 20 años:

➢ Construcciones agrícolas, distintas de las estructuras agrícolas u hortícolas de uso único.
➢ Limpieza inicial y clasificación de mejoras de suelo para plantas de transmisión y distribución de servicios eléctricos.

Clasificación siete: propiedad de 25 años:

➢ La propiedad que forma parte integrante de la recopilación, sin tener en cuenta esta disposición, sería una propiedad de 20 años.
➢ Alcantarillas municipales distintas a las propiedades puestas en servicio en virtud de un contrato vinculante vigente en todo momento desde el 9 de junio de 1996. Tratamiento, o distribución comercial de agua y que

La clasificación ocho es bienes inmuebles residenciales. La propiedad de alquiler incluye cualquier edificio o estructura, como los ingresos por alquiler que incluyen unidades de vivienda y casas móviles. Una unidad de vivienda se considera un apartamento o casa que se utiliza para proporcionar alojamiento en un edificio o estructura. Los moteles, hoteles y otros establecimientos similares que usan más del 50% de las habitaciones para pasajeros no están incluidos; para estos, la vida útil de la propiedad es de 27.5 años.

The ninth classification is nonresident property, also known as section 1250 property. Section 1250 is commercial property such as an office building, store, or warehouse that is not a residential rental property or a property with a class life of less than 27.5 years.

There are always exceptions to the rules. If this is the case, one must do research related to the particular situation. Any other GDS recovery periods that are not listed above can be found in Appendix B of Publication 946.

Which convention applies? A convention method is established under MACRS to determine the portion of the year to depreciate property both in the year the property was placed in service and in the year of disposition. The convention used determines the number of months for which one can claim depreciation. The three methods are Mid-month, Mid-quarter, and Half-year.

The Mid-month convention is used for nonresidential real property, residential real property, and any railroad grading or tunnel bore. Under this convention, one-half month of depreciation is allowed for the month the property was placed in service or disposed of.

Example: Josue uses the calendar year accounting method and placed nonresidential real property in service in August. The property is in service for 4 months (September, October, November, and December). Josue's numerator is 4.5 (4 months plus 0.5). Josue would multiply the depreciation for a full year by 4.5/12, or 0.375.

If you do not use the asset 100% for business, then you must multiply the asset's total tax basis by the business percentage for that particular year, and then multiply the result by the fraction found in the MACRS depreciation tables.

Example: In February 2018, Jennifer purchased office furniture in the amount of $2,600. She used the office furniture for her business only 50% of the time. Furniture is a 7-year property. The depreciation percentage is taken from Table A-2 found in Publication 946. Since Jennifer purchased the furniture in the first quarter of the year, she would use the Mid-Quarter Convention Placed in Service in the First Quarter. The amount Jennifer could depreciate her first year would be the cost of the furniture ($2,600) times the percentage of its use for business (50%) times the percentage provided from the depreciation table (25%), which amounts to $325.00.

The Mid-quarter convention is used if the mid-month convention does not apply, and the total depreciable basis of MACRS property placed in service is in the last 3 months of the tax year. Nonresidential real property, residential rental property, railroad grading or tunnel bore property placed in service and disposed of in the same year, and property that is being depreciated under a method other than MACRS are all excluded from using the Mid-quarter convention. Under this convention, treat all property placed in service or disposed during any quarter of the tax year as placed in service. This means that 1½ months of depreciation is allowed for the quarter the property is placed in service or disposed.

If the mid-quarter convention is used for a particular year, each item of depreciable personal property placed in service during that year must be depreciated using the mid-quarter convention for its entire recovery period.

La novena clasificación es propiedad no residente, también conocida como propiedad de la sección 1250. La Sección 1250 es una propiedad comercial, como un edificio de oficinas, una tienda o un almacén que no es un bien inmueble residencial o una propiedad con una vida útil de clase inferior a 27.5 años.

Siempre hay excepciones a las reglas. Si este es el caso, es necesario hacer una investigación relacionada con la situación particular. En el Apéndice B de la Publicación 946 se puede encontrar cualquier otro período de recuperación del GDS que no esté en la lista anterior.

¿Qué convención se aplica? Se establece un método de convención bajo el MACRS a fin de determinar la porción del año para depreciar la propiedad tanto en el año en que la propiedad se puso en servicio como en el año de enajenación. La convención utilizada determina la cantidad de meses durante los cuales se puede reclamar la depreciación. Los tres métodos son: medio mes, medio trimestre y medio año.

La convención de mitad de mes se utiliza para bienes inmuebles no residenciales, bienes inmuebles residenciales y cualquier calzada de ferrocarril o perforación de túnel. Bajo esta convención, se permite medio mes de depreciación para el mes en que la propiedad se puso en servicio o se enajenó.

Ejemplo: Josué utiliza el método contable del año calendario y colocó bienes raíces no residenciales en servicio en agosto. La propiedad está en servicio por 4 meses (septiembre, octubre, noviembre y diciembre). El numerador de Josué es 4.5 (4 meses más 0.5). Josué multiplicaría la depreciación de un año completo por 4.5/12, o 0.375.

Si no usa el activo el 100% para negocios, entonces debe multiplicar la base impositiva total del activo por el porcentaje de negocios para ese año en particular y luego multiplicar el resultado por la fracción encontrada en las tablas de depreciación del MACRS.

Ejemplo: En febrero de 2018, Jennifer compró muebles de oficina por un monto de$ 2,600. Ella usó los muebles de oficina para su negocio solo el 50% del tiempo. El mobiliario es una propiedad de 7 años. El porcentaje de depreciación se toma de la Tabla A-2 que se encuentra en la Publicación 946 (se analiza más adelante en este capítulo). Dado que Jennifer compró los muebles en el primer trimestre del año, usaría la Convención de mitad de trimestre de puesta en servicio en el primer trimestre. La cantidad que Jennifer podría depreciar en su primer año sería el costo de los muebles ($2,600) por el porcentaje de su uso para negocios (50%) por el porcentaje proporcionado en la tabla de depreciación (25%), que asciende a $325.00.

depreciable total de las propiedades del MACRS puestas en servicio se encuentra en los últimos 3 meses del año fiscal. Los bienes inmuebles no residenciales, la propiedad de alquiler residencial, la clasificación ferroviaria o la construcción de túneles puestos en servicio y enajenados en el mismo año, y la propiedad que se está depreciando bajo un método diferente al MACRS están excluidas del uso de la convención de mitad de trimestre. Bajo esta convención, trate todas las propiedades puestas en servicio o enajenadas durante cualquier trimestre del año fiscal como puestos en servicio. Esto significa que se permite 1½ meses de depreciación para el trimestre en que la propiedad se pone en servicio o se enajena.

Si la convención de mitad de trimestre se usa para un año en particular, cada artículo de propiedad personal depreciable que se puso en servicio durante ese año debe depreciarse utilizando la convención de mitad de trimestre durante todo el período de recuperación.

The Half-year convention is used if neither the mid-quarter nor the mid-month convention applies. Under this convention, treat all property placed in service or disposed of during a tax year as placed in service or disposed of at the midpoint of the year. This means that one-half year of depreciation is allowed for the year the property is placed in service or disposed.

In the simplest terms, when the taxpayer elects to use the half-year convention, a half-year of depreciation is allowed in the first year their property is placed in service, regardless of when the property is placed in service during the tax year. For each of the remaining years of the recovery period, the taxpayer can claim a full year of depreciation. If the property is held for the entire recovery period, a half-year of depreciation is claimed for the year following the end of the recovery period. If the property is disposed before the end of the recovery period, a half-year of depreciation is allowable for the year of disposition.

Go Online

Segment 3

Changing Accounting Methods

To change the accounting method used for depreciation, the taxpayer needs to file Form 3115, "*Application for Change in Accounting Method*," to be approved by the IRS.

The following are examples of a change in the method of accounting used for depreciation:

➢ A change from an impermissible method of determining depreciation for property if it was used in two or more consecutively filed tax returns.
➢ A change in the treatment of an asset from nondepreciable to depreciable or vice versa.
➢ A change in the depreciation method, period of recovery, or convention of a depreciable asset.
➢ A change from not claiming to claiming the special depreciation allowance if the election was made to not claim the special allowance.
➢ A change from claiming a 50% special depreciation allowance to claiming a 100% special depreciation allowance for qualified property acquired and placed in service after September 27, 2017 if the election was not made under IRC section 168(k)(10) to claim the 50% special allowable depreciation.

Changes in depreciation that are not a change in method of accounting are as follows:

➢ An adjustment in the useful life of a depreciable asset for which depreciation is determined under section 167.
➢ A change in use of an asset in the hands of the same taxpayer.
➢ Making a late depreciation election or revoking a timely valid depreciation election, including the election not to deduct the special depreciation allowance.
➢ Any change in date of when a depreciable asset was placed in service.

mes. Bajo esta convención, trate todas las propiedades puestas en servicio o enajenadas durante un año fiscal como puestos en servicio o enajenados en el punto medio del año. Esto significa que se permite medio año de depreciación para el año en que la propiedad se ponga en servicio o se enajene.

En los términos más simples, cuando el/la contribuyente elige usar la convención de medio año, se permite una depreciación de medio año en el primer año en que su propiedad se pone en servicio, independientemente de cuándo se ponga en servicio la propiedad durante el año tributario. Para cada uno de los años restantes del período de recuperación, el/la contribuyente puede reclamar un año completo de depreciación. Si la propiedad se mantiene durante todo el período de recuperación, se reclama medio año de depreciación para el año siguiente al final del período de recuperación. Si la propiedad se enajena antes del final del período de recuperación, se permite un medio año de depreciación para el año de enajenación.

Segmento 3

Cambio de los métodos contables

Para cambiar el método contable utilizado para la depreciación, el/la contribuyente debe presentar el Formulario 3115, "*Solicitud de cambio en el método contable*", para que sea aprobado por el IRS.

Los siguientes son ejemplos de un cambio en el método de contabilidad utilizado para la depreciación:

➢ Un cambio de un método inadmisible para determinar la depreciación de la propiedad si se usó en dos o más declaraciones de impuestos presentadas consecutivamente.
➢ Un cambio en el tratamiento de un activo de no depreciable a depreciable o viceversa.
➢ Un cambio en el método de depreciación, el período de recuperación o la convención de un activo depreciable.
➢ Un cambio de no reclamar a reclamar el subsidio especial de depreciación si la elección se realizó para no reclamar el subsidio especial.
➢ Un cambio de reclamar una asignación especial de depreciación del 50% a reclamar una asignación de depreciación especial del 100% para propiedades calificadas adquiridas y puestas en servicio después del 27 de septiembre de 2017 si la elección no se realizó según la sección 168(k)(10) del IRC para reclamar el 50% de depreciación especial permisible.

Los cambios en la depreciación que no son un cambio en el método de contabilidad son los siguientes:

➢ Un ajuste en la vida útil de un activo depreciable cuya amortización se determina en la sección 167.
➢ Un cambio en el uso de un activo en manos del mismo contribuyente.
➢ Hacer una elección de depreciación tardía o revocar una elección de depreciación válida oportuna, incluida la elección de no deducir la asignación especial de depreciación.
➢ Cualquier cambio en la fecha en que un activo depreciable se puso en servicio.

If the taxpayer does not qualify to use the automatic procedure by filing Form 3115, then he or she must use the advance consent request procedures (not covered in this course). For more information, see Instructions Form 3115.

Idle Property. Depreciation can still be claimed on property that is placed in service, even if a property is temporarily idle and not being used. For instance, if Emilio owns a printing press but has not used it for six months of the current tax year because he has not had any jobs which require the machine, then he can continue claiming depreciation on his printing press.

Cost or Other Basis Fully Recovered. Stop depreciating property when the property has fully recovered its cost or other basis.

Retired from Service. When the property has been retired from service, depreciation stops. Property is retired from service when it has been permanently withdrawn from use in trade or business, in production of income, or in the event that the property has been sold or exchanged, converted to personal use, abandoned, transferred to a supply or scrap account, or destroyed.

Understanding the Table of Class Lives and Recovery Periods

There are two sections in *the Table of Class Lives and Recovery Periods* for depreciation. Table B-1 is *Specific Depreciable Assets Used in All Business Activities, Except as Noted*; this table lists the assets used in all business activities. Some of the items included could be office furniture and information systems such as computers and secondary equipment thereof like printers or computer screens.

Table B-2 is used for all other activities such as agriculture, horse racing, farm buildings, and single purpose agricultural or horticultural structures.

Use the tables in numerical order. Look on Table B-1 first; if you do not find the asset you are looking for, then check Table B-2. Once the asset has been located, use the recovery period shown in the table. However, if the activity is specifically listed in Table B-2 under the type of activity in which it is used, then use the recovery period for that activity in that table.

Each table gives the asset class, the class life, and the recovery period in years. Understanding these tables is paramount for the beginning tax professional. You do not have to memorize the tables, just where to find the information and how to use it correctly.

If the property is not listed in either table, check the end of Table B-2 to find *Certain Property for Which Recovery Periods Assigned*. This property generally has a recovery period of 7 years GDS or 12 years ADS.

Example: Peter Martinez owns a retail clothing store. During the year, he purchased a desk and cash register for business use. Peter finds "office furniture" in Table B-1, under asset class 00.11. Cash register is not listed in Table B-1. Peter then looks in Table B-2 and finds the activity "retail store" under asset class 57.0, *Distributive Trades and Services*, which includes assets used in wholesale and retail trade. The asset class does not specifically list office furniture or a cash register. Peter uses asset class 00.11 for the desk. The desk has a 10-year class life and a 7-year recovery period for GDS. Peter elects to use ADS; the recovery period is 10 years. For the cash register, Peter uses asset class 57.0 because a cash register is not listed in Table B-1, but it is an asset used in the retail business. The cash register has a 9-year class life and a 5-year recovery period for GDS. If Peter elects to use the ADS method, the recovery period is 9 years.

Si el/la contribuyente no califica para usar el procedimiento automático al presentar el Formulario 3115, entonces él o ella debe usar los procedimientos de solicitud de consentimiento previo (no cubiertos en este curso). Para obtener más información, consulte el Formulario de instrucciones 3115.

Propiedad inactiva. La depreciación aún se puede reclamar en una propiedad que se pone en servicio, incluso si una propiedad está temporalmente inactiva y no se está utilizando. Por ejemplo, si Emilio posee una imprenta, pero no la ha utilizado durante los seis meses del año fiscal actual porque no ha tenido ningún trabajo que requiera la máquina, entonces puede continuar reclamando depreciación en su imprenta.

Costo u otra base totalmente recuperada. Deje de depreciar la propiedad cuando la propiedad haya recuperado totalmente su costo u otra base.

Retirada del servicio. Cuando la propiedad ha sido retirada del servicio, la depreciación se detiene. La propiedad se retira del servicio cuando se ha retirado permanentemente del uso en la actividad o negocio, en la producción de ingresos, o en el caso de que la propiedad haya sido vendida o intercambiada, convertida para uso personal, abandonada, transferida a una cuenta de suministros o chatarra, o destruido.

Comprensión de la tabla de vida útil y períodos de recuperación

Existen dos secciones en la *Tabla de vida útil y períodos de recuperación* para la depreciación. La Tabla B-1 es *Activos depreciables específicos que se utilizan en todas las actividades comerciales, excepto como se indica*; esta tabla enumera los activos utilizados en todas las actividades comerciales. Algunos de los elementos incluidos podrían ser muebles de oficina y sistemas de información, tales como computadoras y equipos secundarios, como impresoras o pantallas de computadoras.

La Tabla B-2 se utiliza para todas las demás actividades, como la agricultura, las carreras de caballos, los edificios de granjas y las estructuras agrícolas u hortícolas de un solo propósito.

Use las tablas en orden numérico. Mire la Tabla B-1 primero; si no encuentra el activo que está buscando, verifique la Tabla B-2. Una vez que se haya localizado el activo, use el período de recuperación que se muestra en la tabla. No obstante, si la actividad se incluye específicamente en la Tabla B-2 bajo el tipo de actividad en la que se utiliza, entonces use el período de recuperación para esa actividad en esa tabla.

Cada tabla proporciona la clase de activo, la vida útil y el período de recuperación en años. Comprender estas tablas es primordial para el profesional de impuestos principiante. No tiene que memorizar las tablas, solo dónde encontrar la información y cómo usarla correctamente.

Si la propiedad no figura en ninguna de las tablas, verifique el final de la Tabla B-2 para encontrar *ciertas propiedades para los períodos de recuperación asignados*. Esta propiedad generalmente tiene un período de recuperación de 7 años en el GDS o 12 años en el ADS.

Ejemplo: Peter Martínez es dueño de una tienda de ropa al por menor. Durante el año, compró un escritorio y una caja registradora para uso comercial. Peter encuentra "muebles de oficina" en la Tabla B-1, bajo la clase de activos 00.11. La caja registradora no figura en la Tabla B-1. Luego, Peter busca en la Tabla B-2 y encuentra la actividad "tienda minorista" en la clase de activos 57.0, *Servicios y comercios distributivos*, que incluye los activos utilizados en el comercio mayorista y minorista. La clase de activos no enumera específicamente los muebles de oficina o una caja registradora. Peter usa la clase de activos 00.11 para el escritorio. El escritorio tiene una vida útil de 10 años y un período de recuperación de 7 años para el GDS. Peter elige usar ADS; El periodo de recuperación es de 10 años. Para la caja registradora, Peter usa la clase de activos 57.0 porque una caja registradora no figura en la Tabla B-1, pero es un activo usado en el negocio minorista. La caja registradora tiene una vida útil de 9 años y un período de recuperación de 5 años para el GDS. Si Peter elige usar el método ADS, el período de recuperación es de 9 años.

Summary and Review

Although, depreciation may seem overwhelming, it is a subject that needs to be understood to be able to prepare accurate business tax returns. Depreciation is used to benefit the taxpayer, and the IRS has defined the convention and class type and have figured the percentage amount. All the tax professional needs to do is find the correct class type and percentage amount to use in order to calculate the correct depreciation amount for the taxpayer. A tax professional should not rely on software to do the calculation and needs to understand the concept to ensure the software is correct.

Questions

These review questions are not part of the final exam and will not be graded by LTPA. To obtain maximum benefit from the course, LTPA recommends that you complete the following questions before you compare your answers with the provided solutions.

1. Which of the following is the current tax depreciation system in the United States?

    a. MACRS
    b. ACRS
    c. HY Convention
    d. Mid-Month Convention

2. Depreciation is a(n) _____ allowance for the wear and tear of certain property.

    a. recovery period
    b. annual
    c. monthly
    d. quarterly

3. Which of the following is not tangible property?

    a. Buildings
    b. Machinery
    c. Furniture
    d. Cell Phones

Resumen y revisión

Si bien la depreciación puede parecer abrumadora, es un tema que debe entenderse para poder preparar declaraciones de impuestos comerciales precisas. La depreciación se utiliza para beneficiar al contribuyente, y el IRS ha definido la convención y el tipo de clase y ha calculado el porcentaje del monto. Todo lo que el profesional de impuestos debe hacer es encontrar el tipo de clase correcta y el porcentaje que debe usar para calcular el monto de depreciación correcto para el/la contribuyente. Un profesional de impuestos no debe confiar en el software para realizar el cálculo y debe comprender el concepto para garantizar que el software sea correcto.

Preguntas

Estas preguntas de repaso no son parte del examen final y no serán calificadas por LTPA. Para obtener el máximo beneficio del curso, LTPA recomienda que complete las siguientes preguntas antes de comparar sus respuestas con las soluciones proporcionadas.

1. ¿Cuál de los siguientes es el sistema actual de depreciación fiscal en Estados Unidos?

    a. MACRS
    b. ACRS
    c. Convención HY
    d. Convención de medio mes

2. La depreciación es una asignación _____ para el desgaste de ciertas propiedades.

    a. período de recuperación
    b. anual
    c. mensual
    d. trimestral

3. ¿Cuál de los siguientes no es propiedad tangible?

    a. Edificios
    b. Maquinaria
    c. Muebles
    d. Celulares

Answers

1. Which of the following is the current tax depreciation system in the United States?

 a. MACRS
 b. ACRS
 c. HY Convention
 d. Mid-Month Convention

Feedback: The Modified Accelerated Cost Recovery System (MACRS) is the current tax depreciation system in the United States. Under this system, the capitalized cost (basis) of tangible property is recovered over a specified life by annual deductions for depreciation.

2. Depreciation is a(n) _____ allowance for the wear and tear of certain property.

 a. recovery period
 b. annual
 c. monthly
 d. quarterly

Feedback: Depreciation is the annual deduction allowed to recover the cost or other basis of business or income-producing property with a determinable useful life of more than one year (as with federal depreciation, land is not depreciable). The recovery period is the useful life of the asset; the mid-month convention and mid-quarter convention are part of the depreciation system.

3. Which of the following is not tangible property?

 a. Buildings
 b. Machinery
 c. Furniture
 d. Cell Phones

Feedback: Cell phones are not a depreciable property. Most types of tangible property (except land) are as follows:

 ➢ Buildings   ➢ Furniture
 ➢ Machinery   ➢ Computers
 ➢ Vehicles
 ➢ Other equipment

Go Online

Respuestas

1. ¿Cuál de los siguientes es el sistema actual de depreciación fiscal en Estados Unidos?

    a. MACRS
    b. ACRS
    c. Convención HY
    d. Convención de medio mes

Comentarios: El Sistema Modificado de Recuperación de Costos Acelerados (MACRS) es el sistema actual de depreciación fiscal en Estados Unidos. Bajo este sistema, el costo capitalizado (base) de la propiedad tangible se recupera durante una vida específica mediante deducciones anuales por depreciación.

2. La depreciación es una asignación _____ para el desgaste de ciertas propiedades.

    a. período de recuperación
    b. anual
    c. mensual
    d. trimestral

Comentarios: La depreciación es la deducción anual permitida para recuperar el costo u otra base de negocios o propiedades que generan ingresos con una vida útil determinable de más de un año (al igual que con la depreciación federal, la tierra no es depreciable). El período de recuperación es la vida útil del activo; La convención de mitad de mes y la convención de mitad de trimestre son parte del sistema de depreciación.

3. ¿Cuál de los siguientes no es propiedad tangible?

    a. Edificios
    b. Maquinaria
    c. Muebles
    d. Celulares

Comentarios: Los teléfonos celulares no son una propiedad depreciable. La mayoría de los tipos de propiedad tangible (excepto la tierra) son los siguientes:

➢ Edificios	➢ Muebles
➢ Maquinaria	➢ Ordenadores
➢ Vehículos	➢ Otros equipos

Vaya a su cuenta en línea

Chapter 10: Federal Capital Gains and Loss

Introduction

Almost everything a taxpayer owns and uses for personal or investment purposes is a capital asset. When a capital asset is sold, the difference between the basis in the asset and the amount the item is sold for is either a *capital gain* or a *capital loss*. A capital gain is the profit that results from selling an investment (stocks, bonds, or real estate) for a higher price than it was purchased. Capital gains may refer to investment income that arises in relation to real assets (such as property), financial assets (such as shares of stocks or bonds), and intangible assets (such as goodwill). A capital loss arises if the proceeds from the sale of a capital asset are less than the purchase price. The taxpayer can deduct up to a $3,000 loss ($1,500 if filing MFS). The capital loss that exceeds the limit amount may be taken in future years.

Objectives

At the end of this lesson, the student will be able to do the following:

➢ Explain the holding periods for different types of property.
➢ Understand the difference between short-term and long-term capital gains.
➢ Identify capital assets.
➢ Determine basis before selling an asset.
➢ Know when the primary residence is excluded from capital gain.

Resources

Form 1040	Publication 17	Instructions Form 1040
Form 1099-B	Publication 523	Instructions Form 1099-B
Form 4797	Publication 544	Instructions Form 4797
Form 6252	Publication 551	Instructions Form 6252
Form 8949	Tax Topic 409, 703	Instructions Form 8949
Schedule D		Instructions for Schedule D

Segment 1

Capítulo 10: Ganancias y pérdidas de capital federal

Introducción

Casi todo lo que un contribuyente posee y utiliza con fines personales o de inversión es un activo de capital. Cuando se vende un activo de capital, la diferencia entre la base en el activo y la cantidad por la que se vende el artículo es una *ganancia de capital o una pérdida de capital*. Una ganancia de capital es la ganancia que se obtiene al vender una inversión (acciones, bonos o bienes raíces) a un precio más alto del que se compró. Las ganancias de capital pueden referirse a los ingresos por inversiones que surgen en relación con activos reales (como la propiedad), activos financieros (como acciones de participaciones o bonos) y activos intangibles (como los fondos de comercio). Una pérdida de capital surge si el producto de la venta de un activo de capital es menor que el precio de compra. El contribuyente puede deducir hasta una pérdida de $3,000 ($1,500 si declara como MFS). La pérdida de capital que exceda la cantidad límite puede tomarse en años futuros.

Objetivos

Al final de esta lección, el estudiante podrá hacer lo siguiente:

> ➢ Explicar los periodos de tenencia para diferentes tipos de propiedad.
> ➢ Comprender la diferencia entre las ganancias de capital a corto y largo plazo.
> ➢ Identificar los activos de capital.
> ➢ Determinar la base antes de vender un activo.
> ➢ Saber cuándo la residencia primaria está excluida de la ganancia de capital.

Recursos

Formulario 1040	Publicación 17	Instrucciones del Formulario 1040
Formulario 1099-B	Publicación 523	Instrucciones del Formulario 1099-B
Formulario 4797	Publicación 544	instrucciones del Formulario 4797
Formulario 6252	Publicación 551	instrucciones del Formulario 6252
Formulario 8949	Tema de Impuestos 409, 703	instrucciones del Formulario 8949
Anexo D		Instrucciones para el Anexo D

Segment 1

Capital Assets

Capital assets are items held for personal use, pleasure, or investment purposes. Some examples of capital assets are the following:

> ➢ Stocks or bonds held in a personal account.
> ➢ A house owned and used by the taxpayer and his or her family.
> ➢ Household furnishings.
> ➢ A car used for pleasure or commuting.
> ➢ Coin or stamp collections.
> ➢ Gems and jewelry.
> ➢ Gold, silver, or any other metal.

A capital asset can be any property held by the taxpayer. However, the following would be considered noncapital assets:

> ➢ Property held mainly for sale to customers or property that will physically become a part of merchandise for sale to customers (for example inventory).
> ➢ Depreciable property used in trade or business, even if 100% depreciated.
> ➢ Real property used in trade or business.
> ➢ Accounts or notes receivable acquired in the ordinary course of a trade or business for services rendered or the sale of stock in trade or other property included in inventory.
> ➢ Capital assets that have been disposed after December 31, 2017, such as certain patents, inventions, models, designs, secret formulas or processes, or similar property. This is beyond the scope of this course, see IRC section 1221(a)(3) to learn more.
> ➢ A copyright, a literary, musical, or artistic composition, a letter or memorandum, or a similar property that is as follows:
>   o Created by personal effects.
>   o Prepared or produced for the taxpayer in the case of a letter, memorandum, or similar property.
>   o Received from an individual who created the property or for whom the property was prepared under circumstances entitling the taxpayer to the basis of the person who created the property, or for whom it was prepared or produced.
> ➢ U.S. government publications received from the government for free or for less than the normal sales price. This is beyond the scope of this course.
> ➢ Any financial instruments for commodities derivative held by a commodities derivatives dealer.
> ➢ Hedge fund transactions, but only if the transaction is clearly identified as a hedging transaction before the close of the day on which it was acquired or originated.
> ➢ Supplies of a type regularly used or consumed in the ordinary course of trade or business.

The rate at which the gain on the sale of a capital asset will be taxed depends on the type of capital asset, the holding period, and the taxpayer's tax bracket. If the taxpayer has a capital loss, the loss will be netted against any realized gain. If the taxpayer has a net loss in excess of $3,000, he or she will be able to deduct up to $3,000 of the loss against the taxpayer's ordinary income in the year of the sale. The unused capital loss would then be carried forward to subsequent years and used to help offset net capital gains or ordinary income up to $3,000 a year until the loss is depleted. If the taxpayer is filing as married filing separately, the limit is $1,500. This chapter does not cover business capital assets as they are beyond the scope of this course.

Bienes de capital

Los activos de capital son elementos mantenidos para uso personal, placer o inversión. Algunos ejemplos de activos de capital son los siguientes:

➢ Acciones o bonos mantenidos en una cuenta personal.
➢ Una casa propiedad de la contribuyente utilizada por él y su familia.
➢ Muebles para el hogar.
➢ Un automóvil usado para el placer o el desplazamiento.
➢ Colecciones de monedas o de sellos.
➢ Gemas y joyas.
➢ Oro, plata, o cualquier otro metal.

Un activo de capital puede ser cualquier propiedad en poder del contribuyente. Sin embargo, lo siguiente se consideraría un activo no capital:

➢ Propiedad mantenida principalmente para la venta a clientes o propiedad que se convertirá físicamente en parte de la mercancía para venta a clientes (por ejemplo, inventario).
➢ Propiedad depreciable utilizada en la actividad o negocio, incluso si se deprecia el 100%.
➢ Bienes inmuebles utilizados en la actividad o negocio.
➢ Cuentas o notas por cobrar adquiridas en el curso ordinario de una actividad o negocio por servicios prestados o la venta de acciones en el negocio u otra propiedad incluida en el inventario.
➢ Activos de capital que se dispusieron después del 31 de diciembre de 2017, como ciertas patentes, invenciones, modelos, diseños, fórmulas o procesos secretos o propiedades similares. Esto está fuera del alcance de este curso; consulte la sección 1221(a)(3) del IRC para obtener más información.
➢ Un derecho de autor, una composición literaria, musical o artística, una carta o memorando, o una propiedad similar como las que se mencionan a continuación:
  o Creado para efectos personales.
  o Preparado o producido para el contribuyente en el caso de una carta, memorando o propiedad similar.
  o Recibido de una persona que creó la propiedad o para la cual se preparó la propiedad en circunstancias que dan derecho al contribuyente a la base de la persona que creó la propiedad, o para quien se preparó o produjo.
➢ Publicaciones del gobierno de los EE. UU. recibidas del gobierno de forma gratuita o por menos del precio de venta normal. Esto está fuera del alcance de este curso.
➢ Cualquier instrumento financiero para derivados de materias primas en poder de un distribuidor de derivados de materias primas.
➢ Transacciones de fondos de cobertura, pero solo si la transacción se identifica claramente como una transacción de cobertura antes del cierre del día en que se adquirió u originó.
➢ Suministros de un tipo usado o consumido regularmente en el curso de la actividad o negocio.

La tasa a la cual se grava la ganancia en la venta de un activo de capital depende del tipo de activo de capital, el período de tenencia y la categoría impositiva del contribuyente. Si el contribuyente tiene una pérdida de capital, la pérdida se compensará con cualquier ganancia realizada. Si el contribuyente tiene una pérdida neta de más de $3,000, él o ella podrá deducir hasta $3,000 de la pérdida contra el ingreso ordinario del contribuyente en el año de la venta. La pérdida de capital no utilizada se trasladaría a los años subsiguientes y se usaría para ayudar a compensar las ganancias netas de capital o el ingreso ordinario hasta $3,000 por año hasta que la pérdida se agote. Si el contribuyente declara como casado declarando por separado, el límite es de $1,500. Este capítulo no cubre los activos de capital comercial ya que están fuera del alcance de este curso.

Basis of Property

Basis is a way of determining the cost of an investment in property and is decided by how it was acquired. If the property was purchased, the purchase price is the basis. Any improvements made to the property are then added to that basis. The purchase price plus improvements constitutes the adjusted basis. Other items that add to the basis are the expenses of acquiring the property (commissions, sales tax, and freight charges). There are also items that reduce the basis, which include depreciation, nontaxable distributions, and postponed gain on home sales. This is also referred to as cost basis.

Basis is the amount of the investment in the asset for tax purposes. To calculate the gain or loss, basis is needed on the sale or disposition of the asset. Record keeping must be accurate to adjust the basis of the property when it is sold.

If a single transaction includes multiple properties, the total cost must be allocated among the separate properties according to the fair market value established by each property's basis. As a result of the allocation, the basis that each property takes is the original unadjusted basis for tax purposes. This rule applies in determining basis for gain or loss, and deprecation purposes.

Adjusted Basis. To arrive at the adjusted basis, the taxpayer must make permissible adjustments to the basis of the property. The taxpayer would figure the gain or loss on a sale, exchange, or other disposition of property or would figure the allowable depreciation, depletion, or amortization. The end result is the property's adjusted basis.

Increases to Basis. To increase the property basis the improvements must have a useful life of more than 1 year. Examples of capital improvements that would increase the property basis are adding an addition to the primary home, replacing the entire roof, and paving the driveway. Each one of these items may have a different class life for depreciation. Each would have to be depreciated by the rules for their property. Each depreciation class should have a separate set of record keeping. There are other items that would increase the property basis, but that is beyond the scope of this course.

Decreases to Basis. There are certain items that will cause the property to decrease its basis. Those items are certain vehicle credits, IRC section 179 deductions, residential energy credits, casualty and theft losses, and insurance reimbursement. Each of these are discussed in detail in Publication 551. Since this is beyond the scope of this course, more research will be needed,

Determining Capital Gains and Losses

Capital gains or losses are either *short term* or *long term*. If the property was disposed of and it was inherited, the basis is generally the fair market value of the property at the date of the owner's death. A nonbusiness bad debt must be treated as a short-term capital loss, although this is beyond the scope of this course.

Base de la propiedad

La base es una forma de determinar el costo de una inversión en propiedad y se decide por la forma en que se adquirió. Si la propiedad fue comprada, el precio de compra es la base. Cualquier mejora hecha a la propiedad se agrega a esa base. El precio de compra más las mejoras constituye la base ajustada. Otros elementos que se agregan a la base son los gastos de adquisición de la propiedad (comisiones, impuestos sobre las ventas y cargos de flete). También existen elementos que reducen la base, que incluyen la depreciación, las distribuciones no sujetas a impuestos y la ganancia pospuesta en las ventas de viviendas. Esto también se conoce como base de costo.

La base es el monto de la inversión en el activo para fines tributarios. Para calcular la ganancia o pérdida, se necesita una base en la venta o disposición del activo. El mantenimiento de registros debe ser preciso para ajustar la base de la propiedad cuando se vende.

Si una sola transacción incluye varias propiedades, el costo total debe asignarse entre los bienes propios de acuerdo con el valor justo de mercado establecido por la base de cada propiedad. Como resultado de la asignación, la base que toma cada propiedad es la base original no ajustada para propósitos de impuestos. Esta regla se aplica para determinar la base para ganancias o pérdidas y para propósitos de depreciación.

Base Ajustada. Para llegar a la base ajustada, el contribuyente debe hacer ajustes permisibles a la base de la propiedad. El contribuyente calcularía la ganancia o pérdida en una venta, intercambio u otra disposición de propiedad o calcularía la depreciación, el agotamiento o la amortización permitidas. El resultado final es la base ajustada de la propiedad.

Incrementos a la Base. Para aumentar la base de la propiedad, las mejoras deben tener una vida útil de más de 1 año. Entre los ejemplos de mejoras de capital que aumentarían la base de la propiedad están: incorporar una adición a la vivienda principal, reemplazar todo el techo y pavimentar el camino de entrada. Cada uno de estos elementos puede tener una vida útil diferente para la depreciación. Cada uno tendría que ser depreciado por las normas de su propiedad. Cada clase de depreciación debe tener un conjunto separado de mantenimiento de registros. Hay otros elementos que aumentarían la base de la propiedad, pero esto está fuera del alcance de este curso.

Disminución a la base. Existen ciertos elementos que harán que la propiedad disminuya su base. Esos artículos son ciertos créditos de vehículos, deducciones de la sección 179 del IRC, créditos de energía residencial, pérdidas por accidentes y robos, y reembolso de seguros. Cada uno de estos se discute en detalle en la Publicación 551. Necesitará investigar más, ya que esto está fuera del alcance de este curso.

Determinación de ganancias y pérdidas de capital

Las ganancias o pérdidas de capital son a corto o largo plazo. Si la propiedad se enajenó y se heredó, la base es generalmente el valor justo de mercado de la propiedad en la fecha de la muerte del propietario. Una deuda incobrable no comercial debe tratarse como una pérdida de capital a corto plazo, aunque esto está fuera del alcance de este curso.

Holding Period

The holding period (the length of time an individual "held" or owned a property) determines whether the capital gain or loss is short-term or long-term. To determine the holding period, start counting on the day after the date the taxpayer acquired the property. Holding periods end on the day the taxpayer sold the property. Short-term property is property held for one year (365 days) or less. Long-term property is property held for more than one year. For example, if the taxpayer purchased property on September 20, 2017 and sold it on September 20, 2018, the taxpayer would have a short-term capital gain or loss. However, if the taxpayer waited one more day and sold the property on September 21, 2018, he or she would have a long-term capital gain or loss. It is important to correctly determine the holding period because the maximum tax rate is based on the holding period. To calculate the total net gain or loss, combine the net short-term gains or losses with the net long-term gains or losses.

Capital Gain Distributions

Capital gains distributions are paid to the taxpayer by brokerage firms, mutual funds, and investment trusts. The capital gains distributions from mutual funds are long-term capital gains regardless of how long the taxpayer owned the stock. Distributions of net-realized short-term capital gains are reported on Form 1099-DIV as ordinary dividends.

The amount that is reported on Form 1099-DIV, box 2a, is entered on Schedule D, line 13, no matter how long the investment was held. The amount in box 2b is reported on line 11 of the *Unrecaptured Section 1250 Gain Worksheet*. The amount in 2c is reported on *Exclusion of Gain on Qualified Small Business Stock* (QSB). The amount in 2d is reported on line 4 of the *28% Rate Gain Worksheet*.

Periodo de tenencia

El período de tenencia (el período de tiempo que una persona "tiene" o es propietaria de una propiedad) determina si la ganancia o pérdida de capital es a corto o largo plazo. Para determinar el período de tenencia, comience a contar el día posterior a la fecha en que el contribuyente adquirió la propiedad. Los períodos de espera terminan el día en que el contribuyente vendió la propiedad. Las propiedades a corto plazo son propiedades retenidas por un año (365 días) o menos. La propiedad a largo plazo es la propiedad mantenida por más de un año. Por ejemplo, si el contribuyente compró una propiedad el 20 de septiembre de 2017 y la vendió el 20 de septiembre de 2018, el contribuyente tendría una ganancia o pérdida de capital a corto plazo. Sin embargo, si el contribuyente esperó un día más y vendió la propiedad el 21 de septiembre de 2018, tendría una ganancia o pérdida de capital a largo plazo. Es importante determinar correctamente el período de tenencia porque la tasa impositiva máxima se basa en el período de tenencia. Para calcular la ganancia o pérdida neta total, combine las ganancias o pérdidas netas a corto plazo con las ganancias o pérdidas netas a largo plazo.

Distribuciones de ganancia de capital

Las distribuciones de ganancias de capital se pagan al contribuyente por medio de firmas de corretaje, fondos mutuos y fideicomisos de inversión. Las distribuciones de ganancias de capital de los fondos mutuos son ganancias de capital a largo plazo, independientemente del tiempo en que el contribuyente haya sido propietario de las acciones. Las distribuciones de las ganancias de capital a corto plazo realizadas y netas se declaran en el formulario 1099-DIV como dividendos ordinarios.

☐ VOID ☐ CORRECTED		

PAYER'S name, street address, city or town, state or province, country, ZIP or foreign postal code, and telephone no.	1a Total ordinary dividends $	OMB No. 1545-0110 **2018** Form **1099-DIV**	**Dividends and Distributions**
	1b Qualified dividends $		
	2a Total capital gain distr. $	2b Unrecap. Sec. 1250 gain $	Copy 1 For State Tax Department
PAYER'S TIN / RECIPIENT'S TIN	2c Section 1202 gain $	2d Collectibles (28%) gain $	
RECIPIENT'S name	3 Nondividend distributions $	4 Federal income tax withheld $	
	5 Section 199A dividends $	6 Investment expenses $	
Street address (including apt. no.)	7 Foreign tax paid $	8 Foreign country or U.S. possession	
City or town, state or province, country, and ZIP or foreign postal code	9 Cash liquidation distributions $	10 Noncash liquidation distributions $	
FATCA filing requirement ☐	11 Exempt-interest dividends $	12 Specified private activity bond interest dividends $	
Account number (see instructions)	13 State / 14 State identification no.	15 State tax withheld $ $	

Form **1099-DIV**   www.irs.gov/Form1099DIV   Department of the Treasury - Internal Revenue Service

El monto que se declara en el formulario 1099-DIV, casilla 2a, se ingresa en el Anexo D, línea 13, sin importar cuánto tiempo se retuvo la inversión. La cantidad en la casilla 2b se declara en la línea 11 de la *Hoja de cálculo de ganancia sin recuperar de la Sección 1250*. La cantidad en 2c se declara en *Exclusión de ganancia en acciones calificadas para pequeñas empresas* (QSB). La cantidad en la casilla 2d se declara en la línea 4 de la *Hoja de cálculo de ganancia de tasa del 28%*.

If the taxpayer received nominee capital gain distributions that were paid by someone else, report them on Schedule D, line 13. Report only the amount that belongs to the taxpayer.

Sale of Stocks and Mutual Funds

The taxpayer should receive Form 1099-B which reports the total proceeds from the sale of stock or mutual funds. The proceeds are reported on Form 8949.

To determine the capital gain on stocks or mutual funds, the taxpayer must know the cost basis. The cost basis is the purchase price plus any costs related to its purchase and or to any paid commissions. The cost basis is subtracted from the selling price to determine the capital gains. All this information, along with the purchase date and sales date, is included on Form 8949. The trade date—not the settlement date—is used to determine whether the transaction is long term or short term

The cost basis of a mutual fund is the cash investment amount plus any reinvested dividends and capital gains minus any returns of capital that were received. If it is less than the entire value of the funds sold, then one must figure the cost basis of the shares sold. To use the average cost per share, the taxpayer must have acquired the shares at various times and various prices and must have left the shares on deposit in an account that is handled by a custodian or agent who acquires or redeems those shares.

Sale of Personal Residence

The Taxpayer Relief Act of 1997 repealed IRC section 1034, *Deferral of Gain on Sale of Residence*, and amended section 121, *the Once-in-a-Lifetime Exclusion of Gain*. Previously, IRC section 1034 allowed taxpayers to defer the gain on the sale of a principal residence if a replacement residence was purchased within two years and if the replacement residence's price was equal to or exceeding the adjusted selling price of the former residence. Now, however, the current law under IRC section 121 is considerably more generous. The sale of the primary residence is reported on the taxpayer's tax return only if there is a taxable gain or if the property was used for business.

To qualify for the exclusion, the taxpayer must meet the following "ownership and use" tests during the last five-year period ending on the date of the sale:

> ➢ Owned the home for at least two years (the ownership test).
> ➢ Lived in the home as the main home for at least two years (the use test).

A taxpayer can meet the ownership and use test during different two-year periods as long as he or she meets both tests during the five years before the date of the sale.

Exclusion

If all the following are true, a taxpayer can exclude the entire gain of the sale of his or her main home up to $250,000 or up to $500,000 if filing jointly or as a qualifying widow(er):

> ➢ The taxpayer is married and filing a joint return for the year.
> ➢ Either the taxpayer or the spouse meets the ownership test.
> ➢ Both the taxpayer and the spouse meet the use test.

Si el contribuyente recibió distribuciones de ganancias de capital nominales que fueron pagadas por otra persona, declárelo en el Anexo D, línea 13. Declare solo el monto que le corresponde al contribuyente.

Venta de acciones y fondos mutuos

El contribuyente debe recibir el formulario 1099-B, que declara los ingresos totales de la venta de acciones o fondos mutuos. Los ingresos se declaran en el formulario 8949.

Para determinar la ganancia de capital en acciones o fondos mutuos, el contribuyente debe conocer la base del costo. La base del costo es el precio de compra más cualquier costo relacionado con su compra y/o cualquier comisión pagada. La base del costo se resta del precio de venta para determinar las ganancias de capital. Toda esta información, junto con la fecha de compra y la fecha de venta, se incluye en el formulario 8949. La fecha de negociación, no la fecha de liquidación se utiliza para determinar si la transacción es a largo plazo o a corto plazo.

La base de costos de un fondo mutuo es el monto de la inversión en efectivo más los dividendos y las ganancias de capital reinvertidos, menos las declaraciones de capital que se recibieron. Si es menor que el valor total de los fondos vendidos, entonces se debe calcular la base de costo de las acciones vendidas. Para utilizar el costo promedio por acción, el contribuyente debe haber adquirido las acciones en diversos momentos y en varios precios y debe haber dejado las acciones en depósito en una cuenta que maneja un depositario o agente que adquiere o canjea esas acciones.

Venta de residencia personal

La Ley de Alivio al Contribuyente de 1997 derogó la sección 1034 del IRC, *Aplazamiento de la ganancia en la venta de la residencia*, y enmendó la sección 121, *Exclusión de ganancia única en la vida*. Anteriormente, la sección 1034 del IRC permitía a los contribuyentes diferir la ganancia de la venta de una residencia principal si se compraba una residencia de reemplazo dentro de dos años y si el precio de la residencia de reemplazo era igual o superior al precio de venta ajustado de la residencia anterior. Ahora, sin embargo, la ley actual bajo la sección 121 del IRC es considerablemente más generosa. La venta de la residencia principal se declara en la declaración de impuestos del contribuyente solo si existe una ganancia imponible o si la propiedad se utilizó para fines comerciales.

A fin de calificar para la exclusión, el contribuyente debe cumplir con las siguientes pruebas de "propiedad y uso" durante los últimos cinco años que finalizan en la fecha de la venta:

> ➤ Ser el propietario de la vivienda durante al menos dos años (la prueba de propiedad).
> ➤ Vivir en la vivienda como el hogar principal durante al menos dos años (la prueba de uso).

Un contribuyente puede cumplir con la prueba de propiedad y uso durante diferentes períodos de dos años, siempre y cuando él o ella cumpla con ambas pruebas durante los cinco años anteriores a la fecha de la venta.

Exclusión

Si se cumple todo lo siguiente, un contribuyente puede excluir la ganancia total de la venta de su vivienda principal hasta $250,000 o hasta $500,000 si se presenta conjuntamente o como un viudo(a) calificado(a):

> ➤ El contribuyente está casado y presenta una declaración conjunta para el año.
> ➤ O el contribuyente o el cónyuge cumplen con la prueba de propiedad.
> ➤ Tanto el contribuyente como el cónyuge cumplen con la prueba de uso.

If the taxpayer's divorce decree allows the taxpayer's former spouse to live in the home the taxpayer owns, the taxpayer is considered to have also lived there for the purposes of claiming the exclusion. The exclusion is limited to one sale every two years on sales after May 6, 1997.

Partial Exclusion

The amount of gain a taxpayer can exclude must be prorated if the sale of a home is due to a job relocation, health reasons, or other unforeseen circumstances of the homeowner (or the homeowner's spouse if they file a joint return), and if any the following are also true:

➢ The taxpayer did not meet the ownership and use test.
➢ The taxpayer is excluding gain on the sale of another home after May 6, 1997.
➢ The homeowner (or the homeowner's spouse if they file a joint return) sells more than one home in a two-year period.
➢ The taxpayer owned a home on August 5, 2015, sold it before August 5, 2017, and did not meet the ownership or use tests.
➢ The taxpayer used part of the home for business or rental purposes.
➢ The sale or other disposition of one's home includes disposition by sale, exchange, involuntary conversion (condemnation), foreclosure, or other dispositions. If the home was abandoned, foreclosed, or repossessed, the taxpayer should receive Form 1099-A, *Acquisition or Abandonment of Secured Property*, from the lender who acquired the property. This form should be used to calculate whether there is a gain or loss on the property.

Sales of residences other than the taxpayer's main residence are treated differently than sales of primary residences for tax purposes. If the taxpayer sells a residence that is not his or her principle residence, a capital gain or loss would be reported on Form 8949 and then on Form 4797. While a loss on a main residence is not deductible, a loss on a residential rental house may be deductible.

Because the exclusion only pertains to residences, if the taxpayer used part of his or her home for business or rental purposes, some of the gain may not qualify for the exclusion. Any gain due to depreciation claimed after May 6, 1997, cannot be excluded.

Example: Bill Burns had taken depreciation in prior years for an office in the home before changing it back to a bedroom and using it for personal purposes for two out of the five years prior to the sale. In this instance, Mr. Burns would be able to exclude all the gain from the sale of the house, except for gain from depreciation after May 6, 1997.

If the taxpayer cannot exclude all of the gain, you would treat the sale as two transactions, one business and one personal.

Example: On February 1, 2016, Amy bought a house. She moved in on that date and lived in it until May 31, 2017 when she moved out of the house and put it up for rent. The house was rented from June 1, 2017 to March 31, 2018. Amy moved back into the house on April 1, 2018 and lived there until she sold it on January 31, 2019. During the five-year period ending on the date of the sale (February 1, 2016 to January 31, 2019), Amy owned and lived in the house for more than two years.

Si el certificado de divorcio del contribuyente le permite al ex cónyuge del contribuyente vivir en la casa que el contribuyente posee, se considera que el contribuyente también vivió allí con el propósito de reclamar la exclusión. La exclusión se limita a una venta cada dos años en ventas después del 6 de mayo de 1997.

Exclusión parcial

La cantidad de ganancia que un contribuyente puede excluir debe ser prorrateada si la venta de una casa es por causa de una reubicación laboral, razones de salud u otras circunstancias imprevistas del propietario (o del cónyuge del propietario si presentan una declaración conjunta), y si se cumplen también las siguientes condiciones:

> ➢ El contribuyente no cumplió con la prueba de propiedad y uso.
> ➢ El contribuyente está excluyendo las ganancias en la venta de otra vivienda después del 6 de mayo de 1997.
> ➢ El propietario (o el cónyuge del propietario si presenta una declaración conjunta) vende más de una casa en un período de dos años.
> ➢ El contribuyente era propietario de una casa el 5 de agosto de 2015, la vendió antes del 5 de agosto de 2017 y no cumplió con las pruebas de propiedad o uso.
> ➢ El contribuyente usó parte de la casa para fines comerciales o de alquiler.
> ➢ La venta u otra disposición de la vivienda incluye la disposición por venta, canje, conversión involuntaria (condena), ejecución hipotecaria u otras disposiciones. Si la vivienda fue abandonada, ejecutada o recuperada, el contribuyente debe recibir el formulario 1099-A, *Adquisición o enajenación de propiedad garantizada*, del acreedor que adquirió la propiedad. Este formulario debe utilizarse para calcular si hay una ganancia o pérdida en la propiedad.

Las ventas de viviendas que no sean la residencia principal del contribuyente se tratan de manera diferente a las ventas de residencias primarias para fines fiscales. Si el contribuyente vende una residencia que no es su residencia principal, se declarará una ganancia o pérdida de capital en el formulario 8949 y luego en el formulario 4797. Si bien una pérdida en una residencia principal no es deducible, una pérdida en una casa de alquiler residencial puede ser deducible.

Debido a que la exclusión solo se refiere a residencias, si el contribuyente usó parte de su hogar para fines comerciales o de alquiler, es posible que parte de la ganancia no sea elegible para la exclusión. Cualquier ganancia como resultado a la depreciación reclamada después del 6 de mayo de 1997 no puede ser excluida.

Ejemplo: Bill Burns había tomado depreciación en años anteriores por una oficina en la vivienda antes de cambiarla de nuevo a un dormitorio y usarla para fines personales durante dos de los cinco años anteriores a la venta. En este caso, el Sr. Burns podría excluir toda la ganancia de la venta de la casa, excepto la ganancia por la depreciación después del 6 de mayo de 1997.

Si el contribuyente no puede excluir todas las ganancias, usted trataría la venta como dos transacciones, una comercial y una personal.

Ejemplo: El 1 de febrero de 2016, Amy compró una casa. Se mudó en esa fecha y vivió en ella hasta el 31 de mayo de 2017, cuando se mudó de la casa y la puso en alquiler. La casa se alquiló del 1 de junio de 2017 al 31 de marzo de 2018. Amy se mudó a la casa el 1 de abril de 2018 y vivió allí hasta que la vendió el 31 de enero de 2019. Durante el período de cinco años que finaliza en la fecha de la venta (1 de febrero de 2016 al 31 de enero de 2019), Amy fue propietaria y vivió en la casa durante más de dos años.

Five-Year Period	Used as Home	Used as Rental
	2/1/16–5/31/17	16 months
	6/1/17–3/31/18	22 months
	4/1/18–1/31/19	<u>22 months</u>
	38 months	22 months

Because she lived in the home for more than two years, Amy can exclude gain up to $250,000. However, as mentioned above, she cannot exclude the part of the gain equal to the depreciation she claimed for renting the house after May 6, 1997.

Widowed Taxpayers. The Mortgage Forgiveness Debt Relief Act of 2007 allows a surviving spouse to exclude from his or her gross income up to $500,000 of the gain from the sale of a principal residence owned jointly with a deceased spouse as long as the sale occurs within two years of the death of the spouse, although some other exceptions may apply.

Incapacitated Taxpayers. Taxpayers who own a residence are still considered to reside in that residence even if they become physically or mentally incapable of self-care and are placed in a care facility licensed by a state or political subdivision such as a nursing home. However, the taxpayer must have owned and used the residence as a principal residence for a period of at least one year during the five years preceding the sale in order to qualify for IRC section 121 exclusion.

Divorced Taxpayers. If the taxpayer is divorced, and the primary residence is transferred to the taxpayer, the time during which the taxpayer's former spouse owned the residence is added to the taxpayer's period of ownership. A taxpayer who owns a residence is considered to have used it as a principal residence while the taxpayer's spouse or former spouse is granted use of the residence under the terms of the divorce or separation instrument.

Inherited Property. The basis of inherited property is the property's fair market value (FMV) at the date of death or at an alternate valuation date if chosen by the executor of the estate. The election to use the alternate valuation date is irrevocable. The alternate date is generally six months after the decedent's death or some earlier date of sale or distribution. Alternate valuation can be elected only if the property use decreased both the value of the gross estate and the combined estate and a generation-skipping transfer of tax liability. The holding period is always considered long term regardless of how long the taxpayer actually owned the property because it includes the holding period of the deceased.

Installment Sales. An installment sale is a sale of property in which the taxpayer receives a payment after one year of the sale. An installment sale is an arrangement where some or the entire selling price is paid in a later year. Owners who sell homes and finance the purchase themselves often do so as an installment sale. This is beneficial because the taxpayer does not have to pay taxes on the entire gain in the year of sale. It can also benefit the taxpayer by keeping the gain from pushing them into a higher tax bracket. For taxpayers looking for a steady stream of income over a period of time, the installment sale can provide this income.

Periodo de cinco años	Utilizado como vivienda	Utilizado como alquiler
1/2/16–31/5/17		16 meses
1/6/17–31/3/18		22 meses
1/4/18–31/1/19	_____	22 meses
38 meses		22 meses

Debido a que ella vivió en la vivienda por más de dos años, Amy puede excluir ganancias de hasta $250,000. Sin embargo, como se mencionó anteriormente, no puede excluir la parte de la ganancia igual a la depreciación que reclamó por alquilar la casa después del 6 de mayo de 1997.

Contribuyentes viudos. La Ley de Alivio de la Deuda Hipotecaria de 2007 permite a un cónyuge sobreviviente excluir de su ingreso bruto hasta $500,000 de la ganancia de la venta de una residencia principal que es propiedad conjunta de un cónyuge fallecido, siempre que la venta ocurra dentro de los dos años posteriores al fallecimiento del cónyuge, aunque pueden aplicarse otras excepciones.

Contribuyentes discapacitados. Los contribuyentes que son propietarios de una vivienda aún se consideran residentes en esa vivienda, incluso si sufren una discapacidad física o mental para cuidarse a sí mismos y se les coloca en un centro de atención autorizado por una subdivisión estatal o política, como un asilo de ancianos. Sin embargo, el contribuyente debe haber sido propietario y utilizado la residencia como vivienda principal por un período de al menos un año durante los cinco años anteriores a la venta para calificar para la exclusión de la sección 121 del IRC.

Contribuyentes divorciados. Si el contribuyente está divorciado y la vivienda principal se transfiere al contribuyente, el tiempo durante el cual el ex cónyuge del contribuyente fue propietario de la residencia se agrega al período de propiedad del contribuyente. Se considera que un contribuyente que posee una residencia la usó como vivienda principal, mientras que al cónyuge o ex cónyuge del contribuyente se le otorga el uso de la residencia según los términos del divorcio o el instrumento de separación.

Propiedad heredada. La base de la propiedad heredada es el valor justo de mercado (FMV) de la propiedad en la fecha de fallecimiento o en una fecha de valoración alternativa si es elegido por el albacea de la sucesión. La elección para utilizar la fecha de valoración alternativa es irrevocable. La fecha alternativa es generalmente seis meses después de la muerte del difunto o alguna fecha anterior de venta o distribución. La valoración alternativa puede elegirse solo si el uso de la propiedad disminuyó tanto el valor del patrimonio bruto como el patrimonio combinado y una transferencia de la obligación tributaria que se salta de la generación. El período de tenencia siempre se considera a largo plazo, independientemente del tiempo que el contribuyente realmente posea la propiedad, ya que incluye el período de tenencia del fallecido.

Ventas a plazos. Una venta a plazos es una venta de propiedad en la que el contribuyente recibe un pago después de un año de la venta. Una venta a plazos es un acuerdo en el que parte o todo el precio de venta se paga en un año posterior. Los propietarios que venden casas y financian la compra por sí mismos a menudo lo hacen como una venta a plazos. Esto es beneficioso porque el contribuyente no tiene que pagar impuestos sobre la ganancia total en el año de venta. También puede beneficiar al contribuyente al evitar que las ganancias los empujen a una categoría impositiva más alta. Para los contribuyentes que buscan un flujo constante de ingresos durante un período de tiempo, la venta a plazos puede proporcionar estos ingresos.

The gain from an installment sale is usually reported in the year it is received, but the taxpayer can elect to report all of the gain in the year of sale, which can be beneficial if the taxpayer had other capital losses to offset the gain. The income from the sale is reported on Form 6252, *Installment Sale Income.* Interest income is reported on Schedule B as it is received. The gain is reported on Form 4797 if it is a business gain. Personal gain is reported on Form 8949.

If a taxpayer has a loss, it cannot be reported as an installment sale. Personal losses are not deductible. If it is a business loss, the entire loss will be reported on Form 4797 in the year of the sale. The interest earned will still be reported on Schedule B.

Gift of Property. In order to determine the basis of property received as a gift, it is necessary to know the donor's adjusted basis of the gift when given to the taxpayer, the fair market value at the time it was given to the taxpayer, and the amount of gift tax that was paid. The taxpayer's basis for figuring gain at the time of the sale or for figuring the disposition of the asset at the time of the sale is the donor's adjusted basis, plus or minus any changes during the period the taxpayer held the property. The taxpayer's basis for figuring loss is the fair market value when received, plus or minus any required adjustments to the basis made during the period the taxpayer held the asset. The amount of paid gift tax to be included in the basis of the asset depends on the date the gift was received.

Example: The taxpayer received an acre of land as a gift. At the time the gift was given, the land had a fair market value of $8,000. The donor had purchased the land for $10,000, making that the property's adjusted basis. After the taxpayer received the property, no events occurred to increase or decrease the basis. If the taxpayer later sells the property for $12,000, he will have a $2,000 gain. The taxpayer must use the donor's adjusted basis ($10,000) at the time of the gift as the basis to figure gain. If he sells the property for $7,000, he will have a $1,000 loss because he must use the fair market value ($8,000) at the time of the gift to figure loss. If the sales price is between $8,000 and $10,000, he will have neither a gain nor a loss.

Form 8949: Reporting Capital Gains and Losses

Form **8949**	**Sales and Other Dispositions of Capital Assets**	OMB No. 1545-0074
Department of the Treasury Internal Revenue Service	▶ Go to *www.irs.gov/Form8949* for instructions and the latest information. ▶ File with your Schedule D to list your transactions for lines 1b, 2, 3, 8b, 9, and 10 of Schedule D.	2018 Attachment Sequence No. **12A**

Name(s) shown on return	Social security number or taxpayer identification number

Before you check Box A, B, or C below, see whether you received any Form(s) 1099-B or substitute statement(s) from your broker. A substitute statement will have the same information as Form 1099-B. Either will show whether your basis (usually your cost) was reported to the IRS by your broker and may even tell you which box to check.

Part I   **Short-Term.** Transactions involving capital assets you held 1 year or less are generally short-term (see instructions). For long-term transactions, see page 2.

Note: You may aggregate all short-term transactions reported on Form(s) 1099-B showing basis was reported to the IRS and for which no adjustments or codes are required. Enter the totals directly on Schedule D, line 1a; you aren't required to report these transactions on Form 8949 (see instructions).

You must check Box A, B, or C below. Check only one box. If more than one box applies for your short-term transactions, complete a separate Form 8949, page 1, for each applicable box. If you have more short-term transactions than will fit on this page for one or more of the boxes, complete as many forms with the same box checked as you need.

☐ **(A)** Short-term transactions reported on Form(s) 1099-B showing basis was reported to the IRS (see **Note** above)

☐ **(B)** Short-term transactions reported on Form(s) 1099-B showing basis **wasn't** reported to the IRS

☐ **(C)** Short-term transactions not reported to you on Form 1099-B

1 **(a)** Description of property (Example: 100 sh. XYZ Co.)	**(b)** Date acquired (Mo., day, yr.)	**(c)** Date sold or disposed of (Mo., day, yr.)	**(d)** Proceeds (sales price) (see instructions)	**(e)** Cost or other basis. See the **Note** below and see *Column (e)* in the separate instructions	**(f)** Code(s) from instructions	**(g)** Amount of adjustment	**(h)** Gain or (loss). Subtract column (e) from column (d) and combine the result with column (g)

La ganancia de una venta a plazos generalmente se declara en el año en que se recibe, pero el contribuyente puede elegir declarar toda la ganancia en el año de la venta, lo cual puede ser beneficioso si el contribuyente tuvo otras pérdidas de capital para compensar la ganancia. Los ingresos de la venta se declaran en el formulario 6252, *Ingresos por venta a plazos*. Los ingresos por intereses se declaran en el Anexo B a medida que se reciben. La ganancia se declara en el formulario 4797 si se trata de una ganancia comercial. La ganancia personal se declara en el formulario 8949.

Si un contribuyente tiene una pérdida, no se puede declarar como una venta a plazos. Las pérdidas personales no son deducibles. Si se trata de una pérdida comercial, la pérdida total se declarará en el formulario 4797 en el año de la venta. El interés ganado aún será declarado en el Anexo B.

Donación de propiedad. Para determinar la base de la propiedad recibida como donación, es necesario conocer la base ajustada de donación del donante cuando se entrega al contribuyente, el valor justo de mercado en el momento en que se entregó al contribuyente y el monto del impuesto de la donación que se pagó. La base del contribuyente para calcular la ganancia al momento de la venta o para calcular la disposición del activo al momento de la venta es la base ajustada por el donante, más o menos cualquier cambio durante el período en que el contribuyente mantuvo la propiedad. La base del contribuyente para calcular la pérdida es el valor justo de mercado cuando se recibe, más o menos cualquier ajuste requerido a la base realizada durante el período en que el contribuyente mantuvo el activo. La cantidad del impuesto sobre donaciones pagadas que se incluirá en la base del activo depende de la fecha en que se recibió la donación.

Ejemplo: El contribuyente recibió un acre de tierra como donación. En el momento en que se entregó la donación, el terreno tenía un valor justo de mercado de $8,000. El donante había comprado el terreno por $10,000, lo cual es la base ajustada de la propiedad. Después de que el contribuyente recibió la propiedad, no se produjeron eventos para aumentar o disminuir la base. Si el contribuyente luego vende la propiedad por $12,000, tendrá una ganancia de $2,000. El contribuyente debe usar la base ajustada del donante ($10,000) al momento de la donación como base para calcular la ganancia. Si vende la propiedad por $7,000, tendrá una pérdida de $1,000 porque debe usar el valor justo de mercado ($8,000) en el momento de la donación para calcular la pérdida. Si el precio de venta es entre $8,000 y $10,000, no tendrá ninguna ganancia ni pérdida.

Formulario 8949: Ganancias y pérdidas de capital

Form 8949

Sales and Other Dispositions of Capital Assets

OMB No. 1545-0074

2018

Department of the Treasury
Internal Revenue Service

▶ Go to *www.irs.gov/Form8949* for instructions and the latest information.
▶ File with your Schedule D to list your transactions for lines 1b, 2, 3, 8b, 9, and 10 of Schedule D.

Attachment Sequence No. **12A**

Name(s) shown on return

Social security number or taxpayer identification number

Before you check Box A, B, or C below, see whether you received any Form(s) 1099-B or substitute statement(s) from your broker. A substitute statement will have the same information as Form 1099-B. Either will show whether your basis (usually your cost) was reported to the IRS by your broker and may even tell you which box to check.

Part I **Short-Term.** Transactions involving capital assets you held 1 year or less are generally short-term (see instructions). For long-term transactions, see page 2.

Note: You may aggregate all short-term transactions reported on Form(s) 1099-B showing basis was reported to the IRS and for which no adjustments or codes are required. Enter the totals directly on Schedule D, line 1a; you aren't required to report these transactions on Form 8949 (see instructions).

You *must* check Box A, B, *or* C below. Check only one box. If more than one box applies for your short-term transactions, complete a separate Form 8949, page 1, for each applicable box. If you have more short-term transactions than will fit on this page for one or more of the boxes, complete as many forms with the same box checked as you need.

☐ **(A)** Short-term transactions reported on Form(s) 1099-B showing basis was reported to the IRS (see **Note** above)
☐ **(B)** Short-term transactions reported on Form(s) 1099-B showing basis **wasn't** reported to the IRS
☐ **(C)** Short-term transactions not reported to you on Form 1099-B

1 (a) Description of property (Example: 100 sh. XYZ Co.)	(b) Date acquired (Mo., day, yr.)	(c) Date sold or disposed of (Mo., day, yr.)	(d) Proceeds (sales price) (see instructions)	(e) Cost or other basis. See the **Note** below and see *Column (e)* in the separate instructions	Adjustment, if any, to gain or loss. If you enter an amount in column (g), enter a code in column (f). See the separate instructions.		(h) Gain or (loss). Subtract column (e) from column (d) and combine the result with column (g)
					(f) Code(s) from instructions	(g) Amount of adjustment	

Form 8949 is used to report the sales and exchanges of capital assets. It also allows the taxpayer and the IRS to reconcile what has been reported to the IRS on Forms 1099-B or 1099-S. Individual taxpayers report the following information on Form 8949:

> ➢ The sale or exchange of a capital asset.
> ➢ Gains from involuntary conversions.
> ➢ Nonbusiness bad debts.
> ➢ If a security becomes worthless.

When using Form 8949, the taxpayer separates his or her short-term and long-term capital gains and losses. Generally, if the disposed property was inherited, it is treated as a long-term asset. Remember, when figuring the holding period, the calculation starts one day after the property has been received. Short-term losses and gains are reported in Form 8949, Part I. Long-term losses and gains are reported in Form 8949, Part II.

Example: Rachel purchased 300 shares of Imperial Soap for $1,000. She sold the stock this year for $1,200. Rachel realized a gain of $200, not the $1,200 in proceeds she received from the sale. Only the $200 is included in gross income since the $1,000 is Rachel's return of capital.

Codes for Form 8949, Column F. Columns F and G are only completed if you received a corrected Form 1099-B, a 1099-S, or some substitute statement which will include codes designating what was incorrect on the original form that needed to be changed. The codes are listed below along with what each code designates.

B   The taxpayer received Form 1099-B or some substitute statement, and the basis in box 1e was incorrect.

C   The taxpayer disposed of collectibles that had not been reported.

D   Taxpayer received a Form 1099-B showing an accrued market discount in box 1g which was incorrect.

E   The taxpayer received Form 1099-B, 1099-S, or some substitute statement for a transaction, and there are selling expenses or option premiums that are not reflected on the form or statement by an adjustment to either the proceeds or basis shown.

H   The taxpayer sold or exchanged his or her primary residence for a gain that wasn't reported on Form 8949, Part II.

L   The taxpayer has a nondeductible loss other than a loss indicated by code *W* that was not reported.

M   Select this code to tell the IRS that the taxpayer reported multiple transactions on a single row.

N   The taxpayer received Forms 1099-B as a nominee instead of the actual owner of the property.

O   The taxpayer has an adjustment not designated by the other codes.

El formulario 8949 se utiliza para declarar las ventas e intercambios de activos de capital. También le permite al contribuyente y al IRS conciliar lo que se ha declarado al IRS en los formularios 1099-B o 1099-S. Los contribuyentes individuales declaran la siguiente información en el formulario 8949:

> ➤ La venta o canje de un activo de capital.
> ➤ Las ganancias de las conversiones involuntarias.
> ➤ Deudas incobrables no comerciales.
> ➤ Si una garantía pierde su valor.

Cuando utiliza el formulario 8949, el contribuyente separa sus ganancias y pérdidas de capital a corto y largo plazo. Generalmente, si la propiedad enajenada se heredó, se trata como un activo a largo plazo. Recuerde, al calcular el período de tenencia, el cálculo comienza un día después de que se haya recibido la propiedad. Las pérdidas y ganancias a corto plazo se declaran en el formulario 8949, Parte I. Las pérdidas y ganancias a largo plazo se declaran en el formulario 8949, Parte II.

Ejemplo: Rachel compró 300 acciones de Imperial Soap por $1,000. Ella vendió las acciones este año en $1,200. Rachel tuvo una ganancia de $200, no los $1,200 en ganancias que recibió de la venta. Solo los $200 están incluidos en el ingreso bruto, ya que los $1,000 es la declaración de capital de Rachel.

Códigos para el formulario 8949, columna F. *Las columnas F y G solo se completan si recibió un* formulario 1099-B corregido, un formulario 1099-S o alguna declaración sustitutiva que incluirá códigos que designen lo que era incorrecto en el formulario original que fue necesario cambiar. Los códigos se enumeran a continuación junto con lo que designa cada código.

B   El contribuyente recibió el formulario 1099-B o alguna declaración sustituta, y la base en la casilla 1e era incorrecta.

C   El contribuyente enajenó artículos de colección que no habían sido declarados.

D   El contribuyente recibió un formulario 1099-B que muestra un descuento de mercado acumulado en la casilla 1g que fue incorrecto.

E   El contribuyente recibió el formulario 1099-B, 1099-S, o alguna declaración sustitutiva de una transacción, y hay gastos de venta o primas de opción que no se reflejan en la forma o declaración por un ajuste a los ingresos o base mostrada.

H   El contribuyente vendió o cambió su residencia principal por una ganancia que no se informó en el formulario 8949, Parte II.

L   El contribuyente tiene una pérdida no deducible que no sea una pérdida indicada por el código *W* que no se informó.

M   Seleccione este código para decirle al IRS que el contribuyente informó múltiples transacciones en una sola fila.

N   El contribuyente recibió los formularios 1099-B como candidato en lugar del propietario real de la propiedad.

O   El contribuyente tiene un ajuste no designado por los otros códigos.

Q   Select this code to tell the IRS that the taxpayer sold or exchanged qualified small business stock and excluded part of the gain.

R   Select this code to tell the IRS that the taxpayer is electing to postpone all or part of the gain under the rules explained in the Schedule D instructions for rollover of gain.

S   The taxpayer had a loss from the sale, exchange, or worthlessness of small business stock, and the total loss is more than the maximum amount that can be treated as an ordinary loss. See IRC section 1244 for more information.

T   The taxpayer received Form 1099-B or some substitute statement and the type of gain or loss (short term or long term) in box 2 is incorrect.

W   Select this code to tell the IRS that the taxpayer has a nondeductible loss from a wash sale.

X   The taxpayer can exclude all or part of the capital gain under the "DC Zone and Community Assets Exclusion".

Z   *Qualified Opportunity Zone (QO) Fund Eligible Gain Deferral.* Until December 31, 2026, if the taxpayer has an eligible gain, he or she may make a deferral on part or all of the gain that would normally be included as income.

If none of the statements in column F apply, leave columns F and G blank. If more than one code is entered in column F on the same row, enter the net adjustments in column G. For example, if one adjustment is $5,000 and another is $1,000, enter $4,000 ($5,000 − $1,000). Enter all the codes that apply in alphabetical order; do not use commas to separate the codes. For example, write "BOQ", not "B.O.Q." or "B, O, Q".

Capital Assets Held for Personal Use

Generally, gain from a sale or exchange of a capital asset held for personal use is a capital gain. This transaction is reported on Form 8949, Part I or Part II with box C checked. If the taxpayer converted the depreciable property to personal use, all or part of the gain on the sale or exchange of the property may have to be recaptured as ordinary income. The amount to be recaptured is reported on Form 4797, lines 31 and 13. The gain is not entered on Form 4797, line 32.

The loss from the sale or exchange of a capital asset held for personal use is not deductible. If Form 1099-S was received, the personal property must still be reported on Form 8949 even if the transaction resulted in a loss.

Calculating the Sales Price

Anytime the taxpayer sells a home, land, stock, or other security, he or she will receive either Form 1099-S, *Proceeds from Real Estate Transactions*, or Form 1099-B, *Proceeds from Broker and Barter Exchange Transactions*.

Q Seleccione este código para informar al IRS que el contribuyente vendió o intercambió acciones calificadas de pequeñas empresas y excluyó parte de la ganancia.

R Seleccione este código para informar al IRS que el contribuyente está optando por posponer la totalidad o parte de la ganancia según las reglas explicadas en las Instrucciones del Anexo D para la renovación de la ganancia.

S El contribuyente tuvo una pérdida por la venta, el intercambio o la inutilidad de las acciones de pequeñas empresas, y la pérdida total es mayor que la cantidad máxima que puede tratarse como una pérdida ordinaria. Para más información, consulte la sección 1244 del IRC.

T El contribuyente recibió el formulario 1099-B o alguna declaración sustituta y el tipo de ganancia o pérdida (a corto o largo plazo) en la casilla 2 es incorrecto.

W Seleccione este código para informar al IRS que el contribuyente tiene una pérdida no deducible de una venta de lavado.

X El contribuyente puede excluir la totalidad o parte de la ganancia de capital bajo la "Exclusión de Activos de la Comunidad y Zona de DC".

Z *Aplazamiento de Ganancia Elegible del Fondo de Zona de Oportunidad Calificada (QO). Hasta el 31 de diciembre de 2026, si el contribuyente tiene una ganancia elegible, él o ella puede hacer un aplazamiento de una parte o la totalidad de la ganancia que normalmente se incluiría como ingreso.*

Si ninguna de las declaraciones en la columna F se aplica, deje las columnas F y G en blanco. Si se ingresa más de un código en la columna F en la misma fila, ingrese los ajustes netos en la columna G. Por ejemplo, si un ajuste es $5,000 y el otro es $1,000, ingrese $4,000 ($5,000 - $1,000). Introduzca todos los códigos que se aplican en orden alfabético; No utilice comas para separar los códigos. Por ejemplo, escriba "BOQ", no "B.O.Q." o "B, O, Q".

Bienes de capital mantenidos para uso personal

Generalmente, la ganancia de una venta o intercambio de un activo de capital para uso personal es una ganancia de capital. Esta transacción se declara en el formulario 8949, parte I o parte II con la casilla C marcada. Si el contribuyente convirtió la propiedad depreciable para uso personal, toda o parte de la ganancia en la venta o canje de la propiedad puede ser recuperada como ingreso ordinario. El monto a recuperar se declara en el formulario 4797, líneas 31 y 13. La ganancia no se ingresa en el formulario 4797, línea 32.

La pérdida por la venta o canje de un activo de capital mantenido para uso personal no es deducible. Si se recibió el formulario 1099-S, la propiedad personal aún debe declararse en el formulario 8949, incluso si la transacción resultó en una pérdida.

Cálculo del precio de venta

En cualquier momento en que el contribuyente venda una casa, terreno, acciones u otro tipo de valor, él o ella recibirá el formulario 1099-S, *Ingresos de transacciones de bienes raíces*, o el formulario 1099-B, *Ingresos de transacciones de intercambio de intermediarios y de trueque*.

Forms 1099-S and 1099-B are "reporting documents" that provide the gross proceeds or sales price. If the taxpayer sold one stock several times, Form 1099-B might only report the gross proceeds together. The taxpayer can divide the gross proceeds by the total number of shares sold to arrive at an average price per share. The taxpayer can then multiply the price per share by the number of shares sold on each occasion to arrive at the sales price.

Form 8949 (2018)								Attachment Sequence No. **12A**		Page **2**

Name(s) shown on return. Name and SSN or taxpayer identification no. not required if shown on other side | Social security number or taxpayer identification number

Before you check Box D, E, or F below, see whether you received any Form(s) 1099-B or substitute statement(s) from your broker. A substitute statement will have the same information as Form 1099-B. Either will show whether your basis (usually your cost) was reported to the IRS by your broker and may even tell you which box to check.

Part II **Long-Term.** Transactions involving capital assets you held more than 1 year are generally long-term (see instructions). For short-term transactions, see page 1.

Note: You may aggregate all long-term transactions reported on Form(s) 1099-B showing basis was reported to the IRS and for which no adjustments or codes are required. Enter the totals directly on Schedule D, line 8a; you aren't required to report these transactions on Form 8949 (see instructions).

You *must* check Box D, E, or F below. Check only one box. If more than one box applies for your long-term transactions, complete a separate Form 8949, page 2, for each applicable box. If you have more long-term transactions than will fit on this page for one or more of the boxes, complete as many forms with the same box checked as you need.

- ☐ **(D)** Long-term transactions reported on Form(s) 1099-B showing basis was reported to the IRS (see **Note** above)
- ☐ **(E)** Long-term transactions reported on Form(s) 1099-B showing basis **wasn't** reported to the IRS
- ☐ **(F)** Long-term transactions not reported to you on Form 1099-B

1 (a) Description of property (Example: 100 sh. XYZ Co.)	(b) Date acquired (Mo., day, yr.)	(c) Date sold or disposed of (Mo., day, yr.)	(d) Proceeds (sales price) (see instructions)	(e) Cost or other basis. See the Note below and see *Column (e)* in the separate instructions	Adjustment, if any, to gain or loss. If you enter an amount in column (g), enter a code in column (f). See the separate instructions.		(h) Gain or (loss). Subtract column (e) from column (d) and combine the result with column (g)
					(f) Code(s) from instructions	(g) Amount of adjustment	

Example: Sally sold her main home in 2018 for $320,000 and received Form 1099-S showing the $320,000 gross proceeds. The selling expense was $20,000 and her home basis was $100,000. Sally would be able to exclude the entire $200,000 gain from her income.

$ 320,000	Sales price
–$100,000	Basis
–$ 20,000	Selling expenses
$200,000	**Capital gain (excluded from income)**

Summary and Review

The original basis for property is its cost, except as otherwise provided by law. The cost is the amount paid for such property in cash or other property. The basis includes acquisition costs such as commissions, legal fees, recording fees, sales taxes, as well as installation and delivery costs. The cost of property includes not only the amount of money or other property paid, but also the amount of paid mortgage or liability costs in connection with the purchase. It makes no difference whether the taxpayer assumes the liability by taking over the payments or merely purchases the property at the asking price. When the property is disposed, any remaining amount of mortgage or liability of which the seller is relieved is treated as part of the amount realized. Real estate taxes are included as part of the property's basis if the buyer assumes the seller's obligation to pay them.

Capital gains and losses are classified as long term or short term. If the asset has been held for more than one year before the asset was disposed, it is considered to be a long-term capital gain or loss. If the asset is held for less than one year, it is considered a short-term capital gain or loss.

Los formularios 1099-S y 1099-B son "documentos declarables" que proporcionan los ingresos brutos o el precio de venta. Si el contribuyente vendió una acción varias veces, el formulario 1099-B solo podría declarar los ingresos brutos juntos. El contribuyente puede dividir los ingresos brutos entre el número total de acciones vendidas para llegar a un precio promedio por acción. El contribuyente puede entonces multiplicar el precio por acción por el número de acciones vendidas en cada ocasión para llegar al precio de venta.

Form 8949 (2018)   Attachment Sequence No. **12A**   Page **2**

Name(s) shown on return. Name and SSN or taxpayer identification no. not required if shown on other side	Social security number or taxpayer identification number

Before you check Box D, E, or F below, see whether you received any Form(s) 1099-B or substitute statement(s) from your broker. A substitute statement will have the same information as Form 1099-B. Either will show whether your basis (usually your cost) was reported to the IRS by your broker and may even tell you which box to check.

Part II   **Long-Term.** Transactions involving capital assets you held more than 1 year are generally long-term (see instructions). For short-term transactions, see page 1.

     Note: You may aggregate all long-term transactions reported on Form(s) 1099-B showing basis was reported to the IRS and for which no adjustments or codes are required. Enter the totals directly on Schedule D, line 8a; you aren't required to report these transactions on Form 8949 (see instructions).

You *must* **check Box D, E,** *or* **F below. Check only one box.** If more than one box applies for your long-term transactions, complete a separate Form 8949, page 2, for each applicable box. If you have more long-term transactions than will fit on this page for one or more of the boxes, complete as many forms with the same box checked as you need.

   ☐ **(D)** Long-term transactions reported on Form(s) 1099-B showing basis was reported to the IRS (see **Note** above)
   ☐ **(E)** Long-term transactions reported on Form(s) 1099-B showing basis **wasn't** reported to the IRS
   ☐ **(F)** Long-term transactions not reported to you on Form 1099-B

1 (a) Description of property (Example: 100 sh. XYZ Co.)	(b) Date acquired (Mo., day, yr.)	(c) Date sold or disposed of (Mo., day, yr.)	(d) Proceeds (sales price) (see instructions)	(e) Cost or other basis. See the Note below and see *Column (e)* in the separate instructions	Adjustment, if any, to gain or loss. If you enter an amount in column (g), enter a code in column (f). See the separate instructions.		(h) Gain or (loss). Subtract column (e) from column (d) and combine the result with column (g)
					(f) Code(s) from instructions	(g) Amount of adjustment	

Ejemplo: Sally vendió su casa principal en 2018 por $320,000 y recibió el formulario 1099-S mostrando los ingresos brutos de $320,000. El gasto de venta fue de $20,000 y su base en el hogar fue de $100,000. Sally podría excluir la ganancia total de $200,000 de sus ingresos.

$320,000	Precio de venta
–$100,000	Base
–$ 20,000	Gastos de venta
$200,000	**Ganancia de capital (excluida del ingreso)**

Resumen y revisión

La base original de la propiedad es su costo, salvo que la ley disponga lo contrario. El costo es el monto pagado por dicha propiedad en efectivo u otra propiedad. La base incluye costos de adquisición tales como comisiones, honorarios legales, tarifas de registro, impuestos sobre las ventas, así como costos de instalación y entrega. El costo de la propiedad incluye no solo la cantidad de dinero u otra propiedad pagada, sino también la cantidad de la hipoteca pagada o los costos de responsabilidad civil relacionados con la compra. No importa si el contribuyente asume la responsabilidad asumiendo los pagos o simplemente compra la propiedad al precio solicitado. Cuando se enajena la propiedad, cualquier monto restante de la hipoteca o responsabilidad de la cual se libere al vendedor se trata como parte de la cantidad realizada. Los impuestos sobre bienes inmuebles se incluyen como parte de la base de la propiedad si el comprador asume la obligación del vendedor de pagarlos.

Las ganancias y pérdidas de capital se clasifican de largo o corto plazo. Si el activo ha sido retenido por más de un año antes de su disposición, se considera una ganancia o pérdida de capital a largo plazo. Si el activo se mantiene por menos de un año, se considera una ganancia o pérdida de capital a corto plazo.

Questions

These review questions are not part of the final exam and will not be graded by LTPA. To obtain maximum benefit from the course, LTPA recommends that you answer the following questions before you compare your answers with the provided solutions.

1. Which of the following scenarios will make the taxpayer pay a capital gains tax?

    a. The taxpayer lived in the main house for two of the last five years.
    b. The taxpayer's gain on his primary residence is less than $250,000.
    c. The taxpayer and his or her spouse have lived in the house for two of the last five years.
    d. The taxpayer sold the house in 18 months because they found a house they liked more.

2. Which of the following best describes *basis*?

    a. Basis is the amount of investment in the asset for tax purposes.
    b. Basis includes inventory.
    c. Basis includes land.
    d. Basis is a capital asset.

Answers

1. Which of the following scenarios will make the taxpayer pay a capital gains tax?

    a. The taxpayer lived in the main house for two of the last five years.
    b. The taxpayer's gain on his primary residence is less than $250,000.
    c. The taxpayer and his or her spouse have lived in the house for two of the last five years.
    d. The taxpayer sold the house in 18 months because they found a house they liked more.

Feedback: A taxpayer can exclude the entire gain of the sale of his or her main home up to $250,000 or $500,000, but only if all the following are true:

  ➢ The taxpayer is married and filing a joint return for the year.
  ➢ Either the taxpayer or his or her spouse meets the ownership test.
  ➢ Both the taxpayer and his or her spouse meet the use test.
  ➢ If the taxpayer's divorce decree allows the ex-spouse to live in the home he or she owns, the taxpayer is also considered to live there for the purposes of claiming the exclusion.
  ➢ The exclusion is limited to one sale every two years (on sales after May 6, 1997).

Preguntas

Estas preguntas de repaso no son parte del examen final y no serán calificadas por LTPA. Para obtener el máximo beneficio del curso, LTPA recomienda que complete las siguientes preguntas antes de comparar sus respuestas con las soluciones proporcionadas.

1. Which of the following scenarios will make the taxpayer pay a capital gains tax?
   ¿Cuál de los siguientes escenarios hará que el contribuyente pague un impuesto sobre las ganancias de capital?

   a. El contribuyente vivió en la casa principal durante dos de los últimos cinco años.
   b. La ganancia del contribuyente en su vivienda primaria es menos de $250,000.
   c. El contribuyente y su cónyuge han vivido en la casa durante dos de los últimos cinco años.
   d. El contribuyente vendió la casa en 18 meses porque encontraron una vivienda que les gustó más.

2. ¿Cuál de los siguientes describe mejor la base?

   a. La base es la cantidad de inversión en el activo para fines fiscales.
   b. La base incluye el inventario.
   c. La base incluye la tierra.
   d. La base es un activo de capital.

Respuestas

1. ¿Cuál de los siguientes escenarios hará que el contribuyente pague un impuesto sobre las ganancias de capital?

   a. El contribuyente vivió en la casa principal durante dos de los últimos cinco años.
   b. La ganancia del contribuyente en su vivienda primaria es menos de $250,000.
   c. El contribuyente y su cónyuge han vivido en la casa durante dos de los últimos cinco años.
   d. El contribuyente vendió la casa en 18 meses porque encontraron una vivienda que les gustó más.

Comentarios: Un contribuyente puede excluir la ganancia total de la venta de su vivienda principal hasta $250,000 o $500,000, pero solo si se cumplen las siguientes condiciones:

➢ El contribuyente está casado y declara conjuntamente para el año.
➢ El contribuyente o el cónyuge cumplen con la prueba de propiedad.
➢ Tanto el contribuyente como su cónyuge cumplen con la prueba de uso.
➢ Si el certificado de divorcio del contribuyente le permite al excónyuge vivir en la casa que posee, se considera que el contribuyente también vive allí con el propósito de reclamar la exclusión.
➢ La exclusión se limita a una venta cada dos años (en ventas después del 6 de mayo de 1997).

2. Which of the following best describes *basis*?

    a. Basis is the amount of investment in the asset for tax purposes.
    b. Basis includes inventory.
    c. Basis includes land.
    d. Basis is a capital asset.

Feedback: Basis is a way of measuring the cost of an investment in property and is determined by how it was acquired. If the property was purchased, the purchase price is the basis. Inventory and land are not included in the basis. Land is not depreciable.

2. ¿Cuál de los siguientes describe mejor la base?

    a. La base es la cantidad de inversión en el activo para fines fiscales.
    b. La base incluye el inventario.
    c. La base incluye la tierra.
    d. La base es un activo de capital.

Comentarios: La base es una forma de medir el costo de una inversión en propiedad y está determinada por la forma en que se adquirió. Si la propiedad fue comprada, el precio de compra es la base. El Inventario y el terreno no están incluidos en la base. La tierra no es depreciable.

Chapter 11: Federal Adjustments to Income

Introduction

In this chapter, students will learn how various expenses are used to "adjust" or lower the taxpayer's income to arrive at his or her adjusted gross income (AGI). They will also learn how the Tax Cuts and Jobs Act (TCJA) has impacted adjustments at the federal level and how to handle any previous-year returns that preceded those TCJA-mandated changes.

Objectives

At the end of this lesson, the student will be able to do the following:

➢ Understand how an adjustment to income can decrease the taxpayer's AGI.
➢ Identify when Form 1040A and Form 3903 are used.
➢ Explain the differences between tuition and fees deduction and education credits.
➢ Define who qualifies for a student loan deduction.

Resources

Form 1040	Publication 17	Instructions Form 1040
Form 1098-E	Publication 504	Instructions Form 1098-E
Form 2106 or 2106-EZ	Publication 521	Instructions Form 2106
Form 3903	Publication 560	Instructions Form 3903
Form 8889	Publication 969	Instructions Form 8889
Form 8917	Publication 4334	Instructions Form 8917
Schedule SE	Tax Topics 450, 451, 452,	Instructions Schedule SE
Schedule 1	455, 456, 457, 458	

Chapter Segments

Capítulo 11: Ajustes federales a los ingresos

Introducción

En este capítulo, los estudiantes aprenderán cómo se utilizan los diversos gastos para "ajustar" o disminuir los ingresos del contribuyente para llegar a su ingreso bruto ajustado (AGI). También aprenderán cómo la Ley de Reducción de Impuestos y Empleos (TCJA) ha impactado los ajustes a nivel federal y cómo manejar las declaraciones del año anterior que precedieron a los cambios exigidos por la TCJA.

Objetivos

Al final de esta lección, el estudiante podrá:

> ➢ Comprender cómo un ajuste a los ingresos puede disminuir el AGI del contribuyente.
> ➢ Entender la forma en que se tratan los gastos por mudanza en el año en curso.
> ➢ Entender los ajustes del empleado por cuenta propia.
> ➢ Explicar las diferencias entre la deducción de matrícula y aranceles y los créditos educativos.
> ➢ Definir quién califica para una deducción de préstamo estudiantil.

Recursos

Formulario 1040	Publicación 17	Formulario de Instrucciones 1040
Formulario 1098-E	Publicación 504	Formulario de Instrucciones 1098-E
Formulario 2106 o 2106-EZ	Publicación 521	
	Publicación 560	Formulario de Instrucciones 2106
Formulario 3903	Publicación 969	Formulario de Instrucciones 3903
Formulario 8889	Publicación 4334	Formulario de Instrucciones 8889
Formulario 8917	Temas de Impuestos 450, 451, 452, 455, 456, 457, 458	Formulario de Instrucciones 8917
Anexo SE		Formulario de Instrucciones SE
Anexo 1		

Segmentos del capítulo

Adjustments to Income

Adjustments are certain expenses that directly reduce the taxpayer's total income and are known in the industry as "above the line" tax deductions. Adjustments reduce total income to arrive at the adjusted gross income (AGI), which is the total income from all sources minus any adjustments to income. Adjustments are calculated and reported using Form 1040, Schedule 1, lines 23 to 36.

Adjustments to Income				
	23	Educator expenses	23	
	24	Certain business expenses of reservists, performing artists, and fee-basis government officials. Attach Form 2106 . .	24	
	25	Health savings account deduction. Attach Form 8889 .	25	
	26	Moving expenses for members of the Armed Forces. Attach Form 3903	26	
	27	Deductible part of self-employment tax. Attach Schedule SE	27	
	28	Self-employed SEP, SIMPLE, and qualified plans . .	28	
	29	Self-employed health insurance deduction	29	
	30	Penalty on early withdrawal of savings	30	
	31a	Alimony paid b Recipient's SSN ▶	31a	
	32	IRA deduction	32	
	33	Student loan interest deduction	33	
	34	Reserved	34	
	35	Reserved	35	
	36	Add lines 23 through 35	36	

Certain expenses, contributions, and payments can be claimed as adjustments to income in order to reduce taxpayer's total income and calculate their AGI. When a qualifying expense, contribution, or payment is claimed as an adjustment, the amount of the qualifying expense, contribution, or payment is reported on the appropriate line on Schedule 1, and that amount is subtracted from the taxpayers' income.

Example: Andrew, a captain in the Navy, was ordered to move to Norfolk, VA from San Diego, CA and was not reimbursed for his moving expenses; for reasons explained in full later in the chapter, his unreimbursed moving expenses qualify as adjustments to income. His total expenses would be reported on line 26, and that amount would be subtracted from his total income to calculate his AGI.

Changes Made by the TCJA

Due to the Tax Cuts and Jobs Act (TCJA) some adjustments have been suspended from December 31, 2017 to December 31, 2026. This chapter will still cover some of those suspended adjustments because they may still apply to the state return, and a tax professional may find themselves preparing a past year return. The TCJA also eliminated Form 1040A and 1040EZ, so everyone will be using Form 1040 to file their tax return from tax year 2018 to 2026. Some adjustments can be taken on a prior year Form 1040A, but no adjustments have ever been taken on Form 1040EZ.

Ajustes a los ingresos

Los ajustes son ciertos gastos que reducen directamente el ingreso total del contribuyente y se conocen en la industria como deducciones de impuestos "por encima de la línea". Los ajustes reducen el ingreso total para llegar al ingreso bruto ajustado (AGI), que es el ingreso total de todas las fuentes menos cualquier ajuste en el ingreso. Los ajustes se calculan y declaran utilizando el Formulario 1040, Anexo 1, líneas 23 a 36.

Adjustments to Income			
	23	Educator expenses	23
	24	Certain business expenses of reservists, performing artists, and fee-basis government officials. Attach Form 2106 . .	24
	25	Health savings account deduction. Attach Form 8889 .	25
	26	Moving expenses for members of the Armed Forces. Attach Form 3903	26
	27	Deductible part of self-employment tax. Attach Schedule SE	27
	28	Self-employed SEP, SIMPLE, and qualified plans . .	28
	29	Self-employed health insurance deduction	29
	30	Penalty on early withdrawal of savings	30
	31a	Alimony paid b Recipient's SSN ►	31a
	32	IRA deduction	32
	33	Student loan interest deduction	33
	34	Reserved	34
	35	Reserved	35
	36	Add lines 23 through 35	36

Ciertos gastos, contribuciones y pagos pueden reclamarse como ajustes a los ingresos para reducir los ingresos totales de los contribuyentes y calcular su AGI. Cuando se reclama un gasto, contribución o pago calificados como un ajuste, la cantidad del gasto, contribución o pago calificados se declara en la línea correspondiente en el Anexo 1, y esa cantidad se resta del ingreso de los contribuyentes.

Ejemplo: A Andrew, un capitán de la Armada, se le ordenó mudarse a Norfolk, VA desde San Diego, CA y no le reembolsaron sus gastos de mudanza; por razones explicadas en su totalidad más adelante en el capítulo, sus gastos de mudanza no reembolsados califican como ajustes a los ingresos. Sus gastos totales serían declarados en la línea 26, y esa cantidad se restaría de sus ingresos totales para calcular su AGI.

Cambios realizados por la TCJA

Debido a la Ley de Reducción de Impuestos y Empleos (TCJA), algunos ajustes se suspendieron del 31 de diciembre de 2017 al 31 de diciembre de 2026. Este capítulo aún cubrirá algunos de los ajustes suspendidos porque aún pueden aplicarse a la declaración estatal, y un profesional de impuestos puede estar preparando una declaración del año pasado. La TCJA también eliminó los Formularios 1040A y 1040EZ, por lo que todos usarán el Formulario 1040 para presentar su declaración de impuestos del año fiscal 2018 al 2026. Se pueden realizar algunos ajustes en el Formulario 1040A del año anterior, pero nunca se han realizado ajustes en el Formulario 1040EZ.

The adjustments that could be filed on a prior year's Form 1040A are as follows:

➤ Educator expenses (Line 16).
➤ IRA deductions (Line 17).
➤ Student loan interest deductions (Line 18).
➤ Tuition and fees (Line 19).

All other adjustments must be reported on a prior year Form 1040, lines 23–35. When preparing a 2018-2026 tax return, the adjustments would be made on Form 1040, Schedule 1, lines 23 to 33 (assuming Congress does not make any tax law changes during those years).

Form 2106: Unreimbursed Employee Business Expense

Due to the suspension of Form 2106 for tax years 2018 through 2025, most employees cannot use the form. Individuals who are still able to file Form 2106 include Armed Forces reservists, qualified performing artists, fee-basis state or local government officials, or individuals with a disability claiming impairment-related work expenses. These individuals may qualify to deduct unreimbursed employee business expenses as an adjustment to gross income by calculating the adjustment using Form 2106 and then flowing the calculated amount to Form 1040, Schedule 1, line 24. To qualify, the taxpayer must meet the following requirements:

1. During the tax year, performing artists performed for at least two employers.
2. The taxpayer received at least $200 from each of at least two of these employers.
3. The taxpayer's related performing arts business expenses are more than 10% of the gross income from the performance of those services.
4. The taxpayer's adjusted gross income is not more than $16,000 before deducting these business expenses.

If the taxpayer meets all the above requirements, the taxpayer should first complete Form 2106 or Form 2106-EZ, and then include the performing arts-related expenses from line 10 of Form 2106 or line 6 of Form 2106-EZ in the total on line 24 of Form 1040. Write "QPA" and the amount of the performing arts-related expenses in the space to the left of line 24 of Form 1040.

If the taxpayer is married, they must file a joint return to claim the adjustment unless they lived apart during the tax year. When filing jointly, the couple must figure requirements 1, 2, and 3 separately for each of them. However, requirement 4 applies to their combined AGI. If all the requirements are met then the amount on Form 2106, line 10 is entered on Form 1040, Schedule 1, line 24.

Armed Forces Reservists

If the taxpayer is a member of the U.S. military's reserve, national guard, or a member of the Public Health Service Reserve Corps; the expense for traveling more than 100 miles from his or her main home is deductible. The deductible expenses are limited to the federal per diem rates for the city the taxpayer is traveling to.

Armed Forces reservists are individuals who are a member of a reserve component of the following organizations:

Los ajustes que podrían presentarse en el Formulario 1040A de un año anterior son los siguientes:

➤ Gastos de educador (Línea 16).
➤ Deducciones IRA (Línea 17).
➤ Deducciones por intereses de préstamos estudiantiles (Línea 18).
➤ Matrícula y aranceles (Línea 19).

Todos los demás ajustes deben declararse en el Formulario 1040 del año anterior, líneas 23–35. Al preparar una declaración de impuestos de 2018-2026, los ajustes se realizarían en el Formulario 1040, Anexo 1, líneas 23 a 33 (suponiendo que el Congreso no realice cambios en las leyes fiscales durante esos años).

Formulario 2106: Gastos comerciales no reembolsados del empleado

Debido a la suspensión del Formulario 2106 para los años fiscales 2018 a 2025, la mayoría de los empleados no pueden usar el formulario. Las personas que aún pueden presentar el Formulario 2106 incluyen reservistas de las Fuerzas Armadas, artistas calificados, funcionarios estatales o locales de gobierno con cargo a honorarios o personas con discapacidades que reclaman gastos de trabajo relacionados con discapacidades. Estas personas pueden calificar para deducir los gastos comerciales no reembolsados de los empleados como un ajuste a los ingresos brutos al calcular el ajuste utilizando el Formulario 2106 y luego transferir la cantidad calculada al Formulario 1040, Anexo 1, línea 24. Para calificar, el/la contribuyente debe cumplir con los siguientes requisitos:

1. Durante el año fiscal, los artistas escénicos actuaron para al menos dos empleadores.
2. El/la contribuyente recibió al menos $200 de cada uno de al menos dos de estos empleadores.
3. Los gastos comerciales relacionados con las artes escénicas del contribuyente son más del 10% del ingreso bruto del desempeño de esos servicios.
4. El ingreso bruto ajustado del contribuyente no es más de $16,000 antes de deducir estos gastos comerciales.

Si el/la contribuyente cumple con todos los requisitos anteriores, el/la contribuyente primero debe completar el Formulario 2106 o el Formulario 2106-EZ, y luego incluir los gastos relacionados con las artes escénicas de la línea 10 del Formulario 2106 o la línea 6 del Formulario 2106-EZ en el total en línea 24 del Formulario 1040. Escriba "QPA" y el monto de los gastos relacionados con las artes escénicas en el espacio a la izquierda de la línea 24 del Formulario 1040.

Si el/la contribuyente está casado, debe presentar una declaración conjunta para reclamar el ajuste a menos que hayan vivido separados durante el año fiscal. Al presentar una declaración conjunta, la pareja debe calcular los requisitos 1, 2 y 3 por separado para cada uno de ellos. Sin embargo, el requisito 4 se aplica a su AGI combinado. Si se cumplen todos los requisitos, la cantidad en el Formulario 2106, línea 10, se ingresa en el Formulario 1040, Anexo 1, línea 24.

Reservistas de las Fuerzas Armadas

Si el/la contribuyente es miembro de la reserva militar de los EE. UU., Guardia Nacional o miembro del Cuerpo de Reserva del Servicio de Salud Pública; el gasto por viajar a más de 100 millas de su hogar principal es deducible. Los gastos deducibles están limitados a las tarifas de viáticos federales para la ciudad a la que viaja el/la contribuyente.

Los reservistas de las Fuerzas Armadas son individuos que son miembros de un componente de reserva de las siguientes organizaciones:

➢ The United States Army, Navy, Marine Corps, or Air Force.
➢ The Coast Guard Reserve.
➢ The Army National Guard of the United States.
➢ The Air National Guard of the United States.
➢ The Reserve Corps of the Public Health Service.

Fee-Based Government Officials

If the taxpayer is a government official who is compensated entirely or partly on a fee basis, his or her job-related expenses are deductible.

If the taxpayer does not meet the unreimbursed employee business expense requirements, the taxpayer does not qualify to deduct expenses as an adjustment to gross income. Instead, the taxpayer must complete Form 2106 or Form 2106-EZ and deduct his or her employee business expenses as an itemized deduction on line 21 of Schedule A.

Fee-basis state or local government officials qualify if they are employed by a state or a political subdivision of a state and are compensated in whole or in part on a fee basis. Under the Fair Labor Standards Act (FLSA), a "fee basis" is defined as follows:

> Administrative and professional employees may be paid on a fee basis. An employee will be considered to be paid on a "fee basis" within the meaning of these regulations if the employee is paid an agreed upon sum for a single job regardless of the time required for its completion. These payments resemble piecework payments with the important distinction that generally a "fee" is paid for the kind of job that is unique rather than for a series of jobs repeated an indefinite number of times and for which payment on an identical basis is made over and over again. Payments based on the number of hours of days worked and not on the accomplishment of a given task are not considered payments on a fee basis (Section 541.605).

Impairment-Related Work Expenses of Disabled Employees

Disabled employees with impairment-related work expenses are defined as individuals with physical or mental disabilities requiring attendant care at their place of employment. Adjustable expenses could include items needed to perform the job satisfactorily as long as they are not deductible or adjustable under some other statute.

Example 1: John is blind; in order for John to do his work satisfactorily, he needs to have an individual read his documents. John uses the reader both inside and outside of regular work hours' however, John can only use the expense business-related reading as an adjustment and not any reading outside of work hours.

Example 2: Yesenia is deaf and must use a sign language interpreter during meetings while at work. The interpreter's services are used only for work, so Yesenia will be able to claim all of the interpreter's expenses as adjustments to income.

> ➢ El Ejército de Estados Unidos, la Armada, el Cuerpo de Marines o la Fuerza Aérea.
> ➢ La Reserva de la Guardia Costera.
> ➢ La Guardia Nacional del Ejército de Estados Unidos.
> ➢ La Guardia Nacional Aérea de Estados Unidos.
> ➢ El Cuerpo de Reserva del Servicio de Salud Pública.

Funcionarios públicos remunerados en base a honorarios

Si el/la contribuyente es un funcionario público que recibe una compensación total o parcial en base a honorarios, sus gastos relacionados con el trabajo son deducibles.

Si el/la contribuyente no cumple con los requisitos de gastos comerciales del empleado no reembolsados, el/la contribuyente no califica para deducir los gastos como un ajuste al ingreso bruto. En su lugar, el/la contribuyente debe completar el Formulario 2106 o el Formulario 2106-EZ y deducir los gastos comerciales de sus empleados como una deducción detallada en la línea 21 del Anexo A.

Los funcionarios públicos estatales o locales en base a honorarios califican si están empleados por un estado o una subdivisión política de un estado y son compensados en su totalidad o en parte por honorarios. Según la Ley de Normas Razonables de Trabajo (FLSA), una "base de pago" se define de la siguiente manera:

> Los empleados administrativos y profesionales pueden recibir pagos en base a honorarios. Se considerará que un empleado recibe un pago en base a "honorarios" en el sentido de estas regulaciones si al empleado se le paga una suma acordada por un solo trabajo, independientemente del tiempo requerido para su finalización. Estos pagos se asemejan a pagos parciales con la importante distinción de que generalmente se paga una "tarifa" por el tipo de trabajo que es único en lugar de una serie de trabajos repetidos un número indefinido de veces y para los cuales el pago se realiza de manera idéntica una y otra vez. Los pagos basados en la cantidad de horas de días trabajados y no en el cumplimiento de una tarea determinada no se consideran pagos a comisión (Sección 541.605).

Gastos laborales relacionados con la discapacidad de empleados discapacitados

Los empleados discapacitados con gastos laborales relacionados con una discapacidad se definen como personas con discapacidades físicas o mentales que requieren atención asistida en su lugar de trabajo. Los gastos ajustables podrían incluir los elementos necesarios para realizar el trabajo satisfactoriamente siempre y cuando no sean deducibles o ajustables bajo algún otro estatuto.

Ejemplo 1: John es ciego; para que John pueda hacer su trabajo satisfactoriamente, necesita que una persona lea sus documentos. John usa el lector tanto dentro como fuera de las horas laborales regulares. Sin embargo, John solo puede usar la lectura relacionada con los gastos relacionados con el negocio como un ajuste y no cualquier lectura fuera de las horas laborales.

Ejemplo 2: Yesenia es sorda y debe usar un intérprete de lenguaje de señas durante las reuniones mientras trabaja. Los servicios del intérprete se utilizan solo para el trabajo, por lo que Yesenia podrá reclamar todos los gastos del intérprete como ajustes a los ingresos.

Health Savings Accounts

Health savings accounts contributions from both the employer and the employee are reported on Form 8889 and can be claimed as an adjustment to income on Form 1040, Schedule 1, line 25. Distributions made from the HSA that were paid for qualifying medical expenses are excludable from income. If the maximum possible amount of the HSA (discussed later in this chapter) was contributed, then that amount would become taxable on the tax return.

A health savings account (HSA) is a tax-exempt trust or custodial account that is set up with a qualified HSA trustee to pay or reimburse certain incurred medical expenses. While this account is always paired with a medical insurance plan, an HSA is not health insurance. What separates this type of account from a regular savings account is the tax advantages that comes with it. At the end of the year, the taxpayer will receive a tax form stating the exact amount that was deposited into the account. That amount is tax deductible.

To qualify to contribute to an HSA as an eligible individual, the taxpayer must meet the following requirements:

➢ Have a high-deductible health plan (HDHP) as explained further on in the chapter.
➢ Have no other health coverage except permitted coverage.
➢ Not be enrolled in Medicare.
➢ Not be claimed as a dependent on another return.

Anyone can contribute to the plan for the taxpayer, and no permission or authorization from the IRS is necessary to establish an HSA. When an HSA is set up, the taxpayer will have to work with a qualified HSA trustee, which can be a bank, an insurance company, or anyone already approved by the IRS to be a trustee of individual retirement accounts (IRAs) or Archer medical savings accounts (MSA). The HSA can be established through a trustee that is not a health plan provider.

Last-Month Rule

If the taxpayer is an eligible individual on the first day of the last month of the taxpayer's tax year, he or she is considered to be an eligible individual for the entire year. The taxpayer must remain an eligible individual during the tax year. For most taxpayers, this would be January 1 through December 31, meaning the last-month rule would go into effect as of December 1. If the taxpayer fails to be eligible other than becoming disabled or deceased, the contributions that were made during the tax year will become taxable to the taxpayer. This amount is also subject to a 10% additional tax.

2018 HSA Contribution Limits with an HDHP:

Type of Coverage	Contribution Limit
Self-only	$3,450
Family	$6,900

Cuenta de ahorros para la salud

Las contribuciones de las cuentas de ahorro para la salud tanto del empleador como del empleado se declaran en el Formulario 8889 y pueden reclamarse como un ajuste a los ingresos en el Formulario 1040, Anexo 1, Línea 25. Las distribuciones hechas desde la HSA que se pagaron por gastos médicos que califican se pueden excluir de los ingresos. Si se aportara el monto máximo posible de la HSA (que se analiza más adelante en este capítulo), ese monto pasará a estar sujeto a impuestos en la declaración de impuestos.

Una cuenta de ahorros para la salud (HSA) es un fideicomiso exento de impuestos o una cuenta de custodia que se configura con un fideicomisario HSA calificado para pagar o reembolsar ciertos gastos médicos incurridos. Si bien esta cuenta siempre está asociada a un plan de seguro médico, una HSA no es un seguro de salud. Lo que separa a este tipo de cuenta de una cuenta de ahorro regular son las ventajas fiscales que vienen con ella. Al final del año, el/la contribuyente recibirá un formulario de impuestos que indica el monto exacto que se depositó en la cuenta. Esa cantidad es deducible de impuestos.

A fin de calificar para contribuir a una HSA como individuo elegible, el/la contribuyente debe cumplir con los siguientes requisitos:

> ➢ Tener un plan de salud con deducible alto (HDHP) como se explica más adelante en este capítulo.
> ➢ No tener otra cobertura de salud, excepto la cobertura permitida.
> ➢ No estar inscrito en Medicare.
> ➢ No se podrá reclamar como dependiente en otra declaración.

Cualquier persona puede contribuir al plan para el/la contribuyente, y no se necesita un permiso o autorización del IRS para establecer una HSA. Cuando se establece una HSA, el/la contribuyente tendrá que trabajar con un fideicomisario HSA calificado, que puede ser un banco, una compañía de seguros o cualquier persona que ya haya sido aprobada por el IRS como fiduciaria de cuentas de jubilación individuales (IRA) o cuentas de ahorro de salud (MSA) Archer. La HSA se puede establecer a través de un fiduciario que no es un proveedor del plan de salud.

Regla del último mes

Si el/la contribuyente es una persona elegible el primer día del último mes del año tributario del contribuyente, se considera que es una persona elegible durante todo el año. El/la contribuyente debe seguir siendo una persona elegible durante el año fiscal. Para la mayoría de los contribuyentes, esto sería del 1 de enero al 31 de diciembre, lo que significa que la regla del último mes entraría en vigencia a partir del 1 de diciembre. Si el/la contribuyente no es elegible además de convertirse en discapacitado o fallecido, las contribuciones que se hicieron durante el año tributario pasarán a ser gravables para el/la contribuyente. Esta cantidad también está sujeta a un impuesto adicional del 10%.

Límites de contribución de HSA 2018 con un HDHP:

Tipo de cobertura	Límite de contribución
Individual	$3,450
Familiar	$6,900

2019 HSA Contribution Limits with an HDHP

Type of Coverage	Contribution Limit
Self-only	$3,500
Family	$7,000

2019 Annual Deductible Limits:

Type of Coverage	Minimum annual deduction	Maximum annual deduction
Self-only	$1,350	$6,750
Family	$2,700	$13,500

The maximum annual out-of-pocket limit does not apply to deductibles and expenses for out-of-network services if the plan uses a network of providers. Only deductibles and out-of-pocket expenses for services within the network should be used to figure whether the limit is reached.

Contributions to an HSA

Contributions made to the HSA on behalf of the employee by the employer are not included in the taxpayer's income. Contributions to an employee's account by an employer using a salary reduction through a cafeteria plan are treated as an employer contribution. All contributions are reported on Form 8889 and must be filed with Form 1040.

Distributions from an HSA

Generally, medical expenses that have been paid for during the year are not reimbursed by the plan until the taxpayer has met the deductible. The taxpayer may receive a tax-free distribution from the HSA to pay for or reimburse qualified medical expenses after the taxpayer has established an HSA. Distributions received for any other reason are subject to an additional tax.

The Three Primary Types of HSAs

High-Deductible Health Plan (HDHP)

An HDHP must meet the following requirements:

> ➢ It has a higher annual deductible than typical health plans.
> ➢ It has a maximum limit on the total annual deductible amount and on out-of-pocket medical expenses.

An HDHP can provide preventive care and other benefits with no deductible or with a deductible below the annual minimum. Preventive care can include the following:

> ➢ Routine exams and periodic health evaluations.
> ➢ Routine prenatal and well-childcare.
> ➢ Child and adult immunizations.
> ➢ Stop-smoking programs.
> ➢ Weight-loss programs.
> ➢ Screening services, which can include the following:

Límites de contribución de HSA 2019 con un HDHP

Tipo de cobertura	Límite de contribución
Individual	$3,500
Familiar	$7,000

Límites deducibles anuales de 2019:

Tipo de cobertura	Deducción mínima anual	Deducción máxima anual
Individual	$1,350	$6,750
Familiar	$2,700	$13,500

El límite máximo anual de desembolso no se aplica a los deducibles y gastos por servicios que no pertenecen a la red si el plan utiliza una red de proveedores. Solo se deben usar los deducibles y los gastos de desembolso de los servicios dentro de la red para determinar si se alcanza el límite.

Contribuciones a una HSA

Las contribuciones hechas a la HSA en nombre del empleado por el empleador no se incluyen en los ingresos del contribuyente. Las contribuciones a la cuenta de un empleado por parte de un empleador que utiliza una reducción de salario a través de un plan de cafetería se consideran una contribución del empleador. Todas las contribuciones se declaran en el Formulario 8889 y deben presentarse con el Formulario 1040.

Distribuciones de una HSA

Generalmente, los gastos médicos que se han pagado durante el año no son reembolsados por el plan hasta que el/la contribuyente haya alcanzado el deducible. El/la contribuyente puede recibir una distribución libre de impuestos de la HSA para pagar o reembolsar los gastos médicos calificados después de que el/la contribuyente haya establecido una HSA. Las distribuciones recibidas por cualquier otro motivo están sujetas a un impuesto adicional.

Los tres tipos principales de HSA

Plan de salud de alto deducible (HDHP)

Un HDHP debe cumplir los siguientes requisitos:

> ➤ Tiene un deducible anual más alto que los planes de salud típicos.
> ➤ Tiene un límite máximo en el monto total deducible anual y en los gastos médicos de desembolso.

Un HDHP puede proporcionar atención preventiva y otros beneficios sin deducible o con un deducible por debajo del mínimo anual. La atención preventiva puede incluir lo siguiente:

> ➤ Exámenes de rutina y evaluaciones periódicas de salud.
> ➤ Atención prenatal de rutina y bienestar infantil.
> ➤ Vacunas de niños y adultos.
> ➤ Programas para dejar de fumar.
> ➤ Programas de adelgazamiento.
> ➤ Servicios de detección, que pueden incluir los siguientes:

- o Cancer.
- o Heart and vascular diseases.
- o Infectious diseases.
- o Mental health conditions.
- o Substance abuse.
- o Metabolic, nutritional, and endocrine conditions.
- o Musculoskeletal disorders.
- o Obstetric and gynecological conditions.
- o Pediatric conditions.
- o Vision and hearing conditions.

2018 HSA Contribution Limits with an HDHP:

Type of Coverage	Contribution Limit
Self-only	$3,450
Family	$6,900

2019 HSA Contribution Limits with an HDHP:

Type of Coverage	Contribution Limit
Self-only	$3,500
Family	$7,000

Archer MSAs (Medical Savings Accounts)

Archer MSAs are an IRA-type savings account for use when the taxpayer has medical expenses. They were created to help self-employed individuals and employees of certain small employers meet the medical costs of the account holder, the account holder's spouse, or the account holder's dependent(s). MSAs can be used when the taxpayer has low-cost health insurance with a high-deductible health plan (HDHP). MSA contributions are tax-deductible.

The portion of the medical expense that is not covered by insurance can be withdrawn tax-free from the MSA. The participant cannot pay his or her insurance premiums using funds in the MSA. Taxpayers who use Medicare, which counts as health insurance, cannot use any MSA they may have unless it is a Medicare MSA. If the taxpayer has no medical expenses in one year, the contributions remain in the account to be used in the future. The maximum the taxpayer can contribute is 65% of the health-plan deductible for individuals (self-only plan) and 75% for families.

Health Flexible Spending Arrangements (FSAs)

A health FSA is usually funded through voluntary salary reduction and allows employees to be reimbursed for medical expenses. An FSA is not reported on the tax return, and the salary-reduction contribution limit is $2,650. Regardless of the amount contributed, the amount the taxpayer can receive tax-free is the contribution amount used to pay for qualified medical expenses. Self-employed individuals do not qualify for this reduction.

Now Complete the Review Questions

Go Online

- o Cáncer.
- o Enfermedades cardíacas y vasculares.
- o Enfermedades infecciosas.
- o Condiciones de salud mental.
- o Abuso de sustancias.
- o Condiciones metabólicas, nutricionales y endocrinas.
- o Trastornos musculoesqueléticos.
- o Condiciones obstétricas y ginecológicas.
- o Condiciones pediátricas.
- o Condiciones de visión y audición.

Límites de contribución de HSA 2018 con un HDHP:

Tipo de cobertura	Límite de contribución
Individual	$3,450
Familiar	$6,900

Límites de contribución de HSA 2019 con un HDHP:

Tipo de cobertura	Límite de contribución
Individual	$3,500
Familiar	$7,000

MSA (Cuentas de Ahorro Médico) Archer

Las MSA Archer son una cuenta de ahorros de tipo IRA para ser utilizadas cuando el/la contribuyente tiene gastos médicos. Fueron creados para ayudar a las personas que trabajan de forma independiente y a los empleados de ciertos pequeños empleadores a cubrir los costos médicos del titular de la cuenta, el/la cónyuge del titular de la cuenta o los dependientes del titular de la cuenta. Las MSA se pueden usar cuando el/la contribuyente tiene un seguro de salud de bajo costo con un plan de salud de deducible alto (HDHP). Las contribuciones de MSA son deducibles de impuestos.

La parte del gasto médico que no está cubierta por el seguro puede ser retirada de la MSA libre de impuestos. El participante no puede pagar sus primas de seguro usando fondos en la MSA. Los contribuyentes que usan Medicare, que cuenta como seguro de salud, no pueden usar ningún MSA que puedan tener a menos que sea un MSA de Medicare. Si el/la contribuyente no tiene gastos médicos en un año, las contribuciones permanecerán en la cuenta que se utilizará en el futuro. El máximo que el/la contribuyente puede aportar es el 65% del deducible del plan de salud para individuos (plan solo para sí mismo) y el 75% para las familias.

Acuerdos de Gastos Flexibles (FSA) de Salud

Un FSA de salud generalmente se financia a través de una reducción salarial voluntaria y permite que a los empleados les sean reembolsados los gastos médicos. El FSA no se informa en la declaración de impuestos, y el límite de contribución para la reducción del salario es de $2,650. Independientemente de la cantidad aportada, la cantidad que el/la contribuyente puede recibir libre de impuestos es el monto de contribución utilizado para pagar los gastos médicos calificados. Los trabajadores independientes no califican para esta reducción.

Segment 2

Form 3903: Moving Expenses

Under some circumstances, moving expenses can be claimed as adjustments to income. Moving expenses are reported on Form 1040, line 26. Complete and attach Form 3903, Moving Expenses, to the tax return to claim this adjustment. The taxpayer does not have to itemize deductions to claim the adjustment. Although the Tax Cuts and Jobs Act has made several changes to here, it is still important for the tax professional to know how moving expense adjustments worked before and after the TCJA.

Moving Expenses Before the TCJA

To claim moving expenses as adjustments to income, the taxpayer must meet the following requirements:

➢ The move is closely related to the start of work.
➢ The taxpayer meets the distance test.
➢ The taxpayer meets the time test.

Señor 1040 Says: Record keeping is vital to maintaining an accurate record of expenses for a move. The taxpayer should save receipts, bills, canceled checks, credit card statements, and mileage logs to able to correctly report the amount of moving expense.

Prior to the Tax Cuts and Jobs Act, in order to claim moving expenses, the move must be made in conjunction with the taxpayer's job or business. The distance between the old home and the new workplace must be at least 50 miles more than the old home to the old workplace, and if the taxpayer did not have any reimbursed moving expenses, he or she could report the expenses in the year they were incurred or when they were paid in full. The following moving expenses could be claimed as adjustments to income before the TCJA:

➢ The cost of packing and moving household goods and personal effects.
➢ The cost of storing and insuring household goods once 30 days has passed.
➢ The cost of connecting and disconnecting utilities.
➢ The cost of one trip, including lodging but not meals, to the new home (the mileage rate is 18 cents per mile).
➢ The cost of tolls and parking fees.

The taxpayer would first report the moving expenses on Form 3903 and then on line 26 of Form 1040. If the taxpayer had reimbursed moving expenses under an *accountable plan*, the expenses would be reported on the taxpayer's Form W-2 in box 12 and designated with code *P*. Reimbursed expenses reported with code *P* do not have to be reported on the tax return. If a taxpayer was reimbursed for the moving expenses, the taxpayer cannot double-dip and claim moving expenses as adjustments to income on his or her tax return.

Segmento 2

Formulario 3903: Gastos de mudanza

Bajo ciertas circunstancias, los gastos de mudanza pueden reclamarse como ajustes a los ingresos. Los gastos de mudanza se declaran en el Formulario 1040, línea 26. Complete y adjunte el Formulario 3903, Gastos de mudanza, a la declaración de impuestos para reclamar este ajuste. El/la contribuyente no tiene que detallar las deducciones para reclamar el ajuste. Si bien la Ley de Reducción de Impuestos y Empleos ha hecho varios cambios aquí, todavía es importante que el profesional de impuestos sepa cómo funcionaron los ajustes de gastos de mudanza antes y después de la TCJA.

Gastos de mudanza antes de la TCJA

Para reclamar gastos de mudanza como ajustes a los ingresos, el/la contribuyente debe cumplir con los siguientes requisitos:

➢ La mudanza está estrechamente relacionada con el inicio del trabajo.
➢ El/la contribuyente cumple con la prueba de distancia.
➢ El/la contribuyente cumple con la prueba de tiempo.

 *El señor 1040 dice:* El mantenimiento de registros es vital para mantener un registro preciso de los gastos de una mudanza. El/la contribuyente debe guardar recibos, facturas, cheques cancelados, estados de cuenta de tarjetas de crédito y registros de kilometraje para poder declarar correctamente el monto de los gastos de mudanza.

Antes de la Ley de Reducción de Impuestos y Empleos, para reclamar gastos de mudanza, la mudanza debe estar asociada con el trabajo o negocio del contribuyente. La distancia entre la antigua residencia y el nuevo lugar de trabajo debe ser por lo menos 50 millas más que de la antigua residencia al antiguo lugar de trabajo, y si al contribuyente no se le reembolsó ningún gasto de mudanza, él o ella podría declarar los gastos en el año en que fueron incurridos o cuando fueron pagados en su totalidad. Los siguientes gastos de mudanza podrían reclamarse como ajustes a los ingresos antes de la TCJA:

➢ El costo de embalaje y mudanza de artículos del hogar y efectos personales.
➢ El costo de almacenar y asegurar los artículos del hogar una vez transcurridos 30 días.
➢ El costo de conectar y desconectar los servicios públicos.
➢ El costo de un viaje, incluyendo el alojamiento, pero no las comidas, a la nueva casa (la tasa de kilometraje es de 18 centavos por milla).
➢ El costo de los peajes y las tarifas de estacionamiento.

El/la contribuyente primero declararía los gastos de mudanza en el Formulario 3903 y luego en la línea 26 del Formulario 1040. Si el/la contribuyente hubiera reembolsado los gastos de mudanza conforme a un *plan de rendición de cuentas*, los gastos se declararían en el Formulario W-2 del contribuyente en la casilla 12 y se designarían con el código *P*. Los gastos reembolsados declarados con el código *P* no tienen que informarse en la declaración de impuestos. Si un/a contribuyente recibió un reembolso por los gastos de mudanza, el/la contribuyente no puede duplicar ni reclamar los gastos de mudanza como ajustes a los ingresos en su declaración de impuestos.

To be considered an accountable plan, the employer's reimbursement or allowance arrangement must include the following rules:

➢ The expenses must have a business connection, which means the taxpayer must have paid or incurred deductible expenses while performing services as an employee.
➢ The taxpayer must adequately account to the employer for these expenses within a reasonable period of time.
➢ The taxpayer must return any excess reimbursement or allowance within a reasonable period of time.

Example: Donald lives in Seattle, WA and accepted a job in Portland, ME. Donald's new employer reimbursed him using their accountable plan for his actual travel expenses from Seattle to Portland. Donald's employer would report the reimbursement with code *P* on his W-2, box 12.

Distance Test

The distance between a job's location and the taxpayer's main home is the shortest of the most commonly traveled routes between them. The distance test considers only the location of the former home. It does not take into account the location of any new home. If the taxpayer had more than one job at any time during the year, only use the location of the "main job" to calculate distance for this test. To determine which job was the "main job, examine the following factors:

➢ The total time spent at each job.
➢ The amount of work completed at each job.
➢ The amount of money earned at each job.

Whichever job had the highest or the majority of the above is the main job.

Time Test

The taxpayer must also meet a time test to qualify for moving expenses. According to the time test, if a taxpayer moves to another location and claims it was job-related, they must work in the new location for at least 39 weeks during the first 12 months of their stay in order to claim the moving expenses as adjustments to income.

Taxpayers count full-time work as an employee performed within the same general commuting area, but they do not need to work 39 weeks in a row or work at the same job during that period. Self-employed taxpayers cannot meet this test or claim moving expenses as adjustments to income.

Moving Expenses After the TCJA

One of the many changes made by the TCJA was to suspend adjustments for moving expenses with one exception: Active Armed Forces who have a military order to move or permanently change their station will be able to claim moving expenses if they meet the normal qualifications. The standard mileage rate for moving reimbursements is 18 cents per mile. If the taxpayer has made multiple moves in one tax year, then a different Form 3903 will be used for each move. A permanent station change can be any of the following:

Para que un plan de rendición de cuentas sea considerado, el acuerdo de reembolso o asignación del empleador debe incluir las siguientes reglas:

> ➤ Los gastos deben tener una conexión comercial, lo que significa que el/la contribuyente debe haber pagado o incurrido en gastos deducibles mientras realiza servicios como empleado.
> ➤ El/la contribuyente debe contabilizar adecuadamente al empleador por estos gastos dentro de un período de tiempo razonable.
> ➤ El/la contribuyente debe devolver cualquier exceso de reembolso o asignación dentro de un período de tiempo razonable.

Ejemplo: Donald vive en Seattle, WA y aceptó un trabajo en Portland, ME. El nuevo empleador de Donald lo reembolsó usando su plan de rendición de cuentas de sus gastos de viaje reales desde Seattle a Portland. El empleador de Donald informaría el reembolso con el código *P* en su Formulario W-2, casilla 12.

Prueba de distancia

La distancia entre la ubicación de un trabajo y la residencia principal del contribuyente es la más corta de las rutas más comúnmente recorridas entre ellos. La prueba de distancia considera solo la ubicación de la residencia anterior. No tiene en cuenta la ubicación de ninguna residencia nueva. Si el/la contribuyente tuvo más de un trabajo en cualquier momento del año, solo use la ubicación del "trabajo principal" para calcular la distancia para esta prueba. Para determinar qué trabajo fue el "trabajo principal, evalúe los siguientes factores:

> ➤ El tiempo total empleado en cada trabajo.
> ➤ La cantidad de trabajo completado en cada trabajo.
> ➤ La cantidad de dinero ganado en cada trabajo.

Cualquiera que sea el trabajo que haya tenido el más alto o la mayoría de las opciones anteriores, es el trabajo principal.

Prueba de tiempo

El/la contribuyente también debe cumplir con una prueba de tiempo para calificar para gastos de mudanza. De acuerdo con la prueba de tiempo, si un/a contribuyente se muda a otra ubicación y reclama que estaba relacionado con su trabajo, debe trabajar en la nueva ubicación durante al menos 39 semanas por los primeros 12 meses de su estadía a fin de reclamar los gastos de mudanza como ajustes a los ingresos.

Los contribuyentes cuentan el trabajo de tiempo completo como un empleado realizado dentro de la misma área de transporte, pero no necesitan trabajar 39 semanas seguidas o trabajar en el mismo trabajo durante ese período. Los contribuyentes que trabajan como independientes no pueden cumplir con esta prueba o reclamar gastos de mudanza como ajustes a los ingresos.

Gastos de mudanza después de la TCJA

Uno de los muchos cambios realizados por la TCJA fue suspender los ajustes por gastos de mudanza con una excepción: Las Fuerzas Armadas Activas que tengan una orden militar para mudarse o cambiar permanentemente su estación podrán reclamar gastos de mudanza si cumplen con los requisitos normales. La tarifa estándar por milla para los reembolsos por mudanza es de 18 centavos por milla. Si el/la contribuyente ha realizado varias mudanzas en un año tributario, entonces se utilizará un Formulario 3903 diferente para cada mudanza. Un cambio de estación permanente puede ser cualquiera de las siguientes opciones:

> ➤ A move from the taxpayer's current home to their first post of duty.
> ➤ A move from one permanent post to another.
> ➤ A move from the taxpayer's last permanent post to a new home in the United States. The move must occur within one year of the end of active duty or within the allowable period designated by the Joint Travel Regulations, which is beyond the scope of this course.

Segment 3

Self-Employment Adjustments

Self-Employment Tax

As explained in the Business Income chapter, self-employed taxpayers must pay both the employer and employee portions of the Medicare and social security taxes. Because the self-employed person pays the entire amount, he or she can claim an adjustment to income equal to one-half of the total self-employment tax. This tax is figured on Schedule SE, and the adjustment is then carried to Form 1040, Schedule 1, line 27. If the taxpayer has W-2 wages as well, the taxpayer's net self-employment earnings are combined with his or her wages when determining the earning limit for the Self-Employment tax.

Self-employment tax does not apply to income earned as a shareholder of an S corporation or as a limited partner of a partnership (except for guaranteed payments). Self-employment tax is calculated on Schedule SE and must be paid if the following apply:

> ➤ Net earnings for the year from self-employment (excluding income as a church employee) were $400 or more.
> ➤ Church-employee income for the year is more than $108.28.

The self-employment tax rules apply even if the taxpayer is receiving social security and Medicare benefits. Special rules apply to workers who perform in-home services for the elderly or for disabled individuals. Caregivers are typically classified as employees of the individuals for whom they provide care. Self-employed individuals may have to make quarterly estimated payments to the IRS. For more information, see Publication 505, *Tax Withholding and Estimated Tax.*

Self-Employment Retirement Plans

This line item for adjustments is for self-employed taxpayers who provide retirement plans for themselves and their employees.

The plans that can be deducted on this line are as follows:

> ➤ Simplified Employee Pension (SEP) plans.

> ➤ Una mudanza de la residencia actual del contribuyente a su primer puesto de servicio.
> ➤ Una mudanza de un puesto permanente a otro.
> ➤ Una mudanza de la última publicación permanente del contribuyente a un nuevo hogar en Estados Unidos. La mudanza debe ocurrir dentro de un año a partir del final del servicio activo o dentro del período permitido designado por el Reglamento de Viaje Conjunto, que está más allá del alcance de este curso.

Segmento 3

Ajustes de trabajo independiente

Impuesto sobre el trabajo independiente

Como se explica en el capítulo de Ingresos de negocios, los contribuyentes que trabajan de forma independiente deben pagar las porciones de los impuestos de Medicare y del seguro social tanto al empleador como al empleado. Debido a que el trabajador independiente paga la cantidad total, él o ella puede reclamar un ajuste a los ingresos equivalente a la mitad del impuesto sobre el trabajo independiente. Este impuesto se calcula en el Anexo SE, y luego el ajuste se lleva al Formulario 1040, Anexo 1, Línea 27. Si el/la contribuyente también tiene salarios W-2, las ganancias netas de trabajo independiente del contribuyente se combinan con su salario al determinar el límite de ingresos para el impuesto sobre el trabajo independiente.

El impuesto sobre el trabajo independiente no se aplica a los ingresos obtenidos como accionista de una sociedad anónima S o como socio limitado de una sociedad (a excepción de los pagos garantizados). El impuesto sobre el trabajo independiente se calcula en el Anexo SE y debe pagarse si se aplica lo siguiente:

> ➤ Las ganancias netas para el año del trabajo independiente (excluyendo los ingresos como empleado de la iglesia) fueron de $400 o más.
> ➤ El ingreso de empleados de la iglesia para el año es superior a $108.28.

Las reglas del impuesto sobre el trabajo independiente se aplican incluso si el/la contribuyente recibe beneficios del seguro social y de Medicare. Se aplican reglas especiales a los trabajadores que realizan servicios a domicilio para personas mayores o discapacitadas. Los cuidadores suelen ser clasificados como empleados de las personas a quienes atienden. Los trabajadores independientes pueden tener que hacer pagos estimados trimestrales al IRS. Para obtener más información, consulte la Publicación 505, *Retención de impuestos e impuesto estimado*.

Planes de jubilación para trabajadores independientes

Esta partida para ajustes es para contribuyentes que trabajan de forma independiente y que proporcionan planes de jubilación para ellos mismos y sus empleados.

Los planes que se pueden deducir en esta línea son los siguientes:

> ➤ Planes de Pensiones para Empleados Simplificados (SEP).

> ➢ Savings Incentive Match Plan for Employees (SIMPLE).
> ➢ Qualified plans, including HR (10) or Keogh plans, which are beyond the scope of this course.

SEP (Simplified Employee Pension)

A business of any size may establish a specific type of traditional IRA for their employees called a Simplified Employee Pension (SEP), also referred to as a SEP-IRA. A self-employed individual is also eligible to participate in this plan. There are three basic steps in starting a SEP:

> ➢ Must have a formal written agreement to provide benefits to all eligible employees.
> ➢ Must give each eligible employee certain information.
> ➢ A SEP-IRA must be set up for each employee.

The formal written agreement must state that the self-employed employer will provide benefits to all eligible employees under the SEP. The employer may adopt an IRS-provided model by filing Form 5305-SEP. Professional advice should be sought when setting up the SEP. Form 5305-SRP cannot be filed if any of the following apply:

> ➢ The company already has a qualified retirement plan other than a SEP.
> ➢ The company has eligible employees whose IRAs have not been set up.
> ➢ The company uses the service of leased employees who are not common-law employees.
> ➢ The company is a member of one of the following trades or businesses:
>   - An affiliated service group described in section 414(m).
>   - A controlled group of corporations described in section 414(b).
>   - A trade or business under common control described in section 414(c).
> ➢ The company does not pay the cost of the SEP contributions.

The contributions are made to IRAs (SEP-IRAs) of the eligible participants in that plan. Interest accumulates tax-free until the participant begins to make withdrawals. Contribution limits are based on net profits.

A taxpayer is eligible for a SEP if he or she meets the following requirements:

> ➢ He or she has reached age 21.
> ➢ He or she has worked for the employer for at least 3 of the past 5 years.
> ➢ He or she has received at least $600 in compensation from the employer during each of the last three tax years.

The least of the following amounts is the maximum amount that an employer may annually contribute to an employee's IRA:

> ➢ $55,000 (for 2018).
> ➢ $56,000 (for 2019).
> ➢ 25% of the employee's compensation, or 20% for the self-employed taxpayer.

- Plan de incentivo de ahorros para empleados (SIMPLE).
- Planes calificados, incluidos los planes HR (10) o Keogh, que están más allá del alcance de este curso.

SEP (Pensión de Empleado Simplificada)

Una empresa de cualquier tamaño puede establecer un tipo específico de IRA tradicional para sus empleados llamada Pensión de Empleado Simplificada (SEP), también conocida como SEP-IRA. Un trabajador independiente también es elegible para participar en este plan. Hay tres pasos básicos para comenzar una SEP:

- Debe tener un acuerdo formal por escrito para proporcionar beneficios a todos los empleados elegibles.
- Debe dar a cada empleado elegible cierta información.
- Se debe establecer una SEP-IRA para cada empleado.

El acuerdo formal por escrito debe indicar que el trabajador independiente proporcionará beneficios a todos los empleados elegibles bajo la SEP. El empleador puede adoptar un modelo provisto por el IRS al presentar el Formulario 5305-SEP. Se debe buscar asesoramiento profesional al configurar la SEP. El formulario 5305-SRP no se puede presentar si se cumple alguna de las siguientes condiciones:

- La compañía ya tiene un plan de jubilación calificado que no sea una SEP.
- La compañía tiene empleados elegibles cuyas IRA no se han establecido.
- La compañía utiliza el servicio de empleados arrendados que no son empleados de hecho.
- La compañía es miembro de uno de los siguientes actividades o negocios:
  - Un grupo de servicio afiliado descrito en la sección 414(m).
  - Un grupo controlado de corporaciones descrito en la sección 414(b).
  - Una actividad o negocio bajo control común descrito en la sección 414(c).
- La empresa no paga el costo de las contribuciones de la SEP.

Las contribuciones se hacen a las IRA (SEP-IRA) de los participantes elegibles en ese plan. El interés se acumula libre de impuestos hasta que el participante comienza a hacer retiros. Los límites de contribución se basan en las ganancias netas.

Un/a contribuyente es elegible para una SEP si cumple con los siguientes requisitos:

- Él o ella ha cumplido 21 años.
- Él o ella ha trabajado para el empleador durante al menos 3 de los últimos 5 años.
- Él o ella ha recibido al menos $600 en compensación del empleador durante cada uno de los últimos tres años tributarios.

El menor de los siguientes montos es el monto máximo que un empleador puede contribuir anualmente a la IRA de un empleado:

- $55,000 (para 2018).
- $56,000 (para 2019).
- 25% de la compensación del empleado, o 20% para el/la contribuyente que trabaja de forma independiente.

Contributions made by the employer are not reported as income by the employee, nor can they be deducted as an IRA contribution. Excess contributions are included in the employee's income for the year and are treated as contributions. Do not include SEP contributions on the employee's Form W-2 unless the contributions are pretax contributions.

Example: Susan Plant earned $21,000 for 2018. Because the maximum employer contribution for 2018 is 25% of the employee's compensation, the employer can contribute only $5,250 to her SEP-IRA. (25% x $21,000)

SIMPLE Retirement Plan

A SIMPLE retirement plan is a tax-favored retirement plan that certain small employers (including self-employed individuals) can set up for the benefit of their employees.

A SIMPLE plan can be established for any employee who received at least $5,000 in compensation during the two years prior to the current calendar year and is reasonably expected to receive at least $5,000 during the current calendar year. Self-employed individuals are also eligible. The plan may also use less restrictive guidelines, but it may not more stringent ones.

The employee's elective deferrals from salary reduction are limited to $12,500 or $15,500 (an additional $3,000) if age 50 or older (for 2018). Salary-reduction contributions are not treated as catch-up contributions. The employer can match employee deferrals dollar for dollar up to 3% of the employee's compensation.

SIMPLE IRA

A SIMPLE IRA is a plan that uses separate IRA accounts for each eligible employee. A SIMPLE plan is a written agreement (salary-reduction agreement) between the taxpayer and his or her employer that allows the taxpayer to choose to do either of the following:

➢ Reduce the taxpayer's compensation by a certain percentage each pay period.
➢ Have the employer contribute the salary reductions to a SIMPLE IRA on the taxpayer's behalf. These contributions are called "salary-reduction contributions."

All contributions under a SIMPLE IRA plan must be made to SIMPLE IRAs, not to any other type of IRA. The SIMPLE IRA can be an individual retirement account or an individual retirement annuity. In addition to salary-reduction contributions, the employer must make either matching contributions or non-elective contributions. The taxpayer is eligible to participate in his or her employer's SIMPLE plan if the taxpayer meets the following requirements:

➢ He or she received compensation from his or her employer during any two years prior to the current year.
➢ He or she is reasonably expected to receive at least $5,000 in compensation during the calendar year in which contributions were made.

The difference between the SIMPLE retirement plan and the SIMPLE IRA is that the retirement plan is part of a 401(k) plan, and the IRA plan uses individual IRAs for each employee. For more information, see Publication 560.

Las contribuciones hechas por el empleador no son declaradas como ingresos por el empleado, ni pueden ser deducidas como una contribución IRA. El exceso de contribuciones se incluye en los ingresos del empleado para el año y se tratan como contribuciones. No incluya las contribuciones de la SEP en el Formulario W-2 del empleado a menos que las contribuciones sean contribuciones antes de impuestos.

Ejemplo: Susan Plant ganó $21,000 para 2018. Debido a que la contribución máxima del empleador para 2018 es el 25% de la compensación del empleado, el empleador puede aportar solo $5,250 a su SEP-IRA. (25% x $21,000)

Plan de jubilación SIMPLE

Un plan de jubilación SIMPLE es un plan de jubilación con impuestos preferidos que ciertos pequeños empleadores (incluidos los trabajadores independientes) pueden establecer para el beneficio de sus empleados.

Se puede establecer un plan SIMPLE para cualquier empleado que recibió al menos $5,000 en compensación durante los dos años anteriores al año calendario actual y se espera razonablemente que reciba al menos $5,000 durante el año calendario actual. Los trabajadores independientes también son elegibles. El plan también puede usar directrices menos restrictivas, pero puede que no sean más estrictas.

Los aplazamientos electivos del empleado de la reducción del salario se limitan a $12,500 o $15,500 ($3,000 adicionales) si tienen 50 años o más (para 2018). Las contribuciones para la reducción del salario no se tratan como contribuciones de actualización. El empleador puede igualar los diferimientos del empleado por dólar hasta el 3% de la compensación del empleado.

IRA SIMPLE

Un IRA SIMPLE es un plan que usa cuentas IRA separadas para cada empleado elegible. Un plan SIMPLE es un acuerdo por escrito (acuerdo de reducción de salario) entre el/la contribuyente y su empleador que le permite al contribuyente elegir entre lo siguiente:

> ➢ Reducir la compensación del contribuyente en un cierto porcentaje en cada período de pago.
> ➢ Hacer que el empleador aporte las reducciones de salario a una IRA SIMPLE en nombre del contribuyente. Estas aportaciones se llaman "contribuciones de reducción de salario".

Todas las contribuciones bajo un plan IRA SIMPLE deben hacerse a las IRA SIMPLE, no a ningún otro tipo de IRA. Las IRA SIMPLE puede ser una cuenta de jubilación individual o una anualidad de jubilación individual. Además de las contribuciones de reducción de salario, el empleador debe hacer contribuciones equivalentes o contribuciones no electivas. El/la contribuyente es elegible para participar en el plan SIMPLE de su empleador si el/la contribuyente cumple con los siguientes requisitos:

> ➢ Él o ella recibió una compensación de su empleador durante los dos años anteriores al año en curso.
> ➢ Se espera que él o ella reciba al menos $5,000 en compensación durante el año calendario en el que se hicieron las contribuciones.

La diferencia entre el plan de jubilación SIMPLE y la IRA SIMPLE es que el plan de jubilación es parte de un plan 401(k), y el plan IRA utiliza IRA individuales para cada empleado. Para más información, consulte la Publicación 560.

Self-Employed Health Insurance Deductions

Self-employed taxpayers can claim (as adjustments to income on Form 1040, Schedule 1, line 29) 100% of the amount paid in 2018 for medical insurance and qualified long-term care insurance for the taxpayer and the taxpayer's family if any of the following apply:

➢ The taxpayer is a self-employed individual.
➢ The taxpayer is a general partner (or limited partner receiving guaranteed payments) in a partnership.
➢ The shareholder owns more than 2% of the outstanding stock of an S corporation.

Premiums are not deductible any month that the taxpayer or spouse was eligible to participate in an employer-subsidized health plan. The earned income also limits the deduction. For Schedule C, it would be the net profit minus the SE tax deduction (Line 27) and SEP deductions (Line 28). If the taxpayer is also itemizing, amounts listed on line 29 cannot be deducted as a medical expense on Schedule A. Self-employed individuals must have a net profit for the year to deduct their paid premiums as adjustments to income.

The self-employed health insurance deduction should be calculated by using the *Worksheet for the Health Insurance Deduction* found in Publication 535 and pictured below.

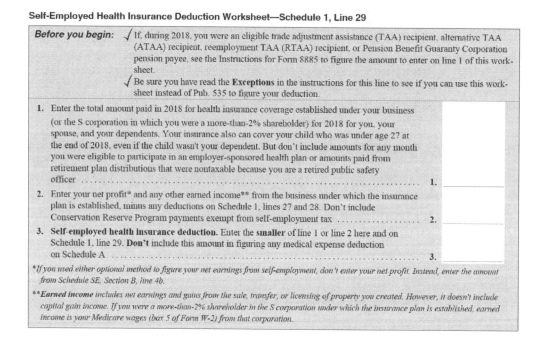

If any of the following exceptions apply, the above worksheet cannot be used:

➢ The taxpayer had more than one source of income subject to self-employment.
➢ The taxpayer filed Form 2555 or Form 2555-EZ.
➢ The taxpayer is using amounts paid for qualified long-term care insurance to figure the deduction.

If the above worksheet cannot be used, use Worksheet 6-A, *Self-Employed Health Insurance Deduction Workshet*, instead (pictured below).

Deducción del seguro de salud de trabajadores independientes

Los contribuyentes que trabajan de forma independiente pueden reclamar (como ajustes a los ingresos en el Formulario 1040, Anexo 1, Línea 29) el 100% de la cantidad pagada en 2018 para el seguro médico y el seguro de atención a largo plazo calificado para el/la contribuyente y la familia del contribuyente si se aplica alguna de las siguientes condiciones:

➢ El/la contribuyente es un trabajador independiente.
➢ El/la contribuyente es un socio general (o socio limitado que recibe pagos garantizados) en una sociedad.
➢ El accionista posee más del 2% de las acciones en circulación de una sociedad anónima S.

Las primas no son deducibles en ningún mes en que el/la contribuyente o cónyuge fuera elegible para participar en un plan de salud subsidiado por el empleador. El ingreso ganado también limita la deducción. Para el Anexo C, sería la ganancia neta menos la deducción fiscal SE (Línea 27) y las deducciones SEP (Línea 28). Si el/la contribuyente también está detallando, las cantidades que figuran en la línea 29 no pueden deducirse como un gasto médico en el Anexo A. Los trabajadores independientes deben tener una ganancia neta del año para deducir sus primas pagadas como ajustes a los ingresos.

La deducción del seguro de salud de trabajadores independientes debe calcularse utilizando la *hoja de cálculos para la deducción del seguro de salud* que se encuentra en la Publicación 535 y que se muestra a continuación.

Self-Employed Health Insurance Deduction Worksheet—Schedule 1, Line 29

| Before you begin: | ✓ If, during 2018, you were an eligible trade adjustment assistance (TAA) recipient, alternative TAA (ATAA) recipient, reemployment TAA (RTAA) recipient, or Pension Benefit Guaranty Corporation pension payee, see the Instructions for Form 8885 to figure the amount to enter on line 1 of this worksheet. |
| | ✓ Be sure you have read the **Exceptions** in the instructions for this line to see if you can use this worksheet instead of Pub. 535 to figure your deduction. |

1. Enter the total amount paid in 2018 for health insurance coverage established under your business (or the S corporation in which you were a more-than-2% shareholder) for 2018 for you, your spouse, and your dependents. Your insurance also can cover your child who was under age 27 at the end of 2018, even if the child wasn't your dependent. But don't include amounts for any month you were eligible to participate in an employer-sponsored health plan or amounts paid from retirement plan distributions that were nontaxable because you are a retired public safety officer . . . . **1.**

2. Enter your net profit* and any other earned income** from the business under which the insurance plan is established, minus any deductions on Schedule 1, lines 27 and 28. Don't include Conservation Reserve Program payments exempt from self-employment tax . . . . **2.**

3. **Self-employed health insurance deduction.** Enter the **smaller** of line 1 or line 2 here and on Schedule 1, line 29. **Don't** include this amount in figuring any medical expense deduction on Schedule A . . . . **3.**

*If you used either optional method to figure your net earnings from self-employment, don't enter your net profit. Instead, enter the amount from Schedule SE, Section B, line 4b.

**Earned income includes net earnings and gains from the sale, transfer, or licensing of property you created. However, it doesn't include capital gain income. If you were a more-than-2% shareholder in the S corporation under which the insurance plan is established, earned income is your Medicare wages (box 5 of Form W-2) from that corporation.

Si se aplica alguna de las siguientes excepciones, la hoja de cálculo anterior no se puede usar:

➢ El/la contribuyente tenía más de una fuente de ingresos sujeta al trabajo independiente.
➢ El/la contribuyente presentó el Formulario 2555 o el Formulario 2555-EZ.
➢ El/la contribuyente está utilizando las cantidades pagadas por un seguro de atención a largo plazo calificado para calcular la deducción.

Si no se puede usar la hoja de cálculo anterior, use la Hoja de cálculo 6-A, *Hoja de cálculo de deducción de seguro de salud de trabajadores independientes* (en la imagen a continuación).

Worksheet 6-A. Self-Employed Health Insurance Deduction Worksheet *Keep for Your Records*

Caution. You may have to use the worksheets in Pub. 974 instead of this worksheet if the insurance plan established, or considered to be established, under your business was obtained through the Health Insurance Marketplace and you are claiming the premium tax credit. See Pub. 974 for details.

Note. Use a separate worksheet for each trade or business under which an insurance plan is established.

1. Enter the total amount paid in 2018 for health insurance coverage established under your business (or the S corporation in which you were a more-than-2% shareholder) for 2018 for you, your spouse, and your dependents. Your insurance also can cover your child who was under age 27 at the end of 2018, even if the child was not your dependent. But **don't** include the following.
   - Amounts for any month you were eligible to participate in a health plan subsidized by your or your spouse's employer or the employer of either your dependent or your child who was under the age of 27 at the end of 2018.
   - Any amounts paid from retirement plan distributions that were nontaxable because you are a retired public safety officer.
   - Any qualified health insurance coverage payments that you included on Form 8885, line 4, to claim the HCTC or on Form 14095 to receive a reimbursement of the HCTC during the year.
   - Any advance monthly payments of the HCTC that your health plan administrator received from the IRS, as shown on Form 1099-H.
   - Any qualified health insurance coverage payments you paid to for eligible coverage months for which you received the benefit of the HCTC monthly advance payment program.
   - Any payments for qualified long-term care insurance (see line 2) . . . . **1.** _____
2. For coverage under a qualified long-term care insurance contract, enter for each person covered the **smaller** of the following amounts.
   a) Total payments made for that person during the year.
   b) The amount shown below. Use the person's age at the end of the tax year.
      $420— if that person is age 40 or younger
      $780— if age 41 to 50
      $1,560— if age 51 to 60
      $4,160— if age 61 to 70
      $5,200— if age 71 or older
      Don't include payments for any month you were eligible to participate in a long-term care insurance plan subsidized by your or your spouse's employer or the employer of either your dependent or your child who was under the age of 27 at the end of 2018. If more than one person is covered, figure separately the amount to enter for each person. Then enter the total of those amounts . . . . **2.** _____
3. Add lines 1 and 2 . . . . **3.** _____
4. Enter your net profit* and any other earned income** from the trade or business under which the insurance plan is established. Don't include Conservation Reserve Program payments exempt from self-employment tax. If the business is an S corporation, skip to line 11 . . . . **4.** _____
5. Enter the total of all net profits* from: Schedule C (Form 1040), line 31; Schedule C-EZ (Form 1040), line 3; Schedule F (Form 1040), line 34; or Schedule K-1 (Form 1065), box 14, code A; plus any other income allocable to the profitable businesses. Don't include Conservation Reserve Program payments exempt from self-employment tax. See the Instructions for Schedule SE (Form 1040). **Don't** include any net losses shown on these schedules . . . . **5.** _____
6. Divide line 4 by line 5 . . . . **6.** _____
7. Multiply Schedule 1 (Form 1040), (or Form 1040NR), line 27, by the percentage on line 6 . . . . . . **7.** _____
8. Subtract line 7 from line 4 . . . . **8.** _____
9. Enter the amount, if any, from Schedule 1 (Form 1040), (or Form 1040NR), line 28, attributable to the same trade or business in which the insurance plan is established . . . . **9.** _____
10. Subtract line 9 from line 8 . . . . **10.** _____
11. Enter your Medicare wages (Form W-2, box 5) from an S corporation in which you are a more-than-2% shareholder and in which the insurance plan is established . . . . **11.** _____
12. Enter any amount from Form 2555, line 45, attributable to the amount entered on line 4 or 11 above, or any amount from Form 2555-EZ, line 18, attributable to the amount entered on line 11 above . . . . **12.** _____
13. Subtract line 12 from line 10 or 11, whichever applies . . . . **13.** _____
14. Enter the **smaller** of line 3 or line 13 here and on Schedule 1 (Form 1040), (or Form 1040NR), line 29. **Don't** include this amount when figuring any medical expense deduction on Schedule A (Form 1040) . . . . **14.** _____

* If you used either optional method to figure your net earnings from self-employment from any business, don't enter your net profit from the business. Instead, enter the amount attributable to that business from Schedule SE (Form 1040), Section B, line 4b.
** **Earned Income** includes net earnings and gains from the sale, transfer, or licensing of property you created. However, it doesn't include capital gain income.

Now Complete the Review Questions → Go Online

Segment 4

Form 1098-E: Qualified Student Loans

Student loan providers will give Form 1098-E to their borrowers to report the interest gained on their student loans. A student will not receive Form 1098-E unless the student loan interest is $600 or more, regardless of the number or amount of student loans the student has. To be reportable for the current tax year, the student loan must be either of the following:

➢ Subsidized, guaranteed, financed, or otherwise treated as a student loan under a program of the federal, state, or local government or of a postsecondary education institution.
➢ Certified by the borrower as a student loan incurred solely to pay qualified higher education expenses.

Worksheet 6-A. **Self-Employed Health Insurance Deduction Worksheet**   *Keep for Your Records*

Caution. You may have to use the worksheets in Pub. 974 instead of this worksheet if the insurance plan established, or considered to be established, under your business was obtained through the Health Insurance Marketplace and you are claiming the premium tax credit. See Pub. 974 for details.

Note. Use a separate worksheet for each trade or business under which an insurance plan is established.

1. Enter the total amount paid in 2018 for health insurance coverage established under your business (or the S corporation in which you were a more-than-2% shareholder) for 2018 for you, your spouse, and your dependents. Your insurance also can cover your child who was under age 27 at the end of 2018, even if the child was not your dependent. But **don't** include the following.
   * Amounts for any month you were eligible to participate in a health plan subsidized by your or your spouse's employer or the employer of either your dependent or your child who was under the age of 27 at the end of 2018.
   * Any amounts paid from retirement plan distributions that were nontaxable because you are a retired public safety officer.
   * Any qualified health insurance coverage payments that you included on Form 8885, line 4, to claim the HCTC or on Form 14095 to receive a reimbursement of the HCTC during the year.
   * Any advance monthly payments of the HCTC that your health plan administrator received from the IRS, as shown on Form 1099-H.
   * Any qualified health insurance coverage payments you paid to for eligible coverage months for which you received the benefit of the HCTC monthly advance payment program.
   * Any payments for qualified long-term care insurance (see line 2) . . . . **1.** _____
2. For coverage under a qualified long-term care insurance contract, enter for each person covered the **smaller** of the following amounts.
   a) Total payments made for that person during the year.
   b) The amount shown below. Use the person's age at the end of the tax year.
      $420— if that person is age 40 or younger
      $780— if age 41 to 50
      $1,560— if age 51 to 60
      $4,160— if age 61 to 70
      $5,200— if age 71 or older
      Don't include payments for any month you were eligible to participate in a long-term care insurance plan subsidized by your or your spouse's employer or the employer of either your dependent or your child who was under the age of 27 at the end of 2018. If more than one person is covered, figure separately the amount to enter for each person. Then enter the total of those amounts . . . . **2.** _____
3. Add lines 1 and 2 . . . . **3.** _____
4. Enter your net profit* and any other earned income** from the trade or business under which the insurance plan is established. Don't include Conservation Reserve Program payments exempt from self-employment tax. If the business is an S corporation, skip to line 11 . . . . **4.** _____
5. Enter the total of all net profits* from: Schedule C (Form 1040), line 31; Schedule C-EZ (Form 1040), line 3; Schedule F (Form 1040), line 34; or Schedule K-1 (Form 1065), box 14, code A; plus any other income allocable to the profitable businesses. Don't include Conservation Reserve Program payments exempt from self-employment tax. See the Instructions for Schedule SE (Form 1040). **Don't** include any net losses shown on these schedules . . . . **5.** _____
6. Divide line 4 by line 5 . . . . **6.** _____
7. Multiply Schedule 1 (Form 1040), (or Form 1040NR), line 27, by the percentage on line 6 . . . . . . **7.** _____
8. Subtract line 7 from line 4 . . . . **8.** _____
9. Enter the amount, if any, from Schedule 1 (Form 1040), (or Form 1040NR), line 28, attributable to the same trade or business in which the insurance plan is established . . . . **9.** _____
10. Subtract line 9 from line 8 . . . . **10.** _____
11. Enter your Medicare wages (Form W-2, box 5) from an S corporation in which you are a more-than-2% shareholder and in which the insurance plan is established . . . . **11.** _____
12. Enter any amount from Form 2555, line 45, attributable to the amount entered on line 4 or 11 above, or any amount from Form 2555-EZ, line 18, attributable to the amount entered on line 11 above . . . . **12.** _____
13. Subtract line 12 from line 10 or 11, whichever applies . . . . **13.** _____
14. Enter the **smaller** of line 3 or line 13 here and on Schedule 1 (Form 1040), (or Form 1040NR), line 29. **Don't** include this amount when figuring any medical expense deduction on Schedule A (Form 1040) . . . . **14.** _____

* If you used either optional method to figure your net earnings from self-employment from any business, don't enter your net profit from the business. Instead, enter the amount attributable to that business from Schedule SE (Form 1040), Section B, line 4b.
** **Earned Income** includes net earnings and gains from the sale, transfer, or licensing of property you created. However, it doesn't include capital gain income.

Ya está listo/a para responder las preguntas de repaso → Vaya a su cuenta en línea

Segmento 4

Formulario 1098-E: Préstamos para estudiantes calificados

Los proveedores de préstamos estudiantiles entregarán el Formulario 1098-E a sus prestatarios para declarar el interés ganado en sus préstamos estudiantiles. Un estudiante no recibirá el Formulario 1098-E a menos que el interés del préstamo estudiantil sea de $600 o más, independientemente del número o la cantidad de préstamos estudiantiles que tenga el estudiante. Para poder declarar el préstamo estudiantil en el año fiscal actual, este debe tener las siguientes características:

➢ Ser subsidiado, garantizado, financiado o tratado como un préstamo estudiantil bajo un programa del gobierno federal, estatal o local o de una institución de educación postsecundaria.
➢ Estar certificado por el prestatario como un préstamo estudiantil incurrido únicamente para pagar los gastos calificados de educación superior.

Reading Form 1098-E

	☐ CORRECTED (if checked)		
RECIPIENT'S/LENDER'S name, street address, city or town, state or province, country, ZIP or foreign postal code, and telephone number		OMB No. 1545-1576 **20**18 Form **1098-E**	**Student Loan Interest Statement**
RECIPIENT'S TIN	BORROWER'S TIN	**1** Student loan interest received by lender $	**Copy B For Borrower**
BORROWER'S name			This is important tax information and is being furnished to the IRS. If you are required to file a return, a negligence penalty or other sanction may be imposed on you if the IRS determines that an underpayment of tax results because you overstated a deduction for student loan interest.
Street address (including apt. no.)			
City or town, state or province, country, and ZIP or foreign postal code			
Account number (see instructions)		**2** If checked, box 1 does **not** include loan origination fees and/or capitalized interest for loans made before September 1, 2004 ☐	
Form **1098-E**	(keep for your records)	www.irs.gov/Form1098E	Department of the Treasury - Internal Revenue Service

Box 1: The interest received by the taxpayer for their student loan is shown here, including capitalized interest as well as loan origination fees.

Box 2: This box is checked if box 1 has loan origination fees and or capitalized interest that, for some reason, were not included in box 1.

	☐ CORRECTED (if checked)		
RECIPIENT'S/LENDER'S name, street address, city or town, state or province, country, ZIP or foreign postal code, and telephone number		OMB No. 1545-1576 **20**19 Form **1098-E**	**Student Loan Interest Statement**
RECIPIENT'S TIN	BORROWER'S TIN	**1** Student loan interest received by lender $	**Copy B For Borrower**
BORROWER'S name			This is important tax information and is being furnished to the IRS. If you are required to file a return, a negligence penalty or other sanction may be imposed on you if the IRS determines that an underpayment of tax results because you overstated a deduction for student loan interest.
Street address (including apt. no.)			
City or town, state or province, country, and ZIP or foreign postal code			
Account number (see instructions)		**2** If checked, box 1 does **not** include loan origination fees and/or capitalized interest for loans made before September 1, 2004 ☐	
Form **1098-E**	(keep for your records)	www.irs.gov/Form1098E	Department of the Treasury - Internal Revenue Service

Student Loan Interest Deduction

Taxpayers who have education loans can claim up to $2,500 of education loan interest paid in 2018 as adjustments to income. Although prior-year student loan interest was reported on line 33 of Form 1040 or on line 18 of Form 1040A, the deduction is now taken as an adjustment to income on Form 1040, Schedule 1, line 33. The adjustment is allowed on qualifying loans for the benefit of the taxpayer or the taxpayer's spouse or dependent at the time the debt was incurred. The adjustment begins to phase out at incomes of $80,000 ($165,000 for MFJ). MFS individuals are unable to adjust student loan interest. If more than $600 was paid in interest on the student loan, Form 1098-E will be received.

Leyendo el Formulario 1098-E

☐ CORRECTED (if checked)			
RECIPIENT'S/LENDER'S name, street address, city or town, state or province, country, ZIP or foreign postal code, and telephone number		OMB No. 1545-1576 **2018** Form **1098-E**	**Student Loan Interest Statement**
RECIPIENT'S TIN	BORROWER'S TIN	1 Student loan interest received by lender $	**Copy B** **For Borrower**
BORROWER'S name			This is important tax information and is being furnished to the IRS. If you are required to file a return, a negligence penalty or other sanction may be imposed on you if the IRS determines that an underpayment of tax results because you overstated a deduction for student loan interest.
Street address (including apt. no.)			
City or town, state or province, country, and ZIP or foreign postal code			
Account number (see instructions)		2 If checked, box 1 does **not** include loan origination fees and/or capitalized interest for loans made before September 1, 2004 ☐	

Form **1098-E**   (keep for your records)   www.irs.gov/Form1098E   Department of the Treasury - Internal Revenue Service

Casilla 1: El interés recibido por el/la contribuyente por su préstamo estudiantil se muestra aquí, incluyendo los intereses capitalizados, así como las comisiones de gestión del préstamo.

Casilla 2: Esta casilla está marcada si la casilla 1 tiene comisiones de gestión de préstamos o intereses capitalizados que, por alguna razón, no se incluyeron en la casilla 1.

☐ CORRECTED (if checked)			
RECIPIENT'S/LENDER'S name, street address, city or town, state or province, country, ZIP or foreign postal code, and telephone number		OMB No. 1545-1576 **2019** Form **1098-E**	**Student Loan Interest Statement**
RECIPIENT'S TIN	BORROWER'S TIN	1 Student loan interest received by lender $	**Copy B** **For Borrower**
BORROWER'S name			This is important tax information and is being furnished to the IRS. If you are required to file a return, a negligence penalty or other sanction may be imposed on you if the IRS determines that an underpayment of tax results because you overstated a deduction for student loan interest.
Street address (including apt. no.)			
City or town, state or province, country, and ZIP or foreign postal code			
Account number (see instructions)		2 If checked, box 1 does **not** include loan origination fees and/or capitalized interest for loans made before September 1, 2004 ☐	

Form **1098-E**   (keep for your records)   www.irs.gov/Form1098E   Department of the Treasury - Internal Revenue Service

Deducción de intereses de préstamos estudiantiles

Los contribuyentes que tienen préstamos educativos pueden reclamar hasta $2,500 de intereses de préstamos educativos pagados en 2018 como ajustes a los ingresos. Aunque los intereses de préstamos estudiantiles del año anterior se declaran en la línea 33 del Formulario 1040 o en la línea 18 del Formulario 1040A, la deducción ahora se toma como un ajuste a los ingresos en el Formulario 1040, Anexo 1, Línea 33. El ajuste se permite en los préstamos calificados en beneficio del contribuyente o el/la cónyuge o dependiente del contribuyente al momento en que se incurrió la deuda. El ajuste comienza a disminuir gradualmente a ingresos de $80,000 ($165,000 para MFJ). Los individuos MFS no pueden ajustar los intereses de los préstamos estudiantiles. Si se pagaron más de $600 en intereses sobre el préstamo estudiantil, se recibirá el Formulario 1098-E.

The person for whom the expenses were paid must have been an eligible student. However, a loan is not a qualified student loan if both of the following are true:

➢ Any of the proceeds were used for other purposes.
➢ The loan was from either a related person, a person who borrowed the proceeds under a qualified employer plan, or a contract purchased under such a plan.

An eligible student is a person who meets the following conditions:

➢ Was enrolled in a degree, certificate, or other program (including a studying abroad program approved for credit by the institution the student is enrolled with) leading to a recognized education credential at an eligible education institution.
➢ Carried at least half of the normal full-time workload for the course of study the student is pursuing.

Use Publication 970, *Tax Benefits for Education*, if the taxpayer filed Form 2555, Form 2555-EZ, or Form 4563 and if excluding income from sources within Puerto Rico.

Qualified Tuition and Fees

The contents of this section have been suspended by the TCJA from 2018 to 2025. Despite this, beginning tax professionals need to understand this section to be prepared for situations when they might be required to prepare or amend a prior year return. Please note, although the official term used by the IRS includes the word "deduction", the following concept is in fact an adjustment to income.

Qualified tuition and fee deductions are for amounts paid in 2017 for tuition and fees required for the student's enrollment or attendance at an eligible education institution during 2017. Amounts paid include those paid by credit card or with borrowed funds. An eligible education institution includes most colleges, universities, and certain vocational schools. Qualified tuition and fees do not include any of the following:

➢ Amounts paid for room and board, insurance, medical expenses (including student health fees), transportation, or other similar personal, living, or family expenses.
➢ Amounts paid for course-related books, supplies, equipment, and nonacademic activities, except for fees charged by the institution as a condition of enrollment or attendance.
➢ Amounts paid for any course involving sports, games, or hobbies, unless such course is part of the student's degree program.

Qualified tuition and fees must be reduced by the following benefits:

➢ Excludable U.S. series EE and I savings bond interest from Form 8815.
➢ Nontaxable qualified state tuition program earnings.
➢ Nontaxable earnings from Coverdell education savings accounts.
➢ Any scholarships, education assistance allowances, or other payments (but not gifts or inheritances) excluded from income.

What Expenses Qualify for Tuition and Fee Deductions

La persona por quien se pagaron los gastos debe haber sido un estudiante elegible. Sin embargo, un préstamo no es un préstamo estudiantil calificado si se cumplen las dos condiciones a continuación:

➢ Cualquiera de los ingresos fue utilizado para otros fines.
➢ El préstamo fue otorgado por una persona relacionada, una persona que tomó prestado el producto de un plan de empleador calificado o un contrato adquirido bajo dicho plan.

Un estudiante elegible es una persona que cumple con las siguientes condiciones:

➢ Fue inscrito en un título, certificado u otro programa (incluido un programa de estudios en el extranjero aprobado para crédito por la institución en la que está inscrito el estudiante), lo que lleva a una credencial de educación reconocida en una institución educativa elegible.
➢ Llevó al menos la mitad de la carga de trabajo normal a tiempo completo para el curso de estudio que el estudiante está realizando.

Use la Publicación 970, *Beneficios fiscales para la educación*, si el/la contribuyente presentó el Formulario 2555, el Formulario 2555-EZ o el Formulario 4563 y si excluye los ingresos de fuentes dentro de Puerto Rico.

Matrícula y aranceles calificados

El contenido de esta sección ha sido suspendido por la TCJA desde 2018 hasta 2025. A pesar de esto, los profesionales de impuestos principiantes deben comprender que esta sección está diseñada para situaciones en las que se les puede solicitar que preparen o modifiquen una declaración del año anterior. Tenga en cuenta que, aunque el término oficial utilizado por el IRS incluye la palabra "deducción", el siguiente concepto es de hecho un ajuste a los ingresos.

Las deducciones de matrícula y aranceles calificados se hacen por montos pagados en 2017 por la matrícula y aranceles requeridos para la inscripción o asistencia del estudiante a una institución educativa elegible durante 2017. Las cantidades pagadas incluyen aquellas pagadas con tarjeta de crédito o con fondos prestados. Una institución educativa elegible incluye la mayoría de los colegios, universidades y ciertas escuelas vocacionales. La matrícula y los aranceles calificados no incluyen ninguno de los siguientes:

➢ Las cantidades pagadas por alojamiento y comida, seguro, gastos médicos (incluyendo los cargos de salud del estudiante), transporte u otros gastos personales, de vida o familiares similares.
➢ Montos pagados para libros, suministros, equipo y actividades no académicas relacionadas con el curso, excepto por los aranceles que cobra la institución como condición de inscripción o asistencia.
➢ Las cantidades pagadas para cualquier curso que involucre deportes, juegos o pasatiempos, a menos que dicho curso sea parte del programa de estudios universitarios.

La matrícula y los aranceles calificadas deben reducirse mediante los siguientes beneficios:

➢ Los intereses de bonos de ahorro de la serie de EE e I de los EE. UU. excluibles del Formulario 8815.
➢ Ingresos calificados del programa de matrícula estatal no tributable.
➢ Ingresos no tributables de las cuentas de ahorro para la educación de Coverdell.
➢ Cualquier beca, subsidio de ayuda a la educación u otros pagos (pero no donaciones o herencias) excluyendo los ingresos.

¿Qué gastos califican para la deducción de matrícula y aranceles?

The tuition and fee deduction is based on qualified education expenses the taxpayer pays for him or herself, his or her spouse, or a dependent that the taxpayer claimed as an exemption on his or her tax return. Generally, the deduction is allowed for qualified education expenses paid in 2017 in connection with enrollment at an institution of higher education during 2018 or for an academic period beginning in 2017 that carries through to at least the first three months of 2018. An eligible education institution is one that participates in the U.S. Department of Education's Federal Student Aid (FSA) programs. For example, if the taxpayer paid $1,500 for qualified tuition in December 2017 for the spring 2018 semester beginning in January 2018, he or she may be able to use that $1,500 when figuring the 2017 deduction.

Form 8917: Tuition and Fee Deduction

This deduction is based on the qualified education expenses paid to an eligible postsecondary education institution. The taxpayer may be able to take the deduction if the taxpayer, his or her spouse, or a dependent claimed on his or her tax return was a student who was enrolled in or attended an eligible education institution. When claiming this credit, Form 8917 must be attached to the tax return.

Who Can Claim the Deduction?

Generally, the taxpayer can claim the tuition and fees deduction if all three of the following requirements are met:

> ➢ The taxpayer paid qualified education expenses for higher education.
> ➢ The taxpayer paid the education expenses for an eligible student.
> ➢ The eligible student is the taxpayer, spouse, or a dependent that the taxpayer claimed as an exemption on his or her tax return.

Who Cannot Claim the Deduction?

The taxpayer cannot claim the tuition and fees deduction if any of the following apply:

> ➢ The taxpayer's filing status is married filing separately.
> ➢ Another person can claim an exemption for the taxpayer as a dependent on his or her tax return. The taxpayer cannot take the deduction even if the other person does not actually claim that exemption.
> ➢ The taxpayer's modified adjusted gross income (MAGI) is more than $80,000 ($160,000 if filing a joint return).
> ➢ The taxpayer was a nonresident alien for any part of the year and did not elect to be treated as a resident alien for tax purposes. More information on nonresident aliens can be found in Publication 519, *US Tax Guide for Aliens.*

Modified adjusted gross income (MAGI) is adjusted gross income, plus all of the following:

> ➢ The amount excluded under IRC §911, *Foreign-Earned Income Exclusion.*
> ➢ Tax-exempt interest income.
> ➢ The excluded portion of social security benefits.

La deducción de la matrícula y los aranceles se basa en los gastos de educación calificados que paga el mismo contribuyente, su cónyuge o un dependiente que haya sido reclamado por el/la contribuyente como exención en su declaración de impuestos. En general, la deducción se permite para los gastos de educación calificados pagados en 2017 en relación con la inscripción en una institución de educación superior durante 2018 o para un período académico que comienza en 2017 y se extiende hasta por lo menos los primeros tres meses de 2018. Una institución educativa elegible es aquella que participa en los programas de Ayuda Federal para Estudiantes (FSA) del Departamento de Educación de Estados Unidos. Por ejemplo, si el/la contribuyente pagó $1,500 para la matrícula calificada en diciembre de 2017 para el semestre de primavera de 2018 a partir de enero de 2018, es posible que pueda usar esos $1,500 cuando calcule la deducción de 2017.

Formulario 8917: Deducción de matrícula y aranceles

Esta deducción se basa en los gastos de educación calificados pagados a una institución educativa postsecundaria elegible. El/la contribuyente puede tomar la deducción si el/la contribuyente, su cónyuge o un dependiente reclamado en su declaración de impuestos era un estudiante que estaba inscrito o asistió a una institución educativa elegible. Al reclamar este crédito, se debe adjuntar el Formulario 8917 a la declaración de impuestos.

¿Quién puede reclamar la deducción?

En general, el/la contribuyente puede reclamar la deducción de matrícula y aranceles si se cumplen los tres requisitos siguientes:

➢ El/la contribuyente pagó los gastos de educación calificada para la educación superior.
➢ El/la contribuyente pagó los gastos de educación para un estudiante elegible.
➢ El estudiante elegible es el/la contribuyente, cónyuge o un dependiente que el/la contribuyente reclamó como una exención en su declaración de impuestos.

¿Quién no puede reclamar la deducción?

El/la contribuyente no puede reclamar la deducción de matrícula y aranceles si se cumple alguna de las siguientes condiciones:

➢ El estado civil del contribuyente es casado declarando por separado.
➢ Otra persona puede reclamar una exención para el/la contribuyente como dependiente en su declaración de impuestos. El/la contribuyente no puede tomar la deducción incluso si la otra persona no reclama esa exención.
➢ El ingreso bruto ajustado modificado del contribuyente (MAGI) es más de $80,000 ($160,000 si se presenta una declaración conjunta).
➢ El/la contribuyente fue un extranjero no residente durante cualquier parte del año y no eligió ser tratado como un extranjero residente a efectos fiscales. Puede encontrar más información sobre extranjeros no residentes en la Publicación 519, *Guía de impuestos de los EE. UU. para extranjeros*.

El ingreso ajustado modificado (MAGI) se el ingreso ajustado más todos los siguientes:

➢ La cantidad que se excluye bajo la §911 del IRC, Exclusión de ingreso de trabajo en el extranjero.
➢ El ingreso de interés exento de impuesto
➢ La parte excluida de los beneficios del Seguro Social.

Academic Period

An academic period includes a semester, trimester, quarter, or other period of study (such as a summer school session) as reasonably determined by an education institution. In the case of an education institution that uses credit hours or clock hours and does not have academic terms, each payment period can be treated as an academic period.

Segment 5

Miscellaneous Adjustments

Educator Expense

If the taxpayer was an eligible educator, he or she may deduct up to $250 of qualified expenses paid in 2018. An eligible educator is defined as a teacher for kindergarten through 12th grade or an instructor, counselor, principal, or aide who works in a school for at least 900 hours during a school year. If the taxpayer and spouse are filing jointly and both are eligible educators, the maximum deduction is $500. Neither spouse may deduct more than $250 of qualified expenses on line 23 of Form 1040, Schedule 1. The PATH act made this adjustment permanent.

Qualified expenses include ordinary and necessary expenses paid in connection with books, supplies, equipment (including computer equipment, software, and services), and other materials used in his or her classroom. An ordinary expense is one that is common and accepted in the taxpayer's education field, and a necessary expense is one that is helpful and appropriate for the taxpayer's profession as an educator. An expense does not have to be required to be considered necessary.

Qualified expenses do not include expenses for home schooling or for nonathletic supplies for courses in health or physical education. The income adjustment amount must be reduced if the educator has any of the following:

➢ Excludable interest on qualified U.S. savings bonds series EE and I, and Form 8815 is filed on the same tax return.
➢ Any distribution from a qualified tuition program that was excluded from income.
➢ Any tax-free withdrawals from Coverdell education savings account(s).
➢ Any reimbursements received for expenses that were not reported in box 1 of the W-2.

Penalty on Early Withdrawal of Savings

If a taxpayer withdraws money from a savings program and incurs a penalty, the penalty is an allowable adjustment to gross income. This penalty is reported to the taxpayer on Form 1099-INT or Form 1099-OID. The early withdrawal penalty is imposed by the bank or other private institution. Report the early withdrawal penalty on Form 1040, Schedule 1, line 30 as an adjustment to income.

Periodo académico

Un período académico incluye un semestre, trimestre u otro período de estudio (como una sesión de escuela de verano) según lo determine razonablemente una institución educativa. En el caso de una institución educativa que utiliza horas de crédito u horas de reloj y no tiene términos académicos, cada período de pago puede tratarse como un período académico.

Segmento 5

Ajustes misceláneos

Gastos de educador

Si el/la contribuyente fue un educador elegible, él o ella puede deducir hasta $250 de los gastos calificados pagados en 2018. Un educador elegible se define como un maestro para kínder a 12º grado o un instructor, consejero, director o ayudante que trabaja en una escuela durante al menos 900 horas durante un año escolar. Si el/la contribuyente y su cónyuge presentan una declaración conjunta y ambos son educadores elegibles, la deducción máxima es de $500. Ninguno de los cónyuges puede deducir más de $250 de gastos calificados en la línea 23 del Formulario 1040, Anexo 1. La ley PATH hizo este ajuste permanente.

Los gastos calificados incluyen los gastos ordinarios y necesarios pagados en relación con libros, suministros, equipos (incluyendo los equipos de computación, software y servicios) y otros materiales utilizados en su salón de clases. Un gasto ordinario es un gasto común y aceptado en el campo de la educación del contribuyente; mientras que un gasto necesario es un gasto útil y apropiado para la profesión del contribuyente como educador. Un gasto no tiene que ser requerido para ser considerado necesario.

Los gastos calificados no incluyen los gastos de educación en el hogar o de suministros no cosméticos para cursos de educación física o de salud. El monto del ajuste de ingresos debe reducirse si el educador tiene alguno de los siguientes:

> Intereses excluibles en bonos de ahorro calificados de los EE. UU., de las series EE e I y el Formulario 8815 se presenta en la misma declaración de impuestos.
> Cualquier distribución de un programa de matrícula calificado que fue excluido de los ingresos.
> Cualquier retiro libre de impuestos de la(s) cuenta(s) de ahorros para la educación de Coverdell.
> Cualquier reembolso recibido por gastos que no se declararon la casilla 1 del formulario W-2.

Multa por retiro anticipado de ahorros

Si un/a contribuyente retira dinero de un programa de ahorro e incurre en una multa, la multa es un ajuste permisible a los ingresos brutos. Esta multa se declara al contribuyente en el Formulario 1099-INT o el Formulario 1099-OID. La sanción por retiro anticipado es impuesta por el banco u otra institución privada. Declare la multa por retiro anticipado en el Formulario 1040, Anexo 1, línea 30 como un ajuste a los ingresos.

Alimony Paid

Alimony is a payment or a series of payments to a spouse or former spouse required under a divorce or under a separation agreement that meets certain requirements. Any alimony a taxpayer receives should be reported on Form 1040, Schedule 1, line 11. The amount of alimony that was paid should be reported on Form 1040, Schedule 1, line 31a as an adjustment to income. The paying spouse must report the recipient's social security number on line 31b. Not all payments received from a spouse are considered alimony. For a description of what is considered alimony, see Publication 17.

The term "divorce or separation instrument" refers to the following:

> ➢ A decree of divorce or separated maintenance or a "written instrument incident" (see IRS Publication 504) to that decree.
> ➢ A written separation agreement.
> ➢ A decree or a type of court order requiring a spouse to make payments for the support or maintenance of the other spouse.

Payments that are not alimony are as follows:

> ➢ Child support.
> ➢ Noncash property settlements.
> ➢ Payments that are the taxpayer's spouse's part of community income.
> ➢ Payments to keep up the payer's property.
> ➢ Use of the payer's property.
> ➢ Noncash property settlements, whether in lump sum or installments.
> ➢ Voluntary payments.

Community property laws may not apply to an item of community property income. Special rules may apply to community property states. More research may be needed if the taxpayer lives in a community property state.

Example: Kathy and Lloyd live in Arizona and are a married couple. Kathy's father passed away in 1995. Her mother sold her country residence and moved to town to be close to friends and her church. Her mother had a trust and passed away in 2017. Kathy was a beneficiary of the trust and received $75,000 as an inheritance. If Kathy does not share the inheritance with Lloyd this is a time where this property is hers and is not both hers and Lloyds.

For more information, see Publication 504. Inheritance is beyond the scope of this course.

Individual Retirement Account (IRA) Deduction

Taxpayers may participate in a personal savings plan that offers tax advantages to set aside money for retirement or education expenses. This personal savings plan is known as an individual retirement account or IRA. There are different types of IRAs: traditional, Roth, SIMPLE, or education.

It is necessary to understand the difference between a contribution and a deduction. Contributions are the amounts paid to a taxpayer's plan. Deductions are the actual amount by which the taxpayer may reduce his or her taxable income.

Pensión alimenticia pagada

La pensión alimenticia es un pago o una serie de pagos a un cónyuge o ex cónyuge requerido en virtud de un divorcio o en virtud de un acuerdo de separación que cumpla con ciertos requisitos. Cualquier pensión alimenticia que reciba un/a contribuyente debe declararla en el Formulario 1040, Anexo 1, Línea 11. El monto de la pensión alimenticia que se pagó debe declararse en el Formulario 1040, Anexo 1, Línea 31a como un ajuste a los ingresos. El/la cónyuge que paga debe declarar el número de seguro social del destinatario en la Línea 31b. No todos los pagos recibidos de un cónyuge se consideran pensión alimenticia. Para obtener una descripción de lo que se considera pensión alimenticia, consulte la Publicación 17.

El término "instrumento de divorcio o separación" se refiere a lo siguiente:

> ➢ Un decreto de divorcio o mantenimiento separado o un "incidente de instrumento escrito" (consulte la Publicación 504 del IRS) de ese decreto.
> ➢ Un acuerdo de separación por escrito.
> ➢ Un decreto o un tipo de orden judicial que requiera que un cónyuge realice pagos por la manutención o el mantenimiento del otro cónyuge.

Los pagos que no son de pensión alimenticia son los siguientes:

> ➢ Manutención infantil.
> ➢ Asentamiento de bienes no en efectivo.
> ➢ Pagos que son parte del ingreso de la comunidad del cónyuge del contribuyente.
> ➢ Pagos para mantener la propiedad del pagador.
> ➢ Uso de los bienes del pagador.
> ➢ Liquidaciones de propiedades que no sean en efectivo, ya sea en una suma global o en cuotas.
> ➢ Pagos voluntarios.

Es posible que las leyes de propiedad de bienes gananciales no se apliquen a un elemento del ingreso de propiedad de bienes gananciales. Reglas especiales pueden aplicar a estados de propiedad de bienes gananciales. Se puede necesitar más investigación si el/la contribuyente vive en un estado de propiedad de bienes gananciales.

Ejemplo: Kathy y Lloyd viven en Arizona y son una pareja casada. El padre de Kathy falleció en 1995. Su madre vendió su residencia en el campo y se mudó a la ciudad para estar cerca de amigos y de su iglesia. Su madre tenía un fideicomiso y falleció en 2017. Kathy fue beneficiaria del fideicomiso y recibió $75,000 como herencia. Si Kathy no comparte la herencia con Lloyd, esta es una época en la que esta propiedad es de ella y no es tanto de ella como de Lloyds.

Para más información, consulte la Publicación 504. La herencia está más allá del alcance de este curso.

Deducción de Cuenta de Retiro Individual (IRA)

Los contribuyentes pueden participar en un plan de ahorro personal que ofrece ventajas fiscales para reservar dinero para gastos de jubilación o educación. Este plan de ahorro personal se conoce como cuenta de jubilación individual o IRA. Hay diferentes tipos de IRA: tradicional, Roth, SIMPLE o educación.

Es necesario entender la diferencia entre una contribución y una deducción. Las contribuciones son los montos pagados al plan de un/a contribuyente. Las deducciones son el monto real por el cual el/la contribuyente puede reducir su ingreso gravable.

Individuals who have not reached the age of 70½ with taxable compensation may contribute to an IRA (with certain other conditions). Compensation for IRA purposes includes wages, salaries, commissions, tips, professional fees, bonuses, and other amounts received for personal services. Also included are taxable alimony and separate maintenance payments.

The deductible amount of the IRA contributions may be limited depending on the following two factors:

➢ If the taxpayer or spouse had an employer-provided pension plan.
➢ The amount of the modified adjusted gross income.

The maximum a single taxpayer can contribute is either $5,500 or the taxpayer's taxable compensation, whichever is lowest. If the taxpayers are married and only one spouse has taxable compensation, the maximum contribution the couple can make is $11,000. The maximum that can be contributed to one account is $5,500. If the married spouses have compensation in excess of $5,500 each, they both may contribute $5,500.

If the taxpayer is 50 years old or older, he or she may make a "catch-up" contribution to his or her IRA account in the amount of $1,000. Taxpayers may not contribute more than $6,500 to their IRA account during the tax year. Contributions must be in the form of money. Property cannot be contributed to an IRA.

If a taxpayer contributes more than $5,500 ($6,500 if age 50 or older) in one year to an IRA, the taxpayer will be penalized with a tax on the excess contribution and its earnings each year until the taxpayer withdraws the excess contribution and its earnings. This penalty is not limited to the year in which the excess contribution is made. The excess contributions must be reported on Form 5329, *Additional Taxes Attributable to IRAs, Other Qualified Retirement Plans, Annuities, Modified Endowment Contracts, and MSAs*, Part II.

In addition to the adjustment to the taxpayer's gross income, interest earned on a traditional IRA account is accumulated tax-deferred until it is withdrawn, thus benefiting the taxpayer.

Summary and Review

Taxpayers can take various "deductions" directly on the tax return. These "deductions", however, are not itemized or standardized deductions (discussed later), but are instead called adjustments to income, since they "adjust" the taxpayer's gross income. The adjustments are also referred to as "above the line," which means they appear above the line on the tax form for adjusted gross income.

An HSA is a health savings account that is set up exclusively for paying the qualified medical expenses of the account beneficiary or the account beneficiary's spouse or dependents. Other adjustments to income that can be claimed are deductible parts of self-employment tax, IRA deductions, self-employed health insurance and student loan interest of more than $600 and less than $2,500.

Las personas que no hayan alcanzado la edad de 70 años y medio con una compensación sujeta a impuestos pueden contribuir a una IRA (con ciertas otras condiciones). La compensación para propósitos de la IRA incluye sueldos, salarios, comisiones, propinas, honorarios profesionales, bonificaciones y otras cantidades recibidas por servicios personales. También se incluye pensión alimenticia gravable y pagos de mantenimiento separados.

El monto deducible de las contribuciones IRA puede ser limitado dependiendo de los siguientes dos factores:

> ➤ Si el/la contribuyente o cónyuge tenía un plan de pensión provisto por el empleador.
> ➤ El importe del ingreso bruto ajustado modificado.

El máximo que puede aportar un solo contribuyente es $5,500 o la compensación tributable del contribuyente, la que sea la más baja. Si los contribuyentes están casados y solo un cónyuge tiene una compensación sujeta a impuestos, la contribución máxima que la pareja puede hacer es de $11,000. El máximo que se puede aportar a una cuenta es de $5,500. Si los cónyuges casados tienen una compensación de más de $5,500 cada uno, ambos pueden contribuir con $5,500.

Si el/la contribuyente tiene 50 años o más, él o ella puede hacer una contribución de "recuperación" a su cuenta IRA por un monto de $1,000. Los contribuyentes no pueden aportar más de $6,500 a su cuenta IRA durante el año fiscal. Las contribuciones deben ser en forma de dinero. La propiedad no puede ser aportada a una IRA.

Si un/a contribuyente aporta más de $5,500 ($6,500 si tiene 50 años o más) en un año a una cuenta IRA, el/la contribuyente será penalizado con un impuesto sobre la contribución en exceso y sus ganancias cada año hasta que el/la contribuyente retire la contribución en exceso y sus ganancias. Esta multa no se limita al año en que se efectúa la contribución en exceso. El exceso de contribuciones debe declararse en el Formulario 5329, *Impuestos adicionales atribuibles a las IRA, otros planes de jubilación calificados, anualidades, contratos de dotación modificados y MSA*, Parte II.

Además del ajuste al ingreso bruto del contribuyente, el interés ganado en una cuenta IRA tradicional se acumula con impuestos diferidos hasta que se retira, lo que beneficia al contribuyente.

Resumen y revisión

Los contribuyentes pueden tomar varias "deducciones" directamente en la declaración de impuestos. Estas "deducciones", sin embargo, no son deducciones detalladas o estandarizadas (se analizan más adelante), sino que se denominan ajustes a los ingresos, ya que "ajustan" los ingresos brutos del contribuyente. Los ajustes también se conocen como "por encima de la línea", lo que significa que aparecen por encima de la línea en el formulario de impuestos para el ingreso bruto ajustado.

Una HSA es una cuenta de ahorros para la salud que se configura exclusivamente para pagar los gastos médicos calificados del beneficiario de la cuenta o del cónyuge o dependientes del beneficiario de la cuenta. Otros ajustes a los ingresos que se pueden reclamar son partes deducibles del impuesto sobre el trabajo independiente, las deducciones de la IRA, el seguro de salud de trabajadores independientes y los intereses de préstamos estudiantiles de más de $600 y menos de $2,500.

Questions

These review questions are not part of the final exam and will not be graded by LTPA. To obtain maximum benefit from the course, LTPA recommends that you complete the following questions before you compare your answers with the provided solutions.

1. Which of the following is an adjustment to income?

    a. Moving expense for everyone except active military
    b. Qualified tuition expense
    c. Employee health insurance
    d. Deductible part of self-employment

2. Which of the following scenarios best describes when Gilbert can claim his student loan?

    a. Gilbert's student loan is subsidized from a nonguaranteed student loan program.
    b. Gilbert's student loan is guaranteed as a student loan solely to pay higher education expenses.
    c. Gilbert does not attend a qualifying higher education school.
    d. Gilbert attends a private high school and his parents took out a loan on their house.

3. Scenario to Think About

Faith moved from Yreka, California, to San Diego, California. She drove her personal car from Yreka to San Diego. What do you need to know to see if she qualifies for the moving expense adjustment?

Answers

1. Which of the following is an adjustment to income?

    a. Moving expense for everyone except active military
    b. Qualified tuition expense
    c. Employee health insurance
    d. Deductible part of self-employment

Feedback: Some adjustment to income include the following:

> ➢ Moving expenses if the taxpayer is a member of the Armed Forces.
> ➢ Health savings accounts.
> ➢ Self-employed health insurance.
> ➢ Educator expenses.
> ➢ IRA.

Qualified tuition expense has been suspended for tax year 2018.

Preguntas

Estas preguntas de revisión no forman parte del examen final y no serán calificadas por LTPA. Para obtener el máximo beneficio del curso, LTPA recomienda que complete las siguientes preguntas antes de comparar sus respuestas con las soluciones proporcionadas.

1. ¿Cuál de las siguientes opciones es un ajuste a los ingresos?

    e. Gastos de mudanza para todos excepto para militares activos
    f. Gastos de matrícula calificados
    g. Seguro de salud del empleado
    h. Parte deducible del trabajo independiente

2. ¿Cuál de los siguientes escenarios describe mejor cuándo Gilbert puede reclamar su préstamo estudiantil?

    a. El préstamo estudiantil de Gilbert está subsidiado por un programa de préstamos estudiantiles no garantizados.
    b. El préstamo estudiantil de Gilbert está garantizado como un préstamo estudiantil únicamente para pagar los gastos de educación superior.
    c. Gilbert no asiste a una escuela de educación superior calificada.
    d. Gilbert asiste a una escuela secundaria privada y sus padres sacaron un préstamo para su casa.

3. Escenario para analizar

Faith se mudó de Yreka, California, a San Diego, California. Ella condujo su auto personal desde Yreka a San Diego. ¿Qué necesita saber a fin de calificar para el ajuste de gastos de mudanza?

Respuestas

1. ¿Cuál de las siguientes opciones es un ajuste a los ingresos?

    a. Gastos de mudanza para todos excepto para militares activos
    b. Gastos de matrícula calificados
    c. Seguro de salud del empleado
    d. Parte deducible del trabajo independiente

Comentarios: Algunos ajustes a los ingresos incluyen lo siguiente:

➢ Gastos de mudanza si el/la contribuyente es miembro de las Fuerzas Armadas.
➢ cuenta de ahorros para la salud.
➢ Seguro de salud del trabajador independiente.
➢ Gastos de educador.
➢ IRA.

El gasto de matrícula calificado ha sido suspendido para el año fiscal 2018.

2. Which of the following scenarios best describes when Gilbert can claim his student loan?

    a. Gilbert's student loan is subsidized from a nonguaranteed student loan program.
    b. Gilbert's student loan is guaranteed as a student loan solely to pay higher education expenses.
    c. Gilbert does not attend a qualifying higher education school.
    d. Gilbert attends a private high school and his parents took out a loan on their house.

Feedback: For Gilbert to be able to claim his student loan for 2018, the loan must be the following:

➢ Subsidized, guaranteed, financed, or otherwise treated as a student loan under a program of the federal, state, or local government or of a postsecondary education institution.
➢ Certified by the borrower as a student loan incurred solely to pay qualified higher education expenses.
➢ Claiming a student loan for a private high school is not acceptable. Not attending a qualifying higher education makes Gilbert a non-student for tax purposes; therefore, he would be unable to claim his student loan.

3. Scenario to Think About

Faith moved from Yreka, California, to San Diego, California. She drove her personal car from Yreka to San Diego. What do you need to know to see if she qualifies for the moving expense adjustment?

The following questions must be asked:

    1. Why did she move?
    2. If she moved for an employer, was she reimbursed?
    3. If she moved for a job, does she meet the moving expense requirements?
        i) Time test?
        ii) Distance test?

What other questions can you think about asking? Write them out on a separate sheet of paper.

Now Complete the Review Questions → Go Online

2. ¿Cuál de los siguientes escenarios describe mejor cuándo Gilbert puede reclamar su préstamo estudiantil?

    e. El préstamo estudiantil de Gilbert está subsidiado por un programa de préstamos estudiantiles no garantizados.

    f. El préstamo estudiantil de Gilbert está garantizado como un préstamo estudiantil únicamente para pagar los gastos de educación superior.

    g. Gilbert no asiste a una escuela de educación superior calificada.

    h. Gilbert asiste a una escuela secundaria privada y sus padres sacaron un préstamo para su casa.

Comentarios: Para que Gilbert pueda reclamar su préstamo estudiantil para 2018, el préstamo debe ser el siguiente:

➢ Ser subsidiado, garantizado, financiado o tratado como un préstamo estudiantil bajo un programa del gobierno federal, estatal o local o de una institución de educación postsecundaria.

➢ Estar certificado por el prestatario como un préstamo estudiantil incurrido únicamente para pagar los gastos calificados de educación superior.

➢ No es aceptable reclamar un préstamo estudiantil para una escuela secundaria privada. No asistir a una educación superior calificada convierte a Gilbert en un no estudiante a efectos fiscales; por lo tanto, no podría reclamar su préstamo estudiantil.

3. Escenario para analizar

Faith se mudó de Yreka, California, a San Diego, California. Ella condujo su auto personal desde Yreka a San Diego. ¿Qué necesita saber a fin de calificar para el ajuste de gastos de mudanza?

Debe hacer las siguientes preguntas:

1. ¿Por qué se mudó?
2. Si ella se mudó por un empleador, ¿fue reembolsada?
3. Si se mudó por un trabajo, ¿cumple con los requisitos de gastos de mudanza?
    i) ¿Prueba de tiempo?
    ii) ¿Prueba de distancia?

¿Qué otras preguntas se pueden hacer? Escríbalas en una hoja de papel aparte.

Chapter 12: Federal Itemized Deductions

Introduction

When computing taxable income, personal expenses cannot be claimed as itemized deductions. However, tax rules do allow for some deductions that are essential for daily living. These specific expenses are deductible as itemized deductions. A *standard deduction* is a set amount that the taxpayer can claim based on his or her filing status. *Itemized deductions* are shown on the tax return using Schedule A, *Itemized Deductions*. The taxpayer must decide whether to itemize deductions or use the standard deduction and should choose whichever option is best for their tax situation.

Itemized deductions are beneficial if the total amount is higher than the standard deduction. Some taxpayers must itemize deductions because they do not qualify for the standard deduction. Taxpayers not eligible to use the standard deduction include nonresident aliens and individuals who file a tax return for a period of less than 12 months. When a married couple files individual returns, if one spouse itemizes deductions, the other spouse must also itemize deductions. For additional information, refer to Publication 501, *Exemptions, Standard Deduction, and Filing Information*.

Objectives

At the end of this lesson, the student will be able to do the following:

➢ Explain which deductions are limited to the 10% floor.
➢ Identify which deductions are limited to the 2% floor.
➢ Recap what ordinary and necessary expenses are reported on Form 2106 for prior year tax returns.

Resources

Form 1040	Publication 17	Instructions Form 1040
Form 2106	Publication 463	Instructions Form 2106
Form 4684	Publication 502	Instructions Form 4684
Form 4952	Publication 526	Instructions Form 4952
Form 8283	Publication 529	Instructions Form 8283
Schedule A	Publication 530	Instructions for Schedule A
Publication 1771	Publication 936	Tax Topics 501–506, 508–515
Publication 597		

Chapter Segments

Capítulo 12: Deducciones federales detalladas

Introducción

Al calcular el ingreso gravable, los gastos personales no pueden reclamarse como deducciones detalladas. Sin embargo, las reglas de impuestos permiten algunas deducciones que son esenciales para la vida diaria. Estos gastos específicos son deducibles como deducciones detalladas. Una *deducción estándar* es una cantidad fija que el contribuyente puede reclamar en función de su estado civil de declaración. Las *deducciones detalladas* se muestran en la declaración de impuestos utilizando el Anexo A, *Deducciones detalladas*. El contribuyente debe decidir si detallar las deducciones o usar la deducción estándar y debe elegir la opción que mejor se adapte a su situación fiscal.

Las deducciones detalladas son beneficiosas si el monto total es más alto que la deducción estándar. Algunos contribuyentes deben detallar las deducciones porque no califican para la deducción estándar. Los contribuyentes que no son elegibles para usar la deducción estándar incluyen a los extranjeros no residentes y las personas que presentan una declaración de impuestos por un período de menos de 12 meses. Cuando una pareja casada presenta declaraciones individuales, si un cónyuge detalla las deducciones, el otro también debe detallar las deducciones. Para obtener información adicional, consulte la Publicación 501, *Exenciones, Deducción estándar e Información de presentación*.

Objetivos

Al final de esta lección, el estudiante podrá:

> * Explicar qué deducciones se limitan al piso del 10%.
> * Identificar qué deducciones se limitan al piso del 2%.
> * Recapitular qué gastos ordinarios y necesarios se declaran en el Formulario 2106 para las declaraciones de impuestos del año anterior.

Recursos

Formulario 1040	Publicación 17	Formulario de Instrucciones 1040
Formulario 2106	Publicación 463	Formulario de Instrucciones 2106
Formulario 4684	Publicación 502	Formulario de Instrucciones 4684
Formulario 4952	Publicación 526	Formulario de Instrucciones 4952
Formulario 8283	Publicación 529	Formulario de Instrucciones 8283
Anexo A	Publicación 530	Instrucciones para el Anexo A
Publicación 1771	Publicación 936	Temas de Impuestos 501–506, 508–515
Publicación 597		

Chapter Segments

Itemized Deductions

The TCJA has eliminated the overall limitation of itemized deductions based on the taxpayer's adjusted gross income. This was referred to as the deductions being "phased out" or "limited." The TCJA also changed the limitations that can impact the total itemized deduction amount; for example, the total amount that can be deducted from the state and local income tax on Schedule A, line 5 is now capped at $10,000 (and $5,000 for MFS); taxpayers can no longer include all of their expenses as deductions.

For example, in 2017, George's itemized deduction for his state and local taxes was $17,000. George's financial situation did not change, and he expected to be able to deduct the same amount in 2018. However, even though George would still have qualified for a $17,000 itemized deduction under the old rules, George can only receive a $10,000 deduction on line 5 under the TCJA. His deduction amount was capped, causing him to lose $7,000 worth of deduction.

Taxpayers should itemize or consider itemizing if they meet the following criteria:

➢ If the taxpayer would get a higher amount of deductions by itemizing.
➢ The taxpayer had large unreimbursed medical or dental expenses that amounted to more than 7.5% of their adjusted gross income.
➢ The taxpayer paid mortgage interest.
➢ The taxpayer paid points to discount the interest rate.
➢ The taxpayer had casualty or theft losses that was declared a federal disaster.
➢ The taxpayer made contributions to qualified charities and has receipts for record keeping.
➢ The total of the taxpayer's itemized deductions is higher than the standard deduction to which the taxpayer is entitled.
➢ The taxpayer paid state and local taxes; for tax years 2018 to 2025, this is capped at $10,000.
➢ The taxpayer paid property taxes (may be capped).

Itemizing while Married Filing Separate

If taxpayers are filing MFS and one spouse itemizes, the other spouse must itemize, regardless of the fact that the spouse's total deductions may be less than the standard deduction to which he or she would otherwise be entitled. If one spouse later amends the return, the other spouse must also amend his or her return. To formally agree to the amendments, both taxpayers must file a "consent to assessment" for any additional tax that one might owe as a result of the amendment. In the case of a spouse who qualifies to file as head of household, this rule will not apply. The spouse who qualifies as head of household is not required to itemize deductions even if the spouse who is required to file MFS decides to itemize his or her deductions. However, if the spouse filing head of household decides to itemize deductions, the spouse filing MFS is required to itemize deductions.

Señor 1040 Says: If the taxpayer is MFS and both the spouse and taxpayer elect to deduct sales tax and your spouse elects to use the optional sales tax tables, the taxpayer must use that table to figure the state and local general sales tax deduction (SALT).

Segmento 1

Deducciones detalladas

La TCJA ha eliminado la limitación general de las deducciones detalladas basadas en el ingreso bruto ajustado del contribuyente. Esto fue referido como las deducciones siendo "eliminadas" o "limitadas". La TCJA también modificó las limitaciones que pueden afectar el monto total de la deducción detallada; por ejemplo, la cantidad total que se puede deducir del impuesto a la renta estatal y local en el Anexo A, línea 5 ahora tiene un límite máximo de $10,000 (y $5,000 para MFS). Los contribuyentes ya no pueden incluir todos sus gastos como deducciones.

Por ejemplo, en 2017, la deducción detallada de George para sus impuestos estatales y locales fue de $17,000. La situación financiera de George no cambió, y esperaba poder deducir la misma cantidad en 2018. Sin embargo, a pesar de que George todavía habría calificado para una deducción detallada de $17,000 según las reglas anteriores, George solo puede recibir una deducción de $10,000 en la línea 5 de la TCJA. El monto de su deducción fue limitado, lo que le hizo perder $7,000 en deducciones.

Los contribuyentes deben detallar o considerar detallar si cumplen con los siguientes criterios:

> ➤ Si el contribuyente obtendría una mayor cantidad de deducciones por detallar.
> ➤ El contribuyente tenía gastos médicos o dentales sustanciosos no reembolsados que representaban más del 7.5% de su ingreso bruto ajustado.
> ➤ El contribuyente pagó intereses hipotecarios.
> ➤ El contribuyente pagó puntos para descontar la tasa de interés.
> ➤ El contribuyente tuvo pérdidas por siniestros o robos que fueron declaradas catástrofes federales.
> ➤ El contribuyente hizo contribuciones a organizaciones benéficas calificadas y tiene recibos para el mantenimiento de registros.
> ➤ El total de las deducciones detalladas del contribuyente es mayor que la deducción estándar a la que tiene derecho el contribuyente.
> ➤ El contribuyente pagó los impuestos estatales y locales; para los ejercicios fiscales de 2018 a 2025, este se limita a $10,000.
> ➤ El contribuyente pagó impuestos a la propiedad (puede tener un límite).

Deducciones detalladas de una persona casada declarando por separado

Si los contribuyentes son casados declarando por separado y un cónyuge declara de forma detallada, el otro cónyuge debe también declarar de forma detallada, independientemente si las deducciones totales del cónyuge puedan ser menores que la deducción estándar a la que tendría derecho. Si un cónyuge luego modifica la declaración, el otro cónyuge también debe enmendar su declaración. Para aceptar formalmente las enmiendas, ambos contribuyentes deben presentar un "consentimiento para la evaluación" para cualquier impuesto adicional que se pueda adeudar como resultado de la enmienda. En el caso de un cónyuge que reúna los requisitos para declarar como cabeza de familia, esta regla no se aplicará. El cónyuge que califica como cabeza de familia no está obligado a detallar las deducciones, incluso si el cónyuge que debe presentar como MFS decide detallar sus deducciones. Sin embargo, si el cónyuge que declara como cabeza de familia decide detallar las deducciones, el cónyuge que declara como MFS debe detallar las deducciones.

Señor 1040 Dice: Si el contribuyente es MFS y tanto el cónyuge como el contribuyente eligen deducir el impuesto de ventas y su cónyuge elige usar las tablas de impuestos opcionales, el contribuyente debe usar esa tabla para calcular la deducción del impuesto general estatal y local Dice: Si el contribuyente es MFS y bo el cónyuge y el contribuyente eligen deducir el impuesto sobre las ventas y su cónyuge elige usar las tablas de impuestos opcionales, el contribuyente debe usar esa tabla para calcular la deducción del impuesto general de ventas estatal y local (SALT).

Medical and Dental Expenses

Medical care expenses can be deducted if amounts are paid for the diagnosis, cure, treatment, or prevention of a disease or ailment affecting any part or function of the body. Procedures such as facelifts, hair transplants, hair removal, and liposuction are generally not deductible. Cosmetic surgery is only deductible if it is to improve a deformity arising from or directly related to a congenital abnormality, a personal injury from an accident or trauma, or a disfiguring disease. Medications are only deductible if prescribed by a doctor. The taxpayer can deduct any medical and dental expenses that exceed 7.5% of the taxpayer's AGI as shown on Form 1040, page 2, line 7. Beginning in 2019, the medical threshold went up from 7.5% to 10% for all taxpayers.

Examples of deductible medical expenses include the following:

➢ Medical insurance premiums
➢ Medicare
➢ Dental treatment
➢ Prescription medicines
➢ Medical service fees
➢ Mileage
➢ Taxi
➢ Ambulance
➢ Cost of other needed transportation
➢ Medical care
➢ Legal abortions
➢ Acupuncture
➢ guide dogs' cost care
➢ Eye exams
➢ Eyeglasses
➢ Contact lenses
➢ Solutions to clean contact lenses

➢ Eye surgery for nearsightedness
➢ Hospital fees
➢ Lab fees
➢ X-rays
➢ Psychiatric care
➢ Hearing aids and batteries
➢ Other medical aids
➢ Nursing care
➢ Artificial limbs & teeth
➢ Birth control pills
➢ Chiropractor services
➢ Inpatient care meals
➢ Lodging during hospital treatments while away from home for inpatient and outpatient care
➢ Capital expenses for medical equipment

Improvements to the home may be deducted if their main purpose is to provide a medical benefit. The deduction is limited to the difference between the increase in the fair market value of the home and the cost of the improvements.

Examples of nondeductible medical expenses include over-the-counter medications, bottled water, diaper services, expenses for general health items, health club dues (unless related to a specific medical condition), funeral expenses, illegal operations and treatments, weight-loss programs (unless recommended by a doctor for a specific medical condition), and swimming pool dues.

However, prescribed therapeutic swimming costs are deductible. Insurance premiums paid for life insurance; loss of earnings, limbs, or sight; guaranteed payments for days the taxpayer is hospitalized for sickness or injury; and the medical insurance coverage portion of the taxpayer's auto insurance are not deductible. Cafeteria plans are not deductible unless the premiums are included in box 1 of Form W-2.

The standard mileage rate for 2018 is 18 cents per mile.

Gastos médicos y dentales

Los gastos de atención médica pueden deducirse si se pagan montos para el diagnóstico, la cura, el tratamiento o la prevención de una enfermedad o afección que afecte alguna parte o función del cuerpo. Los procedimientos tales como estiramientos faciales, trasplantes de cabello, depilación y liposucción generalmente no son deducibles. La cirugía estética solo es deducible si se trata de mejorar una deformidad derivada directa o indirectamente de una anomalía congénita, una lesión personal debida a un accidente o trauma o una enfermedad desfigurante. Los medicamentos solo son deducibles si los receta un médico. El contribuyente puede deducir cualquier gasto médico u odontológico que exceda el 7.5% del AGI del contribuyente como se muestra en el Formulario 1040, página 2, línea 7. A partir de 2019, el umbral médico aumentó de 7.5% a 10% para todos los contribuyentes.

Ejemplos de gastos médicos deducibles incluyen los siguientes:

- Primas de seguro médico
- Medicare
- Tratamiento odontológico
- Medicamentos recetados
- Honorarios por servicios médicos
- Kilometraje
- Taxi
- Ambulancia
- Costo de otro transporte necesario
- Atención médica
- Abortos legales
- Acupuntura
- Cuidado de perros lazarillos
- Exámenes de la vista
- Anteojos
- Lentes de contacto
- Soluciones para limpiar lentes de contacto
- Cirugía ocular para la miopía
- Honorarios hospitalarios
- Honorarios de laboratorio
- Rayos X
- Atención psiquiátrica
- Audífonos y baterías
- Otras ayudas médicas
- Cuidado de enfermería
- Extremidades y dientes artificiales
- Pastillas anticonceptivas
- Servicios de quiropráctico
- Comidas para pacientes hospitalizados
- Alojamiento durante los tratamientos hospitalarios mientras se encuentra lejos de casa para la atención ambulatoria y hospitalaria.
- Gastos de capital para equipos médicos.

Las mejoras al hogar pueden ser deducidas si su propósito principal es proporcionar un beneficio médico. La deducción se limita a la diferencia entre el aumento en el valor razonable de mercado de la vivienda y el costo de las mejoras.

Los ejemplos de gastos médicos no deducibles incluyen medicamentos de venta libre, agua embotellada, servicios de pañales, gastos por artículos de salud general, cuotas del club de salud (a menos que estén relacionadas con una condición médica específica), gastos funerarios, operaciones y tratamientos ilegales, programas de pérdida de peso (a menos que lo recomiende un médico para una afección médica específica), y cuotas de la piscina.

However, prescribed therapeutic swimming costs are deductible. Insurance premiums paid for life insurance; loss of earnings, limbs, or sight; guaranteed payments for days the taxpayer is hospitalized for sickness or injury; and the medical insurance coverage portion of the taxpayer's auto insurance are not deductible. Cafeteria plans are not deductible unless the premiums are included in box 1 of Form W-2.

La tarifa estándar por milla para 2018 es de 18 centavos por milla.

Spouse and Dependent Medical Expenses

The taxpayer is allowed to claim medical expenses that he or she paid for his or her spouse. To claim the expenses, they must have been married at the time the spouse received medical treatment or at the time the expenses were paid. If the taxpayer and spouse do not live in a community property state and file separate returns, each can claim only the medical expenses that each actually paid. If the taxpayer and spouse live in a community property state and file separate returns, the medical expenses must be divided equally if they were paid out of community funds.

The taxpayer is allowed to claim medical expenses that were paid for any dependent(s). To claim these expenses, the individual must have been a dependent at the time he or she received medical treatment or at the time the expenses were paid. Generally, an individual qualifies as a dependent if all the following are true:

> ➤ The individual lived with the taxpayer for the entire year as a member of the household or is related to the taxpayer.
> ➤ The individual was a U.S. citizen or a resident of Canada or Mexico for some part of the calendar year in which the taxpayer's tax year began.
> ➤ The taxpayer provided over half of the individual's total support for the calendar year.

Medical expenses can be deducted for any individual who is a dependent of the taxpayer, even if the taxpayer cannot claim the exemption for the individual on his or her return.

Example: Ryan, age 35, has an AGI of $40,000; 7.5% of $40,000 is $3,000, and Ryan had medical expenses of $2,500; therefore, Ryan will not be able to deduct his medical expenses since they are not over $3,000.

Example: James, age 66, has an AGI of $35,000; 7.5% of $35,000 is $2,625.00, and James had medical expenses of $2,700; therefore, James would be able to deduct $75.00 for medical expenses. The $75.00 is the difference between his expenses and the 7.5% "floor" needed to deduct medical expenses.

Medical Expense Reimbursement

Taxpayers can deduct only the amounts paid during the taxable year for which they received no insurance or other reimbursement as a medical expense. The taxpayer must reduce the total medical expenses for the year by all reimbursements for medical expenses that were received from insurance or other sources during the year, including payments from Medicare.

Taxpayers cannot take a medical deduction if they are reimbursed for the medical expenses. If taxpayers are reimbursed for more than their medical expenses, they may have to include the excess as income. If the taxpayer paid the entire premium for medical insurance or all the costs of a plan similar to medical insurance, he or she generally will not include an excess reimbursement in gross income.

Gastos médicos del cónyuge y dependientes

El contribuyente puede reclamar los gastos médicos que pagó por su cónyuge. Para reclamar los gastos, deben haber estado casados al momento en que el cónyuge recibió tratamiento médico o al momento en que se pagaron los gastos. Si el contribuyente y su cónyuge no viven en un estado de bienes gananciales y no presentan declaraciones por separado, cada uno puede reclamar solo los gastos médicos que cada uno pagó realmente. Si el contribuyente y el cónyuge viven en un estado de bienes gananciales y presentan declaraciones por separado, los gastos médicos deben dividirse en partes iguales si se pagaron con fondos de los bienes gananciales.

El contribuyente puede reclamar los gastos médicos que se pagaron por cualquier dependiente. Para reclamar estos gastos, el individuo debe haber sido un dependiente al momento en que recibió tratamiento médico o al momento en que se pagaron los gastos. En general, una persona califica como dependiente si se cumplen todas las siguientes condiciones:

> ➤ El individuo vivió con el contribuyente durante todo el año como miembro de la familia o está relacionado con el contribuyente.
> ➤ El individuo era ciudadano estadounidense o residente de Canadá o México durante una parte del año calendario en que comenzó el año tributario del contribuyente.
> ➤ El contribuyente proporcionó más de la mitad del apoyo total de la persona para el año calendario.

Los gastos médicos se pueden deducir para cualquier persona que sea dependiente del contribuyente, incluso si el contribuyente no puede reclamar la exención para la persona en su declaración.

Ejemplo: Ryan, de 35 años, tiene un AGI de $40,000; el 7.5% de $40,000 es $3,000 y Ryan tuvo gastos médicos de $2,500; por lo tanto, Ryan no podrá deducir sus gastos médicos ya que no superan los $3,000.

Ejemplo: James, de 66 años, tiene un AGI de $35,000; El 7.5% de $35,000 es $2,625.00, y James tuvo gastos médicos de $2,700; por lo tanto, James podría deducir $75.00 para gastos médicos. Los $75.00 son la diferencia entre sus gastos y el "piso" del 7.5% necesario para deducir los gastos médicos.

Reembolso de gastos médicos

Los contribuyentes pueden deducir solo los montos pagados durante el año contributivo por los cuales no recibieron ningún seguro u otro reembolso como gasto médico. El contribuyente debe reducir el total de los gastos médicos del año mediante todos los reembolsos por gastos médicos que se recibieron de un seguro u otras fuentes durante el año, incluyendo los pagos de Medicare.

Los contribuyentes no pueden tomar una deducción médica si se les reembolsan los gastos médicos. Si a los contribuyentes se les reembolsa más que sus gastos médicos, es posible que tengan que incluir el exceso como ingreso. Si el contribuyente pagó la prima completa del seguro médico o todos los costos de un plan similar al seguro médico, generalmente no incluirá un reembolso en exceso en los ingresos brutos.

Certain improvements made to the taxpayer's home may increase the fair market value of the home. Examples of the types of improvements that may affect the fair market value of the taxpayer's home are as follows: construction of entrance or exit ramps, widening doorways or hallways, lowering cabinets and countertops, installing lifts, modifying stairways, and adding handrails or grab bars anywhere in the home. The cost of permanent improvements that increase the value of the property may be partly included as a medical expense. If the cost of the improvement is more than the new fair market value, then the difference is a medical expense.

Example: Caroline had a lift installed in her two-story house for medical reasons. The cost of the lift was $12,000. The increase in her fair market value was $10,000. Therefore, she can deduct $2,000 as a medical expense.

Premiums paid for qualified long-term care insurance contracts can be deducted within limits for long-term care insurance.

Qualified long-term care premiums are limited to the following and are reported on Schedule A for 2018:

Age 40 or under	$390
Age 41–50	$730
Age 51–60	$1,460
Age 61–70	$3,900
Age 71 or over	$4,870

Qualified long-term care premiums are limited to the following and are reported on Schedule A for 2019:

Age 40 or under	$420
Age 41–50	$790
Age 51–60	$1,580
Age 61–70	$4,220
Age 71 or over	$5,270

Fees paid to retirement or nursing homes designed for medical care and psychiatric care are deductible. Meals, lodging, and prescriptions are deductible only if the individual is in the home primarily to get medical care. If the main reason the individual is in the home is personal, meals and lodging are not deductible.

The qualified long-term insurance contract must have all the following characteristics:

➢ Be guaranteed renewable.
➢ Not provide a cash surrender value or other money that can be paid, assigned, pledged, or borrowed.
➢ Provide that refunds and dividends under the contract may only be used to reduce future premiums or increase future benefits.
➢ Generally, not pay or reimburse expenses incurred for services or items that would be reimbursed under Medicare, except where Medicare is a secondary payer, or the contract makes per diem or other periodic payments without regard to expenses.

Ciertas mejoras hechas a la casa del contribuyente pueden aumentar el valor razonable de mercado de la casa. Ejemplos de los tipos de mejoras que pueden afectar el valor razonable de mercado de la casa del contribuyente son los siguientes: construcción de rampas de entrada o salida, ampliación de puertas o pasillos, desinstalación de gabinetes y mostradores, instalación de elevadores, modificación de escaleras e instalación de pasamanos o asideros en cualquier lugar de la casa. El costo de las mejoras permanentes que aumentan el valor de la propiedad puede incluirse en parte como un gasto médico. Si el costo de la mejora es mayor que el nuevo valor razonable de mercado, entonces la diferencia es un gasto médico.

Ejemplo: Caroline tenía un ascensor instalado en su casa de dos pisos por razones médicas. El costo del ascensor fue de $12,000. El aumento en su valor razonable de mercado fue de $10,000. Por lo tanto, ella puede deducir $2,000 como un gasto médico.

Las primas pagadas por los contratos de seguro médico a largo plazo calificados se pueden deducir dentro de los límites de los seguros de atención a largo plazo.

Las primas de atención a largo plazo calificadas se limitan a lo siguiente y se declaran en el Anexo A para 2018:

40 años o menos	$390
41–50 años	$730
51–60 años	$1,460
61–70 años	$3,900
71 años o más	$4,870

Las primas de atención a largo plazo calificadas se limitan a lo siguiente y se declaran en el Anexo A para 2019:

40 años o menos	$420
41–50 años	$790
51–60 años	$1,580
61–70 años	$4,220
71 años o más	$5,270

Los cargos pagados a los hogares para jubilados o residencias para la tercera edad diseñados para atención médica y atención psiquiátrica son deducibles. Las comidas, el alojamiento y las recetas son deducibles solo si la persona se encuentra en la vivienda principalmente para recibir atención médica. Si la razón principal por la que la persona está en la vivienda es personal, las comidas y el alojamiento no son deducibles.

El contrato de seguro a largo plazo calificado debe tener todas las características siguientes:

➢ Su renovación se garantiza.
➢ No proporciona un valor de rescate en efectivo u otro dinero que pueda ser pagado, asignado, comprometido o prestado.
➢ Dispone que los reembolsos y dividendos en virtud del contrato solo se pueden utilizar para reducir las primas futuras o aumentar los beneficios futuros.
➢ En general, no paga ni reembolsa los gastos incurridos por servicios o artículos que serían reembolsados por Medicare, excepto cuando Medicare es un pagador secundario, o el contrato realiza pagos diarios u otros pagos periódicos sin tener en cuenta los gastos.

If the taxpayer's physician has written a prescription for the treatment, its cost may be deductible. A deduction may be taken for inpatient treatment at a drug or alcohol therapeutic treatment center for addiction. Meals and lodging while at the center are deductible. If a taxpayer is required by a doctor to attend support meetings, travel expenses to those meetings are deductible. The cost of attending stop-smoking treatment programs could be deductible as a medical expense. Medications and other aids that are used to help stop smoking must be prescribed to the taxpayer by a doctor to be deductible. Over-the-counter items such as nicotine gum or patches are not deductible.

If the taxpayer's physician has written a prescription for the treatment, the taxpayer can also include amounts paid for admission and transportation to a medical conference concerning the chronic illness of the taxpayer, his or her spouse, or any dependent. The cost of the medical conference must be primarily for education and must be necessary for the medical care of the taxpayer, spouse, or dependent. The taxpayer must spend the majority of his or her time at the conference attending sessions teaching medical information. The cost of meals and lodging while attending the conference is not a deductible medical expense.

Go Online

Segment 2

Taxes Paid

Certain taxes such as state, local, or foreign taxes, real estate taxes, and personal property taxes can be deducted by the taxpayer. Property taxes can only be deducted by the owner of the property. Real estate taxes are deductible on Schedule A for all property owned by the taxpayer; it is not limited to personal residences like mortgage interest. Deeded time-shares may have a deductible real estate tax as well.

State and Local General Sales Tax (SALT)

State and local tax amounts withheld from wages are reported on line 5 of Schedule A, and the taxpayer may deduct the amounts of the following state and local taxes to reduce the taxpayer's federal tax liability:

- State taxes withheld from wages during the current tax year.
- Estimated tax payments made during the current year.
- State taxes paid in the current tax year for a prior tax year.
- Mandatory contributions made to the California, New Jersey, or New York Non-occupational Disability Benefit Fund.
- Mandatory contributions made to the Rhode Island Temporary Disability Fund or Washington State Supplemental Workmen's Compensation Fund.
- Mandatory contributions to the Alaska, California, New Jersey, or Pennsylvania state unemployment funds.
- Mandatory contributions to state family leave programs such as the New Jersey Family Leave Insurance (FLI) program and the California Paid Family Leave program.

Si el médico del contribuyente ha escrito una receta para el tratamiento, su costo puede ser deducible. Se puede tomar una deducción para el tratamiento hospitalario en un centro de tratamiento terapéutico de drogas o alcohol para la adicción. Las comidas y el alojamiento en el centro son deducibles. Si un médico requiere que un contribuyente asista a las reuniones de apoyo, los gastos de viaje a esas reuniones son deducibles. El costo de asistir a los programas de tratamiento para dejar de fumar podría ser deducible como gasto médico. Los medicamentos y otras ayudas que se usan para ayudar a dejar de fumar deben ser recetados al contribuyente por un médico para que sean deducibles. Los artículos de venta libre, como chicle o parches de nicotina no son deducibles.

Si el médico del contribuyente ha escrito una receta para el tratamiento, el contribuyente también puede incluir los montos pagados por la admisión y el transporte a una conferencia médica sobre la enfermedad crónica del contribuyente, su cónyuge o cualquier dependiente. El costo de la conferencia médica debe ser principalmente para la educación y debe ser necesario para la atención médica del contribuyente, cónyuge o dependiente. El contribuyente debe pasar la mayor parte de su tiempo en la conferencia asistiendo a las sesiones enseñando información médica. El costo de las comidas y el alojamiento mientras asiste a la conferencia no es un gasto médico deducible.

Segmento 2

Impuestos pagados

El contribuyente puede deducir ciertos impuestos, como los impuestos estatales, locales o extranjeros, los impuestos sobre bienes inmuebles y los impuestos sobre bienes muebles. Los impuestos a la propiedad solo pueden ser deducidos por el dueño de la propiedad. Los impuestos sobre bienes inmuebles son deducibles en el Anexo A para todos los bienes que son propiedad del contribuyente; no se limita a residencias personales como intereses hipotecarios. Las participaciones en el tiempo escritas también pueden tener un impuesto sobre bienes raíces deducible.

Impuesto general estatal y local de ventas (SALT)

Los montos de impuestos estatales y locales retenidos de los salarios se declaran en la línea 5 del Anexo A, y el contribuyente puede deducir los montos de los siguientes impuestos estatales y locales para reducir la obligación tributaria federal del contribuyente:

> - Impuestos estatales retenidos de los salarios durante el año fiscal en curso.
> - Estimación de los pagos de impuestos realizados durante el año en curso.
> - Impuestos estatales pagados en el año fiscal actual para un año fiscal anterior.
> - Contribuciones obligatorias hechas al Fondo de Beneficios por Discapacidad No Ocupacional de California, Nueva Jersey o Nueva York.
> - Contribuciones obligatorias hechas al Fondo de Discapacidad Temporal de Rhode Island o al Fondo de Compensación para Trabajadores Suplementarios del Estado de Washington.
> - Contribuciones obligatorias a los fondos de desempleo estatales de Alaska, California, Nueva Jersey o Pennsylvania.
> - Contribuciones obligatorias a programas estatales de licencias familiares, como el programa de Seguro de Licencia Familiar (FLI) de Nueva Jersey y el programa de Permiso Familiar Remunerado de California.

Interest and penalties for the late payment of taxes are never included as a deduction. Beginning with tax returns after December 31, 2017 and before January 1, 2026, the state and local tax (SALT) is capped at $10,000 or $5,000 if the taxpayer is married filing separate.

General Sales Tax

If the taxpayer elects to deduct state and local sales tax, the taxpayer would check box b on line 5 of Schedule A, Form 1040. The taxpayer can deduct either actual expenses or an amount figured using the Optional State Sales Tax Tables. If the Optional State Sales Tax Tables option is chosen, you must check the sales tax tables for your local jurisdictions and follow the calculation instructions found at www.irs.gov/individuals/sales-tax-deduction-calculator. If the filing status is MFS and one spouse elects to use the sales tax, the other spouse must use the sales tax method as well. Actual receipts showing general sales taxes paid should be kept.

Señor 1040 Says: The taxpayer can either deduct state and local general sales taxes or state and local income taxes. Not both.

Real Estate Taxes

State, local, or foreign real estate taxes paid for real estate owned by the taxpayer are deducted on line 6 of Schedule A, but only if the taxes are based on the assessed value of the property. If the taxpayer's real estate taxes are included in the mortgage and paid out of an escrow account, the amount paid by the mortgage company is the amount that can be deducted.

Beginning after December 31, 2017, the taxpayer is no longer able to deduct foreign personal or real property taxes. If the taxes are based on the assessed value of the property, state and local real estate taxes paid on real estate owned by the taxpayer are deducted on line 5b of Schedule A. Items such as leasing solar equipment that has been added to the taxpayer's property tax bill is not a real estate tax deduction.

If the monthly mortgage payment includes an amount placed in an escrow account for real estate taxes, the taxpayer may not be able to deduct the total amount placed in escrow. Only deduct the real estate taxes that the third party actually paid to the taxing authority. If the third party does not notify the taxpayer of the amount of real estate tax that was paid on behalf of the taxpayer, the taxpayer should contact the third party or the taxing authority to find the correct amount to report on the return. If the taxpayer bought or sold real estate during the year, the real estate taxes charged to the buyer should be reported on the settlement statement and in box 5 of Form 1099-S.

Personal Property Taxes

Personal property taxes are deducted on line 5c of Schedule A. The taxpayer should deduct personal property tax only if it is a state or local tax that was imposed yearly based on the value of the property. Beginning after December 31, 2017 the taxpayer would deduct personal property taxes on line 5c of Schedule A. The taxpayer should be careful not to include refunds, rebates, interest, or penalties as taxes paid.

Los intereses y multas por el pago atrasado de los impuestos nunca se incluyen como una deducción. Comenzando con las declaraciones de impuestos después del 31 de diciembre de 2017 y antes del 1 de enero de 2026, el impuesto estatal y local (SALT) tiene un límite máximo de $10,000 o $5,000 si el contribuyente está casado y presenta una declaración por separado.

Impuesto general a las ventas

Si el contribuyente decide deducir el impuesto estatal y local a las ventas, el contribuyente marcaría la casilla b en la línea 5 del Anexo A, Formulario 1040. El contribuyente puede deducir los gastos reales o una cantidad calculada utilizando las Tablas Opcionales del Impuesto Estatal sobre las Ventas. Si se elige las Tablas Opcionales del Impuesto Estatal sobre las Ventas, debe verificar las tablas de impuestos de ventas para sus jurisdicciones locales y seguir las instrucciones de cálculo que se encuentran en www.irs.gov/individuals/sales-tax-deduction-calculator. Si el estado civil de declaración es MFS y un cónyuge elige usar el impuesto a las ventas, el otro cónyuge también debe usar el método del impuesto a las ventas. Los recibos reales que muestran los impuestos de ventas generales pagados deben mantenerse.

El señor 1040 dice: El contribuyente puede deducir los impuestos estatales y locales sobre las ventas generales o los impuestos estatales y locales sobre la renta. No ambos.

Impuestos sobre bienes inmuebles

Los impuestos estatales, locales o extranjeros sobre bienes inmuebles pagados por los bienes inmuebles que son propiedad del contribuyente se deducen en la línea 6 del Anexo A, pero solo si los impuestos se basan en el valor tasado de la propiedad. Si los impuestos sobre bienes inmuebles del contribuyente están incluidos en la hipoteca y se pagan con una cuenta de depósito en garantía, el monto que paga la compañía hipotecaria es el monto que se puede deducir.

A partir del 31 de diciembre de 2017, el contribuyente ya no puede deducir los impuestos a bienes muebles o inmuebles extranjeros. Si los impuestos se basan en el valor tasado de la propiedad, los impuestos estatales y locales sobre bienes inmuebles que se pagan sobre los bienes inmuebles que son propiedad del contribuyente se deducen en la línea 5b del Anexo A. Elementos tales como el alquiler de equipos solares que se agregaron a la factura de impuestos a la propiedad del contribuyente no es una deducción de impuestos sobre los bienes inmuebles.

Si el pago mensual de la hipoteca incluye un monto colocado en una cuenta de garantía para impuestos sobre bienes inmuebles, el contribuyente no podrá deducir el monto total colocado en garantía. Solo deduzca los impuestos sobre bienes inmuebles que el tercero pagó a la autoridad fiscal. Si el tercero no notifica al contribuyente la cantidad del impuesto sobre los bienes inmuebles que se pagó en nombre del contribuyente, el contribuyente debe comunicarse con el tercero o la autoridad fiscal para determinar la cantidad correcta que debe incluir en la declaración. Si el contribuyente compró o vendió bienes inmuebles durante el año, los impuestos sobre los bienes inmuebles cargados al comprador deben informarse en la declaración de liquidación y en la casilla 5 del Formulario 1099-S.

Impuestos sobre bienes muebles

Los impuestos sobre los bienes muebles se deducen en la línea 5c del Anexo A. El contribuyente debe deducir el impuesto a la propiedad personal solo si se trata de un impuesto estatal o local que se impuso anualmente según el valor de la propiedad. A partir del 31 de diciembre de 2017, el contribuyente deducirá los impuestos sobre los bienes muebles en la línea 5c del Anexo A. El contribuyente debe tener cuidado de no incluir reembolsos, descuentos, intereses o multas como impuestos pagados.

Example: Lourdes pays a yearly registration fee for her car. Part of her fee is based on value, and the other part is based on the weight of the car. Lourdes can only deduct the part of the fee that was based on the value of the car, not the part based on the weight of the car.

Other Taxes

The taxpayer can claim a credit for foreign taxes on Form 1040, line 48 or take it as an itemized deduction on Schedule A under "other taxes." The taxpayer may or may not have to complete Form 1116, *Foreign Tax Credits*, if the taxpayer elects not to deduct any foreign taxes paid on Schedule A as an itemized deduction. A good tax professional always reviews the forms that are given to the taxpayer. Beginning after December 31, 2017 the taxpayer would deduct other taxes on line 6 of Schedule A. Other taxes consist of foreign taxes earned from overseas investments and not from real property owned abroad.

Nondeductible Taxes and Fees.

These miscellaneous taxes and fees are nondeductible:

➢ Federal income tax and most excise taxes.
➢ Employment tax, such as social security, Medicare, federal unemployment, and railroad retirement taxes.
➢ Federal estate.
➢ Fines and penalties.
➢ Gift tax.
➢ License fees (such as for a marriage or driver's license).
➢ Certain state and local taxes such as the gasoline tax, car inspections, and other improvements to personal property.

Home Mortgage Interest and Points

Home acquisition debt is a mortgage that a taxpayer took out to buy, build, or substantially improve a qualified home. A qualified loan is a loan that was to acquire the taxpayer's primary residence or a second home, and the loan must be secured by the individual property.

A home mortgage is any loan that is secured for the taxpayer's main home or second home. To make the mortgage interest deductible, the loan must be secured and can be a first or second mortgage, a home improvement loan, or a home equity loan. For loans acquired before the TCJA went into effect on December 15, 2017, the interest on up to $1 million of debt ($500,000 for married filing separately) that was used for acquiring, constructing, or substantially improving the residence is deductible.

If the taxpayer has a main home and a second home, the home acquisition and home equity debt dollar limit apply to the total mortgage on both homes. If the taxpayer's mortgage fits into one or more of the following categories at all times during the year, the taxpayer can deduct all of the interest on those mortgages.

Ejemplo: Lourdes paga una cuota de inscripción anual para su automóvil. Parte de su cuota se basa en el valor y la otra parte se basa en el peso del automóvil. Lourdes solo puede deducir la parte de la tarifa que se basó en el valor del automóvil, no la parte en función del peso del vehículo.

Otros impuestos

El contribuyente puede reclamar un crédito por impuestos extranjeros en el Formulario 1040, línea 48 o tomarlo como una deducción detallada en el Anexo A bajo "otros impuestos". El contribuyente puede o no tener que completar el Formulario 1116, *Créditos fiscales extranjeros*, si el contribuyente decide no deducir los impuestos extranjeros pagados en el Anexo A como una deducción detallada. Un buen profesional de impuestos siempre revisa los formularios que se entregan al contribuyente. A partir del 31 de diciembre de 2017, el contribuyente deduciría otros impuestos en la línea 6 del Anexo A. Otros impuestos consisten en impuestos extranjeros provenientes de inversiones en el extranjero y no de bienes inmuebles en el extranjero.

Impuestos y aranceles no deducibles.

Estos impuestos y aranceles diversos no son deducibles:

> ➢ Impuesto sobre la renta federal y la mayoría de los impuestos sobre consumos o ventas.
> ➢ Impuesto sobre el empleo, como los impuestos de seguro social, Medicare, desempleo federal y jubilación ferroviaria.
> ➢ Propiedad federal.
> ➢ Multas y sanciones.
> ➢ Impuesto sobre donaciones.
> ➢ Cargos de licencia (por ejemplo, para una licencia matrimonio o de conducir).
> ➢ Ciertos impuestos estatales y locales, como el impuesto a la gasolina, las inspecciones de automóviles y otras mejoras a la propiedad personal.

Intereses y puntos de préstamos hipotecarios

La deuda por adquisición de vivienda es una hipoteca que un contribuyente solicitó para comprar, construir o mejorar sustancialmente una vivienda calificada. Un préstamo calificado es un préstamo para adquirir la residencia principal del contribuyente o una segunda vivienda, y el préstamo debe estar garantizado por la propiedad individual.

Una hipoteca de vivienda es un préstamo que está garantizado para la vivienda principal o la segunda vivienda del contribuyente. Para hacer deducible el interés de la hipoteca, el préstamo debe estar garantizado y puede ser una primera o segunda hipoteca, un préstamo para mejoras de la vivienda o un préstamo con garantía hipotecaria. Para los préstamos adquiridos antes de que la TCJA entrara en vigencia el 15 de diciembre de 2017, los intereses de hasta $1 millón de deuda ($500,000 para los casados que declaran por separado) que se usó para adquirir, construir o mejorar sustancialmente la residencia son deducibles.

Si el contribuyente tiene una vivienda principal y una segunda vivienda, la adquisición de la vivienda y el límite en dólares de la deuda con garantía hipotecaria se aplican a la hipoteca total de ambas viviendas. Si la hipoteca del contribuyente se ajusta a una o más de las siguientes categorías en todo momento durante el año, el contribuyente puede deducir todos los intereses de esas hipotecas.

For home loans secured after December 15, 2017, the amount one can deduct is limited to $750,000 ($375,000 for married filing separately). Taxpayers may use the 2017 threshold amounts because they are considered to have incurred the home acquisition debt prior to December 16, 2017 if they had entered into a written, binding contract on or before December 15, 2017 in order to close on a purchase of a principal residence before January 1, 2018 and then purchased the property before April 1, 2018.

If a taxpayer refinances a home acquisition loan that was acquired before the TCJA went into effect, the refinanced loan is subject to the same provisions as the original, pre-TCJA loan, but only up to the amount of the balance of the original loan. Any additional debt that was not used to buy, build or substantially improve the home is not a home acquisition debt. For example, Cheryl took out a home equity line of credit for $100,000. She used $10,000 to redo the master bedroom and then used the rest to go on a world cruise. The $10,000 could be used as home acquisition debt, but she is unable to use the world cruise as home acquisition debt. That could be considered income to Cheryl.

Grandfathered Debt

If the taxpayer took out a mortgage on their home before October 14, 1987 or refinanced the loan, it may qualify as grandfathered debt. Grandfathered debt does not limit the amount of interest that can be deducted. All the interest paid on this loan is fully deductible home mortgage interest. However, the grandfathered debt amount could limit the home acquisition debt. For example, Sergio took out a first mortgage of $200,000 to buy a house in 1986. The mortgage was a 7-year balloon note, and the entire balance on the note was due in 1993. Sergio refinanced the debt in 1993 with a new 30-year mortgage. The refinanced debt is treated as grandfathered debt for the entire 30 years of the loan.

The main home is the property where the taxpayer lives most of the time. It must provide basic living accommodations, including a sleeping space, a toilet, and cooking facilities. The second home is a similar property that is selected to be the second home. The main or second home may be a boat or recreational vehicle, but it must contain the basic living accommodations. Mortgage interest and points are reported to the taxpayer on Form 1098 and entered on line 8 of Schedule A.

Form 1098, *Mortgage Interest Statement*, usually includes the paid amounts of mortgage interest, real estate taxes, and points (defined below). Mortgage companies will often "sell" mortgages during the year. If this occurs, the taxpayer will receive a Form 1098 for each time their mortgage was sold.

> *Señor 1040 Says*: Remember to ask your clients if they paid more than one mortgage company. If they have more than one Form 1098, ask if this was for a second mortgage or if they bought and sold homes during the year.

Mortgage interest paid to an individual not issued on Form 1098 should be reported on line 8b of Schedule A. The recipient's name and social security number or employer identification number are required. Failure to provide this information may result in a $50 penalty to the taxpayer.

Para los préstamos hipotecarios garantizados después del 15 de diciembre de 2017, la cantidad que se puede deducir se limita a $750,000 ($375,000 para casados que declaran por separado). Los contribuyentes pueden usar las cantidades límite de 2017 porque se considera que han incurrido en la deuda de adquisición de vivienda antes del 16 de diciembre de 2017 si habían firmado un contrato por escrito y vinculante el 15 de diciembre de 2017 o antes para cerrar una compra de una residencia principal antes del 1 de enero de 2018 y luego compró la propiedad antes del 1 de abril de 2018.

Si un contribuyente refinancia un préstamo de adquisición de vivienda que se adquirió antes de que la TCJA entrara en vigencia, el préstamo refinanciado está sujeto a las mismas disposiciones que el préstamo original, anterior a la TCJA, pero solo hasta el monto del saldo del préstamo original. Cualquier deuda adicional que no haya sido utilizada para comprar, construir o mejorar sustancialmente la vivienda no es una deuda de adquisición de vivienda. Por ejemplo, Cheryl sacó una línea de crédito hipotecario por $100,000. Usó $10,000 para rehacer el dormitorio principal y luego usó el resto para ir a un crucero mundial. Los $10,000 podrían usarse como deuda de adquisición de vivienda, pero ella no puede usar el crucero mundial como deuda de adquisición de vivienda. Eso podría considerarse como ingreso para Cheryl.

Deuda protegida

Si el contribuyente aplicó una hipoteca sobre su casa antes del 14 de octubre de 1987 o refinanció el préstamo, puede calificar como deuda protegida. La deuda protegida no limita la cantidad de intereses que se pueden deducir. Todos los intereses pagados en este préstamo son intereses de la hipoteca de vivienda totalmente deducibles. Sin embargo, el monto de la deuda protegida podría limitar la deuda de adquisición de vivienda. Por ejemplo, Sergio solicitó una primera hipoteca de $200,000 para comprar una casa en 1986. La hipoteca era una nota global de 7 años, y el saldo total de la nota vencía en 1993. Sergio refinanció la deuda en 1993 con una nueva hipoteca a 30 años. La deuda refinanciada se trata como deuda protegida durante los 30 años completos del préstamo.

La casa principal es la propiedad donde vive el contribuyente la mayor parte del tiempo. Debe proporcionar alojamiento básico, incluido un espacio para dormir, un baño e instalaciones para cocinar. La segunda casa es una propiedad similar que se selecciona para ser la segunda casa. La casa principal o la segunda puede ser un bote o un vehículo recreativo, pero debe contener las condiciones básicas de una vivienda. El interés y los puntos de la hipoteca se informan al contribuyente en el Formulario 1098 y se ingresan en la línea 8 del Anexo A.

El Formulario 1098, *Declaración de intereses hipotecarios*, generalmente incluye los montos pagados de intereses hipotecarios, impuesto sobre los bienes inmuebles y puntos (que se definen a continuación). Las compañías hipotecarias a menudo "venderán" hipotecas durante el año. Si esto ocurre, el contribuyente recibirá un Formulario 1098 por cada vez que se vendió su hipoteca.

El señor 1040 dice: Recuerde preguntar a sus clientes si pagaron a más de una compañía hipotecaria. Si tienen más de un Formulario 1098, pregunte si esto fue para una segunda hipoteca o si compraron y vendieron casas durante el año.

Los intereses hipotecarios pagados a una persona que no se hayan emitido en el Formulario 1098 deben informarse en la línea 8b del Anexo A. El nombre del destinatario y el número de seguro social o el número de identificación del empleador son obligatorios. Si no proporciona esta información, el contribuyente puede recibir una multa de $50.

Points, often called loan origination fees, maximum loan charges, loan discounts, loan placement fees, or discount points, are prepaid interest. Points that the seller pays for on behalf of the borrower are treated as being paid by the borrower, allowing the borrower, not the seller, to deduct these points as interest.

Generally, the full amount of paid points cannot be deducted in the year paid. Because they are prepaid interest, they must generally be deducted over the life of the mortgage on an annual basis. The taxpayer can fully deduct points in the year paid if they meet the following tests:

➤ The main home secures the loan (the one the taxpayer ordinarily lives in).
➤ Paying points is an established business practice in the area where the loan was made.
➤ The points paid were not more than the points generally charged in that area.
➤ The cash method of accounting is used. This means the taxpayer reports income in the year received and deducts expenses paid.
➤ The points were not paid in place of amounts that are ordinarily stated separately on the settlement statement, such as appraisal fees, attorney fees, and property taxes.
➤ The loan is used to buy or build the main home.
➤ The points were computed as a percentage of the principal amount of the mortgage.
➤ The funds provided at or before closing, plus any points the seller paid, were at least as much as the points charged. The provided funds do not have to be applied to the points. They can include a down payment, an escrow deposit, earnest money, and other funds paid at or before closing for any purpose. The funds must not be borrowed from a lender or mortgage broker.
➤ The amount is clearly shown on the settlement statement (such as *Uniform Settlement Statement*, Form HUD-1) as points charged for the mortgage. The points may be shown as paid from either the buyer's or seller's funds.

Points not reported on Form 1098 are reported on line 8c of Schedule A. Often, points from the purchase of a home are shown on a settlement statement. Points paid to borrow money and for refinancing are generally deductible over the life of the loan. If some of the proceeds are used for home improvements, deduct the amount of points related to the improvements in the year paid. If the taxpayer pays off the mortgage early, the taxpayer can deduct the remaining points in the year the loan was paid off. Points are currently deductible only if paid from the taxpayer's funds. Financed points must be deducted over the life of the loan. If the taxpayer refinances and ends the loan, the remaining points are deducted when the life of the loan ends.

Mortgage Insurance Premiums. Beginning December 31, 2017, the mortgage insurance premiums have expired. Congress was considering legislation to extend this itemized deduction but as of now nothing has been introduced. The following is the rule for tax returns prior to 2018. Mortgage insurance premiums paid by a taxpayer in connection with acquisition indebtedness on a qualified residence are treated as qualified residence interest and are deductible. Box 4 of Form 1098 will show the amount the taxpayer paid for insurance premiums paid in 2017.

Qualified mortgage insurance is mortgage insurance provided by the Department of Veterans Affairs, the Federal Housing Administration, or the Rural Housing Service. These fees are known as funding fees and a guarantee fee, respectively. The taxpayer cannot deduct mortgage insurance premiums if the amount on Form 1040, line 38, is more than $109,000 ($54,500 if married filing separately). The *Mortgage Insurance Premium Worksheet* should be used to figure the deduction. The worksheet can be found in Instructions Form 1040, Schedule A.

Los puntos, a menudo llamados comisiones de originación de préstamos, cargos máximos de préstamos, descuentos de préstamos, aranceles de colocación de préstamos o puntos de descuento, son intereses pagados por adelantado. Los puntos que el vendedor paga en nombre del prestatario se consideran pagados por el prestatario, lo que permite que el prestatario, no el vendedor, deduzca estos puntos como intereses.

En general, la cantidad total de puntos pagados no se puede deducir en el año pagado. Debido a que son intereses pagados por adelantado, generalmente se deben deducir durante la vida de la hipoteca anualmente. El contribuyente puede deducir completamente los puntos en el año pagado si cumple con las siguientes pruebas:

> ➢ La vivienda principal (en donde normalmente vive el contribuyente) asegura el préstamo.
> ➢ El pago de puntos es una práctica comercial establecida en el área donde se realizó el préstamo.
> ➢ Los puntos pagados no fueron más que los puntos generalmente cobrados en esa área.
> ➢ Se utiliza el método contable en efectivo. Esto significa que el contribuyente declara ingresos en el año recibido y deduce los gastos pagados.
> ➢ Los puntos no se pagaron en lugar de los montos que normalmente se indican por separado en la declaración de liquidación, como los honorarios de tasación, los honorarios de abogados y los impuestos a la propiedad.
> ➢ El préstamo se utiliza para comprar o construir la vivienda principal.
> ➢ Los puntos se calcularon como un porcentaje del monto principal de la hipoteca.
> ➢ Los fondos proporcionados en o antes del cierre, más los puntos que pagó el vendedor, fueron al menos equivalentes a los puntos cobrados. Los fondos provistos no tienen que ser aplicados a los puntos. Pueden incluir un pago inicial, un depósito en garantía, dinero efectivo y otros fondos pagados en o antes del cierre para cualquier propósito. Los fondos no deben ser prestados de un prestamista o agente hipotecario.
> ➢ El monto se muestra claramente en la declaración de liquidación (como la *Declaración de liquidación uniforme*, Formulario HUD-1) como puntos cobrados por la hipoteca. Los puntos pueden mostrarse como pagados con los fondos del comprador o del vendedor.

Los puntos que no se declaran en el Formulario 1098 se informan en la línea 8c del Anexo A. A menudo, los puntos de la compra de una casa se muestran en una declaración de liquidación. Los puntos pagados para pedir dinero prestado y para refinanciar generalmente son deducibles durante la vida del préstamo. Si algunos de los ingresos se utilizan para mejoras en la vivienda, deduzca la cantidad de puntos relacionados con las mejoras en el año pagado. Si el contribuyente paga la hipoteca antes de tiempo, el contribuyente puede deducir los puntos restantes en el año en que se pagó el préstamo. Los puntos son actualmente deducibles solo si se pagan con los fondos del contribuyente. Los puntos financiados deben deducirse durante la vida del préstamo. Si el contribuyente refinancia y finaliza el préstamo, los puntos restantes se deducen cuando finaliza la vida del préstamo.

Primas del seguro hipotecario. A partir del 31 de diciembre de 2017, las primas del seguro hipotecario han vencido. El Congreso estaba considerando una legislación para extender esta deducción detallada, pero hasta ahora no se ha introducido nada. La siguiente es la regla para las declaraciones de impuestos antes de 2018. Las primas del seguro hipotecario pagadas por un contribuyente en relación con la adquisición de deuda en una residencia calificada se tratan como intereses de residencia calificados y son deducibles. La casilla 4 del Formulario 1098 mostrará la cantidad que el contribuyente pagó por las primas de seguro pagadas en 2017.

El seguro hipotecario calificado es un seguro hipotecario provisto por el Departamento de Asuntos de Veteranos, la Administración Federal de Vivienda o el Servicio de Vivienda Rural. Estos aranceles se conocen como aranceles de financiación y un arancel de garantía, respectivamente. El contribuyente no puede deducir las primas del seguro hipotecario si el monto en el Formulario 1040, línea 38, es más de $109,000 ($54,500 si es casado que declara por separado). La *hoja de cálculo de primas del seguro hipotecario* se debe utilizar para calcular la deducción. La hoja de cálculo se puede encontrar en el Formulario de Instrucciones 1040, Anexo A.

Form 1098: 2018

☐ CORRECTED (if checked)

RECIPIENT'S/LENDER'S name, street address, city or town, state or province, country, ZIP or foreign postal code, and telephone no.		*Caution: The amount shown may not be fully deductible by you. Limits based on the loan amount and the cost and value of the secured property may apply. Also, you may only deduct interest to the extent it was incurred by you, actually paid by you, and not reimbursed by another person.	OMB No. 1545-0901 2018 Form 1098	Mortgage Interest Statement
		1 Mortgage interest received from payer(s)/borrower(s)* $		Copy B For Payer/ Borrower
RECIPIENT'S/LENDER'S TIN	PAYER'S/BORROWER'S TIN	**2** Outstanding mortgage principal as of 1/1/2018 $	**3** Mortgage origination date	The information in boxes 1 through 9 is important tax information and is being furnished to the IRS. If you are required to file a return, a negligence penalty or other sanction may be imposed on you if the IRS determines that an underpayment of tax results because you overstated a deduction for this mortgage interest or for these points, reported in boxes 1 and 6; or because you didn't report the refund of interest (box 4); or because you claimed a nondeductible item.
		4 Refund of overpaid interest $	**5** Mortgage insurance premiums $	
PAYER'S/BORROWER'S name		**6** Points paid on purchase of principal residence $		
Street address (including apt. no.)		**7** ☐ If address of property securing mortgage is the same as PAYER'S/BORROWER'S address, the box is checked, or the address or description is entered in box 8.		
City or town, state or province, country, and ZIP or foreign postal code		**8** Address or description of property securing mortgage (see instructions)		
9 Number of properties securing the mortgage	**10** Other			
Account number (see instructions)				

Form **1098**   (Keep for your records)   www.irs.gov/Form1098   Department of the Treasury - Internal Revenue Service

Form 1098: 2019

☐ CORRECTED (if checked)

RECIPIENT'S/LENDER'S name, street address, city or town, state or province, country, ZIP or foreign postal code, and telephone no.		*Caution: The amount shown may not be fully deductible by you. Limits based on the loan amount and the cost and value of the secured property may apply. Also, you may only deduct interest to the extent it was incurred by you, actually paid by you, and not reimbursed by another person.	OMB No. 1545-1380 2019 Form 1098	Mortgage Interest Statement
		1 Mortgage interest received from payer(s)/borrower(s)* $		Copy B For Payer/ Borrower
RECIPIENT'S/LENDER'S TIN	PAYER'S/BORROWER'S TIN	**2** Outstanding mortgage principal $	**3** Mortgage origination date	The information in boxes 1 through 9 and 11 is important tax information and is being furnished to the IRS. If you are required to file a return, a negligence penalty or other sanction may be imposed on you if the IRS determines that an underpayment of tax results because you overstated a deduction for this mortgage interest or for these points, reported in boxes 1 and 6; or because you didn't report the refund of interest (box 4); or because you claimed a nondeductible item.
		4 Refund of overpaid interest $	**5** Mortgage insurance premiums $	
PAYER'S/BORROWER'S name		**6** Points paid on purchase of principal residence $		
Street address (including apt. no.)		**7** ☐ If address of property securing mortgage is the same as PAYER'S/BORROWER'S address, the box is checked, or the address or description is entered in box 8.		
City or town, state or province, country, and ZIP or foreign postal code		**8** Address or description of property securing mortgage (see instructions)		
9 Number of properties securing the mortgage	**10** Other			**11** Mortgage acquisition date
Account number (see instructions)				

Form **1098**   (Keep for your records)   www.irs.gov/Form1098   Department of the Treasury - Internal Revenue Service

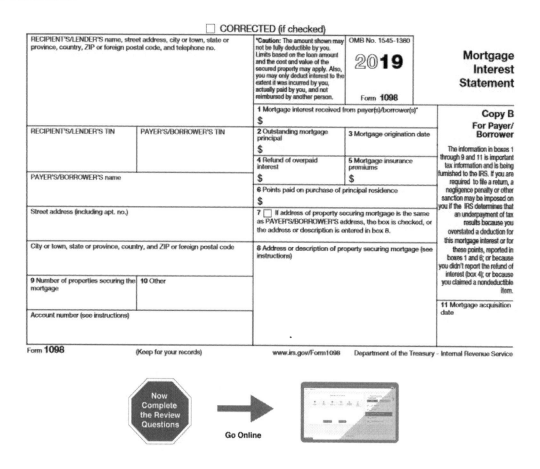

Now Complete the Review Questions → Go Online

Formulario 1098: 2018

☐ **CORRECTED (if checked)**

RECIPIENT'S/LENDER'S name, street address, city or town, state or province, country, ZIP or foreign postal code, and telephone no.	***Caution:** The amount shown may not be fully deductible by you. Limits based on the loan amount and the cost and value of the secured property may apply. Also, you may only deduct interest to the extent it was incurred by you, actually paid by you, and not reimbursed by another person.	OMB No. 1545-0901 **2018** Form **1098**	**Mortgage Interest Statement**
	1 Mortgage interest received from payer(s)/borrower(s)* $		**Copy B For Payer/ Borrower**
RECIPIENT'S/LENDER'S TIN PAYER'S/BORROWER'S TIN	**2** Outstanding mortgage principal as of 1/1/2018 $	**3** Mortgage origination date	The information in boxes 1through 9 is important tax information and is being furnished to the IRS. If you are required to file a return, a negligence penalty or other sanction may be imposed on you if the IRS determines that an underpayment of tax results because you overstated a deduction for this mortgage interest or for these points, reported in boxes 1 and 6; or because you didn't report the refund of interest (box 4); or because you claimed a nondeductible item.
	4 Refund of overpaid interest $	**5** Mortgage insurance premiums $	
PAYER'S/BORROWER'S name	**6** Points paid on purchase of principal residence $		
Street address (including apt. no.)	**7** ☐ If address of property securing mortgage is the same as PAYER'S/BORROWER'S address, the box is checked, or the address or description is entered in box 8.		
City or town, state or province, country, and ZIP or foreign postal code	**8** Address or description of property securing mortgage (see instructions)		
9 Number of properties securing the mortgage **10** Other			
Account number (see instructions)			

Form **1098**   (Keep for your records)   www.irs.gov/Form1098   Department of the Treasury - Internal Revenue Service

Formulario 1098: 2019

☐ **CORRECTED (if checked)**

RECIPIENT'S/LENDER'S name, street address, city or town, state or province, country, ZIP or foreign postal code, and telephone no.	***Caution:** The amount shown may not be fully deductible by you. Limits based on the loan amount and the cost and value of the secured property may apply. Also, you may only deduct interest to the extent it was incurred by you, actually paid by you, and not reimbursed by another person.	OMB No. 1545-1380 **2019** Form **1098**	**Mortgage Interest Statement**
	1 Mortgage interest received from payer(s)/borrower(s)* $		**Copy B For Payer/ Borrower**
RECIPIENT'S/LENDER'S TIN PAYER'S/BORROWER'S TIN	**2** Outstanding mortgage principal $	**3** Mortgage origination date	The information in boxes 1 through 9 and 11 is important tax information and is being furnished to the IRS. If you are required to file a return, a negligence penalty or other sanction may be imposed on you if the IRS determines that an underpayment of tax results because you overstated a deduction for this mortgage interest or for these points, reported in boxes 1 and 6; or because you didn't report the refund of interest (box 4); or because you claimed a nondeductible item.
	4 Refund of overpaid interest $	**5** Mortgage insurance premiums $	
PAYER'S/BORROWER'S name	**6** Points paid on purchase of principal residence $		
Street address (including apt. no.)	**7** ☐ If address of property securing mortgage is the same as PAYER'S/BORROWER'S address, the box is checked, or the address or description is entered in box 8.		
City or town, state or province, country, and ZIP or foreign postal code	**8** Address or description of property securing mortgage (see instructions)		
9 Number of properties securing the mortgage **10** Other			
Account number (see instructions)		**11** Mortgage acquisition date	

Form **1098**   (Keep for your records)   www.irs.gov/Form1098   Department of the Treasury - Internal Revenue Service

Ya está listo/a para responder las preguntas de repaso

Vaya a su cuenta en línea

Investment Interest

Investment interest is interest paid on borrowed money that is attributable to property held for investment. Interest on debt that was continued or incurred in order to purchase or carry property held for investment is subject to investment interest investment fund expenses. The deductions for investment expenses could be limited by the at-risk rules and the passive activity loss limits, which are beyond the scope of this course. It does not include any interest related to passive activities or to securities that generate tax-exempt income. Investment expense deduction is limited to investment income. An example of investment income is interest and ordinary dividend income. Property held for investment purposes includes property that produces interest, dividends, annuities, or royalties that were not earned in the ordinary course of a trade or business. Alaska Permanent Fund dividends are not investment income.

Investment interest does not include any qualified home mortgage interest or any interest taken into account in computing income or loss from a passive activity. The deduction for investment interest expense is limited to the amount of net investment income.

Example: Sandy had interest income in the amount of $800. She also had ordinary dividend income in the amount of $325. Sandy's investment interest expense for the year was $695. Sandy will be allowed to deduct the full amount of investment interest expense on her Schedule A since her investment income exceeds her investment interest expense.

When claiming investment interest, Form 4952 should be completed and attached to the current year tax return. Form 4952 does not have to be completed if the following applies:

➢ Taxpayer interest expense is not more than the investment income from interest and ordinary dividends minus qualified dividends.
➢ The taxpayer has no other deductible investment expenses.
➢ The taxpayer has non-disallowed interest expense from 2017.

For additional information on investment interest, see Publication 550, *Investment Income and Expense.*

Señor 1040 Says: Alaska Permanent Fund dividends, including those reported on Form 8814, are not investment income.

Segmento 3

Intereses de inversión

El interés de inversión es el interés pagado sobre el dinero prestado que es atribuible a la propiedad mantenida para inversión. El interés sobre la deuda que se continuó o se incurrió para comprar o mantener propiedades para inversión está sujeto a los gastos de inversión de interés de inversión. Las deducciones por gastos de inversión podrían estar limitadas por las reglas de riesgo y los límites de pérdida de actividad pasiva, que están fuera del alcance de este curso. No incluye ningún interés relacionado con actividades pasivas o valores que generen ingresos exentos de impuestos. La deducción de gastos de inversión se limita a los ingresos de inversión. Un ejemplo de los ingresos de inversión son los intereses y los dividendos ordinarios. La propiedad mantenida con fines de inversión incluye la propiedad que produce intereses, dividendos, anualidades o regalías que no se obtuvieron en el curso ordinario de una actividad o negocio. Los dividendos del Fondo Permanente de Alaska no son ingresos de inversión.

El interés de inversión no incluye ningún interés hipotecario calificado ni ningún interés que se tenga en cuenta al calcular el ingreso o la pérdida de una actividad pasiva. La deducción por gastos de intereses de inversión se limita al monto de los ingresos netos de inversión.

Ejemplo: Sandy tenía ingresos de intereses por un monto de $800. Ella también tenía ingresos ordinarios por dividendos de $325. El gasto de intereses de inversión de Sandy para el año fue de $695. Se le permitirá a Sandy deducir el monto total del gasto por intereses de inversión en su Anexo A, ya que sus ingresos de inversión superan los gastos por intereses de inversión.

Al reclamar intereses de inversión, el Formulario 4952 debe completarse y adjuntarse a la declaración de impuestos del año en curso. El formulario 4952 no tiene que completarse si se aplica lo siguiente:

➢ El gasto de interés del contribuyente no es más que el ingreso de la inversión de intereses y dividendos ordinarios menos los dividendos calificados.
➢ El contribuyente no tiene otros gastos de inversión deducibles.
➢ El contribuyente tiene un gasto de interés no desestimado a partir de 2017.

Para obtener información adicional sobre el interés de inversión, consulte la Publicación 550, *Ingresos y gastos de inversión*.

El señor 1040 dice: Los dividendos del Fondo Permanente de Alaska, incluyendo los que se declaran en el Formulario 8814, no son ingresos de inversión.

Gifts to Charity

Contributions made to "qualified domestic organizations" by individuals and corporations are deductible as charitable contributions. Contributions of money or property, such as clothing, to qualified organizations may be deducted. Dues, fees, or bills to clubs, lodges, fraternal orders, civic leagues, political groups, for-profit organizations, or similar groups are not deductible. Gifts of money or property given to an individual are also not deductible, even if it was given for altruistic reasons. Raffle tickets or church bingo games would not be a deductible expense (they may count as gambling expenses). If the taxpayer received a benefit (for example, a gift of $60) from the donation, the donation amount must be reduced by the value of the benefit.

Cash Contributions

Cash contributions include those paid by cash, checks, electronic funds transfer, debit card, credit card, or payroll deduction.

Cash contributions are not deductible regardless of the amount unless the taxpayer keeps one of the following:

> ➢ A bank record that shows the name of the qualified organization, the date of the contribution, and the amount of the contribution. Bank records may include:
>   o A canceled check.
>   o A bank or credit union statement.
>   o A credit card statement.
> ➢ A receipt or a letter or other written communication from the qualified organization showing the name of the organization, the date of the contribution, and the amount of the contribution.
> ➢ The payroll deduction records or a pledge card or other document prepared by the organization. The document from the organization must show the name of the organization.

Don't overlook charitable contributions made through payroll deductions. They would appear on the taxpayer's last check stub or W-2. Make sure that the payroll deductions are not pretax contributions. If so, those contributions are not deductible. Advise your clients to make donations with checks, not cash. Make sure they get a receipt for all cash donations.

For payroll deduction contributions, one must keep the following:

> ➢ A pay stub, Form W-2, or other document furnished by the taxpayer's employer that shows the date and amount of the contribution.
> ➢ A pledge card or other document prepared by or for the qualified organization that shows the name of the organization.

The written communication must include the name of the charity, the date of the contribution, and the amount of the contribution.

If the contribution was more than $250, the taxpayer should receive a statement from the charitable organization. When figuring the $250 or more, do not combine separate donations. The charitable organization must include the following on the letter or statement:

Donación a una organización benéfica

Las contribuciones hechas a "organizaciones nacionales calificadas" por individuos y sociedades anónimas son deducibles como contribuciones caritativas. Se pueden deducir las contribuciones de dinero o propiedad, como ropa, a organizaciones calificadas. Las cuotas, aranceles o facturas a clubes, logias, órdenes fraternales, ligas cívicas, grupos políticos, organizaciones con fines de lucro o grupos similares no son deducibles.

Las donaciones de dinero o propiedad entregadas a un individuo tampoco son deducibles, incluso si se otorgaron por razones altruistas. Los boletos de rifa o los juegos de bingo de la iglesia no serían un gasto deducible (pueden contar como gastos de juego). Si el contribuyente recibió un beneficio (por ejemplo, una donación de $60) de la donación, el monto de esta debe reducirse por el valor del beneficio.

Contribuciones en efectivo

Las contribuciones en efectivo incluyen aquellas que se pagan en efectivo, cheques, transferencia electrónica de fondos, tarjeta de débito, tarjeta de crédito o deducción de nómina.

Las contribuciones en efectivo no son deducibles, independientemente de la cantidad, a menos que el contribuyente conserve uno de los siguientes:

> ➢ Un registro bancario que muestra el nombre de la organización calificada, la fecha de la contribución y el monto de la contribución. Los registros bancarios pueden incluir:
> > o Un cheque cancelado.
> > o Un estado de cuenta bancario o cooperativa de crédito.
> > o Un extracto de la tarjeta de crédito.
> ➢ Un recibo o una carta u otra comunicación escrita de la organización calificada que muestre el nombre de la organización, la fecha de la contribución y el monto de la contribución.
> ➢ Los registros de deducción de nómina o una tarjeta de compromiso u otro documento preparado por la organización. El documento de la organización debe mostrar el nombre de la organización.

No pase por alto las contribuciones caritativas hechas a través de deducciones de nómina. Aparecerían en el último talón de cheque del contribuyente o en el formulario W-2. Asegúrese de que las deducciones de nómina no sean contribuciones antes de impuestos. Si es así, esas aportaciones no son deducibles. Aconseje a sus clientes que hagan donaciones con cheques, no en efectivo. Asegúrese de que reciban un recibo por todas las donaciones en efectivo.

Para las contribuciones de deducción de nómina, debe conservar lo siguiente:

> ➢ Un talón de pago, el Formulario W-2 u otro documento proporcionado por el empleador del contribuyente que muestre la fecha y el monto de la contribución.
> ➢ Una tarjeta de compromiso u otro documento preparado por o para la organización calificada que muestre el nombre de la organización.

La comunicación escrita debe incluir el nombre de la organización benéfica, la fecha de la contribución y el monto de la contribución.

Si la contribución supera los $250, el contribuyente debe recibir una declaración de la organización de beneficencia. Al calcular los $250 o más, no combine donaciones separadas. La organización caritativa debe incluir lo siguiente en la carta o declaración:

> ➢ The amount of money that was contributed and a description of any property that was donated.
> ➢ Whether or not the organization provided goods or services to the taxpayer in return, a description and estimate value of the taxpayer's contribution must be included. If the taxpayer received intangible religious benefits such as admission to a religious ceremony, the organization must state that, but it does not have to describe or value the benefit.

Other Than by Cash or Check

If the taxpayer gives items such as clothing or furniture, the taxpayer will be able to deduct the fair market value (FMV) at the time of the donation. The FMV is what a willing buyer would pay to purchase when both the buyer and seller are aware of the condition of the sale. If the noncash deduction amount is over $500, the taxpayer must fill out Form 8283. If the contribution is a motor vehicle, boat, or airplane, the organization accepting the donation must issue the taxpayer Form 1098-C with the required information for the taxpayer to attach it to Form 8283. If the deduction is over $5,000, the taxpayer must get an appraisal of the donated property. For more information, see Publication 526 and Instructions for Schedule A.

When taxpayers give items to Goodwill, AMVETS, etc., they must keep a list of the items donated as well as obtain and keep the receipt. Donated items are priced according to their resale value, not the price of the item when it was new.

Out-of-Pocket Expenses

The value of one's time is never deductible. However, the value of services given to a qualified organization may be able to be deducted. The amounts must be the following:

> ➢ Unreimbursed.
> ➢ Directly connected with the services provided.
> ➢ Expense the taxpayer had due to the services given.
> ➢ Not personal, living or family expenses.

Example: Peyton volunteers 6 hours a week in a qualified organization's office on the day the paid receptionist is off. Julie, the receptionist, is paid $10 per hour for the same work. Can Peyton claim $60 per week as a charitable contribution? The answer is "No," because Peyton volunteered time, not money. It makes no difference how much the receptionist is paid to do the same work. However, Peyton may be able to claim the mileage to and from the qualified organization as a charitable deduction. Peyton would need to have a documented mileage log to show the dates and mileage she drove to volunteer.

Car Expenses

If the taxpayer claims expenses directly related to the use of his or her car when providing services to a qualified organization, the taxpayer must keep reliable written records of expenses. Whether the records are considered reliable depends on all the facts and circumstances. Generally, they may be considered reliable if the taxpayer kept consistent records at or near the time the taxpayer had the expenses.

➢ La cantidad de dinero que se contribuyó y una descripción de cualquier propiedad que fue donada.

➢ Ya sea que la organización haya proporcionado o no bienes o servicios al contribuyente a cambio, se debe incluir una descripción y un valor estimado de la contribución del contribuyente. Si el contribuyente recibió beneficios religiosos intangibles, como la admisión a una ceremonia religiosa, la organización debe declararlo, pero no tiene que describir ni valorar el beneficio.

Otras formas de pago además de efectivo o cheque

Si el contribuyente entrega artículos tales como ropa o muebles, el contribuyente podrá deducir el valor razonable de mercado (FMV) al momento de la donación. El valor razonable de mercado es lo que pagaría un comprador dispuesto para comprar cuando tanto el comprador como el vendedor son conscientes de la condición de la venta. Si el monto de la deducción no en efectivo es superior a $500, el contribuyente debe completar el Formulario 8283. Si la contribución es un vehículo motorizado, bote o avión, la organización que acepta la donación debe emitir el Formulario 1098-C del contribuyente con la información requerida para que el contribuyente la adjunte al Formulario 8283. Si la deducción es más de $5,000, el contribuyente debe obtener una tasación de la propiedad donada. Para obtener más información, consulte la Publicación 526 y las Instrucciones para el Anexo A.

Cuando los contribuyentes entregan artículos a Plusvalía, AMVETS, etc., deben mantener una lista de los artículos donados, así como obtener y guardar el recibo. Los artículos donados tienen un precio de acuerdo con su valor de reventa, no el precio del artículo cuando era nuevo.

Gastos de desembolso

El valor del tiempo de uno nunca es deducible. Sin embargo, el valor de los servicios prestados a una organización calificada se puede deducir. Las cantidades deben ser las siguientes:

➢ No reembolsado.
➢ Directamente conectado con los servicios prestados.
➢ Gasto que el contribuyente tenía debido a los servicios prestados.
➢ No son gastos personales, de vivienda o familiares.

Ejemplo: Peyton se ofrece como voluntario 6 horas a la semana en la oficina de una organización calificada el día en que la recepcionista paga está fuera. Julie, la recepcionista, recibe $10 por hora por el mismo trabajo. ¿Puede Peyton reclamar $60 por semana como contribución caritativa? La respuesta es "No", porque Peyton ofreció tiempo, no dinero. No importa cuánto se le paga a la recepcionista por hacer el mismo trabajo. Sin embargo, Peyton puede reclamar el kilometraje hacia y desde la organización calificada como una deducción de caridad. Peyton necesitaría tener un registro de kilometraje documentado para mostrar las fechas y el kilometraje que manejó como voluntaria.

Gastos del vehículo

Si el contribuyente reclama gastos directamente relacionados con el uso de su automóvil cuando presta servicios a una organización calificada, el contribuyente debe mantener registros escritos fiables de los gastos. Si los registros se consideran confiables depende de todos los hechos y circunstancias. En general, pueden considerarse confiables si el contribuyente mantiene registros constantes al momento en que el contribuyente tuvo los gastos o en una fecha cercana.

For example, the taxpayer's records might show the name of the organization the taxpayer was serving and the dates the car was used for a charitable purpose. If the taxpayer uses the standard mileage rate of 14 cents a mile, records must show the miles driven for the charitable purpose. If the taxpayer deducts actual expenses, records must show the costs of operating the car that are directly related to a charitable purpose.

If noncash charitable contributions are made with a value of more than $500, the taxpayer is required to complete Form 8283, *Noncash Charitable Contributions*, and attach it to the return. Use Section A of Form 8283 to report noncash contributions for which the taxpayer claimed a deduction of $5,000 or less per item (or group of similar items). Also, use Section A to report contributions of publicly traded securities. Complete Section B, Form 8283 for each deduction over $5,000 claimed for one item or group of similar items. A separate Form 8283 must be submitted for separate contributions over $5,000 to different organizations. The organization that received the property must complete and sign Part IV of Section B.

The IRS may disallow deductions for noncash charitable contributions if they are more than $500 and if Form 8283 is not submitted with the return.

Canadian, Israeli, and Mexican Charities

The taxpayer may be able to deduct contributions to certain Mexican, Canadian, and Israeli charitable organizations under an income tax treaty with Mexico, Canada, and Israel. The organization must meet tests similar to the ones used to qualify U.S. organizations to receive deductible contributions. An organization may be able to tell the taxpayer if it meets the necessary test. For more information, see Publication 526 and Publication 597.

Taxpayer Must Keep Records

Records prove the amount of the contributions one makes during the year. The kind of records one must keep depends on the amount of the contributions and whether they are any of the following:

- ➢ Cash contributions.
- ➢ Noncash contributions.
- ➢ Out-of-pocket expenses when donating services.

Organizations are usually required to give a written statement if it receives a payment that is more than $75 and is partly a contribution and partly a payment made in exchange for goods or services. The statement should be kept with the taxpayer's records.

Go Online

Por ejemplo, los registros del contribuyente pueden mostrar el nombre de la organización a la que el contribuyente estaba prestando servicios y las fechas en que se usó el automóvil con fines benéficos. Si el contribuyente usa la tasa estándar de kilometraje de 14 centavos por milla, los registros deben mostrar las millas recorridas con el propósito caritativo. Si el contribuyente deduce los gastos reales, los registros deben mostrar los costos de operación del automóvil que están directamente relacionados con un propósito caritativo.

Si las contribuciones caritativas no en efectivo se realizan con un valor de más de $500, el contribuyente debe completar el Formulario 8283, *Contribuciones caritativas no en efectivo*, y adjuntarlo a la declaración. Use la Sección A del Formulario 8283 para declarar las contribuciones que no sean en efectivo por las cuales el contribuyente reclamó una deducción de $5,000 o menos por artículo (o grupo de artículos similares). Además, use la Sección A para declarar las contribuciones de valores negociados públicamente. Complete la Sección B, Formulario 8283 para cada deducción de más de $5,000 reclamados por un artículo o grupo de artículos similares. Se debe presentar un Formulario 8283 por separado para contribuciones separadas de más de $5,000 a diferentes organizaciones. La organización que recibió la propiedad debe completar y firmar la Parte IV de la Sección B.

El IRS puede rechazar las deducciones por contribuciones caritativas que no sean en efectivo si son más de $500 y si el Formulario 8283 no se presenta con la declaración.

Organizaciones benéficas canadienses, israelíes y mexicanas

El contribuyente puede deducir contribuciones a ciertas organizaciones caritativas mexicanas, canadienses e israelíes en virtud de un tratado de impuesto sobre la renta con México, Canadá e Israel. La organización debe cumplir con los exámenes similares a los utilizados para calificar a las organizaciones de los Estados Unidos para recibir contribuciones deducibles. Una organización puede decirle al contribuyente si cumple con la prueba necesaria. Para obtener más información, consulte la Publicación 526 y la Publicación 597.

El contribuyente debe mantener registros

Los registros demuestran el monto de las contribuciones que se hacen durante el año. El tipo de registros que se deben conservar depende de la cantidad de las contribuciones y de si se trata de alguno de los siguientes:

- ➤ Aportes en efectivo.
- ➤ Contribuciones no en efectivo.
- ➤ Gastos de desembolso al donar servicios.

Por lo general, se requiere que las organizaciones presenten una declaración escrita si recibe un pago de más de $75 y es en parte una contribución y en parte un pago realizado a cambio de bienes o servicios. La declaración debe mantenerse con los registros del contribuyente.

Casualty and Theft Losses

A casualty is the damage, destruction, or loss of property resulting from an identifiable event that is sudden, unexpected, or unusual. A loss on deposits can occur when a bank, credit union, or other financial institution becomes insolvent or bankrupt. When property is damaged or destroyed as a result of hurricanes, earthquakes, tornadoes, fires, vandalism, car accidents, and similar events, it is called a casualty loss. A casualty loss must be sudden and unexpected, so damages that occur over time do not qualify. Theft is the unlawful taking and removing of money or property with the intent to deprive the owner.

Before January 1, 2018, if theft occurs, the taxpayer will have to complete Form 4684, *Casualty and Theft*, and attach it to the return. The loss calculated on Form 4684 is transferred to line 15 of Schedule A. The IRS allows those taxpayers who use Schedule A to deduct these losses to a very limited extent.

A casualty loss amount equals the least of the following:

 ➢ The decrease in the fair market value (FMV) of the property as result of the event (in other words, the difference between the property's fair market value immediately before and after the casualty).
 ➢ The adjusted basis in property before the casualty loss, minus any insurance reimbursement.

After figuring a casualty or theft loss and subtracting any reimbursements, one must figure how much of the loss is deductible. To claim a loss as a deduction, each loss amount must be greater than $100 or greater than 10% of the amount in Form 1040, line 38 reduced by $100.

Beginning after December 31, 2017, theft losses can no longer be claimed, and casualty losses can only be claimed if they are the result of an event that was officially declared a federal disaster by the President of the United States. Apart from this, casualty losses are still calculated using the same methods explained above. Similarly, Form 4684, *Casualty and Theft*, must still be attached to the tax return.

If the taxpayer has a net qualified disaster loss on Form 4684, line 15 and has not itemized his or her deductions, he or she may qualify for an increased standard deduction. To do this, the taxpayer would need to do the following:

 ➢ List the amount from Form 4684, line 15 on the dotted line next to line 16, "Net Qualified Disaster Loss."
 ➢ Attach Form 4684 to the tax return.
 ➢ List his or her standard deduction amount on line 16 as "Standard Deduction Claimed with Qualified Disaster Loss."
 ➢ Combine the 2 amounts together on line 16, and enter the amount on Form 1040, line 8.

Any information beyond this is outside the scope of this course and will require more research.

Segmento 4

Pérdidas por siniestros y robos

Un siniestro es el daño, la destrucción o la pérdida de propiedad que resulta de un evento identificable que es repentino, inesperado o inusual. Una pérdida en los depósitos puede ocurrir cuando un banco, cooperativa de crédito u otra institución financiera se declara insolvente o en bancarrota. Cuando la propiedad se daña o se destruye como resultado de huracanes, terremotos, tornados, incendios, vandalismo, accidentes automovilísticos y eventos similares, se denomina pérdida por siniestro. Una pérdida por siniestro debe ser repentina e inesperada, por lo que los daños que ocurren con el tiempo no califican. El robo es la toma y retiro ilegal de dinero o propiedad con la intención de privar al propietario.

Antes del 1 de enero de 2018, si ocurre un robo, el contribuyente deberá completar el Formulario 4684, *Siniestro y robo*, y adjuntarlo a la declaración. La pérdida calculada en el Formulario 4684 se transfiere a la línea 15 del Anexo A. El IRS permite a los contribuyentes que usan el Anexo A deducir estas pérdidas en un grado muy limitado.

Una cantidad de pérdida por siniestro es igual a la menor de las siguientes:

> ➢ La disminución en el valor razonable de mercado (FMV) de la propiedad como resultado del evento (en otras palabras, la diferencia entre el valor razonable de mercado de la propiedad inmediatamente antes y después del siniestro).
> ➢ La base ajustada en la propiedad antes de la pérdida por siniestro, menos cualquier reembolso de seguro.

Después de calcular una pérdida por siniestro o robo y restar cualquier reembolso, debe calcular qué cantidad de la pérdida es deducible. Para reclamar una pérdida como una deducción, cada monto de pérdida debe ser mayor que $100 o mayor que 10% de la cantidad en el Formulario 1040, línea 38 reducida en $100.

A partir del 31 de diciembre de 2017, las pérdidas por robo ya no se pueden reclamar y las pérdidas por siniestros solo se pueden reclamar si son el resultado de un evento que el presidente de los Estados Unidos declaró oficialmente como un desastre federal. Además, las pérdidas por siniestros aún se calculan utilizando los mismos métodos explicados anteriormente. De manera similar, el Formulario 4684, *Siniestro y robo*, todavía debe adjuntarse a la declaración de impuestos.

Si el contribuyente tiene una pérdida neta por desastre calificada en el Formulario 4684, línea 15 y no ha detallado sus deducciones, él o ella puede calificar para una mayor deducción estándar. Para hacer esto, el contribuyente tendría que hacer lo siguiente:

> ➢ Anote la cantidad de la línea 15 de la Forma 4684 en la línea punteada junto a la línea 16, "Pérdida neta por desastre calificado".
> ➢ Adjunte el Formulario 4684 a la declaración de impuestos.
> ➢ Incluya el monto de deducción estándar en la línea 16 como "Deducción Estándar Reclamada con Pérdida por Desastre Calificada".
> ➢ Combine las 2 cantidades juntas en la línea 16 e ingrese la cantidad en el Formulario 1040, línea 8.

Cualquier información más allá de esto está fuera del alcance de este curso y requerirá más investigación.

Disasters and Casualties

If damage from a casualty is to personal, income-producing, or business property, taxpayers may be able to claim a casualty loss deduction on their tax return. Taxpayers must generally deduct a casualty loss in the year it occurred. However, if the property was damaged as a result of a federally declared disaster, taxpayers can choose to deduct that loss on their return for the tax year immediately preceding the year in which the disaster happened. A federally declared disaster is a disaster that took place in an area declared by the President to be eligible for federal assistance. Taxpayers can amend a tax return by filing a Form 1040X, Amended U.S. Individual Income Tax Return.

Disaster Relief

As of publishing, the following events were the only presidentially declared disaster areas:

➤ Victims of Hurricane Michael in certain counties of Alabama, Florida and Georgia.
➤ Victims of Hurricane Florence in certain counties of North Carolina, South Carolina and Virginia.
➤ Victims of wildfires in California from July 23, 2018 to November 8, 2018. The following counties are in the California wildfire disaster zone: Butte, Lake, Los Angeles, Mendocino, Napa, Nevada, Orange, San Diego, Santa Barbara, Sonoma, Ventura, and Yuba.
➤ Victims of Hurricane Maria After September 15, 2018 and before June 29, 2018 for certain areas.

To see if there are any more qualifying events, visit the following website for an up-to-date list of presidentially declared disaster areas: https://www.irs.gov/newsroom/tax-relief-in-disaster-situations.

Tips on Reconstructing Tax Records for a Disaster

Reconstructing records after a disaster may be essential for tax purposes and for obtaining federal assistance or insurance reimbursement. After a disaster, taxpayers might need certain records to prove their loss. The more accurately a loss is estimated, the more loan and grant money may be available.

Below are some tips to help the taxpayer gather the information needed to reconstruct their records regarding their personal residence and real property. A piece of real estate is not just the land but is also anything built on, growing on, or attached to that land.

➤ Take photographs or videos as soon after the disaster as possible. This helps establish the extent of the damage.
➤ Contact the title company, escrow company, or bank that handled the purchase of the home to get copies of appropriate documents. Real estate brokers may also be able to help.
➤ Use the current property tax statement for land-versus-building ratios if available. If they are not available, owners can usually get copies from the county assessor's office.
➤ Establish a basis or fair market value of the home by reviewing comparable sales within the same neighborhood. This information can be found by contacting an appraisal company or visiting a website that provides home valuations.

Desastres y siniestros

Si los daños causados por siniestros son a la propiedad comercial o de renta, los contribuyentes pueden reclamar una deducción por pérdida de siniestros en su declaración de impuestos. Los contribuyentes generalmente deben deducir una pérdida por siniestro en el año en que ocurrió. Sin embargo, si la propiedad se dañó como resultado de un desastre declarado por el gobierno federal, los contribuyentes pueden optar por deducir esa pérdida en su declaración del año fiscal inmediatamente anterior al año en que ocurrió el desastre. Un desastre declarado por el gobierno federal es un desastre que tuvo lugar en un área declarada por el presidente como elegible para recibir asistencia federal. Los contribuyentes pueden enmendar una declaración de impuestos presentando un Formulario 1040X, Declaración Enmendada de Impuestos del Ingreso Individual de los Estados Unidos.

Ayuda en caso de desastres

A partir de la publicación, los siguientes eventos fueron las únicas áreas de desastre declaradas por el presidente:

➢ Víctimas del huracán Michael en ciertos condados de Alabama, Florida y Georgia.
➢ Víctimas del huracán Florence en ciertos condados de Carolina del Norte, Carolina del Sur y Virginia.
➢ Víctimas de incendios forestales en California del 23 de julio de 2018 al 8 de noviembre de 2018. Los siguientes condados están en la zona de desastre de incendios forestales de California: Butte, Lake, Los Ángeles, Mendocino, Napa, Nevada, Orange, San Diego, Santa Bárbara, Sonoma, Ventura y Yuba.
➢ Víctimas del huracán María Después del 15 de septiembre de 2018 y antes del 29 de junio de 2018 para ciertas áreas.

Para ver si hay más eventos calificados, visite el siguiente sitio web para obtener una lista actualizada de las áreas de desastre declaradas por el presidente:https://www.irs.gov/newsroom/tax-relief-in-disaster-situations

Consejos para reconstruir los registros de impuestos en caso de desastre

La reconstrucción de registros después de un desastre puede ser esencial para fines tributarios y para obtener asistencia federal o reembolso de seguros. Después de un desastre, los contribuyentes pueden necesitar ciertos registros para probar su pérdida. Cuanto más precisa sea la estimación de una pérdida, mayor será el dinero disponible para préstamos y subvenciones.

A continuación, se indican algunos consejos para ayudar al contribuyente a recopilar la información necesaria para reconstruir sus registros con respecto a su residencia personal y bienes inmuebles. Una parte de los bienes raíces no es solo la tierra, sino que también se construye, crece o se une a esa tierra.

➢ Tome fotografías o videos tan pronto como sea posible después del desastre. Esto ayuda a establecer la extensión del daño.
➢ Comuníquese con la compañía de títulos, la compañía de depósito en garantía o el banco que manejó la compra de la vivienda para obtener copias de los documentos correspondientes. Los corredores de bienes raíces también pueden ayudar.
➢ Use la declaración actual del impuesto a la propiedad para las proporciones de tierra contra construcción, si está disponible. Si no están disponibles, los propietarios generalmente pueden obtener copias de la oficina del asesor del condado.
➢ Establezca una base o valor razonable de mercado de la casa revisando las ventas comparables dentro del mismo vecindario. Puede encontrar esta información contactando a una compañía de evaluación o visitando un sitio web que ofrece valoraciones de viviendas.

- ➢ Check with the mortgage company for copies of appraisals or other information they may have about cost or fair market value in the area.
- ➢ Review insurance policies, as they usually list the value of a building, establishing a base figure for replacement value insurance. For details on how to reach the insurance company, check with the state insurance department.
- ➢ If improvements were made to the home, contact the contractors who did the work to see if records are available. If possible, get statements from the contractors that state their work and its cost.
  - ○ Get written accounts from friends and relatives who saw the house before and after any improvements. See if any of them have photos taken at get-togethers.
  - ○ If there is a home improvement loan, get paperwork from the institution that issued the loan. The amount of the loan may help establish the cost of the improvements.
- ➢ For inherited property, check court records for probate values. If a trust or estate existed, contact the attorney who handled the estate or trust.
- ➢ If no other records are available, check the county assessor's office for old records that might address the value of the property.

There are several agencies that can help determine the fair market value of most cars on the road. The following are some resources that are available online:

- ➢ Kelley's Blue Book: https://www.kbb.com.
- ➢ National Automobile Dealers Association: http://nadaguides.com.
- ➢ Edmunds: https://www.edmunds.com.

Additionally, call the dealer where the car was purchased and ask for a copy of the contract. If this is not available, give the dealer all the facts and details and ask for a comparable price figure. If the taxpayer is making payments on the car, check with his or her lien holder.

It can be difficult to reconstruct records showing the fair market value of some types of personal property. Here are some things to consider when cataloguing lost items and their values:

- ➢ Look on mobile phones for pictures that were taken in the home that might show the damaged property in the background before the disaster.
- ➢ Check websites that can help establish the cost and fair market value of lost items.
- ➢ Support the valuation with photographs, videos, canceled checks, receipts, or other evidence.
- ➢ If items were purchased using a credit or debit card, contact the credit card company or bank for past statements. Credit card companies and banks often provide user's access to these statements online.

If there are no photos or videos of the property, a simple method to help remember what items were lost is to sketch pictures of each room that was impacted:

- ➢ Draw a floor plan showing where each piece of furniture was placed – include drawers, dressers, and shelves.
- ➢ Sketch pictures of the room looking toward any shelves or tables showing their contents.
- ➢ These do not have to be professionally drawn, just functional.
- ➢ Take time to draw shelves with memorabilia on them.
- ➢ Be sure to include garages, attics, closets, basements, and items on walls.

➤ Verifique con la compañía hipotecaria las copias de las tasaciones u otra información que puedan tener sobre el costo o el valor razonable de mercado en el área.
➤ Revise las pólizas de seguro, ya que generalmente enumeran el valor de un edificio, estableciendo una cifra base para el seguro de valor de reemplazo. Para obtener detalles sobre cómo comunicarse con la compañía de seguros, consulte con el departamento de seguros del estado.
➤ Si se realizaron mejoras en la vivienda, comuníquese con los contratistas que hicieron el trabajo para ver si hay registros disponibles. Si es posible, obtenga declaraciones de los contratistas que indiquen su trabajo y su costo.
  o Obtenga cuentas escritas de amigos y familiares que vieron la casa antes y después de cualquier mejora. Vea si alguno de ellos tiene fotos tomadas en reuniones.
  o Si hay un préstamo para mejoras de la vivienda, obtenga los documentos de la institución que emitió el préstamo. El monto del préstamo puede ayudar a establecer el costo de las mejoras.
➤ Para los bienes heredados, verifique los registros judiciales para los valores de sucesión. Si existía un fideicomiso o patrimonio, comuníquese con el abogado que manejó el patrimonio o fideicomiso.
➤ Si no hay otros registros disponibles, verifique en la oficina del asesor del condado los registros antiguos que podrían abordar el valor de la propiedad.

Hay varias agencias que pueden ayudar a determinar el valor razonable de mercado de la mayoría de los automóviles en la carretera. Los siguientes son algunos recursos que están disponibles en línea:

➤ Libro de Kelley Blue: https://www.kbb.com.
➤ Asociación Nacional de Comerciantes de Automóviles: http://nadaguides.com.
➤ Edmunds: https://www.edmunds.com.

Además, llame al concesionario donde compró el automóvil y solicite una copia del contrato. Si esto no está disponible, proporcione al concesionario todos los datos y detalles y solicite una cifra de precio comparable. Si el contribuyente está haciendo pagos por el automóvil, verifique con la persona con derecho a retención.

Puede ser difícil reconstruir registros que muestren el valor razonable de mercado de algunos tipos de bienes muebles. Aquí hay algunas cosas a tener en cuenta al catalogar artículos perdidos y sus valores:

➤ Busque en los teléfonos móviles las fotos que se tomaron en la vivienda que podrían mostrar la propiedad dañada en el fondo antes del desastre.
➤ Consulte los sitios web que pueden ayudar a establecer el costo y el valor razonable de mercado de los artículos perdidos.
➤ Respalde la valoración con fotografías, videos, cheques cancelados, recibos u otra evidencia.
➤ Si los artículos se compraron con una tarjeta de crédito o débito, comuníquese con la compañía de la tarjeta de crédito o con el banco para obtener los estados de cuenta anteriores. Las compañías de tarjetas de crédito y los bancos a menudo brindan acceso de usuario a estos estados de cuenta en línea.

Si no hay fotos o videos de la propiedad, un método simple para ayudar a recordar qué elementos se perdieron es hacer un dibujo de cada habitación afectada:

➤ Dibuje un plano que muestre dónde se colocó cada mueble, incluyendo los cajones, los aparadores y los estantes.
➤ Haga un dibujo de la habitación mirando hacia los estantes o mesas que muestran su contenido.
➤ Estos no tienen que ser dibujados profesionalmente, solo de manera funcional.
➤ Tómese el tiempo para dibujar estantes con recuerdos en ellos.
➤ Asegúrese de incluir garajes, áticos, armarios, sótanos y artículos en las paredes.

Figuring Loss

Taxpayers may have to reconstruct their records to prove a loss and the amount thereof. To compute loss, determine the decrease in FMV of the property resulting from the casualty or disaster or determine the adjusted basis of the property – this is generally the amount that the property is now worth after events have added to or lessened the value of the amount that was originally paid for the property.

Taxpayers may deduct whichever of these two amounts is smaller after subtracting the amount of any reimbursement provided the taxpayer. Additionally, certain deduction limits apply. See Publication 547, *Casualties, Disasters and Thefts*, for details on these limits and Publication 551, *Basis of Assets*, for additional information on basis.

If the casualty loss deduction causes a taxpayer's deductions for the year to be more than their income for the year, there may be a net operating loss. For more information, see Publication 536, *Net Operating Losses (NOLs) for Individuals, Estates and Trusts*.

Determining the Decrease in Fair Market Value

Fair market value (FMV) is generally the price for which the property could be sold to a willing buyer. The decrease in FMV used to figure the amount of a casualty loss is the difference between the property's fair market value immediately before and after the casualty. FMV is generally determined through a competent appraisal. Without a competent appraisal, the cost of cleaning up or making certain repairs is acceptable under certain conditions (which are outside the scope of this course) as evidence of the decrease in fair market value.

Casualty and Theft Losses of Income-Producing Property

Taxpayers can no longer claim a business casualty loss of income-producing property as an itemized deduction. If preparing a tax return from before 2018, use the following information to complete Form 4684:

➢ Loss from other activities from Schedule K-1 (Form 1065-B), box 2.
➢ Federal estate tax on income with respect to a decedent.
➢ Amortizable bond premium on bonds acquired before October 23, 1986.
➢ Deduction for repayment of amounts under a claim of right if over $3,000 (see Publication 525).
➢ Certain unrecovered investments in a pension.
➢ Impairment-related work expenses for a disabled person (see Publication 529).

Business Records

➢ To create a list of lost inventories, get copies of invoices from suppliers. Whenever possible, the invoices should date back at least one calendar year.
➢ Check mobile phones or other cameras for pictures and videos taken of buildings, equipment, and inventory.
➢ For information about income, get copies of bank statements. The deposits should closely reflect what the sales were for any given time period.

Cálculo de pérdida

Los contribuyentes pueden tener que reconstruir sus registros para demostrar una pérdida y la cantidad de los mismos. Para calcular la pérdida, determine la disminución en el FMV de la propiedad como resultado de los siniestros o desastres o determine la base ajustada de la propiedad; esta es generalmente la cantidad que la propiedad ahora vale después de que los eventos hayan agregado o disminuido el valor de la cantidad que originalmente se pagó por la propiedad.

Los contribuyentes pueden deducir cuál de estos dos montos es menor después de restar el monto de cualquier reembolso proporcionado al contribuyente. Además, se aplican ciertos límites de deducción. Consulte la Publicación 547, *Siniestros, desastres y robos,* para obtener detalles sobre estos límites, y la Publicación 551, *Bases de activos,* para obtener información adicional sobre la base.

Si la deducción por pérdida por siniestro causa que las deducciones de un contribuyente para el año sean más que sus ingresos para el año, puede haber una pérdida operativa neta. Para obtener más información, consulte la Publicación 536, *Pérdidas Operativas Netas (NOL) para Individuos, Patrimonios y Fideicomisos.*

Determinación de la disminución en el valor razonable de mercado

El valor razonable de mercado (FMV) es generalmente el precio por el cual la propiedad podría venderse a un comprador dispuesto. La disminución del FMV utilizado para calcular el monto de una pérdida por siniestros es la diferencia entre el valor razonable de mercado de la propiedad inmediatamente antes y después del siniestro. El FMV generalmente se determina a través de una evaluación competente. Sin una estimación competente, el costo de limpiar o realizar ciertas reparaciones es aceptable bajo ciertas condiciones (que están fuera del alcance de este curso) como evidencia de la disminución en el valor razonable de mercado.

Pérdidas por siniestro y robos de bienes que generan ingresos

Los contribuyentes ya no pueden reclamar una pérdida por daños a la propiedad comercial que generan ingresos como una deducción detallada. Si prepara una declaración de impuestos antes de 2018, use la siguiente información para completar el Formulario 4684:

➢ Pérdida de otras actividades del Anexo K-1 (Formulario 1065-B), casilla 2.
➢ Impuesto sucesorio federal sobre la renta con respecto a un difunto.
➢ Prima de bonos amortizables en bonos adquiridos antes del 23 de octubre de 1986.
➢ Deducción por reembolso de montos conforme a una reclamación de derecho si supera los $3,000 (consulte la Publicación 525).
➢ Ciertas inversiones no recuperadas en una pensión.
➢ Gastos de trabajo relacionados con la discapacidad para una persona discapacitada (consulte la Publicación 529).

Registros de negocios

➢ Para crear una lista de inventarios perdidos, obtenga copias de las facturas de los proveedores. Siempre que sea posible, las facturas deben tener una fecha de al menos un año calendario.
➢ Revise los teléfonos móviles u otras cámaras para ver fotos y videos tomados de edificios, equipos e inventario.
➢ Para obtener información sobre los ingresos, obtenga copias de los estados de cuentas bancarias. Los depósitos deben reflejar estrechamente cuáles fueron las ventas para un período de tiempo determinado.

- Get copies of last year's federal, state, and local tax returns. This includes sales tax reports, payroll tax returns, and business licenses from the city or county. These will reflect gross sales for a given time period.
- If there are no photographs or videos available, sketch an outline of the inside and outside of the business location and then start to fill in the details of the sketches. For example, for the inside of the building, record where equipment and inventory were located. For the outside of the building, map out the locations of items such as shrubs, parking, signs, and awnings.
  - If the business was pre-existing, go back to the broker for a copy of the purchase agreement. This should detail what was acquired.
  - If the building was newly constructed, contact the contractor or a planning commission for building plans.

Other Itemized Deductions

Only the following items can be claimed on line 16:

- Gambling losses to the extent of gambling winnings.
- Casualty and theft losses from income-producing property.
- Losses from other activities from Schedule K-1 (Form 1065-B), box 2.
- Federal estate tax on income with the respect of a decedent.
- Amortizable premiums on taxable bonds purchased before October 23, 1986.
- Impairment-related work experience of persons with disabilities.
- Certain unrecovered investments in a pension.
- Deductions for repayment of amounts under a claim of right if over $3,000.
- An ordinary loss attributable to a contingent payment debt instrument or an inflation-indexed debt instrument.

Gambling Losses Up to the Amount of Gambling Winnings

The taxpayer must report the full amount of any gambling winnings for the year. The taxpayer will deduct gambling losses for the year on line 28, Schedule A (Form 1040). The taxpayer may claim gambling losses up to the amount of gambling winnings. Taxpayers cannot reduce gambling winnings by gambling losses and report the difference but must report the full amount of their winnings as income and claim their losses up to the amount of winnings as an itemized deduction. Therefore, the taxpayer's records should show winnings separately from losses. The taxpayer must keep an accurate diary or similar record of losses and winnings. The diary should contain at least the following information:

- The date and type of specific wages or wagering activity.
- The name and address or location of the gambling establishment.
- The names of other persons present with the taxpayer at the gambling establishment.
- The amount(s) won or lost.

Fines or Penalties

The taxpayer cannot deduct fines or penalties he or she paid to a governmental unit for violating a law. This includes an amount paid in settlement of his or her actual or potential liability for a fine or penalty (civil or criminal). Fines or penalties include parking tickets, tax penalties, and penalties deducted from teachers' paychecks after an illegal strike.

- Obtenga copias de las declaraciones de impuestos federales, estatales y locales del año pasado. Esto incluye informes de impuesto a las ventas, declaraciones de impuestos de nómina y licencias comerciales de la ciudad o el condado. Estos reflejarán las ventas brutas para un período de tiempo determinado.
- Si no dispone de fotografías o videos, haga un boceto del interior y el exterior de la ubicación comercial y luego comience a completar los detalles de los bocetos. Por ejemplo, para el interior del edificio, registre dónde se ubicaron los equipos y el inventario. Para el exterior del edificio, haga un mapa de las ubicaciones de elementos tales como arbustos, estacionamientos, letreros y toldos.
  - Si el negocio era preexistente, regrese al corredor para obtener una copia del acuerdo de compra. Esto debería detallar lo que se adquirió.
  - Si el edificio se construyó recientemente, comuníquese con el contratista o con una comisión de planificación para los planos del edificio.

Otras deducciones detalladas

Solo los siguientes artículos pueden ser reclamados en la línea 16:

- Las pérdidas de juego en la medida de las ganancias de juego.
- Pérdidas por siniestros y robos de propiedades que generan ingresos.
- Pérdidas de otras actividades del Anexo K-1 (Formulario 1065-B), casilla 2.
- Impuesto sucesorio federal sobre la renta con respecto a un difunto.
- Primas amortizables sobre bonos imponibles adquiridos antes del 23 de octubre de 1986.
- Experiencia laboral relacionada con la discapacidad de personas con discapacidad.
- Ciertas inversiones no recuperadas en una pensión.
- Deducciones por reembolso de montos conforme a una reclamación de derecho si supera los $3,000.
- Una pérdida ordinaria atribuible a un instrumento de deuda de pago contingente o un instrumento de deuda indexado a la inflación.

Pérdidas de juego hasta la cantidad de ganancias de juego

El contribuyente debe declarar el monto total de cualquier ganancia de juego para el año. El contribuyente deducirá las pérdidas por juego del año en la línea 28, Anexo A (Formulario 1040). El contribuyente puede reclamar pérdidas de juego hasta la cantidad de ganancias de juego. Los contribuyentes no pueden reducir las ganancias de juego por pérdidas de juego ni declarar la diferencia, pero deben declarar el monto total de sus ganancias como ingresos y reclamar sus pérdidas hasta la cantidad de ganancias como una deducción detallada. Por lo tanto, los registros del contribuyente deben mostrar las ganancias por separado de las pérdidas. El contribuyente debe mantener un diario preciso o un registro similar de pérdidas y ganancias. El diario debe contener al menos la siguiente información:

- La fecha y el tipo de salario específico o actividad de apuestas.
- El nombre y la dirección o ubicación del establecimiento de juego.
- Los nombres de otras personas presentes con el contribuyente en el establecimiento de juego.
- La cantidad ganada o perdida.

Multas o sanciones

El contribuyente no puede deducir multas o sanciones que pagó a una unidad gubernamental por violar una ley. Esto incluye un monto pagado en la liquidación de su responsabilidad real o potencial por una multa o sanción (civil o penal). Las multas o sanciones incluyen multas de estacionamiento, multas por impuestos y multas deducidas de los cheques de pago de los maestros después de una huelga ilegal.

Form 2106: Employee Business Expenses

The following section is no longer reported on the federal return. Some states did not conform to this section of the Tax Cuts and Jobs Act; therefore, the amount is still calculated on the federal return in order to arrive at the state deduction. Prior to January 1, 2018, these deductions were reported on the federal return. Form 2106 will still be used by Armed Forces reservists, qualified performing artists, fee-basis state or local government officials and employees who will be claiming impairment-related work expenses such as traveling more than 100 miles from home to perform his or her services. The prior chapter has already covered the taxpayers who qualify to use Form 2106. See the Form 2106 Instructions for more information.

Due to the suspension of miscellaneous itemized deductions under section 67(a), employees who do not fit into the above categories may not use Form 2106. The information in the next section has been provided to assist those preparing taxes in the states that did not conform to section 67(a) and will still need to calculate the deduction on the federal form to arrive at the state deduction. The following states did not conform:

➢ Alaska	➢ Georgia	➢ Minnesota
➢ Arkansas	➢ Hawaii	➢ Montana
➢ California	➢ Iowa	➢ New York

An employee may deduct unreimbursed expenses that are paid and incurred during the current tax year. The expenses must be incurred for conducting trade or business as an employee, and the expenses must be ordinary and necessary. An expense is considered ordinary if it is common and necessary in the taxpayer's trade or business. Self-employed taxpayers do not use this form to report their business expenses. For example, a nurse may be required to provide malpractice insurance and is often required to wear a uniform. Since the employer does not reimburse these expenses, the nurse may deduct them on Schedule A as a miscellaneous deduction subject to the 2% AGI limitation.

An employee may deduct the following unreimbursed business expenses on Schedule A as a miscellaneous deduction subject to the 2% AGI limitation:

➢ Employee's business bad debt.
➢ Education that is employment related.
➢ Licenses and regulatory fees.
➢ Malpractice or professional insurance premiums.
➢ Occupational taxes.
➢ Passport for a business trip.
➢ Subscriptions to professional journals and trade magazines related to the taxpayer's trade or business.

Segmento 5

Formulario 2106: Gastos comerciales del empleado

La siguiente sección ya no se informa en la declaración federal. Algunos estados no se ajustaron a esta sección de la Ley de Reducción de Impuestos y Empleos; por lo tanto, la cantidad aún se calcula en la declaración federal para llegar a la deducción estatal. Antes del 1 de enero de 2018, estas deducciones se notificaron en la declaración federal. El formulario 2106 aún será utilizado por reservistas de las Fuerzas Armadas, artistas calificados, funcionarios del gobierno estatal o local en base a honorarios y empleados que reclamarán gastos de trabajo relacionados con el impedimento, como viajar a más de 100 millas de su hogar para realizar sus servicios. El capítulo anterior ya ha cubierto a los contribuyentes que califican para utilizar el Formulario 2106. Consulte las Instrucciones del Formulario 2106 para obtener más información.

Debido a la suspensión de las deducciones detalladas misceláneas bajo la sección 67(a), los empleados que no encajan en las categorías anteriores no pueden usar el Formulario 2106. La información en la siguiente sección se proporcionó para ayudar a quienes preparan los impuestos en los estados que no se ajustan a la sección 67(a) y aún deberán calcular la deducción en el formulario federal para llegar a la deducción estatal. Los siguientes estados no se ajustaron a este cambio:

- Alaska
- Arkansas
- California
- Georgia
- Hawái
- Iowa
- Minnesota
- Montana
- Nueva York

Un empleado puede deducir los gastos no reembolsados que se pagan y se incurren durante el año fiscal actual. Los gastos deben ser incurridos para realizar la actividad o el negocio como un empleado, y los gastos deben ser ordinarios y necesarios. Un gasto se considera ordinario si es común y necesario en la actividad o negocio del contribuyente. Los contribuyentes que trabajan como independientes no usan este formulario para declarar sus gastos comerciales. Por ejemplo, a una enfermera se le puede requerir que proporcione un seguro de negligencia y, a menudo, se requiere que use un uniforme. Dado que el empleador no reembolsa estos gastos, la enfermera puede deducirlos en el Anexo A como una deducción miscelánea sujeta a la limitación de AGI del 2%.

Un empleado puede deducir los siguientes gastos comerciales no reembolsados en el Anexo A como una deducción miscelánea sujeta a la limitación de AGI del 2%:

- Deudas comerciales incobrables de los empleados.
- Educación relacionada con el empleo.
- Licencias y tasas regulatorias.
- Negligencia profesional o primas de seguros profesionales.
- Impuestos ocupacionales.
- Pasaporte para un viaje de negocios.
- Suscripciones a diarios profesionales y revistas comerciales relacionadas con la actividad o el negocio del contribuyente.

> ➢ Travel, transportation, entertainment, gifts, and car expenses related to the taxpayer's trade or business.
> ➢ Tools used in a trade or business.
> ➢ Memberships for professional associations.
> ➢ Uniforms, work clothing, or protective wear, as well as their cleaning and maintenance.

Do not include on Form 2106 any educator expenses that were taken on Form 1040, Schedule 1, line 23.

Taxing Employee Expenses

Tax treatment of employee business expenses depends on whether the expenses are categorized as reimbursed expenses or non-reimbursed expenses. Business expenses incurred by an employee under a reimbursement arrangement with an employer are normally not shown on the return. Unreimbursed business expenses are deductible as miscellaneous itemized deductions. The definition of trade or business does not include the performance of services as an employee.

The taxpayer can deduct certain expenses as miscellaneous itemized deductions on Schedule A. The taxpayer can deduct the expenses that exceed 2% of his or her adjusted gross income. The taxpayer must calculate this deduction on Schedule A by subtracting 2% of his or her adjusted gross income from the total amount of these expenses.

Tax Home

Generally, the taxpayer's tax home is his or her main place of business. If the taxpayer does not have a regular or main place of business due to the nature of his or her work, the taxpayer's tax home may be the place where he or she regularly lives. To be a "tax home," the taxpayer's home must meet the following criteria:

> ➢ Part of the taxpayer's business is in the area of his or her main home, and he or she uses that home for lodging while doing business there.
> ➢ Living expenses at the main home are duplicated because the taxpayer's business requires that he or she be away from home.
> ➢ The taxpayer has not left the area in which both his or her traditional place of lodging and his or her main home are located, or the taxpayer had a member or members of his or her family living at that main home, or the taxpayer often uses that home for lodging.

Taxpayers who meet all three criteria may classify their main home as their tax home and may be able to deduct travel expenses. Taxpayers who meet two factors may designate the main home as a tax home depending on the facts and circumstances of their particular situation. Taxpayers who meet only one of the criteria are considered transients. Each place they work becomes their new tax home, and they cannot deduct travel expenses.

Temporary Assignment or Job

The taxpayer may regularly work at his or her tax home and also work at another location. If the assignment is temporary, the taxpayer's tax home does not change. If the assignment is indefinite, the taxpayer must include in his or her income any amounts received from his or her employer for living expenses, even if they were considered travel expenses. An indefinite assignment is an assignment that is reasonable expected to last a year or more, even if it does not end up lasting that long.

- Gastos de viaje, transporte, entretenimiento, donaciones y automóviles relacionados con la actividad o negocio del contribuyente.
- Herramientas utilizadas en una actividad o negocio.
- Membresías para asociaciones profesionales.
- Uniformes, ropa de trabajo o ropa protectora, así como su limpieza y mantenimiento.

No incluya en el Formulario 2106 ningún gasto de educador que se haya tomado en el Formulario 1040, Anexo 1, línea 23.

Gravar los gastos de los empleados

El tratamiento fiscal de los gastos comerciales de los empleados depende de si los gastos se clasifican como gastos reembolsados o gastos no reembolsados. Los gastos comerciales incurridos por un empleado bajo un acuerdo de reembolso con un empleador normalmente no se muestran en la declaración. Los gastos comerciales no reembolsados son deducibles como deducciones detalladas misceláneas. La definición de actividad o negocio no incluye el desempeño de los servicios como empleado.

El contribuyente puede deducir ciertos gastos como deducciones detalladas misceláneas en el Anexo A. El contribuyente puede deducir los gastos que excedan el 2% de su ingreso bruto ajustado. El contribuyente debe calcular esta deducción en el Anexo A restando el 2% de su ingreso bruto ajustado de la cantidad total de estos gastos.

Domicilio fiscal

En general, el domicilio fiscal del contribuyente es su lugar principal de negocios. Si el contribuyente no tiene un lugar de trabajo regular o principal debido a la naturaleza de su trabajo, el domicilio fiscal del contribuyente puede ser el lugar donde vive habitualmente. Para ser un "domicilio fiscal", la casa del contribuyente debe cumplir con los siguientes criterios:

- Parte del negocio del contribuyente está en el área de su hogar principal, y él o ella usa ese domicilio para alojarse mientras hace negocios allí.
- Los gastos de manutención en la casa principal se duplican porque el negocio del contribuyente requiere que él o ella esté fuera de casa.
- El contribuyente no ha salido del área en la que se encuentran su lugar de alojamiento tradicional y su vivienda principal, o el contribuyente tenía un miembro o miembros de su familia que viven en esa vivienda principal, o el contribuyente a menudo utiliza ese hogar para alojamiento.

Los contribuyentes que cumplan con los tres criterios pueden clasificar su vivienda principal como su domicilio fiscal y pueden deducir los gastos de viaje. Los contribuyentes que cumplan con dos factores pueden designar la vivienda principal como un domicilio fiscal en función de los hechos y circunstancias de su situación particular. Los contribuyentes que cumplen solo con uno de los criterios se consideran transitorios. Cada lugar donde trabajan se convierte en su nuevo domicilio fiscal y no pueden deducir los gastos de viaje.

Asignación o trabajo temporal

El contribuyente puede trabajar regularmente en su domicilio fiscal y también puede trabajar en otro lugar. Si la asignación es temporal, el domicilio fiscal del contribuyente no cambia. Si la asignación es indefinida, el contribuyente debe incluir en su ingreso cualquier monto recibido de su empleador para gastos de manutención, incluso si se consideraron gastos de viaje. Una asignación indefinida es una asignación que se espera que dure un año o más, aunque no termina durando por tanto tiempo.

To determine the difference between a temporary and an indefinite assignment, look at when the taxpayer begins working. A temporary assignment usually lasts for one year or less, although a temporary assignment may turn into an indefinite assignment, requiring the tax home to change as well. An indefinite assignment can even be a series of assignments to the same location for short periods of time if the overall time spent at that location becomes a sufficiently lengthy period of time.

If the taxpayer is a federal employee participating in a federal crime investigation or prosecution, the taxpayer is not limited to the one-year rule, but he or she has to meet other requirements to deduct the expenses.

If the taxpayer goes home from a temporary assignment on his or her days off, the taxpayer is not considered to be away from home while in his or her hometown. If the taxpayer keeps a hotel room during his or her visit home, those expenses are deductible. If the taxpayer takes a job that requires him or her to move with the understanding that he or she will keep the job if the work is satisfactory during the probationary period, the job is considered "indefinite". The expense for lodging and meals is not deductible.

Meals

Deductions can be determined by using the actual meal expense for the standard meal allowance. If there is no reimbursement for meal expenses then only 50% of the standard meal allowance is deductible, and that 50% is subject to the 2% floor. Employees who travel out of town for extended periods of time may elect to take a per diem rate. The federal per diem rate depends on the location.

A transportation worker is defined as an individual whose work involves moving people or goods by plane, bus, ship, truck, etc. Transportation workers can deduct a special per-day allowance for meals and incidentals if their work requires that they travel away from home to areas with different federal per diem rates. Unlike other traveling employees, a Department of Transportation (DOT) worker is allowed to deduct up to 80% of his or her meal.

Travel and Transportation Expenses

If the taxpayer travels away from his or her tax home for business, the taxpayer's expenses may be deducted on Form 2106. Business-related travel expenses must be ordinary and necessary expenses of traveling away from home for the business, profession, or job. Expenses cannot be lavish or extravagant. A taxpayer is traveling away from home if:

> ➢ The taxpayer's duties require him/her to be away from the general area of his or her tax home for substantially longer than an ordinary day's work.
> ➢ The taxpayer needs sleep or rest to meet the demands of his or her work while away from home.

Travel by airplane, train, or bus is generally deductible. Fares paid for taxis, airport limousines, buses, or other types of transportation used between the airport, bus station or hotel, can be deducted including those used between the hotel and the client visited. Necessary trips are also deductible. Cleaning expenses, business calls, tips, and other necessary expenses related to the trip are also deductible.

Para determinar la diferencia entre una asignación temporal e indefinida, observe cuándo el contribuyente comienza a trabajar. Una asignación temporal por lo general dura un año o menos, aunque una asignación temporal puede convertirse en una asignación indefinida, lo que requiere que el domicilio fiscal cambie también. Una asignación indefinida puede ser incluso una serie de asignaciones a la misma ubicación durante cortos períodos de tiempo si el tiempo total empleado en esa ubicación se convierte en un período de tiempo suficientemente prolongado.

Si el contribuyente es un empleado federal que participa en una investigación criminal o un proceso judicial, el contribuyente no se limita a la regla de un año, sino que tiene que cumplir con otros requisitos para deducir los gastos.

Si el contribuyente se va a casa después de una asignación temporal en sus días libres, no se considera que el contribuyente esté fuera de su hogar mientras se encuentre en su ciudad natal. Si el contribuyente mantiene una habitación de hotel durante su visita a casa, esos gastos son deducibles. Si el contribuyente toma un trabajo que requiere que él o ella se mude con el entendimiento de que él o ella mantendrá el trabajo si el trabajo es satisfactorio durante el período de prueba, el trabajo se considera "indefinido". El gasto por alojamiento y comidas no es deducible.

Comidas

Las deducciones se pueden determinar utilizando el gasto real de comida para la asignación estándar de comidas. Si no hay reembolso por los gastos de comida, solo el 50% de la asignación estándar para comidas es deducible, y ese 50% está sujeto al piso del 2%. Los empleados que viajan fuera de la ciudad por largos períodos de tiempo pueden optar por tomar una tarifa diaria. La tarifa federal por día depende de la ubicación.

Un trabajador de transporte se define como un individuo cuyo trabajo consiste en mover personas o mercancías en avión, autobús, barco, camión, etc. Los trabajadores del transporte pueden deducir una asignación especial por día para comidas e imprevistos si su trabajo requiere que viajen fuera de casa a áreas con diferentes tarifas de viáticos federales. A diferencia de otros empleados que viajan, un trabajador del Departamento de Transporte (DOT) puede deducir hasta el 80% de su comida.

Gastos de viaje y transporte

Si el contribuyente viaja lejos de su domicilio fiscal para negocios, los gastos del contribuyente se pueden deducir en el Formulario 2106. Los gastos de viaje relacionados con el negocio deben ser gastos ordinarios y necesarios para viajar fuera de casa para el negocio, la profesión o el trabajo. Los gastos no pueden ser lujosos o extravagantes. Un contribuyente está viajando lejos de su hogar si:

> ➢ Los deberes del contribuyente requieren que él/ella se encuentre fuera del área general de su domicilio fiscal por un tiempo sustancialmente mayor al del trabajo de un día normal.
> ➢ El contribuyente necesita dormir o descansar para satisfacer las demandas de su trabajo mientras está lejos de su hogar.

El viaje en avión, tren o autobús es generalmente deducible. Las tarifas pagadas para los taxis, las limusinas del aeropuerto, los autobuses u otros tipos de transporte utilizados entre el aeropuerto, la estación de autobuses o el hotel se pueden deducir, incluyendo las utilizadas entre el hotel y el cliente visitado. Los viajes necesarios también son deducibles. Los gastos de limpieza, llamadas de negocios, propinas y otros gastos necesarios relacionados con el viaje también son deducibles.

Employees who drive their own vehicles are permitted to deduct either the actual expenses or the standard mileage rate for unreimbursed mileage. If the taxpayer is partially reimbursed, he or she can deduct only the portion that is unreimbursed. Publication 463, *Travel, Entertainment, Gift, and Car Expenses.*

Entertainment

Entertainment expenses must be ordinary and necessary. This includes activities generally considered to provide entertainment, recreation, or amusement to clients, customers, or employees. Expenses for entertainment that are lavish or extravagant are not deductible. An expense is not considered lavish or extravagant if the expense is reasonably based on facts and circumstances related to the business.

Entertainment expense deductions are limited to 50% of the actual expense and are further reduced by the 2% floor. "Entertainment" includes any activity that generally is considered to provide diversion, amusement, or recreation. It does not include club dues and membership fees for such things as country clubs, airline clubs, and hotel clubs. The taxpayer may deduct entertainment expenses only if they are ordinary and necessary. Deducting entertainment expenses must meet either the "directly related" test or the "associated" test.

To qualify for deduction under the "directly related" test, an entertainment must meet the following conditions:

> ➤ The expense must be directly related to the active conduct of business either before, during, or after the entertainment or associated with the active conduct of business.
> ➤ The expense was to engage in business with the client during the entertainment period.
> ➤ The entertainment was more than a general expectation of getting income or some other specific business benefit in the future.

To meet the "associated" test, the entertainment must be associated with the active conduct of the taxpayer's trade or business and occur directly before or after a substantial business discussion. Daily lunch or entertainment expenses with subordinates or coworkers are not deductible, even if business is discussed.

Business Gifts

The taxpayer can deduct up to $25 per client per year for business gifts. This does not include items that cost less than $4, have the taxpayer's name imprinted on them, and are widely distributed (for example, pens, pencils, cases, etc.). Gifts can be given to the client directly or indirectly. Taxpayers cannot circumvent the $25-dollar limit through some other person. If the taxpayer and spouse each give a client a $20 gift, both gifts are treated as having come from both of them, making the gifts' value rise above $25. This applies to partnerships as well; if one partner gives a gift, it is considered to have come from the rest of the partners as well. Any item that could be considered as either a gift or entertainment will generally be considered entertainment. Packaged food and beverage items are treated as gifts.

Business Record Keeping

Taxpayers must be able to prove their deductions to the IRS if audited. It is very important to keep all receipts related to the tax return. Records of expenses should include the following:

Los empleados que conducen sus propios vehículos pueden deducir los gastos reales o la tarifa estándar por millas no reembolsadas. Si el contribuyente recibe un reembolso parcial, él o ella puede deducir solo la parte no reembolsada. Publicación 463, *Gastos de viaje, entretenimiento, donación y automóviles.*

Entretenimiento

Los gastos de entretenimiento deben ser ordinarios y necesarios. Esto incluye actividades generalmente consideradas para proporcionar entretenimiento, recreación o diversión a clientes o empleados. Los gastos de entretenimiento que son lujosos o extravagantes no son deducibles. Un gasto no se considera lujoso o extravagante si el gasto se basa razonablemente en hechos y circunstancias relacionadas con el negocio.

Las deducciones de gastos de entretenimiento se limitan al 50% del gasto real y se reducen aún más en el piso del 2%. "Entretenimiento" incluye cualquier actividad que generalmente proporciona diversión, entretenimiento o recreación. No incluye las cuotas del club y los aranceles de membresía para cosas tales como clubes de campo, clubes de aerolíneas y clubes de hoteles. El contribuyente puede deducir los gastos de entretenimiento solo si son ordinarios y necesarios. La deducción de gastos de entretenimiento debe cumplir con la prueba "directamente relacionada" o la prueba "asociada".

A fin de calificar para la deducción bajo la prueba "directamente relacionada", un entretenimiento debe cumplir con las siguientes condiciones:

> ➤ El gasto debe estar directamente relacionado con la conducta activa del negocio, ya sea antes, durante o después del entretenimiento o asociado con la conducta activa del negocio.
> ➤ El gasto fue realizar negocios con el cliente durante el período de entretenimiento.
> ➤ El entretenimiento era más que una expectativa general de obtener ingresos o algún otro beneficio comercial específico en el futuro.

Para cumplir con la prueba "asociada", el entretenimiento debe estar asociado con la conducta activa de la actividad o el negocio del contribuyente y debe ocurrir directamente antes o después de una discusión comercial sustancial. Los gastos diarios de almuerzo o entretenimiento con subordinados o compañeros de trabajo no son deducibles, incluso si se discuten los negocios.

Donación comercial

El contribuyente puede deducir hasta $25 por cliente por año para donaciones comerciales. Esto no incluye los artículos que cuestan menos de $4, tienen el nombre del contribuyente impreso en ellos y están ampliamente distribuidos (por ejemplo, bolígrafos, lápices, estuches, etc.). Las donaciones pueden ser suministradas al cliente directa o indirectamente. Los contribuyentes no pueden eludir el límite de $25 dólares por medio de otra persona. Si el contribuyente y su cónyuge le dan a un cliente un regalo de $20, ambos regalos se consideran como provenientes de ambos, lo que hace que el valor de la donación aumente a más de $25. Esto se aplica también a las sociedades; si un socio da una donación, se considera que también proviene del resto de los socios. Cualquier artículo que pueda considerarse como una donación o entretenimiento generalmente se considerará entretenimiento. Los alimentos envasados y los artículos de bebidas se tratan como donación.

Mantenimiento de registros comerciales

Los contribuyentes deben poder demostrar sus deducciones al IRS si son auditados. Es muy importante mantener todos los recibos relacionados con la declaración de impuestos. Los registros de gastos deben incluir lo siguiente:

> ➤ Amount paid.
> ➤ Time, date, and place.
> ➤ The purpose of the business discussion or the nature of the expected business benefit.
> ➤ People present.

Reimbursements

The amounts an employer or third party reimburse are not reported in box 1 of Form W-2. This includes any amount reported under code *L* in box 12 of Form W-2. If the taxpayer was reimbursed under an accountable plan and wants to deduct excess expenses that were not reimbursed, he or she may have to allocate the reimbursement. This is necessary when the employer pays a reimbursement in the following manner:

> ➤ The employer pays the taxpayer a single amount that covers meals or entertainment as well as other business expenses.
> ➤ If the employer does not clearly identify how much of a reimbursement was provided for the deductible meals or entertainment, the taxpayer must allocate that single payment to Form 2106, line 7, column A (other than meals) and column B (meals) of line 7.

Follow the directions on Form 2106 or Form 2106-EZ to transfer employee business expenses to the appropriate line of the taxpayer's tax return. For most taxpayers, this is line 21 on Schedule A (Form 1040).

Tax Preparation Fees

Tax preparation fees are deductible to the taxpayer. If the taxpayer paid the preparation fee by using a debit or credit card and a convenience fee was charged, the taxpayer cannot deduct the convenience fee as a part of the overall cost of preparing the return.

Education

The taxpayer can deduct qualifying education tuition and expenses. The education must be required by the employer or the law to keep one's salary, status, or job or to maintain or improve skills required in the taxpayer's present job in order to be deductible. Education that qualifies the taxpayer for his or her first job in a specific field is not deductible on Schedule A, nor is education that enables the taxpayer to change jobs; however, these may be deductible as a lifetime learning credit.

Deductible expenses include tuition, textbooks, registration fees, supplies, transportation (standard mileage or actual expenses), lab fees, the cost of writing papers or dissertations, student cards, insurance, and degree costs.

Other Expenses

The taxpayer can deduct certain other expenses as miscellaneous itemized deductions subject to the 2% of adjusted gross income limit. The following are examples of deductible expenses:

> ➤ Expenses to manage, conserve, or maintain property held for producing taxable gross income (such as office space rented to maintain investment property).

➢ Cantidad pagada.
➢ Hora, fecha y lugar.
➢ El propósito de la discusión comercial o la naturaleza del beneficio comercial esperado.
➢ Personas presentes.

Reembolsos

Los montos que un empleador o tercero reembolsan no se declaran en la casilla 1 del Formulario W-2. Esto incluye cualquier monto declarado bajo el código *L* en la casilla 12 del Formulario W-2. Si el contribuyente fue reembolsado bajo un plan de expendios y desea deducir los gastos en exceso que no fueron reembolsados, es posible que él o ella tenga que asignar el reembolso. Esto es necesario cuando el empleador paga un reembolso de la siguiente manera:

➢ El empleador le paga al contribuyente una cantidad única que cubre las comidas o el entretenimiento, así como otros gastos comerciales.
➢ Si el empleador no identifica claramente la cantidad del reembolso que se proporcionó para las comidas deducibles o de entretenimiento, el contribuyente debe asignar ese pago único al Formulario 2106, línea 7, columna A (que no sean comidas) y columna B (comidas) de la línea 7.

Siga las instrucciones en el Formulario 2106 o el Formulario 2106-EZ para transferir los gastos comerciales de los empleados a la línea correspondiente de la declaración de impuestos del contribuyente. Para la mayoría de los contribuyentes, esta es la línea 21 en el Anexo A (Formulario 1040).

Tarifa de preparación de impuestos

Las tarifas de preparación de impuestos son deducibles para el contribuyente. Si el contribuyente pagó la tarifa de preparación utilizando una tarjeta de débito o crédito y se cobró una tarifa de conveniencia, el contribuyente no puede deducir la tarifa de conveniencia como parte del costo general de preparar la declaración.

Educación

El contribuyente puede deducir la matrícula y los gastos de educación que califican. La educación debe ser exigida por el empleador o la ley para mantener el salario, el estado o el trabajo, o para mantener o mejorar las habilidades requeridas en el trabajo actual del contribuyente para poder ser deducible. La educación que califica al contribuyente para su primer trabajo en un campo específico no es deducible en el Anexo A, ni lo es la educación que le permite al contribuyente cambiar de trabajo; sin embargo, estos pueden ser deducibles como un crédito de aprendizaje de por vida.

Los gastos deducibles incluyen matrícula, libros de texto, gastos de registro, suministros, transporte (kilometraje estándar o gastos reales), tarifas de laboratorio, el costo de escribir documentos o disertaciones, tarjetas de estudiante, seguro y costos de grado.

Otros gastos

El contribuyente puede deducir ciertos gastos como deducciones detalladas misceláneas sujetas al 2% del límite de ingreso bruto ajustado. A continuación, se detallan algunos ejemplos de gastos deducibles:

➢ Gastos por administrar, conservar o mantener la propiedad mantenida para generar ingresos brutos imponibles (como el espacio de oficinas alquilado para mantener la propiedad de inversión).

➢ Attorney fees and legal expenses paid to collect taxable income.
➢ Fees paid to an appraiser to determine the value of a donated party.
➢ Fees paid to determine the value of a casualty loss.
➢ Custodial fees associated with property held for investment.
➢ Fees paid for renting a safe deposit box (for income-bearing documents such as bonds, investment documents, etc.).
➢ Fees paid to an agent or broker for financial advice.

The taxpayer can deduct investment fees, custodial fees, trust administration fees, and other expenses paid for managing investments that produce taxable income.

Summary and Review

The taxpayer must decide to use the itemized deduction or the standard deduction. The standard deduction is a dollar amount that reduces the amount of income on which the taxpayer is taxed. The itemized deduction can be greater than the standard deduction. Some taxpayers must itemize their deductions because they do not qualify to use the standard deduction or because one's spouse chose to itemize his or her deductions.

Questions

These review questions are not part of the final exam and will not be graded by LTPA. To obtain maximum benefit from the course, LTPA recommends that you complete the following questions before you compare your answers with the provided solutions.

1. Pam is 65; at which percentage can she begin deducting her federal medical expenses?

   a. More than 10% of her adjusted gross income.
   b. More than 8% of her adjusted gross income.
   c. She cannot claim medical expenses because of her age.
   d. 7.5% of her adjusted gross income.

2. Which of the following taxes can be deducted on federal Schedule A, lines 5–7?

   a. Fines and penalties.
   b. Real estate taxes.
   c. Federal income tax withholding.
   d. Tattoo removal.

Answers

1. Pam is 65; at which percentage can she begin deducting her federal medical expenses?

   a. More than 10% of her adjusted gross income.
   b. More than 8% of her adjusted gross income.
   c. She cannot claim medical expenses because of her age.
   d. 7.5% of her adjusted gross income.

➢ Honorarios de abogados y gastos legales pagados para recaudar ingresos sujetos a impuestos.
➢ Las tarifas pagadas a un tasador para determinar el valor de una parte donada.
➢ Honorarios pagados para determinar el valor de una pérdida por siniestro.
➢ Honorarios de custodia asociados con la propiedad mantenida para inversión.
➢ Honorarios pagados por el alquiler de una caja de seguridad (para documentos generadores de ingresos tales como bonos, documentos de inversión, etc.).
➢ Honorarios pagados a un agente o corredor por asesoría financiera.

El contribuyente puede deducir los honorarios de inversión, los honorarios de custodia, los honorarios de administración de fideicomiso y otros gastos pagados por la administración de inversiones que producen ingresos sujetos a impuestos.

Resumen y revisión

El contribuyente debe decidir utilizar la deducción detallada o la deducción estándar. La deducción estándar es un monto en dólares que reduce la cantidad de ingresos sobre los cuales el contribuyente está gravado. La deducción detallada puede ser mayor que la deducción estándar. Algunos contribuyentes deben detallar sus deducciones porque no califican para usar la deducción estándar o porque el cónyuge eligió detallar sus deducciones.

Preguntas

Estas preguntas de revisión no forman parte del examen final y no serán calificadas por LTPA. Para obtener el máximo beneficio del curso, LTPA recomienda que complete las siguientes preguntas antes de comparar sus respuestas con las soluciones proporcionadas.

1. Pam tiene 65 años; ¿en qué porcentaje puede comenzar a deducir sus gastos médicos federales?

    e. Más del 10% de su ingreso bruto ajustado.
    f. Más del 8% de su ingreso bruto ajustado.
    g. Ella no puede reclamar gastos médicos debido a su edad.
    h. 7.5% de su ingreso bruto ajustado.

2. ¿Cuál de los siguientes impuestos se puede deducir en el Anexo federal A , líneas 5 a 7?

    e. Multas y sanciones.
    f. Impuestos de bienes inmuebles.
    g. Retención de impuestos federales.
    h. Eliminación de tatuajes.

Answers/Respuestas

1. Pam tiene 65 años; ¿en qué porcentaje puede comenzar a deducir sus gastos médicos federales?

    a. Más del 10% de su ingreso bruto ajustado.
    b. Más del 8% de su ingreso bruto ajustado.
    c. Ella no puede reclamar gastos médicos debido a su edad.
    d. 7.5% de su ingreso bruto ajustado.

Feedback: Since Pam is 65 years old, she can deduct medical and dental expenses that exceed 7.5% of the taxpayer's AGI as long as her medical expenses exceed the amount of her adjusted gross income (AGI). Based on her age, she would be able to deduct the amount on Schedule A.

2. Which of the following taxes can be deducted on federal Schedule A, lines 5–7?

    a. Fines and penalties.
    b. Real estate taxes.
    c. Federal income tax withholding.
    d. Tattoo removal.

Feedback: Certain taxes such as state, local, or foreign taxes, real estate taxes, and personal property taxes can be deducted by the taxpayer. Property taxes can be deducted only by the owner of the property. Fines and penalties cannot be deducted on Schedule A, lines 5-7. Federal income tax is not an itemized deduction. Generally, tattoo removal is not a medical expense.

Go Online

Comentarios: Debido a que Pam tiene 65 años de edad, puede deducir los gastos médicos y odontológicos que superan el 7.5% del AGI del contribuyente siempre que sus gastos médicos excedan la cantidad de su ingreso bruto ajustado (AGI). Según su edad, ella podría deducir la cantidad en el Anexo A.

2. ¿Cuál de los siguientes impuestos se puede deducir en el Anexo federal A, líneas 5 a 7?

    a. Multas y sanciones.
    b. Impuestos de bienes inmuebles.
    c. Retención de impuestos federales.
    d. Eliminación de tatuajes.

Comentarios: El contribuyente puede deducir ciertos impuestos, como los impuestos estatales, locales o extranjeros, los impuestos sobre bienes inmuebles y los impuestos sobre bienes muebles. Los impuestos a la propiedad solo pueden ser deducidos por el dueño de la propiedad. Las multas y sanciones no se pueden deducir en el Anexo A, líneas 5-7. El impuesto federal sobre la renta no es una deducción detallada. En general, la eliminación de tatuajes no es un gasto médico.

Ya está listo/a para responder las preguntas de repaso

Vaya a su cuenta en línea

Chapter 13: Federal Tax Credits and Payments

Introduction

A nonrefundable tax credit reduces the amount of tax liability that may have to be paid. Unlike a deduction, which reduces the amount of income that is subject to taxation, a credit directly reduces the tax itself. There are two types of credits: nonrefundable, which cannot reduce tax liability below zero, and refundable, which can reduce tax liability below zero, resulting in the need for a refund.

Objectives

At the end of this lesson, the student will be able to do the following:

➤ Explain how a nonrefundable credit affects the taxpayer's tax liability.
➤ Name the refundable credits.
➤ Understand the Earned Income Credit (EIC) qualifications.
➤ Understand who qualifies for the additional child tax credit.
➤ Know the rules for the refundable portion of the American opportunity credit.
➤ Recognize when a dependent qualifies for the Other Dependent Credit (ODC).

Resources

Form 1040	Publication 17	Instructions Form 1040
Form 1098-T	Publication 503	Instructions Form 1098-T
Form 1116	Publication 505	Instructions Form 1116
Form 2441	Publication 514	Instructions Form 2441
Form 8396	Publication 524	Instructions Form 8396
Form 8801	Publication 596	Instructions Form 8801
Form 8812	Publication 972	Instructions Form 8812
Form 8863	Publication 4933	Instructions Form 8863
Form 8867	Publication 4935	Instructions Form 8867
Form 8880	Tax Topic 601, 602, 607,	Instructions Form 8880
Form 8959	608, 610	Instructions Form 8959
Schedule EIC	Schedule 3 & 5	Instructions Schedule EIC
Schedule R	Instructions Schedule 3 & 5	Instructions Schedule R

Capítulo 13: Créditos y pagos de impuestos federales

Introducción

Un crédito fiscal no reembolsable reduce el monto de la obligación tributaria que debe pagarse. A diferencia de una deducción, que reduce la cantidad de ingresos sujetos a impuestos, un crédito reduce directamente el impuesto en sí. Existen dos tipos de créditos: no reembolsables, que no pueden reducir la responsabilidad fiscal por debajo de cero, y reembolsables, que pueden reducir la obligación tributaria por debajo de cero, lo que resulta en la necesidad de un reembolso.

Objetivos

Al final de esta lección, el estudiante podrá:

➢ Explicar cómo un crédito no reembolsable afecta la obligación tributaria del contribuyente.
➢ Mencionar los créditos reembolsables.
➢ Comprender las calificaciones del Crédito por Ingreso del Trabajo (EIC).
➢ Entender quién califica para el crédito fiscal adicional por hijos.
➢ Conocer las reglas para la parte reembolsable del crédito de oportunidad estadounidense.
➢ Reconocer cuándo un dependiente califica para el Crédito de Otro Dependiente (ODC).

Recursos

Formulario 1040	Publicación 17	Instrucciones del Formulario 1040
Formulario 1098-T	Publicación 503	Instrucciones del Formulario 1098-T
Formulario 1116	Publicación 505	
Formulario 2441	Publicación 514	Instrucciones del Formulario 1116
Formulario 8396	Publicación 524	Instrucciones del Formulario 2441
Formulario 8801	Publicación 596	Instrucciones del Formulario 8396
Formulario 8812	Publicación 972	Instrucciones del Formulario 8801
Formulario 8863	Publicación 4933	Instrucciones del Formulario 8812
Formulario 8867	Publicación 4935	Instrucciones del Formulario 8863
Formulario 8880	Tema de impuestos 601, 602,	Instrucciones del Formulario 8867
Formulario 8959	607, 608, 610	Instrucciones del Formulario 8880
Anexo EIC	Anexos 3 y 5	Instrucciones del Formulario 8959
Anexo R	Anexos de instrucciones 3 y 5	Instrucciones de Anexo EIC
		Instrucciones de Anexo R

Nonrefundable Credits

Nonrefundable credits cannot be used to reduce taxes other than income tax. The credits must be calculated in the order in which they are presented to ensure that they are properly applied.

SCHEDULE 3 (Form 1040)	Nonrefundable Credits	OMB No. 1545-0074
Department of the Treasury Internal Revenue Service	▶Attach to Form 1040. ▶ Go to *www.irs.gov/Form1040* for instructions and the latest information.	2018 Attachment Sequence No. 03

Name(s) shown on Form 1040		Your social security number

Nonrefundable Credits	48	Foreign tax credit. Attach Form 1116 if required	48	
	49	Credit for child and dependent care expenses. Attach Form 2441	49	
	50	Education credits from Form 8863, line 19	50	
	51	Retirement savings contributions credit. Attach Form 8880	51	
	52	Reserved	52	
	53	Residential energy credit. Attach Form 5695	53	
	54	Other credits from Form a ☐ 3800 b ☐ 8801 c ☐ _____	54	
	55	Add the amounts in the far right column. Enter here and include on Form 1040, line 12	55	

For Paperwork Reduction Act Notice, see your tax return instructions. Cat. No. 71480G Schedule 3 (Form 1040) 2018

Foreign Tax Credit

Taxpayers can generally take a nonrefundable credit on their U.S. income tax for taxes paid to a foreign country or U.S. possession. He or she can claim the credit on Form 1040 or Form 1116, *Foreign Tax Credit*, or take it as an itemized deduction on Schedule A under "other taxes." The intention of the foreign tax credit is to reduce the double tax burden that could occur when a foreign source of income is taxed by both the foreign country and the United States. Generally, the credit for foreign taxes paid or accrued to a foreign country or U.S. possession will qualify for the tax credit, which is reported on Form 1040, Schedule 3, line 48.

Form 1116 does not have to be completed if the taxpayer qualifies for any of the following:

  ➢ All foreign gross income is from interest and dividends and reported on Form 1099-INT, 1099-DIV, or Schedule K-1.
  ➢ Total foreign taxes were not more than $300 ($600 if married filing jointly).
  ➢ The stocks or bonds that earned the interest or dividends.
  ➢ The taxpayer is not filing Form 4563 or excluding income from sources within Puerto Rico.
  ➢ All foreign taxes were as follows:
      o Legally owned by the taxpayer and not eligible for a refund or reduced tax under a tax treaty.
      o Paid to countries that are not recognized by the U.S. and don't support terrorism.

Form 2441: Child and Dependent Care

A nonrefundable credit of up to 35% of the qualifying expenses for the care of a qualified dependent is allowed when the expenditures are work-related. The percentage of credit goes down as income goes up, with 20% of eligible expenses as the least amount allowed. Expenses are limited to $3,000 for one and $6,000 for two or more qualified dependents. Child and dependent care is reported on Form 2441 and flows to Form 1040, Schedule 3, line 49.

Créditos no reembolsables

Los créditos no reembolsables no se pueden usar para reducir impuestos que no sean el impuesto sobre la renta. Los créditos deben calcularse en el orden en que se presentan para garantizar que se aplican correctamente.

SCHEDULE 3 (Form 1040)	Nonrefundable Credits		OMB No. 1545-0074
Department of the Treasury Internal Revenue Service	► Attach to Form 1040. ► Go to *www.irs.gov/Form1040* for instructions and the latest information.		2018 Attachment Sequence No. 03
Name(s) shown on Form 1040			Your social security number

Nonrefundable Credits	48	Foreign tax credit. Attach Form 1116 if required	48	
	49	Credit for child and dependent care expenses. Attach Form 2441	49	
	50	Education credits from Form 8863, line 19	50	
	51	Retirement savings contributions credit. Attach Form 8880	51	
	52	Reserved	52	
	53	Residential energy credit. Attach Form 5695	53	
	54	Other credits from Form a ☐ 3800 b ☐ 8801 c ☐ _____	54	
	55	Add the amounts in the far right column. Enter here and include on Form 1040, line 12	55	

For Paperwork Reduction Act Notice, see your tax return instructions.　Cat. No. 71480G　Schedule 3 (Form 1040) 2018

Crédito fiscal extranjero

Los contribuyentes generalmente pueden tomar un crédito no reembolsable en su impuesto sobre la renta de los EE. UU. por los impuestos pagados a un país extranjero o posesión de los EE. UU. Él o ella puede reclamar el crédito en el formulario 1040 o el formulario 1116, *Crédito fiscal extranjero*, o tomarlo como una deducción detallada en el Anexo A bajo "otros impuestos". La intención del crédito fiscal extranjero es reducir la carga tributaria doble que podría ocurrir cuando una fuente extranjera de ingresos es gravada tanto por el país extranjero como por los Estados Unidos. En general, el crédito por impuestos extranjeros pagados o acumulados en un país extranjero o posesión de los Estados Unidos será elegible para el crédito fiscal, que se declara en el Formulario 1040, Anexo 3, línea 48.

El formulario 1116 no tiene que completarse si el contribuyente califica para alguna de las siguientes opciones:

➤ Todos los ingresos brutos extranjeros provienen de intereses y dividendos y se declaran en el Formulario 1099-INT, 1099-DIV o el Anexo K-1.
➤ El total de impuestos extranjeros no superó los $300 ($600 si es casado declarando conjuntamente).
➤ Las acciones o bonos obtuvieron los intereses o dividendos.
➤ El contribuyente no está presentando el Formulario 4563 ni excluyendo los ingresos de fuentes dentro de Puerto Rico.
➤ Todos los impuestos extranjeros fueron los siguientes:
  ○ Adquiridos legalmente por el contribuyente y no son elegibles para un reembolso o impuesto reducido según un tratado tributario.
  ○ Pagados a países que no están reconocidos por los EE. UU. y no apoyan el terrorismo.

Formulario 2441: Cuidado de hijos y dependientes

Se permite un crédito no reembolsable de hasta el 35% de los gastos calificados para el cuidado de un dependiente calificado cuando los gastos están relacionados con el trabajo. El porcentaje de crédito disminuye a medida que aumentan los ingresos, con un 20% de los gastos elegibles como la menor cantidad permitida. Los gastos están limitados a $3,000 para uno y $6,000 para dos o más dependientes calificados. El cuidado de hijos y dependientes se declara en el Formulario 2441 y se transfiere al Formulario 1040, Anexo 3, línea 49.

Dependent care benefits are payments the employer paid directly to either the taxpayer or the care provider for taking care of the qualifying dependent(s) while the taxpayer worked. Dependent care benefits are pre-taxed contributions made based on the fair market value of care in a daycare facility provided by or sponsored by the employer under a Flexible Spending Arrangement (FSA), which is beyond the scope of this course.

"Care" is the cost of attending to qualifying individual(s) outside the taxpayer's home. It does not include food, lodging, education, clothing, or entertainment. If the care was provided by a dependent care facility, the center must meet all the applicable state and local regulations. A dependent care facility is a place that provides care for more than 6 individuals who do not live there and receives a fee, payment, or grant for providing those services for any individual. The cost of a day camp can be included, but the cost of an overnight camp, summer school, or tutoring program cannot be included.

A qualifying person is:

➤ A qualifying child under the age of 13 who is claimed as a dependent. If a child turned 13 during the tax year, his or her care can still be prorated for the portion of the year the child was not 13.
➤ A disabled spouse who wasn't physically or mentally able to care for him or herself.
➤ Any disabled person who wasn't physically or mentally able to care for him or herself and whom the taxpayer can claim as a dependent unless one of the following is true:
  o The disabled individual had a gross income of $4,150 or more.
  o The disabled individual filed a joint return.
  o The disabled individual or spouse filing a joint return could be claimed as a dependent on another individual's 2018 tax return.

To be able to claim the child and dependent care expenses, the taxpayer must meet all the following requirements:

➤ The care must be for one or more qualifying persons who are identified on Form 2441.
➤ The taxpayer (and spouse if filing a joint return) must have earned income during the year.
➤ The taxpayer must be paying child and dependent care expenses in order to allow the taxpayer, and spouse if filing jointly, to work or look for work.
➤ The taxpayer must make payments for child and dependent care to someone who cannot be claimed as a dependent on the taxpayer's return.
➤ The filing status may be single, head of household, or qualifying widow(er) with a dependent child. If married, they must file a joint return (unless an exception applies).
➤ The taxpayer must fill out Form 2441 to identify the provider's name, TIN, the cost of care, and the address of the location where the care was provided and attach the form to his or her tax return.
➤ If the taxpayer excludes or deducts dependent care benefits provided by a dependent care benefit plan, the total amount excluded or deducted must be less than the dollar limit for qualifying expenses ($3,000 per child up to $6,000).

This is the current chart used to calculate the child and dependent care credit. The credit amount is calculated by multiplying the percentage on the left against the credit's monetary limit ($3,000-$6,000), and which percentage is used is based on the taxpayer(s) combined income.

Los beneficios de cuidado de dependientes son pagos que el empleador realizó directamente al contribuyente o al proveedor de cuidado para que cuide de los dependientes calificados mientras el contribuyente trabajó. Los beneficios de cuidado de dependientes son contribuciones antes de impuestos realizadas en función del valor justo de mercado de la atención en un centro de cuidado diurno proporcionado o patrocinado por el empleador bajo un Acuerdo de Gastos Flexibles (FSA), que está fuera del alcance de este curso.

"Cuidado" es el costo de atender a las personas calificadas fuera del hogar del contribuyente. No incluye comida, alojamiento, educación, ropa o entretenimiento. Si la atención fue brindada por un centro de cuidado de dependientes, el centro debe cumplir con todas las regulaciones estatales y locales aplicables. Un centro de cuidado de dependientes es un lugar que brinda atención a más de 6 personas que no viven allí y recibe un honorario, pago o subvención para proporcionar esos servicios a cualquier persona. Se puede incluir el costo de un campamento diurno, pero no se puede incluir el costo de un campamento nocturno, escuela de verano o programa de tutoría.

Una persona calificada es:

> ➢ Un hijo calificado menor de 13 años que se reclama como dependiente. Si un hijo cumplió 13 años durante el año tributario, su cuidado todavía puede prorratearse por la parte del año en que el hijo no tenía 13 años.
> ➢ Un cónyuge discapacitado que no podía cuidar física o mentalmente de sí mismo.
> ➢ Cualquier persona discapacitada que no era física o mentalmente capaz de cuidarse a sí misma, a quien el contribuyente pueda reclamar como dependiente a menos que se cumpla una de las siguientes condiciones:
>   - ○ La persona discapacitada tenía un ingreso bruto de $4,150 o más.
>   - ○ La persona discapacitada presentó una declaración conjunta.
>   - ○ La persona discapacitada o el cónyuge que presenta una declaración conjunta pueden ser reclamados como dependientes en la declaración de impuestos de 2018 de otra persona.

Para poder reclamar los gastos de cuidado de hijos y dependientes, el contribuyente debe cumplir con todos los siguientes requisitos:

> ➢ El cuidado debe ser para una o más personas calificadas que están identificadas en el Formulario 2441.
> ➢ El contribuyente (y su cónyuge, si presentan una declaración conjunta) deben haber obtenido ingresos durante el año.
> ➢ El contribuyente debe pagar los gastos de cuidado de hijos y dependientes para permitir que el contribuyente y su cónyuge, si presentan una declaración conjunta, trabajen o busquen trabajo.
> ➢ El contribuyente debe realizar pagos por el cuidado de hijos y dependientes a alguien que no puede ser reclamado como dependiente en la declaración del contribuyente.
> ➢ El estado civil puede ser soltero, cabeza de familia o viudo/a elegible con un hijo dependiente. Si están casados, deben presentar una declaración conjunta (a menos que se aplique una excepción).
> ➢ El contribuyente debe completar el Formulario 2441 para identificar el nombre del proveedor, el TIN, el costo de la atención y la dirección del lugar donde se proporcionó la atención y adjuntar el formulario a su declaración de impuestos.
> ➢ Si el contribuyente excluye o deduce los beneficios de cuidado de dependientes proporcionados por un plan de beneficios de cuidado de dependientes, el monto total excluido o deducido debe ser menor que el límite en dólares para gastos elegibles ($ 3,000 por hijo hasta $6,000).

Esta es la tabla actual utilizada para calcular el crédito por cuidado de hijos y dependientes. El monto del crédito se calcula multiplicando el porcentaje de la izquierda con el límite monetario del crédito ($3,000 - $ 6,000), y el porcentaje que se utiliza se basa en el ingreso combinado del contribuyente.

Income	Percentage
$0 – $15,000	35%
$15,001 – $17,000	34%
$17,001 – $19,000	33%
$19,001 – $21,000	32%
$21,001 – $23,000	31%
$23,001 – $25,000	30%
$25,001 – $27,000	29%
$27,001 – $29,000	28%
$29,001 – $31,000	27%
$31,001 – $33,000	26%
$33,001 – $35,000	25%
$35,001 – $37,000	24%
$37,001 – $39,000	23%
$39,001 – $41,000	22%
$41,001 – $43,000	21%
$43,001 – no limit	20%

For example, if a taxpayer and his spouse each made $50,000 for a combined income of $100,000, and they paid $5,800 for childcare for one child. Because they only paid childcare for one child and because the paid $5,800 on childcare, they will be allowed to use $3,000 of that expense to calculate their credit's amount, because that is the credit's limit no matter how much was spent on childcare. Because their combined income was over $43,000, they will calculate their credit's amount using the 20% section from the chart. Therefore, the 20% deduction is calculated as follows: $3,000 x .20 = $600. Their credit amount is $600.

If all other details were same, but they had only spent $2,000 on childcare, their credit amount would be 20% of that two thousand, not three, because they did not spend enough to reach the credit limit, meaning their credit amount would be $400 ($2,000 x .20 = $400).

Child of Divorced or Separated Parents

In addition to meeting the qualifying person requirements, additional rules apply in the case of divorced or separated parents. The credit can be claimed only by the parent who has physical custody of the child for the greater portion of the year. The other parent (the noncustodial parent) cannot claim the credit regardless of the amount of any provided support, even if the custodial parent releases the dependency exemption to the noncustodial parent.

Ingresos	Porcentaje
$0 – $15,000	35%
$15,001 – $17,000	34%
$17,001 – $19,000	33%
$19,001 – $21,000	32%
$21,001 – $23,000	31%
$23,001 – $25,000	30%
$ 25,001 - $ 27,000	29%
$27,001 – $29,000	28%
$29,001 – $31,000	27%
$31,001 – $33,000	26%
$33,001 – $35,000	25%
$35,001 – $37,000	24%
$37,001 – $39,000	23%
$39,001 – $41,000	22%
$41,001 – $43,000	21%
$43,001 – sin límite	20%

Por ejemplo, si un contribuyente y su cónyuge ganaron $50,000 para un ingreso combinado de $100,000, y pagaron $5,800 por el cuidado infantil por un hijo. Debido a que solo pagaron el cuidado infantil por un hijo y debido a que pagaron $5,800 en cuidado infantil, se les permitirá usar $3,000 de ese gasto para calcular el monto de su crédito, porque ese es el límite del crédito sin importar cuánto se gastó en el cuidado infantil. Debido a que sus ingresos combinados superaron los $43,000, calcularán el monto de su crédito utilizando la sección del 20% del cuadro. Por lo tanto, la deducción del 20% se calcula de la siguiente manera: $3,000 x .20 = $600. El monto de su crédito es de $600.

Si todos los demás detalles fueran iguales, pero solo hubieran gastado $2,000 en cuidado infantil, el monto de su crédito sería el 20% de esos dos mil, no tres, porque no gastaron lo suficiente para alcanzar el límite de crédito, lo que significa que el monto de su crédito sería de $400 ($2,000 x .20 = $400).

Hijo de padres divorciados o separados

Además de cumplir con los requisitos de las personas que califican, se aplican reglas adicionales en el caso de padres divorciados o separados. El crédito solo puede ser reclamado por el padre que tiene la custodia física del hijo durante la mayor parte del año. El otro padre (el padre sin custodia) no puede reclamar el crédito sin importar el monto de la manutención proporcionada, incluso si el padre con custodia libera la exención de dependencia para el padre sin custodia.

Earned Income Test

To claim the credit, the taxpayer and spouse (if filing jointly) must have earned income. Earned income includes wages, salary, tips, other taxable employee compensation, and net earnings from self-employment. A loss from self-employment reduces income. If the taxpayer has nontaxable combat pay that is not included in earned income, he or she may include the income to calculate the child and dependent credit. If both the taxpayer and spouse have nontaxable combat pay, both will have to make the election. A good tax professional should calculate the credit both ways for the taxpayer and see which results in the higher credit amount.

Señor 1040 Says: Earned income is reduced by any net loss from self-employment.

Work-Related Expense Requirement

Child and dependent care expenses must be work-related to qualify for the credit. Expenses are considered work-related only if the following are true:

➢ The dependent care allows the taxpayer(s) to work or look for work.
➢ The expenses are for a qualifying person's care.

Example 1: Darlene works during the day. Her spouse, Craig, works at night and sleeps while Darlene is working. Their five-year-old son, Trevor, goes to daycare so Craig can sleep. Their expenses are work-related because the care allows Craig to get the sleep that he needs to be able to perform his job adequately.

Example 2: Darlene and Craig get a babysitter on Craig's night off, so they can go out to eat and spend some time together. This expense is not work-related because the care is not directly facilitating Darlene or Craig's ability to work or look for work.

Joint Return Requirement

Usually, married couples must file a joint return to take the child and dependent care credit. However, if the taxpayer and spouse are legally separated or living apart, they may still be able to take the credit. For a separated married taxpayer to be eligible for the credit, all the following must apply:

➢ The taxpayer must file their own, separate return.
➢ The taxpayer's home was the qualifying individual's home for more than half the year.
➢ The taxpayer paid more than half the cost of home upkeep for the year.
➢ The taxpayer's spouse did not live in their home during the last 6 months of the year.

Rules for Spouses who are Students or Not Able to Care for Themselves

Prueba de ingresos ganados

Para reclamar el crédito, el contribuyente y el cónyuge (si presentan una declaración conjunta) deben tener ingresos del trabajo. Los ingresos del trabajo incluyen sueldos, salarios, propinas, otras compensaciones de empleados sujetos a impuestos y ganancias netas del trabajo como independiente. Una pérdida de trabajo como independiente reduce los ingresos. Si el contribuyente tiene un pago por combate no tributable que no está incluido en el ingreso del trabajo, él o ella puede incluir el ingreso para calcular el crédito por hijo y dependiente. Si tanto el contribuyente como el cónyuge tienen un pago por combate no tributable, ambos tendrán que hacer la elección. Un buen profesional de impuestos debe calcular el crédito de ambas maneras para el contribuyente y ver cuál resulta en el monto del crédito más alto.

El señor 1040 dice: Los ingresos del trabajo se reducen por cualquier pérdida neta del trabajo por cuenta propia.

Requisito de gastos relacionados con el trabajo

Los gastos de cuidado de hijos y dependientes deben estar relacionados con el trabajo para calificar para el crédito. Los gastos se consideran relacionados con el trabajo solo si se cumplen las siguientes condiciones:

➢ El cuidado de dependientes le permite al/los contribuyente (s) trabajar o buscar trabajo.
➢ Los gastos son para el cuidado de una persona calificada.

Ejemplo 1: Darlene trabaja durante el día. Su esposo, Craig, trabaja de noche y duerme mientras Darlene está trabajando. Su hijo de cinco años, Trevor, va a la guardería para que Craig pueda dormir. Sus gastos están relacionados con el trabajo porque la atención le permite a Craig obtener el sueño que necesita para poder realizar su trabajo adecuadamente.

Ejemplo 2: Darlene y Craig contratan a una niñera en la noche libre de Craig, para que puedan salir a comer y pasar un tiempo juntos. Este gasto no está relacionado con el trabajo porque la atención no facilita directamente la capacidad de Darlene o Craig para trabajar o buscar trabajo.

Requisito de declaración conjunta

Por lo general, las parejas casadas deben presentar una declaración conjunta para tomar el crédito de cuidado de hijos y dependientes. Sin embargo, si el contribuyente y el cónyuge están legalmente separados o viven separados, es posible que aún puedan tomar el crédito. Para que un contribuyente matrimonial separado sea elegible para el crédito, se deben cumplir las siguientes condiciones:

➢ El contribuyente debe presentar su propia declaración por separado.
➢ El hogar del contribuyente fue el hogar del individuo calificado durante más de la mitad del año.
➢ El contribuyente pagó más de la mitad del costo del mantenimiento de la vivienda durante el año.
➢ El cónyuge del contribuyente no vivió en su hogar durante los últimos 6 meses del año.

Reglas para los cónyuges que son estudiantes o que no pueden cuidarse a sí mismos

A married couple is treated as having earned income for any month that one was a full-time student or attended a school during any 5 months of the tax year (the months do not have to be consecutive) or is physically or mentally disabled or unable to care for himself. This definition of "school" does not include night school or a correspondence school.

If the taxpayer or spouse was a full-time student for at least five months or was disabled, he or she is considered to have earned income of $250 per month (or $500 if more than one qualifying person was cared for during the tax year). This is done in order to help taxpayers who have little-to-no earned income be able to qualify for the Child and Dependent Care Credit because credits can only be claimed if the taxpayer or spouse have earned income

If the taxpayer's spouse also worked during that month, use the higher of $250 (or $500) or his or her actual earned income for that month. If both the taxpayer and spouse were students or disabled in the same month, only one of them can be treated as having earned income in that month. For any month that the taxpayer or spouse was not a student or disabled, use the actual earned income if the taxpayer or spouse worked during the month.

Employer Dependent Care Assistance

If the employer provides dependent care benefits which are excluded from income (such as those received under a cafeteria plan), the taxpayer must subtract that amount from the applicable dollar limit of the Child and Dependent Care Credit. Dependent care benefits include the following:

➢ Amounts the employer paid directly to either the taxpayer or the taxpayer's provider while the taxpayer worked.
➢ The fair market value of care in a daycare facility provided or sponsored by the employer.
➢ Pretax contributions made under a dependent flexible spending arrangement.

The dependent care benefits are reported in box 10 on the taxpayer's W-2. If benefits were provided to a partner, they would be shown in box 13 on the K-1 for Form 1065 with code *O*.

The amount that can be excluded from income is limited to the smallest of the following:

➢ The total amount of dependent care benefits received during the year.
➢ The total amount of qualified expenses incurred during the year.
➢ The taxpayer's earned income.
➢ The spouse's earned income.
➢ $5,000 or $2,500 if married filing separately.

For example, if the taxpayer with an earned income of $43,000 qualifies for the child and dependent care credit and pays $3,000, of which the employer reimburses $1,000, the taxpayer's basis for childcare for one child is $2,000, and he or she would have $400 in eligible benefits:

Maximum allowed	$3,000
Benefits excluded from income*	−1,000
Reduced limit for figuring credit	$2,000
	× .20
Childcare credit allowed	$400

Se considera que una pareja casada percibe ingresos del trabajo por cualquier mes que uno fue un estudiante a tiempo completo o asistió a una escuela durante cualquiera de los 5 meses del año tributario (los meses no tienen que ser consecutivos) o es física o mentalmente discapacitado o incapaz de cuidar de sí mismo. Esta definición de "escuela" no incluye la escuela nocturna o una escuela por correspondencia.

Si el contribuyente o cónyuge era un estudiante a tiempo completo durante al menos cinco meses o estaba discapacitado, se considera que él o ella ha ganado un ingreso de $250 por mes (o $500 si se cuidó a más de una persona calificada durante el año tributario). Esto se hace para ayudar a los contribuyentes que tienen poco o ningún ingreso del trabajo para que califiquen al Crédito por cuidado de hijos y dependientes porque los créditos solo se pueden reclamar si el contribuyente o su cónyuge tienen ingresos del trabajo.

Si el cónyuge del contribuyente también trabajó durante ese mes, use el monto más alto de $250 (o $500) o su ingreso del trabajo real de ese mes. Si tanto el contribuyente como el cónyuge eran estudiantes o estaban discapacitados en el mismo mes, se considera que solo uno de ellos percibe un ingreso del trabajo en ese mes. Para cualquier mes en que el contribuyente o cónyuge no fuera un estudiante o discapacitado, use el ingreso real del trabajo si el contribuyente o cónyuge trabajó durante el mes.

Asistencia del empleador para el cuidado de dependientes

Si el empleador proporciona beneficios de cuidado de dependientes que están excluidos de los ingresos (como los recibidos bajo un plan de cafetería), el contribuyente debe restar esa cantidad del límite de dólares aplicable del Crédito de Cuidado de hijos y dependientes. Los beneficios de cuidado de dependientes incluyen lo siguiente:

➢ Montos que el empleador pagó directamente al contribuyente o al proveedor del contribuyente mientras el contribuyente trabajaba.
➢ El valor razonable de mercado de la atención en un centro de cuidado diurno proporcionado o auspiciado por el empleador.
➢ Contribuciones antes de impuestos hechas bajo un acuerdo de gasto flexible dependiente.

Los beneficios de cuidado de dependientes se declaran en la casilla 10 en el formulario W-2 del contribuyente. Si se proporcionaran beneficios a un socio, se mostrarían en la casilla 13 en el apartado K-1 para el Formulario 1065 con el código *O*.

La cantidad que puede excluirse de los ingresos se limita a la menor de las siguientes:

➢ La cantidad total de los beneficios de cuidado de dependientes recibidos durante el año.
➢ El monto total de gastos calificados incurridos durante el año.
➢ Los ingresos del trabajo del contribuyente.
➢ Los ingresos del trabajo del cónyuge.
➢ $5,000 o $2,500 si es casado declarando por separado.

Por ejemplo, si el contribuyente con un ingreso del trabajo de $43,000 califica para el crédito de cuidado de hijos y dependientes y paga $3,000, de los cuales el empleador reembolsa $1,000, la base del contribuyente para el cuidado infantil es de $2,000, y él o ella recibiría $400 en beneficios elegibles:

Máximo permitido	$3,000
Beneficios excluidos del ingreso*	−1,000
Límite reducido para calcular el crédito	$2,000
	× .20
Crédito de cuidado infantil permitido	$400

*This amount is shown on Form W-2 in box 10, and when it is shown, the second page of Form 2441 must be filled out, even if the taxpayer has no additional eligible benefits.

Señor 1040 Says: Make sure to always see if there is an amount in box 10 of the W-2 for Dependent Care Payments.

However, if the amount of dependent care assistance exceeds the amount paid for dependent care, the excess amount becomes income to the taxpayer and should be reported on line 7 of Form 1040. The letters "DCB" (dependent care benefit) should be written on the dotted line in the space before the entry block for line 7.

Dependent care benefits can be used to pay for dependent care provided in the home. The taxpayer may have to withhold taxes (FICA and FUTA) for the dependent care provider if dependent care is provided in the taxpayer's home. The taxpayer is not required to withhold taxes if the dependent care provider is self-employed.

Expenses Not for Care

Care expenses do not include any amounts the taxpayer paid for food, lodging, clothing, education, or entertainment. Expenses for a child in nursery school, preschool, or some similar program for children below the level of kindergarten are considered expenses for care. Expenses to attend kindergarten or higher schooling are not expenses for childcare. Expenses for before or after-school care are expenses for care in most situations; more research will be needed for the exceptions to this, as they are beyond the scope of this course. Summer school and tutoring programs cannot be used as dependent care expenses. The cost of sending the dependent to an overnight camp is not considered work related; however, the cost of a day camp may be a work-related expense.

Payments to Relatives or Dependents

Payments made to relatives for dependent care that enables the taxpayer to work when the relative lives in the taxpayer's home may still apply as a dependent care payment. However, if any of the following apply, the payments cannot be counted as a payment for dependent care:

➢ If the dependent can be claimed as the taxpayer's dependent (or spouse if filing jointly).
➢ If the child was under the age of 19 at the end of the year, even if he or she was not the taxpayer's dependent.
➢ If the person was not the taxpayer's spouse any time during the year.
➢ If the person providing the care is the other parent of the qualifying person and if the qualifying person is the taxpayer's child and if the child is under the age of 13.

Dependent Care Provider Information

The taxpayer must fill out Form 2441 to provide the following information about the person or organization that provides care for the taxpayer's qualifying child or dependent:

*Esta cantidad se indica en el Formulario W-2 en la casilla 10, y cuando se muestra, se debe completar la segunda página del Formulario 2441, incluso si el contribuyente no tiene beneficios elegibles adicionales.

> *El señor 1040 dice:* Asegúrese de ver siempre si hay una cantidad en la casilla 10 del formulario W-2 para Pagos de cuidado de dependientes.

Sin embargo, si la cantidad de asistencia para la atención de dependientes excede la cantidad pagada por el cuidado de dependientes, la cantidad en exceso se convierte en ingreso para el contribuyente y debe declararse en la línea 7 del Formulario 1040 o el Formulario 1040A. Las letras "DCB" (Beneficio de Cuidado de Dependientes) deben escribirse en la línea punteada en el espacio antes del bloque de entrada para la línea 7.

Los beneficios de cuidado de dependientes se pueden usar para pagar el cuidado de dependientes que se proporciona en el hogar. Es posible que el contribuyente tenga que retener impuestos (FICA y FUTA) para el proveedor de cuidado de dependientes si el cuidado de dependientes se proporciona en la casa del contribuyente. No se requiere que el contribuyente retenga impuestos si el proveedor de cuidado de dependientes es un trabajador autónomo.

Gastos no relacionados con el cuidado

Los gastos de atención no incluyen ninguna cantidad que el contribuyente pagó por alimentos, alojamiento, ropa, educación o entretenimiento. Los gastos para un hijo en una guardería, preescolar o algún programa similar para niños por debajo del nivel de jardín infantil se consideran gastos de atención. Los gastos para asistir a la educación infantil o superior no son gastos para el cuidado infantil. Los gastos de atención antes o después de la escuela son gastos de atención en la mayoría de las situaciones; se necesitarán más investigaciones para las excepciones a esta condición, ya que están fuera del alcance de este curso. La escuela de verano y los programas de tutoría no se pueden usar como gastos de cuidado de dependientes. El costo de enviar al dependiente a un campamento nocturno no se considera un gasto relacionado con el trabajo; sin embargo, el costo de un campamento diurno puede ser un gasto relacionado con el trabajo.

Pagos a familiares o dependientes

Los pagos hechos a familiares por el cuidado de dependientes que le permiten al contribuyente trabajar cuando el familiar vive en la casa del contribuyente aún pueden aplicar como un pago por el cuidado de dependientes. Sin embargo, si se cumple alguna de las siguientes condiciones, los pagos no pueden contabilizarse como un pago por el cuidado de dependientes:

➢ Si el dependiente puede ser reclamado como el dependiente del contribuyente (o cónyuge si presenta una declaración conjunta).
➢ Si el hijo tenía menos de 19 años al final del año, incluso si no era el dependiente del contribuyente.
➢ Si la persona no fue el cónyuge del contribuyente en algún momento durante el año.
➢ Si la persona que brinda la atención es el otro padre de la persona que califica y si la persona que califica es el hijo del contribuyente y si el hijo es menor de 13 años.

Información del proveedor de cuidado de dependientes

El contribuyente debe completar el Formulario 2441 para proporcionar la siguiente información sobre la persona u organización que brinda atención para el hijo o dependiente calificado del contribuyente:

- ➢ The provider's name.
- ➢ The provider's address.
- ➢ The provider's identification number (EIN or SSN).

If the taxpayer cannot provide all the required information, the credit may not be allowed. The taxpayer can show that he or she exercised due diligence by getting and keeping the provider's completed Form W-10, *Dependent Care Provider's Identification and Certification.*

The taxpayer may also supply a statement from the employer if the employer's dependent care plan is the provider, or the taxpayer might supply a letter or invoice from the provider if it shows the information required. If the provider refuses to give the information to the taxpayer, the taxpayer should provide the information he or she has available, attach a statement explaining the provider's refusal to supply the information, and explain what attempts were made to obtain the information. To make sure the credit is not disallowed, the taxpayer must complete due diligence on the care provider to make sure that all the information that he or she has been given is accurate.

Señor 1040 Says: Encourage the taxpayer to maintain records about their child care provider and store them along with their tax returns.

Tax Tip: If the dependent care provider cares for the dependent in the taxpayer's home, the provider may be considered a household employee. As a tax professional, you should ask questions about dependent care. Document your questions and answers from the taxpayer.

Segment 2

Form 8863: Education Credits

Education credits are available for taxpayers who pay expenses for postsecondary education. To be able to claim the education credit, Form 1098-T must be received by the student from the student's school and be given to the tax preparer. The two education credits are the American Opportunity Credit (AOC) and the lifetime learning credit, both of which are reported on Form 8863, *Education Credits.* The lifetime learning credit is a nonrefundable credit, and the American opportunity credit is a partially refundable credit. To be eligible for either credit, the following requirements must be met:

- ➢ Education credits are not available to taxpayers filing MFS.

> ➢ El nombre del proveedor.
> ➢ La dirección del proveedor.
> ➢ El número de identificación del proveedor (EIN o SSN).

Si el contribuyente no puede proporcionar toda la información requerida, es posible que no se permita el crédito. El contribuyente puede demostrar que él o ella ejerció la diligencia debida al obtener y mantener el Formulario W-10 *del proveedor, Identificación y certificación del proveedor de cuidado de dependientes.*

El contribuyente también puede proporcionar una declaración del empleador si el plan de cuidado de dependientes del empleador es el proveedor, o el contribuyente puede proporcionar una carta o factura del proveedor si muestra la información requerida. Si el proveedor se niega a proporcionar la información al contribuyente, el contribuyente debe proporcionar la información que él o ella tiene disponible, adjuntar una declaración que explique la negativa del proveedor a proporcionar la información, y explicar qué intentos se hicieron para obtenerla. Para asegurarse de que no se rechace el crédito, el contribuyente debe completar la diligencia debida con el proveedor de atención para asegurarse de que toda la información que se le ha proporcionado sea correcta.

El señor 1040 dice: Aliente al contribuyente a mantener registros sobre su proveedor de cuidado infantil y almacenarlos junto con sus declaraciones de impuestos.

Consejo tributario: Si el proveedor de cuidado de dependientes cuida al dependiente en la casa del contribuyente, el proveedor puede ser considerado un empleado del hogar. Como profesional de impuestos, debe hacer preguntas sobre el cuidado de dependientes. Documente sus preguntas y respuestas del contribuyente.

Ya está listo/a para responder las preguntas de repaso

Vaya a su cuenta en línea

Segmento 2

Formulario 8863: Créditos educativos

Los créditos educativos están disponibles para los contribuyentes que pagan los gastos de la educación postsecundaria. Para poder reclamar el crédito educativo, el estudiante debe recibir el Formulario 1098-T de la escuela del estudiante y entregarlo al preparador de impuestos. Los dos créditos educativos son el Crédito de Oportunidad Estadounidense (AOC) y el crédito de aprendizaje de por vida, ambos se declaran en el Formulario 8863, *Créditos educativos*. El crédito de aprendizaje de por vida es un crédito no reembolsable, y el crédito de oportunidad estadounidense es un crédito parcialmente reembolsable. Para ser elegible para cualquiera de los dos créditos, se deben cumplir los siguientes requisitos:

> ➢ Los créditos de educación no están disponibles para los contribuyentes casados declarando por separado.

➢ Education expenses must be paid for the taxpayer, the taxpayer's spouse, or the taxpayer's dependents (if the student can be claimed by another taxpayer, the student cannot claim the credit on his or her own tax return, as any expenses paid by the student are considered to be paid by the taxpayer who claimed the student as a dependent).

➢ Meals, lodging, student activities, athletics, transportation, insurance, and personal living expenses are not considered qualified expenses.

➢ Qualified education expenses generally do not include expenses that relate to any noncredit course or to any course of instruction or education that involves sports, games, or hobbies. However, if the course of instruction is part of the student's degree program, these expenses can qualify.

➢ Prepayments for an academic period that begins during the first three months of the following year are treated as if the academic period begins in the year of the prepayment.

➢ The taxpayer can claim an education credit for qualified education expenses that were not refunded when the student withdraws.

➢ If the taxpayer or spouse was a nonresident alien for any part of the year, the taxpayer cannot claim a credit unless he or she qualifies and elects to be treated as a resident alien.

➢ The amount on Form 1040, line 7 is $90,000 or more (or $180,000 or more if MFJ).

Lifetime Learning Credit.

The lifetime learning credit is available at any time for the taxpayer, the taxpayer's spouse, or the taxpayer's dependent. The maximum allowed credit is $2,000 or 20% of the first $10,000 of qualified tuition and related expenses paid for all students during the year that were claimed on the same tax return. Qualified expenses include tuition and fees required for enrollment at an eligible education institution. Expenses that were incurred in order to acquire or improve the taxpayer's job skills are eligible expenses.

An expense related to a course that involves sports, games, or hobbies is not a qualified expense unless it is part of the student's degree program. Taxpayers must reduce their qualified expense by any education assistance received from the education institution, scholarships, or amounts used to compute the lifetime learning credit.

The lifetime learning credit is not based on the student's workload. Expenses for graduate-level courses are eligible. The amount of credit a taxpayer can claim does not increase based on the number of students for whom the taxpayer paid qualified expenses. The student does not have to be enrolled at least half-time in the course of study to be eligible for the credit. The nonrefundable portion of the education credits is found on Form 8863, line 19 and is reported on Form 1040, line 50. To qualify for the lifetime learning credit, the taxpayer's modified adjusted gross income (MAGI) should be less than $134,000 for taxpayers filing MFJ or less than $67,000 for all others.

Remember, modified adjusted gross income (MAGI) is adjusted gross income, plus all of the following:

➢ The amount excluded under IRC §911, *Foreign-Earned Income Exclusion.*
➢ Tax-exempt interest income.
➢ The excluded portion of social security benefits.

➢ Los gastos de educación deben pagarse para el contribuyente, el cónyuge del contribuyente o los dependientes del contribuyente (si el estudiante puede ser reclamado por otro contribuyente, el estudiante no puede reclamar el crédito en su propia declaración de impuestos, ya que los gastos pagados por el estudiante son considerados como pagados por el contribuyente que reclamó al estudiante como dependiente).

➢ Las comidas, el alojamiento, las actividades estudiantiles, los deportes, el transporte, el seguro y los gastos personales no se consideran gastos calificados.

➢ Los gastos de educación calificados generalmente no incluyen gastos relacionados con ningún curso sin crédito o con cualquier curso de instrucción o educación que involucre deportes, juegos o pasatiempos. Sin embargo, si el curso de instrucción es parte del programa de grado del estudiante, estos gastos pueden calificar.

➢ Los pagos anticipados por un período académico que comienza durante los primeros tres meses del año siguiente se tratan como si el período académico comenzara en el año del pago anticipado.

➢ El contribuyente puede reclamar un crédito educativo para gastos de educación calificados que no se reembolsaron cuando el estudiante se retira.

➢ Si el contribuyente o cónyuge era un extranjero no residente durante cualquier parte del año, el contribuyente no puede reclamar un crédito a menos que califique y elija ser tratado como un extranjero residente.

➢ La cantidad en el Formulario 1040, línea 7 es de $90,000 o más (o $180,000 o más si es casado declarando conjuntamente).

Crédito de aprendizaje de por vida

El crédito de aprendizaje de por vida está disponible en cualquier momento para el contribuyente, el cónyuge del contribuyente o el dependiente del contribuyente. El crédito máximo permitido es de $2,000 o el 20% de los primeros $10,000 de matrícula calificada y los gastos relacionados pagados por todos los estudiantes durante el año que fueron reclamados en la misma declaración de impuestos. Los gastos calificados incluyen la matrícula y las cuotas requeridas para la inscripción en una institución educativa elegible. Los gastos en que se incurrió para adquirir o mejorar las habilidades laborales del contribuyente son gastos elegibles.

Un gasto relacionado con un curso que involucre deportes, juegos o pasatiempos no es un gasto calificado a menos que sea parte del programa de estudios del estudiante. Los contribuyentes deben reducir su gasto calificado por cualquier asistencia educativa recibida de la institución educativa, becas o montos utilizados para calcular el crédito de aprendizaje de por vida.

El crédito de aprendizaje de por vida no se basa en la carga de trabajo del estudiante. Los gastos para los cursos de posgrado son elegibles. La cantidad de crédito que un contribuyente puede reclamar no aumenta en función de la cantidad de estudiantes para quienes el contribuyente pagó los gastos calificados. El estudiante no tiene que estar inscrito al menos medio tiempo en el curso de estudio para ser elegible para el crédito. La parte no reembolsable de los créditos educativos se encuentra en el Formulario 8863, línea 19 y se declara en el Formulario 1040, línea 50 o el Formulario 1040A, línea 33. Para calificar para el crédito de aprendizaje de por vida, el MAGI del contribuyente debe ser menos de $134,000 para los contribuyentes casados declarando conjuntamente o menos de $67,000 para todos los demás.

Recuerde, el ingreso bruto ajustado y modificado (MAGI) es el ingreso bruto ajustado más todo los siguiente:

➢ La cantidad que se excluye bajo la §911 del IRC, Exclusión de ingreso del trabajo en el extranjero.

➢ Ingresos de intereses exentos de impuestos.

➢ La parte excluida de los beneficios del Seguro Social.

American Opportunity Credit (AOC)

The American Opportunity Credit (AOC) is a credit of up to $2,500, up to 40% of which may be refundable. The credit is given based on 100% of the first $2,000 and 25% of the next $2,000. To qualify for the AOC, the taxpayer's MAGI must be less than $180,000 for taxpayers filing MFJ or less than $90,000 for all others.

Qualified expenses include tuition and fees for enrollment at an eligible institution as well as expenses for books, supplies, and equipment needed for a course of study, whether or not the materials are purchased from the education institution. In order to be considered eligible, a student must be enrolled in a degree, certificate, or other program leading to a recognized education credential at an eligible institution. The student must be carrying at least half the normal full-time workload for the course of study in which the student is enrolled. The student must also be free of federal or state felony offenses consisting of the possession or distribution of a controlled substance. The refundable portion of the education credit is found on Form 8863, line 8 and reported on Form 1040, page 2, line 17.

Example: Donna and Doug are both first-year students at an eligible education institution, and they are required to have certain books and other reading materials to use in their mandatory first-year classes. Doug bought his books directly from a friend, and Donna purchased hers at the college bookstore. Although Donna and Doug purchased their books through different avenues, the cost of both purchases are qualifying education expenses since books qualify for the American opportunity credit.

The American opportunity credit can be claimed for a student if all the following requirements are met:

> ➢ The student has not completed his or her first four years of postsecondary education determined by the eligible education institution.
> ➢ Neither the American Opportunity Credit nor the Hope Scholarship credit has been claimed for any prior four tax years.
> ➢ For at least one academic period beginning in 2018, the student did the following:
>   o Was enrolled in a program that leads to a degree certificate or other credential
>   o Carried at least one-half of the normal full-time workload for his or her course of study.
> ➢ The student has not been convicted of a federal or state felony for possessing or distributing a controlled substance.

When the tax professional interviews the taxpayer to determine if he or she qualifies for the American Opportunity Credit, be sure to ask the following questions:

> ➢ Did the student receive Form 1098-T?
> ➢ Has the Hope Scholarship Credit or American Opportunity Credit been claimed for this student for any 4 tax years prior to 2018?
> ➢ Was the student enrolled at least half-time for at least one academic period that began or is treated as having begun in 2018 at an eligible education institution in a program leading towards a postsecondary degree, certificate, or other recognized postsecondary education credential?

Crédito de Oportunidad Estadounidense (AOC)

El Crédito de Oportunidad Estadounidense (AOC) es un crédito de hasta $2,500, de los cuales hasta el 40% puede ser reembolsable. El crédito se otorga en base al 100% de los primeros $2,000 y el 25% de los siguientes $2,000. Para calificar para el AOC, el MAGI del contribuyente debe ser menos de $180,000 para los contribuyentes casados declarando conjuntamente o menos de $90,000 para todos los demás.

Los gastos calificados incluyen la matrícula y las tarifas de inscripción en una institución elegible, así como los gastos de libros, suministros y equipos necesarios para un curso de estudio, ya sea que los materiales se compren o no en la institución educativa. Para ser considerado elegible, un estudiante debe estar inscrito en un título, certificado u otro programa que conduzca a una credencial de educación reconocida en una institución elegible. El estudiante debe llevar al menos la mitad de la carga de trabajo normal a tiempo completo para el curso de estudio en el que está matriculado. El estudiante también debe estar libre de delitos graves federales o estatales que consistan en la posesión o distribución de una sustancia controlada. La parte reembolsable del crédito educativo se encuentra en el Formulario 8863, línea 8 y se declara en el Formulario 1040, página 2, línea 17.

Ejemplo: Donna y Doug son estudiantes de primer año en una institución educativa elegible, y deben tener ciertos libros y otros materiales de lectura para usar en sus clases obligatorias de primer año. Doug compró sus libros directamente de un amigo y Donna compró los suyos en la librería de la universidad. Aunque Donna y Doug compraron sus libros por diferentes medios, el costo de ambas compras son gastos de educación calificados, ya que los libros califican para el crédito de oportunidad estadounidense.

El crédito de oportunidad estadounidense se puede reclamar para un estudiante si se cumplen todos los requisitos a continuación:

> El estudiante no ha completado sus primeros cuatro años de educación postsecundaria determinados por la institución educativa elegible.
> Ni el Crédito de Oportunidad Estadounidense ni el crédito de la Beca de Esperanza han sido reclamados por ningún año tributario anterior.
> Durante al menos un período académico que comenzó en 2018, el estudiante hizo lo siguiente:
>   o Fue inscrito en un programa que otorga un certificado de grado u otra credencial
>   o Llevaba al menos la mitad de la carga de trabajo normal a tiempo completo para su curso de estudio.
> El estudiante no ha sido condenado por un delito federal o estatal por poseer o distribuir una sustancia controlada.

Cuando el profesional de impuestos entrevista al contribuyente para determinar si califica para el Crédito de Oportunidad Estadounidense, asegúrese de hacer las siguientes preguntas:

> ¿Recibió el estudiante el Formulario 1098-T?
> ¿Se ha reclamado el Crédito de Becas Esperanza o el Crédito de Oportunidad Estadounidense para este estudiante por cualquiera de los 4 años tributarios anteriores al 2018?
> ¿Se inscribió al estudiante por lo menos medio tiempo durante al menos un período académico que comenzó o se considera que comenzó en 2018 en una institución educativa elegible en un programa que otorga un título o certificado postsecundario u otra credencial de educación postsecundaria reconocida?

> ➢ Did the student complete the first 4 years of postsecondary education before 2018?
> ➢ Was the student convicted of a felony for possession or distribution of a controlled substance before the end of 2018?

Asking and documenting these questions are part of the tax professional's due diligence.

No Double Benefit Allowed

The taxpayer cannot do any of the following:

> ➢ Deduct higher education expenses on his or her income tax return and claim an education credit based on the same expenses.
> ➢ Claim more than one credit based on the same qualified education expenses.
> ➢ Claim a credit based on expenses paid with tax-free scholarship, grant, or employer-provided education assistance.
> ➢ Claim a credit based on the same expenses used to figure the tax-free portion of a distribution from a Coverdell education savings account (ESA) or a qualified tuition program (QTA).
> ➢ Claim a lifetime credit in the same year the tuition and fees deduction was claimed. For tax year 2018 this credit has been suspended.

Adjustment to Qualified Education Expenses.

If taxpayers pay qualified education expenses with certain tax-free funds, they cannot claim a credit for those amounts. Taxpayers must reduce the qualified education expense by the amount of any tax-free education assistance.

Tax-free education assistance includes the following:

> ➢ The tax-free parts of scholarships and fellowships.
> ➢ The tax-free portion of Pell grants.
> ➢ Employer-provided education assistance.
> ➢ Veterans' education assistance.
> ➢ Any other nontaxable (tax-free) payments (other than gifts or inheritances) received as education assistance.

Scholarships and Fellowships.

A scholarship is generally an amount paid or allowed for the benefit of a student to attend an institution of education. The student may be either an undergraduate or a graduate student. A fellowship is an amount paid for the benefit of an individual to aid in the pursuit of study or research. How the student pays for his or her expenses with the fellowship money determines the taxable portion. A scholarship or fellowship qualifies as tax-free if the following conditions are met:

> ➢ The fellowship or scholarship does not exceed qualifying expenses.
> ➢ The funds are not designated for other purposes such as room and board and cannot be used for qualified education expenses.
> ➢ It does not represent payment for teaching, research, or other services required as a condition for receiving the scholarship.

- ➢ ¿Completó el estudiante los primeros 4 años de educación postsecundaria antes de 2018?
- ➢ ¿Fue el estudiante condenado por un delito grave por posesión o distribución de una sustancia controlada antes de finales de 2018?

Preguntar y documentar estas preguntas es parte de la diligencia debida del profesional de impuestos.

No se permiten beneficios dobles

El contribuyente no puede hacer ninguna de las siguientes acciones:

- ➢ Deducir gastos de educación superior en su declaración del impuesto sobre la renta y reclamar un crédito educativo basado en los mismos gastos.
- ➢ Reclamar más de un crédito basado en los mismos gastos de educación calificados.
- ➢ Reclamar un crédito basado en los gastos pagados con becas, subsidios o asistencia educativa provista por el empleador.
- ➢ Reclamar un crédito basado en los mismos gastos utilizados para calcular la porción libre de impuestos de una distribución de una cuenta de ahorro para la educación (ESA) de Coverdell o un programa de matrícula calificado (QTA).
- ➢ Reclamar un crédito de por vida en el mismo año en que se reclamó la deducción de matrícula y cuotas. Para el año tributario 2018 este crédito ha sido suspendido.

Ajuste a gastos calificados de educación.

Si los contribuyentes pagan gastos de educación calificados con ciertos fondos libres de impuestos, no pueden reclamar un crédito por esos montos. Los contribuyentes deben reducir el gasto de educación calificado por el monto de cualquier asistencia educativa libre de impuestos.

La asistencia educativa libre de impuestos incluye lo siguiente:

- ➢ Las partes libres de impuestos de subvenciones y becas.
- ➢ La porción libre de impuestos de las becas Pell.
- ➢ Asistencia educativa provista por el empleador.
- ➢ Asistencia educativa a veteranos.

Cualquier otro pago (que no sea donaciones o herencias) no tributable (libre de impuestos) recibido como asistencia educativa.

Becas y subvenciones

Una beca es generalmente una cantidad pagada o permitida en beneficio de un estudiante para asistir a una institución educativa. El estudiante puede ser un estudiante universitario o un estudiante graduado. Una beca es una cantidad pagada en beneficio de un individuo para ayudar en la búsqueda de un estudio o investigación. La forma en que el estudiante paga sus gastos con el dinero de la beca determina la porción sujeta a impuestos. Una beca o subvención califica como libre de impuestos si se cumplen las siguientes condiciones:

- ➢ La beca o subvención no excede los gastos calificados.
- ➢ Los fondos no están designados para otros fines, como alojamiento y comida, y no pueden utilizarse para gastos de educación calificados.
- ➢ No representa el pago por enseñanza, investigación u otros servicios requeridos como condición para recibir la beca.

Señor 1040 Says: When a student receives a scholarship, make sure that it is not taxable to the student. Do research on how the funds were used by the student. If they were not used for qualifying expenses, the funds could be taxable to the student.

Who Can Claim a Dependent's Expenses?

If there are qualified education expenses for the taxpayer's dependent for a year, the taxpayer can claim an education credit for the dependent's expenses for the current year. For the taxpayer to claim an education credit for his or her dependent's expenses, the taxpayer must also claim an exemption for the dependent. The taxpayer does this by listing the dependent's name and other required information on Form 1040.

Expenses Paid by the Dependent.

If the taxpayer claims an exemption on his or her tax return for an eligible student who is the taxpayer's dependent, treat any expenses paid or deemed paid by the dependent as if the taxpayer paid them. Include these expenses when figuring the amount of the taxpayer's education credit.

Expenses Paid by the Taxpayer.

If the taxpayer claimed an exemption for a dependent who is an eligible student, only the taxpayer can include any expenses paid when figuring the amount of the education credit. If neither the taxpayer nor anyone else claims an exemption for the dependent, the dependent can include any expenses paid when figuring the education credit.

Expenses Paid by Others.

Someone other than the taxpayer, the taxpayer's spouse, or the taxpayer's dependent (such as a relative or former spouse) may make a payment directly to an eligible education institution to pay for an eligible student's qualified education expenses. In this case, the student is treated as receiving the payment from the other person and, in turn, paying the institution. If the taxpayer claims an exemption on his or her tax return for the student, the taxpayer is again considered to have paid the expenses.

Example: In 2018, Laura Hardy makes a payment directly to an eligible education institution for her grandson's qualified education expenses. For the purposes of claiming an education credit, her grandson, Thomas, is treated as receiving the money as a gift from his grandmother and, in turn, paying his qualified education expenses himself. Unless an exemption for Thomas is claimed on someone else's return, only Thomas can use the payment to claim an education credit. If anyone, such as Thomas's parents, claims an exemption for Thomas on his or her tax return, that person may be able to use the expenses to claim an education credit. If anyone else claims an exemption for Thomas, Thomas cannot claim an education credit.

Academic Period.

An academic period includes a semester, trimester, quarter, or other period of study determined by the education institution.

El señor 1040 dice: Cuando un estudiante recibe una beca, asegúrese de que no sea gravable para el estudiante. Investigue cómo los estudiantes usaron los fondos. Si no se utilizaron para gastos calificados, los fondos podrían estar sujetos a impuestos para el estudiante.

¿Quién puede reclamar los gastos de un dependiente?

Si hay gastos de educación calificados para el dependiente del contribuyente durante un año, el contribuyente puede reclamar un crédito educativo para los gastos del dependiente del año en curso. Para que el contribuyente reclame un crédito educativo por los gastos de su dependiente, el contribuyente debe también reclamar una exención para el dependiente. El contribuyente hace esto indicando el nombre del dependiente y otra información requerida en el Formulario 1040.

Gastos pagados por el dependiente

Si el contribuyente reclama una exención en su declaración de impuestos para un estudiante elegible que es el dependiente del contribuyente, trate los gastos pagados o considerados pagados por el dependiente como si el contribuyente los pagara. Incluya estos gastos al calcular el monto del crédito educativo del contribuyente.

Gastos pagados por el contribuyente

Si el contribuyente reclamó una exención para un dependiente que es un estudiante elegible, solo el contribuyente puede incluir los gastos pagados al calcular el monto del crédito educativo. Si ni el contribuyente ni ninguna otra persona reclama una exención para el dependiente, el dependiente puede incluir cualquier gasto pagado al calcular el crédito educativo.

Gastos pagados por otros

Una persona que no sea el contribuyente, el cónyuge del contribuyente o el dependiente del contribuyente (como un pariente o excónyuge) puede realizar un pago directamente a una institución educativa elegible para pagar los gastos de educación calificados de un estudiante elegible. En este caso, se considera que el estudiante recibe el pago de la otra persona y, a su vez, paga a la institución. Si el contribuyente reclama una exención en su declaración de impuestos para el estudiante, se considera nuevamente que el contribuyente ha pagado los gastos.

Ejemplo: En 2018, Laura Hardy realiza un pago directamente a una institución educativa elegible para los gastos de educación calificados de su nieto. A los efectos de reclamar un crédito educativo, su nieto, Thomas, es tratado como si recibiera el dinero en forma de una donación de su abuela y, a su vez, pagara él mismo sus gastos de educación calificados. A menos que se reclame una exención para Thomas en la declaración de otra persona, solo Thomas puede usar el pago para reclamar un crédito educativo. Si alguien, como los padres de Thomas, reclama una exención para Thomas en su declaración de impuestos, esa persona puede usar los gastos para reclamar un crédito educativo. Si alguien más reclama una exención para Thomas, Thomas no puede reclamar un crédito educativo.

Periodo académico

Un período académico incluye un semestre, trimestre u otro período de estudio determinado por la institución educativa.

Eligible Education Institution.

An eligible education institution is any college, university, vocational school, or other postsecondary education institution eligible to participate in a student aid program administered by the Department of Education. It includes virtually all accredited, public, nonprofit, and proprietary (privately owned profit-making) postsecondary institutions. The education institution should be able to tell the taxpayer if it is an eligible education institution.

Certain education institutions located outside the United States also participate in the U.S. Department of Education's Federal Student Aid (FSA) programs. A list of these foreign schools can be found on the Department of Education's website at www.fafsa.ed.gov/index.htm. Click "Find my school codes," complete the two items on the first page, click "Next," and then follow the remaining instructions to search for a foreign school.

Be aware that not all eligible education institutions treat certain Coverdell education savings account (529 Plans) the same way, nor do they all take the same things into consideration when determining if a scholarship or fellowship grant is not taxable. To determine if the Coverdell education savings account can be used for the college, university, vocational school, or other postsecondary education institute, the school in question must participate in a student aid program administered by the U.S. Department of Education. The education institution can be any accredited public, nonprofit or proprietary postsecondary institution. Beginning in tax year 2018, this also includes any private, religious or public school for kindergarten through twelfth grade as determined by state law. To determine if scholarships and fellowship grants are tax-free, the education institution must maintain a regular facility and curriculum and normally have a regularly enrolled body of students where it carries on its education activities.

Claiming Credits for More than One Eligible Student.

For each eligible student, the taxpayer can claim only one credit (per student) but can claim different credits for different students. For example, if a taxpayer pays qualified education expenses for more than one student in the same year, the taxpayer can choose to take the American opportunity credit for one student and the lifetime learning credit for the other.

Form 8863, Part III, must be completed for each individual who is claiming education credits on the tax return before Part I and Part II are filled out. Form 1098-T must be given to the tax preparer; making sure you receive this form is a part of the tax professional's due diligence.

Form 1098-T

To help figure the education credit reported on Form 8863, the taxpayer should receive Form 1098-T from his or her school. Generally, an eligible education institution (such as a college or university) must send Form 1098-T (or an acceptable substitute) to each enrolled student by January 31 of each year. An institution may choose to report either payments received (box 1) or amounts billed (box 2) for qualified education expenses. Form 1098-T should provide other information from the institution, including what adjustments were made for prior years, the amount of scholarships, grants, reimbursements, or refunds that were provided, and whether the taxpayer was enrolled at least half-time or was a graduate student.

The eligible education institution may ask for a completed Form W-9S, *Request for Student's or Borrower's Taxpayer Identification Number and Certification,* or some similar statement to obtain the student's name, address, and taxpayer identification number.

Institución educativa elegible

Una institución educativa elegible es cualquier universidad, escuela superior, escuela vocacional u otra institución de educación postsecundaria elegible para participar en un programa de ayuda estudiantil administrado por el Departamento de Educación.   Incluye prácticamente todas las instituciones postsecundarias acreditadas, públicas, sin fines de lucro y privadas (con fines de lucro). La institución educativa debe poder indicarle contribuyente si es una institución educativa elegible.

Ciertas instituciones educativas ubicadas fuera de los Estados Unidos también participan en los programas de Ayuda Federal para Estudiantes (FSA) del Departamento de Educación de los Estados Unidos. Puede encontrar una lista de estas escuelas extranjeras en el sitio web del Departamento de Educación en www.fafsa.ed.gov/index.htm Haga clic en "Buscar los códigos de mi escuela", complete los dos elementos en la primera página, haga clic en "Siguiente" y luego siga las instrucciones restantes para buscar una escuela extranjera.

Tenga en cuenta que no todas las instituciones educativas elegibles tratan a ciertas cuentas de ahorro para la educación de Coverdell (planes 529) de la misma manera, ni todas tienen en cuenta lo mismo al determinar si una beca o subvención no está sujeta a impuestos. Para determinar si la cuenta de ahorros para la educación de Coverdell se puede usar para la universidad, la escuela vocacional u otro instituto de educación postsecundaria, la escuela en cuestión debe participar en un programa de ayuda estudiantil administrado por el Departamento de Educación de los Estados Unidos. La institución educativa puede ser una institución postsecundaria pública, sin fines de lucro o privada acreditada. A partir del año tributario 2018, esto también incluye a cualquier escuela privada, religiosa o pública desde el jardín de infantes hasta el doceavo grado según lo determine la ley estatal. Para determinar si las becas y subvenciones son libres de impuestos, la institución educativa debe mantener una instalación y un plan de estudios regulares y, normalmente, debe tener un cuerpo de estudiantes matriculados regularmente en el que lleve a cabo sus actividades educativas.

Reclamo de créditos para más de un estudiante elegible

Para cada estudiante elegible, el contribuyente puede reclamar solo un crédito (por estudiante) pero puede reclamar diferentes créditos para diferentes estudiantes. Por ejemplo, si un contribuyente paga los gastos de educación calificados para más de un estudiante en el mismo año, el contribuyente puede optar por tomar el Crédito de Oportunidad Estadounidense para un estudiante y el crédito de aprendizaje de por vida para el otro.

El formulario 8863, Parte III, debe completarse para cada individuo que reclama créditos educativos en la declaración de impuestos antes de que se completen la Parte I y la Parte II. El formulario 1098-T debe entregarse al preparador de impuestos. Parte de la diligencia debida del profesional de impuestos es asegurarse de recibir este formulario.

Formulario 1098-T

Para ayudar a calcular el crédito educativo declarado en el Formulario 8863, el contribuyente debe recibir el Formulario 1098-T de su escuela. En general, una institución educativa elegible (como un colegio o universidad) debe enviar el formulario 1098-T (o un sustituto aceptable) a cada estudiante inscrito antes del 31 de enero de cada año. Una institución puede optar por declarar los pagos recibidos (casilla 1) o los montos facturados (casilla 2) para gastos de educación calificados. El formulario 1098-T debe proporcionar otra información de la institución, incluyendo los ajustes realizados en años anteriores, la cantidad de becas, subvenciones o reembolsos que se proporcionaron, y si el contribuyente se inscribió al menos a tiempo parcial o fue estudiante graduado.

La institución educativa elegible puede solicitar un Formulario W-9S completado, *Solicitud de Número de Identificación de Contribuyente y Certificación del Estudiante o Prestatario*, o alguna declaración similar para obtener el nombre, la dirección y el número de identificación del contribuyente del estudiante.

The lender does not have to file Form 1098-T or furnish a statement for the following:

- Courses for which no academic credit is offered, even if the student is otherwise enrolled in a degree program.
- Nonresident alien students unless requested by the student.
- Students whose qualified tuition and related expenses are entirely waived or paid entirely with scholarships.
- Students for whom the eligible education institution does not maintain separate financial accounting and whose qualified tuition and related expenses are covered by a formal billing arrangement between an institution and the student's employer or a governmental entity such as the Department of Veterans Affairs or the Department of Defense.

For the purpose of calculating qualified tuition and related expenses, eligible education institutions may choose to report either the payments the received or the amounts they billed. The same reporting method must be used for all calendar years unless the IRS grants permission to the education institution to change the reporting method.

All filers of Form 1098-T may truncate the student's identification number on payee statements. When completing the tax return, the institution's EIN number will be required. Tax preparers should review their clients' Form 1098-T and keep a copy in each taxpayer's file.

Box 1: The school enters the amount qualified tuition and related expenses from all sources during the calendar year here. The amount in box 1 is the total amount received by the taxpayer minus any reimbursements or refunds made during the tax year. This amount is not reduced by scholarships or grants (which are reported separately in box 5).

Box 2: This is the total amount billed to the taxpayer for qualified tuition and related expenses during the calendar year. The reported amount is the total bill minus any reductions in charges made during the calendar year that relate to the amount of qualified tuition and related expenses during 2018. The scholarships and grants reported in box 5 do not reduce this amount.

Box 3: The education institution would check this box if their method of payments received or amounts billed has changed.

El prestamista no tiene que presentar el Formulario 1098-T o presentar una declaración de lo siguiente:

> ➤ Cursos para los cuales no se ofrece crédito académico, incluso si el estudiante está inscrito en un programa de grado.
> ➤ Estudiantes extranjeros no residentes a menos que lo solicite el estudiante.
> ➤ Los estudiantes cuya matrícula calificada y los gastos relacionados se eximen por completo o se pagan enteramente con becas.
> ➤ Estudiantes para quienes la institución educativa elegible no mantiene una contabilidad financiera separada y cuya matrícula calificada y gastos relacionados están cubiertos por un acuerdo formal de facturación entre una institución y el empleador del estudiante o una entidad gubernamental como el Departamento de Asuntos de Veteranos o el Departamento de Defensa.

Para calcular la matrícula calificada y los gastos relacionados, las instituciones educativas elegibles pueden optar por declarar los pagos recibidos o los montos que facturaron. Se debe utilizar el mismo método de declaración para todos los años calendario, a menos que el IRS otorgue permiso a la institución educativa para cambiar el método de informe.

Todos los que presentan el Formulario 1098-T pueden truncar el número de identificación del estudiante en las declaraciones del beneficiario. Al completar la declaración de impuestos, se requerirá el número EIN de la institución. Los preparadores de impuestos deben revisar el Formulario 1098-T de sus clientes y guardar una copia en el archivo de cada contribuyente.

☐ CORRECTED		

FILER'S name, street address, city or town, state or province, country, ZIP or foreign postal code, and telephone number	1 Payments received for qualified tuition and related expenses $	OMB No. 1545-1574 **2018** Form **1098-T**	**Tuition Statement**
	2		
FILER'S employer identification no.	STUDENT'S TIN	3 If this box is checked, your educational institution changed its reporting method for 2018 ☐	**Copy B For Student**
STUDENT'S name		4 Adjustments made for a prior year $	5 Scholarships or grants $	This is important tax information and is being furnished to the IRS. This form must be used to complete Form 8863 to claim education credits. Give it to the tax preparer or use it to prepare the tax return.
Street address (including apt. no.)		6 Adjustments to scholarships or grants for a prior year $	7 Checked if the amount in box 1 includes amounts for an academic period beginning January—March 2019 ☐	
City or town, state or province, country, and ZIP or foreign postal code				
Service Provider/Acct. No. (see instr.)	8 Check if at least half-time student ☐	9 Checked if a graduate student ☐	10 Ins. contract reimb./refund $	

Form **1098-T** (keep for your records) www.irs.gov/Form1098T Department of the Treasury - Internal Revenue Service

Casilla 1: La escuela ingresa la cantidad calificada de matrícula y los gastos relacionados de todas las fuentes durante el año calendario aquí. El monto en la casilla 1 es el monto total recibido por el contribuyente menos cualquier reembolso o reintegro realizado durante el año tributario. Esta cantidad no se reduce mediante becas o subsidios (que se declaran por separado en la casilla 5).

Casilla 2: Esta es la cantidad total facturada al contribuyente por la matrícula calificada y los gastos relacionados durante el año calendario. La cantidad declarada es la factura total menos las reducciones en los cargos realizados durante el año calendario que se relacionan con la cantidad de matrícula calificada y los gastos relacionados durante 2018. Las becas y subvenciones declaradas en la casilla 5 no reducen esta cantidad.

Casilla 3: La institución educativa marcaría esta casilla si su método de pago recibido o las cantidades facturadas han cambiado.

Box 4: The lender will use this box to shows any adjustments made to qualified tuition and related expenses that were reported on a prior year's Form 1098-T. If there is an amount in box 4, more research will be required. See Instructions Form 1098-T for more information.

Box 5: This box shows the total amount received for scholarships or grants that were administered and processed during the calendar year. Remember, if the amount in box 5 is larger than the amount in box 1, then the education credit cannot be claimed for the taxpayer.

Box 6: This box shows the total amount of scholarships or grants that were received the previous year but never reported. Because the amount of scholarships or grants one receives can reduce or eliminate the value of the education credits a student can receive, the amount in this box may lower the amount of the education credit that can be claimed.

Box 7: If this box is checked, then the amount in box 1 or 2 includes amounts that the taxpayer paid before the end of the current year for the next year's tuition.

Box 8: A checkmark in this box indicates that the student was at least a half-time student during any academic period that began during the tax year. Although who and what is considered a "part-time student" is determined by each university, the part-time student workload must be equal to or exceed the standards established by the Department of Education under the Higher Education Act.

Box 9: If this box is checked, the taxpayer is a graduate student. To be a graduate student, the student must be enrolled in a program or programs leading to a graduate-level degree, graduate-level certificate, or other recognized graduate-level education credential.

Box 10: If the insurer of the qualified tuition and related expenses made reimbursements to the student, the amount would be entered here.

Some eligible education institutions combine all its fees for an academic period into one amount. If the student does not receive or does not have access to a statement that shows how much was paid for qualified education expenses and how much was paid for personal expenses, contact the institution to ask for one. The institution is required to provide this information to the taxpayer and to report the amount paid or billed for qualified education expenses on Form 1098-T, *Tuition Payments Statement.*

When an eligible education institution provides a reduction in tuition to an employee of the institution or to a spouse or dependent child of an employee, the amount of the reduction may or may not be taxable. If it is taxable, the employee is treated as receiving a payment of that amount and, in turn, paying it to the education institution on behalf of the student.

Form 8880: Retirement Savings Contributions Credit

The Retirement Savings Contributions Credit is based on the first $2,000 contributed to IRAs, 401(k)s, and certain other retirement plans. To calculate the credit, use Form 8880, *Credit for Qualified Retirement Savings Contributions.* Contributions can be made up until the due date of the return; the due date for making these contributions is not changed by an extension. This credit reduces the taxpayer's income tax dollar-for-dollar and is reported on Form 1040, Line 51. In order to claim this credit for 2018, the taxpayer's MAGI must be less than $31,500 if Single or MFS, $47,250 if filing head of household, or $63,000 if married filing jointly or qualified widow(er) with a dependent.

Casilla 4: El prestamista usará esta casilla para mostrar los ajustes realizados a la matrícula calificada y los gastos relacionados que se declararon en el Formulario 1098-T del año anterior. Si hay una cantidad en la casilla 4, se requerirá más investigación. Vea las Instrucciones del Formulario 1098-T para más información.

Casilla 5: Esta casilla muestra el monto total recibido por becas o subvenciones que se administraron y procesaron durante el año calendario. Recuerde, si la cantidad en la casilla 5 es mayor que la cantidad en la casilla 1, entonces el crédito educativo no puede ser reclamado por el contribuyente.

Casilla 6: Esta casilla muestra la cantidad total de becas o subvenciones que se recibieron el año anterior pero que nunca se declararon. Debido a que la cantidad de becas o subvenciones que recibe puede reducir o eliminar el valor de los créditos educativos que un estudiante puede recibir, la cantidad en esta casilla puede reducir la cantidad del crédito educativo que se puede reclamar.

Casilla 7: Si esta casilla está marcada, entonces la cantidad en la casilla 1 o 2 incluye las cantidades que el contribuyente pagó antes de que finalice el año en curso para la matrícula del próximo año.

Casilla 8: Si esta casilla se marca, indica que el estudiante fue al menos un estudiante de medio tiempo durante cualquier período académico que comenzó durante el año tributario. Aunque cada universidad determina quién y qué se considera un "estudiante de medio tiempo", la carga de trabajo de los estudiantes a tiempo parcial debe ser igual o superior a los estándares establecidos por el Departamento de Educación según la Ley de Educación Superior.

Casilla 9: Si esta casilla está marcada, el contribuyente es un estudiante graduado. Para ser un estudiante graduado, el estudiante debe estar inscrito en un programa o programas que otorguen un título de nivel de posgrado, un certificado de nivel de posgrado u otra credencial de educación de nivel de posgrado reconocida.

Casilla 10: Si el asegurador de la matrícula calificada y los gastos relacionados hicieron reembolsos al estudiante, la cantidad se ingresaría aquí.

Algunas instituciones educativas elegibles combinan todas sus tarifas por un período académico en una sola cantidad. Si el estudiante no recibe o no tiene acceso a una declaración que muestre cuánto se pagó por los gastos de educación calificados y cuánto se pagó por los gastos personales, comuníquese con la institución para solicitar una. La institución debe proporcionar esta información al contribuyente y declarar el monto pagado o facturado por gastos de educación calificados en el Formulario 1098-T, *Declaración de pagos de matrícula*.

Cuando una institución educativa elegible proporciona una reducción en la matrícula a un empleado de la institución o a un cónyuge o hijo dependiente de un empleado, el monto de la reducción puede o no estar sujeto a impuestos. Si está sujeto a impuestos, se considera que el empleado recibe un pago de esa cantidad y, a su vez, lo paga a la institución educativa en nombre del estudiante.

Formulario 8880: Crédito de contribuciones de ahorro para la jubilación

El Crédito de Contribuciones de Ahorro para la Jubilación se basa en los primeros $2,000 aportados a las IRA, 401(k) y ciertos otros planes de jubilación. Para calcular el crédito, utilice el Formulario 8880, *Crédito para contribuciones de ahorro para la jubilación calificadas*. Las contribuciones se pueden hacer hasta la fecha de vencimiento de la declaración. La fecha de vencimiento para hacer estas contribuciones no se modifica por una prórroga. Este crédito reduce el impuesto sobre la renta del contribuyente dólar por dólar y se declara en el Formulario 1040, línea 51. Para reclamar este crédito para 2018, el MAGI del contribuyente debe ser inferior a $31,500 si es soltero o casado declarando por separado, $47,250 si declara como Cabeza de Familia, o $63,000 si es casado declarando conjuntamente o viudo/a calificado/a con un dependiente.

Child and Dependent Credits

The child tax credit (CTC) is a nonrefundable credit for taxpayers who have a qualifying child, and the maximum amount of the credit is $2,000 for each qualifying child. If the taxpayer was unable to claim the full child tax credit, he or she may be eligible for an additional child tax credit. The child tax credit is limited by the taxpayer's tax liability and modified AGI. If the child was not issued a valid social security number, he or she will not qualify the taxpayer for either credit.

The additional child tax credit (ACTC) is a refundable credit available for taxpayers who have qualifying children, and who are not able to claim the full child tax credit due to a tax liability limitation. The maximum amount that can be claimed per child is $1,400. Due to the TCJA, the earned income threshold has decreased from $3,000 to $2,500. The taxpayer should use Schedule 8812, Parts II–III, to calculate the additional child tax credit. Part I of the schedule is independent of Parts II–III. For the purposes of the child tax credit and the additional child tax credit, the gross income phaseout amount has been increased by the TCJA to $400,000 for joint filers and $200,000 for all other filers.

To be a qualifying child for the purposes of the child tax credit and the additional child tax credit, the child must be a citizen, national, or resident of the United States. The substantial presence test (Part I) is completed if the taxpayer has a dependent that has an ITIN and if the taxpayer is claiming the child tax credit for the dependent. If the dependent does not qualify for the child tax credit, the taxpayer cannot include that dependent in the calculation for the credit, although the dependent may still qualify for the other dependent credit (ODC).

Qualifying Child for Child Tax Credit

For a child to qualify for the child tax credit, the following conditions must be met:

> ➤ The child is the son, daughter, stepchild, eligible foster child, brother, sister, stepbrother, stepsister, half-brother, half-sister, or a descendent of any of these.
> ➤ The child was under the age of 17 at the end of the tax year.
> ➤ The child did not provide over half of his or her own support.
> ➤ The child lived with the taxpayer for more than half of 2018.
> ➤ The child is claimed as a dependent on the taxpayer's return.
> ➤ The child does not file a joint return for the year or only files to claim a refund of withheld income tax or if the dependent paid estimated payments.
> ➤ The child was a U.S. citizen, U.S. national, or U.S. resident alien or was adopted by a U.S. citizen, U.S. national, or U.S. resident alien.

Qualifying Person for the ODC

An individual qualifies for the Other Dependent Credit (ODC) if the following conditions are met:

> ➤ The individual is claimed as a dependent on the taxpayer's return.
> ➤ The dependent is ineligible for the CTC or the ACTC.
> ➤ The dependent was a U.S. citizen, U.S. national, or U.S. resident alien or was adopted by a U.S. citizen, U.S. national, or U.S. resident alien.

Créditos para hijos y dependientes

El crédito fiscal por hijos (CTC) es un crédito no reembolsable para los contribuyentes que tienen un hijo calificado, y el monto máximo del crédito es de $2,000 por cada hijo calificado. Si el contribuyente no pudo reclamar el crédito fiscal por hijo en su totalidad, él o ella puede ser elegible para un crédito fiscal adicional por hijos. El crédito fiscal por hijo está limitado por la obligación tributaria del contribuyente y el AGI modificado. Si al hijo no se le otorgó un número de seguro social válido, no calificará al contribuyente para ninguno de los dos créditos.

El Crédito Fiscal Adicional por Hijos (ACTC) es un crédito reembolsable disponible para los contribuyentes que tienen hijos calificados y que no pueden reclamar el crédito fiscal por hijo en su totalidad debido a una limitación de obligación tributaria. El monto máximo que se puede reclamar por hijo es de $1,400. Debido a la TCJA, el umbral de ingresos del trabajo ha disminuido de $3,000 a $2,500. El contribuyente debe usar el Anexo 8812, Partes II-III, para calcular el crédito fiscal adicional por hijos. La parte I del anexo es independiente de las partes II-III. Para los fines del crédito fiscal por hijo y el crédito fiscal adicional por hijos, la TCJA ha aumentado la cantidad de eliminación de ingresos brutos a $400,000 para los contribuyentes conjuntos y $200,000 para todos los demás declarantes.

Para ser un hijo calificado para los fines del crédito fiscal por hijos y el crédito fiscal por hijos adicional por hijos, el hijo debe ser ciudadano, nacional o residente de los Estados Unidos. La prueba de presencia sustancial (Parte I) se completa si el contribuyente tiene un dependiente que tiene un ITIN y si el contribuyente reclama el crédito fiscal por hijo del dependiente. Si el dependiente no califica para el crédito fiscal por hijos, el contribuyente no puede incluir a ese dependiente en el cálculo del crédito, aunque el dependiente aún puede calificar para el crédito de otro dependiente (ODC).

Hijo calificado para el crédito fiscal por Hijos

Para que un hijo califique para el crédito fiscal por hijos, se deben cumplir las siguientes condiciones:

➢ El hijo es hijo, hija, hijastro, hijo de crianza elegible, hermano, hermana, hermanastro, hermanastra, medio hermano, media hermana o un descendiente de cualquiera de estos.
➢ El hijo tenía menos de 17 años al final del año tributario.
➢ El hijo no proporcionó más de la mitad de su propia manutención.
➢ El hijo vivió con el contribuyente por más de la mitad de 2018.
➢ El hijo es reclamado como dependiente en la declaración del contribuyente.
➢ El hijo no presenta una declaración conjunta para el año o solo declara para reclamar un reembolso del impuesto sobre la renta retenido o si el dependiente realizó los pagos estimados.
➢ El hijo era un ciudadano de los EE. UU., nacional de los EE. UU. O extranjero residente de los EE. UU. o fue adoptado por un ciudadano de los EE. UU., nacional de los EE. UU. o extranjero de los EE. UU.

Persona calificada para el ODC

Un individuo califica para el Crédito de Otro Dependiente (ODC) si se cumplen las siguientes condiciones:

➢ La persona es reclamada como dependiente en la declaración del contribuyente.
➢ El dependiente no es elegible para el CTC o ACTC.
➢ El dependiente era un ciudadano de los EE. UU., un nacional de los EE. UU. o un extranjero residente de los EE. UU. o fue adoptado por un ciudadano de los EE. UU., un nacional de los EE. UU. o un extranjero residente de los EE. UU.

Example: Anthony is claiming his 10-year-old nephew Fernando who lives in Mexico and qualifies as Anthony's dependent. Because Fernando is not a U.S. citizen, U.S. national or a U.S. resident alien, Anthony cannot use Fernando to claim the other dependent credit (ODC) unless Anthony adopts him, and Fernando comes to live with Anthony in the United States.

Improperly Claiming the CTC, ODC or ACTC

If the taxpayer has claimed any of these credits in error, he or she may be prohibited from claiming these credits for 2 years. If the error is determined to be due to fraud, he or she may be prohibited from claiming the credit for 10 years. Taxpayer may also have to pay penalties and interest. If the error was committed by the tax preparer and if the IRS determines that the error was intentional, the tax preparer will be charged penalties and interest and may be prohibited from preparing returns for as long as the IRS decides is appropriate.

CTC or ACTC tax returns after 2015 that were denied or reduced for any reason except by reason of a clerical or mathematical error will have to file Form 8862 and attach the form to his or her tax return. Beginning in 2018, the ODC has been added to both the due diligence questionnaire and to part III of Form 8862, *Information to Claim Certain Credits After Disallowance.*

Form 5695: Residential Energy Credits

If taxpayers made energy-saving improvements to their main home in the United States, they may be able to claim the residential energy efficient property credit and report it on Form 1040, Schedule 3, line 53. This credit and its carryforward from 2017 to 2019 are still available. The following residential energy efficient property credits could be taken on the 2018 tax return if the taxpayer's main home located in the United States has the relevant type of property mentioned below:

> ➢ Qualified solar electric property credit.
> ➢ Qualified solar water heating property credit.
> ➢ Qualified fuel cell property credit.
> ➢ Qualified small wind energy property credit.
> ➢ Qualified geothermal heat pump property credit.

If the taxpayer is a condominium owner or a tenant-stockholder in a cooperative housing corporation and has paid his or her proportionate share of the cost, the taxpayer could qualify for the credit. There is a 30% credit for the installation of qualified solar water-heating property, qualified solar electric property, geothermal heat pumps, and small wind-energy property. The credit applies for property placed in service through December 31, 2017.

Ejemplo: Anthony reclama a su sobrino Fernando, de 10 años, quien vive en México y califica como dependiente de Anthony. Debido a que Fernando no es ciudadano de los EE. UU., nacional de los EE. UU. o extranjero residente en los EE. UU., Anthony no puede usar a Fernando para reclamar el Crédito de Otro Dependiente (ODC) a menos que Anthony lo adopte, y Fernando venga a vivir con Anthony en los Estados Unidos.

Reclamo incorrecto del CTC, ODC o ACTC

Si el contribuyente ha reclamado alguno de estos créditos por error, es posible que se le prohíba reclamar estos créditos por 2 años. Si se determina que el error se debe a un fraude, se le puede prohibir reclamar el crédito por 10 años. El contribuyente también puede tener que pagar multas e intereses. Si el preparador de impuestos cometió el error y el IRS determina que el error fue intencional, se le cobrarán multas e intereses y se le puede prohibir que prepare declaraciones durante el tiempo que el IRS decida que es apropiado.

Las declaraciones de impuestos de CTC o ACTC después de 2015 que fueron denegadas o reducidas por cualquier motivo, excepto por un error administrativo o matemático, deberán presentar el Formulario 8862 y adjuntar el formulario a su declaración de impuestos. A partir de 2018, el ODC se agregó al cuestionario de diligencia debida y a la parte III del Formulario 8862, *Información para reclamar ciertos créditos después de la denegación*.

Formulario 5695: Créditos de energía residencial

Si los contribuyentes hicieron mejoras de ahorro de energía en su hogar principal en los Estados Unidos, pueden reclamar el crédito de propiedad de eficiencia energética residencial y declararlo en el Formulario 1040, Anexo 3, línea 53. Este crédito y su transferencia de 2017 a 2019 todavía están disponibles. Los siguientes créditos de propiedad de eficiencia energética residencial podrían tomarse en la declaración de impuestos de 2018 si la casa principal del contribuyente en los Estados Unidos tiene el tipo de propiedad relevante que se menciona a continuación:

> Crédito calificado de propiedad eléctrico solar.
> Crédito calificado de propiedad de calefacción solar del agua.
> Crédito calificado de propiedad de celda de combustible.
> Crédito calificado de propiedad de energía eólica pequeña.
> Crédito calificado de propiedad de bomba de calor geotérmica.

Si el contribuyente es propietario de un condominio o tenedor-accionista en una sociedad anónima de vivienda cooperativa y ha pagado su parte proporcional del costo, el contribuyente podría calificar para el crédito. Hay un 30% de crédito por la instalación de una propiedad calificada de calentamiento solar de agua, una propiedad calificada de electricidad solar, bombas de calor geotérmicas y una pequeña propiedad de energía eólica. El crédito se aplica a las propiedades puestas en servicio hasta el 31 de diciembre de 2017.

Other Nonrefundable Credits

Form 1040, Schedule 3, Line 54 reports the combined amount of the following credits (several of which will not be discussed):

> ➢ The general business credit; calculate this credit using Form 3800. This is beyond the scope of this course.
> ➢ Credit for prior year minimum tax; calculate this credit using Form 8801. This is beyond the scope of this course.
> ➢ Mortgage interest credit; calculate this credit using Form 8396.
> ➢ Credit for the elderly or disabled; calculate this credit using Schedule R.
> ➢ Adoption credit; calculate this credit using Form 8839.
> ➢ Carryforward of the District of Columbia first-time home buyer credit; calculate this credit using Form 8859 (beyond the scope of this course).
> ➢ Credit to holders of tax credit bonds; calculate this credit using Form 8912.

Form 8396: Mortgage Interest Credit

The mortgage interest credit can only be claimed if the taxpayer was issued a Mortgage Credit Certificate (MCC) by a state, local governmental unit, or agency under a qualified mortgage credit certificate program.

If the mortgage is equal to or smaller than the certified indebtedness amount (in other words, the loan) shown on the MCC, multiply the certified credit rate shown on the MCC by all interest paid on the mortgage during the year.

Form **8396**	**Mortgage Interest Credit**	OMB No. 1545-0074
Department of the Treasury Internal Revenue Service (99)	(For Holders of Qualified Mortgage Credit Certificates Issued by State or Local Governmental Units or Agencies) ▶ Go to *www.irs.gov/Form8396* for the latest information. ▶ Attach to Form 1040 or 1040NR.	2018 Attachment Sequence No. **138**

Name(s) shown on your tax return | Your social security number

Enter the address of your main home to which the qualified mortgage certificate relates if it is different from the address shown on your tax return.

Name of Issuer of Mortgage Credit Certificate	Mortgage Credit Certificate Number	Issue Date

Before you begin Part I, figure the amounts of any of the following credits you are claiming: Credit for the elderly or the disabled, alternative motor vehicle credit, and qualified plug-in electric drive motor vehicle credit.

If the mortgage amount is larger than the certified indebtedness amount shown on the MCC, multiply the certified credit percentage rate shown on the MCC by the interest allocated to the certified indebtedness amount shown on the MCC to calculate the credit.

Señor 1040 Says: Certificates issued by the Federal Housing Administration, Department of Veterans Affairs, and Farmers Home Administration (as well as Homestead Staff Exemption Certificates) do not qualify for the credit.

Segmento 3

Otros créditos no reembolsables

El Formulario 1040, Anexo 3, Línea 54 informa la cantidad combinada de los siguientes créditos (algunos de los cuales no se analizarán):

- ➤ El crédito empresarial general; calcule este crédito utilizando el formulario 3800. Esto está fuera del alcance de este curso.
- ➤ Crédito por impuesto mínimo del año anterior; calcule este crédito utilizando el Formulario 8801. Esto está fuera del alcance de este curso.
- ➤ Crédito de interés hipotecario; calcule este crédito utilizando el Formulario 8396.
- ➤ Crédito para personas mayores o discapacitadas; calcule este crédito utilizando el Anexo R.
- ➤ Crédito de adopción; calcule este crédito utilizando el Formulario 8839.

- ➤ Transferencia del crédito para compradores de vivienda por primera vez del Distrito de Columbia; calcule este crédito utilizando el Formulario 8859 (fuera del alcance de este curso).
- ➤ Crédito a los titulares de bonos de crédito fiscal; calcule este crédito utilizando el Formulario 8912.

Formulario 8396: Crédito de interés hipotecario

El crédito de interés hipotecario solo puede reclamarse si el contribuyente recibió un Certificado de Crédito Hipotecario (MCC) por parte de una unidad gubernamental estatal, local o agencia bajo un programa de certificado de crédito hipotecario calificado.

Si la hipoteca es igual o menor que el monto de endeudamiento certificado (en otras palabras, el préstamo) que se muestra en el MCC, multiplique la tasa de crédito certificado que se muestra en el MCC por todos los intereses pagados en la hipoteca durante el año.

Form **8396** Department of the Treasury Internal Revenue Service (99)	**Mortgage Interest Credit** (For Holders of Qualified Mortgage Credit Certificates Issued by State or Local Governmental Units or Agencies) ▶ Go to *www.irs.gov/Form8396* for the latest information. ▶ Attach to Form 1040 or 1040NR.	OMB No. 1545-0074 2018 Attachment Sequence No. **138**
Name(s) shown on your tax return		Your social security number

Enter the address of your main home to which the qualified mortgage certificate relates if it is different from the address shown on your tax return.

Name of Issuer of Mortgage Credit Certificate	Mortgage Credit Certificate Number	Issue Date

Before you begin Part I, figure the amounts of any of the following credits you are claiming: Credit for the elderly or the disabled, alternative motor vehicle credit, and qualified plug-in electric drive motor vehicle credit.

Si el monto de la hipoteca es mayor que el monto de endeudamiento certificado que se muestra en el MCC, multiplique la tasa de porcentaje de crédito certificado que se muestra en el MCC por el interés asignado al monto de endeudamiento certificado que se muestra en el MCC para calcular el crédito.

El señor 1040 dice: Los certificados emitidos por la Administración Federal de Vivienda, el Departamento de Asuntos de Veteranos y la Administración de Hogares de Granjeros (así como los Certificados de Exención del Personal que trabaja en la Vivienda) no califican para el crédito.

The home to which the certificate relates must be the taxpayer's primary residence, and the home must be within the jurisdiction of the governmental agency that issued the certificate. If the interest was paid to a related party, the credit cannot be claimed. If the taxpayer refinances the mortgage, be aware that the certificates must be reissued to the taxpayer and meet all the following conditions:

> ➤ The owner and the property cannot change.
> ➤ The new certificate must be issued to the holder(s) of the property's existing certificate.
> ➤ The new certificate must entirely replace the existing certificate. The holder cannot retain any portion of the outstanding balance of the previous certificate.
> ➤ The certified indebtedness on the new certificate cannot exceed the outstanding balance shown on the certificate.
> ➤ The credit rate of the new certificate cannot exceed the credit rate of the old certificate.
> ➤ The new certificate cannot result in a larger amount on line 3 than would otherwise have been allowable under the previous certificate for any tax year.

The taxpayer may have an unused mortgage credit that can be carried forward up to the next 3 tax years or until it has been used, whichever comes first. The current year credit must be used before any carryforward credits are used. If carryforward credits from more than one year are used, begin with the carryforward credit from the earliest prior year (i.e., 2018 before 2017, 2017 before 2016, etc.). If the certificate credit is more than 20%, no amount over $2,000 can be carried forward. To complete Form 8396, *Mortgage Interest Credit*, see the form's instructions.

Figure the 2018 credit and carry any excess forward to 2019 on Form 8396, *Mortgage Interest Credit*, and attach the form to Form 1040. On Form 8396, be sure to include any credit that was carried forward from the prior three tax years. The current-year credit must be used before prior-year credits are applied. Include the credit in the total amount of other credits reported on Schedule 3, line 54; check box c and write in "Form 8396" to show which nonrefundable credit that was included on that line. A tax professional should keep a copy of the MCC in the taxpayer's files, as the IRS may want to see the certificate at some future point in time.

Form 1098, *Mortgage Interest Statement*, is required to include the amount of the outstanding principal, the loan origination date, and the property's address. The owner of an inherited property may not treat the property as having a different basis than was reported by the state for estate tax purposes. IRC §6035 requires estates that file an estate tax return to issue payee statements listing the value of the property reported on the estate tax return to all persons inheriting property from the estate. These changes apply to all estate tax returns filed after February 29, 2016. For more information, see Notice 2015-57 and IRC §6035.

If the taxpayer purchased and sold the home within 9 years, the homeowner may have to recapture some of the credit. In this case one must file Form 8828, *Recapture of Federal Mortgage Subsidy*, although this is beyond the scope of this course.

Form 1098-MA

If the taxpayer has received mortgage assistance payments allocated from the Housing Finance Agency Innovation Fund for the Hardest Hit Housing Markets (HFA Hardest Hit Fund) or the Emergency Homeowner's Loan Program, the amount paid by the homeowner and the assistance payments are reported on Form 1098-MA.

La vivienda a la que se refiere el certificado debe ser la residencia principal del contribuyente, y la residencia debe estar dentro de la jurisdicción de la agencia gubernamental que emitió el certificado. Si el interés se pagó a una parte relacionada, no se puede reclamar el crédito. Si el contribuyente refinancia la hipoteca, tenga en cuenta que los certificados deben emitirse al contribuyente y cumplir con todas las siguientes condiciones:

> ➢ El propietario y la propiedad no pueden cambiar.
> ➢ El nuevo certificado debe ser emitido al (a los) titular(es) del certificado existente de la propiedad.
> ➢ El nuevo certificado debe reemplazar completamente el certificado existente. El titular no puede retener ninguna parte del saldo pendiente del certificado anterior.
> ➢ El endeudamiento certificado en el nuevo certificado no puede exceder el saldo pendiente que se muestra en el certificado.
> ➢ La tasa de crédito del nuevo certificado no puede exceder la tasa de crédito del certificado anterior.
> ➢ El nuevo certificado no puede resultar en una cantidad mayor en la línea 3 que el monto que de alguna manera hubiera sido permitido bajo el certificado anterior para cualquier año tributario.

El contribuyente puede tener un crédito hipotecario no utilizado que se puede transferir hasta los próximos 3 años tributarios o hasta que se haya utilizado, lo que ocurra primero. El crédito del año en curso debe usarse antes de que se usen los créditos transferidos. Si se utilizan créditos transferidos de más de un año, comience con el crédito transferido del año anterior (es decir, 2018 antes de 2017, 2017 antes de 2016, etc.). Si el crédito del certificado es superior al 20%, no se puede transferir una cantidad superior a $2,000. Para completar el Formulario 8396, *Crédito de interés hipotecario,* consulte las instrucciones del formulario.

Calcule el crédito de 2018 y transfiera cualquier excedente al 2019 en el Formulario 8396, *Crédito de interés hipotecario*, y adjunte el formulario al Formulario 1040. En el Formulario 8396, asegúrese de incluir cualquier crédito que se haya transferido de los tres años fiscales anteriores. El crédito del año en curso debe usarse antes de que se apliquen los créditos del año anterior. Incluya el crédito en la cantidad total de otros créditos declarados en el Anexo 3, línea 54; marque la casilla c y escriba "Formulario 8396" para mostrar qué crédito no reembolsable se incluyó en esa línea. Un profesional de impuestos debe mantener una copia del MCC en los archivos del contribuyente, ya que el IRS puede querer ver el certificado en algún momento futuro.

Se requiere que el Formulario 1098, *Declaración de intereses hipotecarios*, incluya el monto del capital pendiente, la fecha de inicio del préstamo y la dirección de la propiedad. El propietario de una propiedad heredada no puede tratar la propiedad como si tuviera una base diferente a la que declaró la sucesión para fines de impuestos a la propiedad. IRC §6035 exige a los sucesorios que presenten una declaración de impuestos sobre el patrimonio para emitir declaraciones de beneficiarios que indiquen el valor de los bienes notificados en la declaración de impuestos sobre el patrimonio a todas las personas que heredan bienes del patrimonio. Estos cambios se aplican a todas las declaraciones de impuestos sobre el patrimonio presentadas después del 29 de febrero de 2016. Para obtener más información, consulte el Aviso 2015-57 e IRC §6035.

Si el contribuyente compró y vendió la casa en el transcurso de 9 años, el propietario puede tener que recuperar parte del crédito. En este caso, se debe presentar el Formulario 8828, *Recuperación del subsidio hipotecario federal*, aunque esto está fuera del alcance de este curso.

Formulario 1098-MA

Si el contribuyente ha recibido pagos de asistencia hipotecaria del Fondo de Innovación de la Agencia de Financiación de la Vivienda para los Mercados de Vivienda más Impugnados (HFA) o el Programa de Préstamos para Propietarios de Vivienda de Emergencia, el monto pagado por el propietario y los pagos de asistencia se declaran en el Formulario 1098-MA.

☐ VOID   ☐ CORRECTED

FILER'S name, street address, city, state, ZIP code, and telephone no.		OMB No. 1545-2221 **2018** Form **1098-MA**	**Mortgage Assistance Payments**
FILER'S TIN	HOMEOWNER'S TIN	**1.** Total State HFA and homeowner mortgage payments $	Copy A
HOMEOWNER'S name		**2.** State HFA mortgage assistance payments $	For **Internal Revenue Service Center**
Street address (including apt. no.) (optional)		**3.** Homeowner mortgage payments $	For Privacy Act and Paperwork Reduction Act Notice, see the **2018 General Instructions for Certain Information Returns.**
City, state, and ZIP code (optional)			
Account number (optional)			

Form **1098-MA**   Cat. No. 58017D   www.irs.gov/Form1098MA   Department of the Treasury - Internal Revenue Service

Do Not Cut or Separate Forms on This Page   —   Do Not Cut or Separate Forms on This Page

Señor 1040 Says: Do not confuse Mortgage Interest Credit with Mortgage Assistance Payments. They are not the same credit.

☐ VOID   ☐ CORRECTED

FILER'S name, street address, city, state, ZIP code, and telephone no.		OMB No. 1545-2221 **2019** Form **1098-MA**	**Mortgage Assistance Payments**
FILER'S TIN	HOMEOWNER'S TIN	**1.** Total State HFA and homeowner mortgage payments $	Copy A
HOMEOWNER'S name		**2.** State HFA mortgage assistance payments $	For **Internal Revenue Service Center**
Street address (including apt. no.) (optional)		**3.** Homeowner mortgage payments $	For Privacy Act and Paperwork Reduction Act Notice, see the **2019 General Instructions for Certain Information Returns.**
City, state, and ZIP code (optional)			
Account number (optional)			

Form **1098-MA**   Cat. No. 58017D   www.irs.gov/Form1098MA   Department of the Treasury - Internal Revenue Service

Do Not Cut or Separate Forms on This Page   —   Do Not Cut or Separate Forms on This Page

Schedule R: Credit for the Elderly or Disabled

The Credit for the Elderly or Disabled is a nonrefundable credit that is based on the taxpayer's filing status, age, and income. A person is permanently and totally disabled if the taxpayer cannot engage in any substantial gainful activity due to a physical or mental condition or if a qualified physician determined that the condition has lasted or can be expected to last continuously for at least a year or until death. If the taxpayer is under the age of 65, a physician's statement must be attached to the tax return. The statement must certify that the taxpayer was permanently and totally disabled on the date of retirement.

☐ VOID   ☐ CORRECTED

FILER'S name, street address, city, state, ZIP code, and telephone no.		OMB No. 1545-2221 **2018** Form **1098-MA**	**Mortgage Assistance Payments**
FILER'S TIN	HOMEOWNER'S TIN	1. Total State HFA and homeowner mortgage payments $	**Copy A** **For** **Internal Revenue Service Center**
HOMEOWNER'S name		2. State HFA mortgage assistance payments $	For Privacy Act and Paperwork Reduction Act Notice, see the **2018 General Instructions for Certain Information Returns.**
Street address (including apt. no.) (optional)		3. Homeowner mortgage payments $	
City, state, and ZIP code (optional)			
Account number (optional)			

Form **1098-MA**   Cat. No. 58017D   www.irs.gov/Form1098MA   Department of the Treasury - Internal Revenue Service

Do Not Cut or Separate Forms on This Page   —   Do Not Cut or Separate Forms on This Page

El señor 1040 dice: No confunda el Crédito de Interés Hipotecario con los Pagos de Asistencia Hipotecaria. No son el mismo crédito.

☐ VOID   ☐ CORRECTED

FILER'S name, street address, city, state, ZIP code, and telephone no.		OMB No. 1545-2221 **2019** Form **1098-MA**	**Mortgage Assistance Payments**
FILER'S TIN	HOMEOWNER'S TIN	1. Total State HFA and homeowner mortgage payments $	**Copy A** **For** **Internal Revenue Service Center**
HOMEOWNER'S name		2. State HFA mortgage assistance payments $	For Privacy Act and Paperwork Reduction Act Notice, see the **2019 General Instructions for Certain Information Returns.**
Street address (including apt. no.) (optional)		3. Homeowner mortgage payments $	
City, state, and ZIP code (optional)			
Account number (optional)			

Form **1098-MA**   Cat. No. 58017D   www.irs.gov/Form1098MA   Department of the Treasury - Internal Revenue Service

Do Not Cut or Separate Forms on This Page   —   Do Not Cut or Separate Forms on This Page

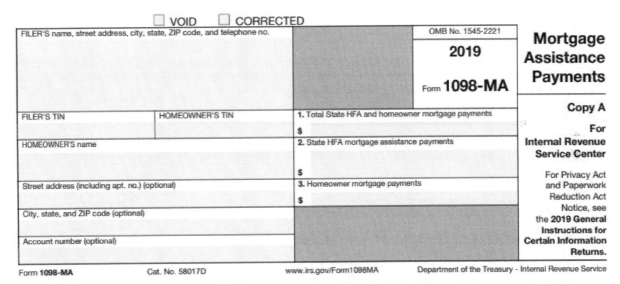

Anexo R: Crédito para personas mayores o discapacitadas

El crédito para personas mayores o discapacitadas es un crédito no reembolsable que se basa en el estado, la edad y los ingresos del contribuyente. Una persona está permanente y totalmente discapacitada si el contribuyente no puede realizar ninguna actividad lucrativa sustancial debido a una condición física o mental o si un médico calificado determinó que la condición ha durado o se puede esperar que dure continuamente por lo menos durante un año o hasta la muerte. Si el contribuyente es menor de 65 años, se debe adjuntar una declaración del médico a la declaración de impuestos. La declaración debe certificar que el contribuyente estaba total y permanentemente discapacitado en la fecha de jubilación.

The base amount is reduced by most nontaxable pension and social security benefits and by half of the AGI that exceeds the base amount. To claim this credit, the taxpayer must meet the following criteria:

➢ Be age 65 or older by the end of the tax year.
➢ Meet the following conditions if under the age of 65 at the end of the tax year:
  ○ Retired on permanent and total disability: he or she must have been permanently and totally disabled on or before January 1, 1976 or January 1, 1977 if the taxpayer retired before 1977.
  ○ Received taxable disability benefits in the current tax year.
  ○ Have reached the employer's mandatory retirement age (the age when the employer's retirement program requires an employee to retire) on or before January 1 of the tax year being filed.

If the taxpayer is under the age of 65, he or she must have a physician's statement certifying that he or she was permanently and totally disabled on the date of retirement. The statement does not have to be filed with the taxpayer's Form 1040; however, the taxpayer must keep it for his or her records. The instructions for Schedule R include a template statement that taxpayers' can have their physicians complete to keep for their records; in order to qualify for the credit, the taxpayer's income cannot exceed the limits listed below, so many taxpayers will not be able to take advantage it.

> *Señor 1040 Says:* Be aware that when preparing a Schedule R to determine a taxpayer's eligibility for the elderly or disabled credit, the social security income must be considered as well even though it is not taxable.

Income Limits for Schedule R.

If the taxpayer's income exceeds the following limits, the taxpayer cannot claim the credit.

If filing status is:	The taxpayer cannot take the credit if the amount from Form 1040, line 38, is:	Or the taxpayer received:
Single, head of household, or qualifying widow(er) with dependent child	$17,500 or more	$5,000 or more of nontaxable social security or other nontaxable pensions, annuities, or disability income
Married filing jointly if only one spouse qualifies for the credit	$20,000 or more	$5,000 or more of nontaxable social security or other nontaxable pensions, annuities, or disability income

El monto base se reduce en la mayoría de los beneficios de la pensión y el seguro social no sujetos a impuestos y en la mitad del AGI que excede el monto base. Para reclamar este crédito, el contribuyente debe cumplir con los siguientes criterios:

> Tener 65 años o más al final del año tributario.
> Cumplir con las siguientes condiciones si es menor de 65 años al final del año tributario:
>> o Estar jubilado por discapacidad permanente y total: él o ella debe haber estado discapacitado de forma permanente y total el 1 de enero de 1976 o el 1 de enero de 1977 o antes, si el contribuyente se jubiló antes de 1977.
>> o Recibió beneficios por discapacidad sujetos a impuestos en el año tributario actual.
>> o Haber alcanzado la edad de jubilación obligatoria del empleador (la edad en que el programa de jubilación del empleador requiere que un empleado se jubile) el 1 de enero o antes del año tributario que se presenta.

Si el contribuyente es menor de 65 años, él o ella debe tener una declaración del médico que certifique que estaba total y permanentemente discapacitado en la fecha de jubilación. La declaración no tiene que presentarse con el Formulario 1040 del contribuyente; sin embargo, el contribuyente debe conservarlo para sus registros. Las instrucciones para el Anexo R incluyen una declaración de la plantilla que deben llenar los médicos de los contribuyentes para sus registros. Para calificar para el crédito, los ingresos del contribuyente no pueden exceder los límites que se detallan a continuación, por lo que muchos contribuyentes no podrán aprovecharlo.

El señor 1040 dice: Tenga en cuenta que, al preparar un Anexo R para determinar la elegibilidad del contribuyente para el crédito de personas mayores o discapacitadas, el ingreso del seguro social también debe considerarse, aunque no esté sujeto a impuestos.

Límites de ingresos para el Anexo R

Si el ingreso del contribuyente excede los límites que se muestran a continuación, no puede reclamar el crédito.

Si el estado civil de declaración es:	El contribuyente no puede tomar el crédito si la cantidad de la línea 22 del Formulario 1040A o la línea 38 del Formulario 1040 es:	O el contribuyente recibió:
Soltero, cabeza de familia o viudo/a calificado/a con hijo dependiente	$17,500 o más	$5,000 o más del seguro social no tributable u otras pensiones, anualidades o ingresos por discapacidad no tributables
Casado declarando conjuntamente si solo un cónyuge califica para el crédito	$20,000 o más	$5,000 o más del seguro social no tributable u otras pensiones, anualidades o ingresos por discapacidad no tributables

Married filing jointly if both spouses qualify for the credit	$25,000 or more	$7,500 or more of nontaxable social security or other nontaxable pensions, annuities, or disability income.
Married filing separately and the taxpayer did not live with spouse any time during the year	$12,500 or more	$3,750 or more of nontaxable social security or other nontaxable pensions, annuities, or disability income

Example 1. Adam retired on disability as a salesperson. He now works as a daycare provider assistant earning minimum wage. Although he does different work, Adam is a daycare provider assistant on ordinary terms for minimum wage and thus cannot take the credit because he is engaged in a substantial gainful activity.

Example 2. Jess retired on disability and took a job with a former employer on a trial basis. The trial period lasted for some time during which Jess was paid at a rate equal to minimum wage. Due to Jess's disability, he was only given light-duty of a nonproductive, make-work nature. Unless the activity is both substantial and gainful, Jess is not engaged in a substantial, gainful activity. The activity was gainful because Jess was paid at a rate at or above the minimum wage. However, the activity was not substantial because the duties were of a nonproductive, make-work nature. More information is needed to determine if Jess is able to engage in a substantial gainful activity.

How to Calculate the Credit

If the taxpayer checked box 6, then the total amount entered on line 11 would be $5,000. If the taxpayer checked box 2, 4, or 9, then enter the total amount of disability income that was received. If the taxpayer checked box 5, then enter the total amount of disability income received from the taxpayer and spouse on line 11.

Adoption Credit or Exclusion.

The maximum amount a taxpayer can receive from his or her employer for the adoption credit is $13,810 if their AGI is less than $247,140. In most cases, the adoption credit can be used for both foreign and domestic adoptions. Some states have determined that if a child has special needs, the taxpayer may receive the maximum amount of the credit unless some expenses were claimed in a prior year.

Now Complete the Review Questions → Go Online

Casado declarando conjuntamente si ambos cónyuges califican para el crédito	$25,000 o más	$7,500 o más del seguro social no tributable u otras pensiones, anualidades o ingresos por discapacidad no tributables
Casado declarando por separado y el contribuyente no vivió con su cónyuge en ningún momento durante el año	$12,500 o más	$3,750 o más del seguro social no tributable u otras pensiones, anualidades o ingresos por discapacidad no tributables

Ejemplo 1. Adam se jubiló por discapacidad como vendedor. Ahora trabaja como asistente de guardería y gana un salario mínimo. Aunque hace un trabajo diferente, Adam es un asistente de guardería en términos ordinarios por un salario mínimo y, por lo tanto, no puede tomar el crédito porque está involucrado en una actividad lucrativa sustancial.

Ejemplo 2. Jess se jubiló por discapacidad y tomó un trabajo con un ex empleador a modo de prueba. El período de prueba duró algún tiempo durante el cual Jess recibió un pago a una tasa igual al salario mínimo. Debido a su discapacidad, a Jess solo se le asignó un trabajo liviano de naturaleza no productiva y funcional. A menos que la actividad sea sustancial y provechosa, Jess no participa en una actividad sustancial y lucrativa. La actividad fue provechosa porque Jess recibió un pagó a una tasa igual o superior al salario mínimo. No obstante, la actividad no fue sustancial porque los deberes eran de naturaleza no productiva y funcional. Se necesita más información para determinar si Jess puede participar en una actividad lucrativa sustancial.

¿Cómo calcular el crédito?

Si el contribuyente marcó la casilla 6, el monto total ingresado en la línea 11 sería $5,000. Si el contribuyente marcó las casillas 2, 4 o 9, coloque la cantidad total de ingresos por discapacidad que recibió. Si el contribuyente marcó la casilla 5, coloque la cantidad total del ingreso por discapacidad recibido del contribuyente y su cónyuge en la línea 11.

Crédito de adopción o exclusión

La cantidad máxima que un contribuyente puede recibir de su empleador por el crédito de adopción es $13,810 si su AGI es inferior a $247,140. En la mayoría de los casos, el crédito de adopción se puede utilizar tanto para adopciones extranjeras como nacionales. Algunos estados han determinado que, si un niño tiene necesidades especiales, el contribuyente puede recibir el monto máximo del crédito a menos que se hayan reclamado algunos gastos en un año anterior.

Segment 4

Refundable Tax Credits and Payments

In the tax industry, the term "refundable credit" refers to a credit that allows the taxpayer to lower his or her tax liability dollar-for-dollar to zero and below, resulting in a refund. When the refundable credit exceeds the amount of taxes owed, it results in a tax refund.

A refundable tax credit is a tax credit that is treated as a payment and can be refunded to the taxpayer by the IRS. Refundable tax credits are used to offset certain types of taxes that normally cannot be reduced. Refundable credits can produce a federal tax refund that is larger than the amount of money a person actually paid during the year. Refundable tax credits, like payments, are applied toward a person's tax obligation, and any overpayments are refunded back to the individual. Withholding for federal income taxes and estimated taxes are also refundable credits, as these are prepayments toward a person's annual tax liability that can and will be refunded to the taxpayer if they withhold too much.

Federal Income Tax Withheld.

Form 1040, page 2, line 16 reports the federal income tax that has been withheld from all income reported by forms such as the W-2, W-2G, 1099-R, 1099-MISC, SSA-1099, and Schedule K. The amount of tax that was withheld can be found on Form W-2 in box 2 and on the Form 1099 series in box 4. If the taxpayer had federal tax withheld from social security benefits, it would be shown in box 6 of Form SSA-1099. If the taxpayer had additional Medicare tax withheld by his or her employer, that amount would be included on Form 1040, Schedule 4, line 62. The additional Medicare tax is calculated on Form 8959, which should be attached to the return.

Estimated Tax Payments

Form 1040, Schedule 5, line 6 reports any estimated tax payments that were made in the current tax year and any overpayments that were applied from the prior year's tax return. If a taxpayer and his or her spouse have divorced during the current tax year and estimated payments were made together, enter the former spouse's SSN in the space provided on the front of Form 1040. The taxpayer should attach a statement to Form 1040 explaining that the divorced couple made the payments together; that statement should also contain proof that the payments were made along with the name and SSN under which the payments were made.

Estimated tax payments are also referred to as quarterlies since the payments are due in four equal payments. If the due dates fall on a Saturday, Sunday, or a legal holiday, estimated payments are due on the next business day. Estimated payments are due on the following dates:

> ➢ April 15
> ➢ June 15
> ➢ September 15
> ➢ January 15 (of the following year)

Segmento 4

Créditos y pagos fiscales reembolsables

En la industria tributaria, el término "crédito reembolsable" se refiere a un crédito que le permite al contribuyente reducir su obligación tributaria dólar por dólar a cero y por debajo, lo que resulta en un reembolso. Cuando el crédito reembolsable excede la cantidad de impuestos adeudados, resulta en un reembolso de impuestos.

Un crédito fiscal reembolsable es un crédito fiscal que se trata como un pago y puede ser reembolsado al contribuyente por el IRS. Los créditos fiscales reembolsables se utilizan para compensar ciertos tipos de impuestos que normalmente no se pueden reducir. Los créditos reembolsables pueden generar un reembolso de impuestos federales que es mayor que la cantidad de dinero que una persona realmente pagó durante el año. Los créditos fiscales reembolsables, como los pagos, se aplican a la obligación tributaria de una persona, y cualquier pago en exceso es reembolsado al individuo. La retención de impuestos federales sobre la renta y los impuestos estimados también son créditos reembolsables, ya que son pagos anticipados para la obligación tributaria anual de la persona que pueden y serán reembolsados al contribuyente si retienen demasiado.

Impuesto sobre la renta federal retenido

El Formulario 1040, página 2, línea 16 declara el impuesto federal sobre la renta que se ha retenido de todos los ingresos declarados en formularios como el W-2, W-2G, 1099-R, 1099-MISC, SSA-1099 y el Anexo K. El monto del impuesto que se retuvo se puede encontrar en el Formulario W-2 en la casilla 2 y en la serie del Formulario 1099 en la casilla 4. Si el contribuyente tuviera un impuesto federal retenido de los beneficios del seguro social, se mostraría en la casilla 6 del Formulario SSA-1099. Si el contribuyente tuviera un impuesto de Medicare adicional retenido por su empleador, esa cantidad se incluiría en el Formulario 1040, Anexo 4, línea 62. El impuesto adicional de Medicare se calcula en el Formulario 8959, que debe adjuntarse a la declaración.

Pagos de impuestos estimados

El Formulario 1040, Anexo 5, línea 6 declara cualquier pago de impuestos estimados que se hicieron en el año tributario actual y cualquier pago en exceso que se aplicó en la declaración de impuestos del año anterior. Si un contribuyente y su cónyuge se han divorciado durante el año tributario actual y los pagos estimados se hicieron juntos, ingrese el SSN del excónyuge en el espacio provisto en el frente del Formulario 1040. El contribuyente debe adjuntar una declaración al Formulario 1040 que explique que la pareja divorciada hizo los pagos juntos; esa declaración también debe contener una prueba de que los pagos se realizaron junto con el nombre y el SSN bajo los cuales se realizaron los pagos.

Los pagos de impuestos estimados también se conocen como trimestrales, ya que se realizan en cuatro pagos iguales. Si las fechas de vencimiento corresponden a un día sábado, domingo o feriado legal, los pagos estimados vencen el siguiente día hábil. Los pagos estimados vencen en las siguientes fechas:

> ➢ 15 de abril
> ➢ 15 de junio
> ➢ 15 de septiembre
> ➢ 15 de enero (del año siguiente).

Amount Overpaid

The taxpayer can receiver his or her overpayment as a paper check from the U.S. Treasury Department or through a direct deposit from the U.S. Treasury Department into a checking or savings account. After the return has been electronically filed, the taxpayer can go to www.irs.gov and click "Where's My Refund?" and receive information that is available about his or her return within 24 hours after its acceptance. If the amount of the overpayment is different than what the taxpayer was expecting, the taxpayer should receive an explanation from the IRS within two weeks after the refund was deposited.

Form 1040, page 2 line 19 states if there was an overpayment of current-year taxes and indicates how the taxpayer would like to receive the refund of the overpayment. Line 20a is where the taxpayer would enter the desired refund amount and is used when taxpayers have made estimated payments and would like to carryforward their entire refund amount or take a portion as a refund and apply the remainder to next year's estimated payments. If the taxpayer would like to carryforward overpayments to the following year, enter the amount that he or she would like to have applied on Form 1040, line 21. The amount that is entered on line 20 will be refunded to the taxpayer. If a couple filed MFJ, and a taxpayer's spouse wants the overpayment applied to his or her account, the taxpayer should include a statement requesting that the overpayment be applied to the spouse's social security number.

Example: Pat made estimated payments for the current tax year of $11,000 and overpaid her quarterlies by $4,500. Because Pat would like to have $2,000 refunded, enter $2,000 on line 20a. Because Pat would like the remaining $2,500 applied to next year's estimated payments, enter the $2,500 amount on line 21.

If the taxpayer wants to directly deposit the entire overpayment, the return should be submitted with a valid routing number and account number. The routing number is a nine-digit number that indicates which financial institute the refund is being directly deposited to. The account number is specific to the taxpayer. The first two digits of the routing number have to be 01 through 12 or 21 through 32. Some financial institutions have a separate routing number for direct deposits. If there is no entry on Form 1040, Page 2, line 20b or line 20c, the taxpayer will receive a paper check.

The routing number on a deposit slip may be different than the routing number on the bottom of a personal check. If the tax preparer is entering the numbers from the bottom of the check, make sure you do not enter the check number when entering the account number. On the Form 1040, be sure to indicate whether the account is a checking or savings account. The IRS will allow the taxpayer to have his or her direct deposit split between multiple accounts, but not all software supports the use of Form 8888 to do so.

Cantidad pagada en exceso

El contribuyente puede recibir su pago en exceso en forma de un cheque del Departamento del Tesoro de los Estados Unidos o mediante un depósito directo del Departamento del Tesoro de los Estados Unidos en una cuenta corriente o de ahorros. Después de que la declaración se haya presentado electrónicamente, el contribuyente puede visitar la página "www.irs.gov" y hacer clic en "¿Dónde está mi reembolso?" y recibir información disponible sobre su declaración dentro de las 24 horas posteriores a su aceptación. Si el monto del pago en exceso es diferente de lo que esperaba el contribuyente, el contribuyente debería recibir una explicación del IRS dentro de las dos semanas posteriores al depósito del reembolso.

El Formulario 1040, página 2, línea 19 indica si hubo un pago en exceso de los impuestos del año en curso e indica cómo le gustaría al contribuyente recibir el reembolso del pago en exceso. La línea 20a es donde el contribuyente ingresaría el monto de reembolso deseado y se utiliza cuando los contribuyentes han realizado los pagos estimados y desea transferir su monto de reembolso completo o tomar una parte como reembolso y aplicar el resto a los pagos estimados del próximo año. Si el contribuyente desea transferir los pagos en exceso al año siguiente, ingrese el monto que le gustaría aplicar en el Formulario 1040, línea 21. El monto que se ingrese en la línea 20 se reembolsará al contribuyente. Si una pareja presentó la declaración como casados declarando de forma conjunta, y el cónyuge del contribuyente desea que el pago en exceso se aplique a su cuenta, el contribuyente debe incluir una declaración solicitando que el pago en exceso se aplique al número de seguro social del cónyuge.

Ejemplo: Pat realizó pagos estimados para el año tributario actual de $11,000 y pagó en exceso sus trimestres en $4,500. Debido a que Pat desea que se le reembolsen $2,000, ingrese $2,000 en la línea 20a. Como Pat desea que los $2,500 restantes se apliquen a los pagos estimados del próximo año, ingrese la cantidad de $2,500 en la línea 21.

Si el contribuyente desea depositar directamente el pago en exceso completo, la declaración debe enviarse con un código de identificación bancaria y un número de cuenta válidos. El código de identificación bancaria es un número de nueve dígitos que indica a qué institución financiera se está depositando directamente el reembolso. El número de cuenta es específico para el contribuyente. Los dos primeros dígitos del código de identificación bancaria deben ser del 01 al 12 o del 21 al 32. Algunas instituciones financieras tienen un código de identificación bancaria separado para depósitos directos. Si no hay ningún dato en la línea 20b o línea 20c de la página 2 del Formulario 1040, el contribuyente recibirá un cheque.

El código de identificación bancaria en una boleta de depósito puede ser diferente al código de identificación bancaria en la parte inferior de un cheque personal. Si el preparador de impuestos ingresa los números de la parte inferior del cheque, asegúrese de no ingresar el número de cheque al ingresar el número de cuenta. En el Formulario 1040, asegúrese de indicar si la cuenta es una cuenta corriente o de ahorro. El IRS permitirá que el contribuyente tenga su depósito directo dividido entre varias cuentas, pero no todos los programas admiten el uso del Formulario 8888 para hacerlo.

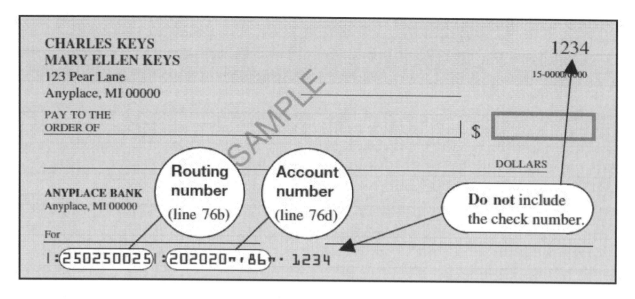

If any of the following apply, the direct deposit will be rejected, and a paper check will be issued to the taxpayer instead:

> ➢ Any numbers or letters on lines 20b or 20c are crossed out or some type of correction material (such as correction tape or white out) has been used.
> ➢ The taxpayer's financial institution(s) will not allow a joint return to be deposited to an individual account. The U.S. Treasury Department is not responsible if the financial institution rejects the direct deposit.
> ➢ The 2018 tax return was filed after December 31, 2019.
> ➢ Three direct deposits have already been made to that account.
> ➢ The name on the account does not match the name on the tax refund.

Señor 1040 Says: The IRS is not responsible for a lost refund if the account information is entered incorrectly. The taxpayer is responsible for making sure that his or her routing number and account number are accurate and that the financial institution will accept the direct deposit.

Returns with Refunds

When individual taxpayers have an overpayment on their current-year tax return, they have several options for receiving the overpayment:

> ➢ They can apply the overpayment to next year's estimated tax return.
> ➢ They can receive a paper check.
> ➢ They can receive a direct deposit.
> ➢ They can divide the refund amount into different bank accounts, although this is not supported by all software.

Direct Deposit

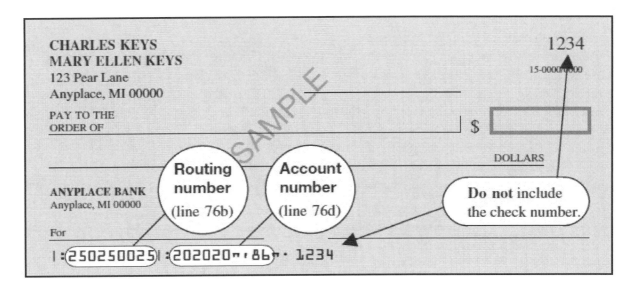

Si se aplica alguna de las siguientes situaciones, se rechazará el depósito directo y, en su lugar, se emitirá un cheque impreso al contribuyente:

> ➤ Cualquier número o letra en las líneas 20b o 20c está tachada o se ha usado algún tipo de material de corrección (como cinta correctora o corrector de color blanco).
> ➤ La(s) institución(es) financiera(s) del contribuyente no permitirá(n) que una declaración conjunta se deposite en una cuenta individual. El Departamento del Tesoro de los Estados Unidos no es responsable si la institución financiera rechaza el depósito directo.
> ➤ La declaración de impuestos de 2018 se presentó después del 31 de diciembre de 2019.
> ➤ Ya se han realizado tres depósitos directos en esa cuenta.
> ➤ El nombre en la cuenta no coincide con el nombre en el reembolso de impuestos.

El señor 1040 dice: El IRS no es responsable de un reembolso perdido si la información de la cuenta se ingresa incorrectamente. El contribuyente es responsable de garantizar que su código de identificación bancaria y su número de cuenta sean correctos y que la institución financiera acepte el depósito directo.

Declaraciones con reembolsos

Cuando los contribuyentes individuales tienen un pago en exceso en su declaración de impuestos del año en curso, tienen varias opciones para recibir el pago en exceso:

Cuando los contribuyentes individuales tienen un pago en exceso en su declaración de impuestos del año en curso, tienen varias opciones para recibir el pago en exceso:

> ➤ Pueden aplicar el pago en exceso a la declaración de impuestos estimada del próximo año.
> ➤ Pueden recibir un cheque impreso.
> ➤ Pueden recibir un depósito directo.
> ➤ Pueden dividir el monto del reembolso en diferentes cuentas bancarias, aunque no es compatible con todos los programas.

Depósito directo

Taxpayers may have refunds deposited into their personal checking or savings accounts. To directly deposit the refund, the tax professional must have the taxpayer's account number, routing number, and the financial institution's name. All this information can be found on a taxpayer's check.

Form 8888, *Allocation of Refund*, allows the taxpayer to split and deposit refunds into multiple accounts. Form 8888 can be filed electronically. A qualified account can be a checking or savings account or some other type of account such as a money market account or an IRA. The taxpayer should not try to directly deposit money into an account that is not in his or her own name. This form is limited to three accounts and can also be used to purchase U.S. Series I Savings Bonds.

Direct Deposit Limits

The IRS has imposed a limit of three direct deposits that can be electronically deposited into a single financial account or loaded on a pre-paid debit card. Any further deposits will be converted to a paper check and mailed to the taxpayer within four weeks. Taxpayers will receive a notification via mailed letter that their account has exceeded the direct deposit limit.

The IRS has imposed this direct deposit limit to prevent criminals from obtaining multiple refunds. The new limitations also protect taxpayers from tax preparers who illegally obtain their tax preparation fees by using Form 8888 to split the refund into multiple accounts. Tax preparers who do this will be subject to a penalty.

Señor 1040 Says: The IRS will send refunds under $1 only if requested in writing.

If a joint return was filed, and either the taxpayer or the spouse has an offset of bad debt to pay, the other spouse may be an injured spouse, a term and concept that is beyond the scope of this course. If one spouse's refund was taken by the IRS to pay the other spouse's tax liability, the injured spouse would file Form 8379 to see if they meet the conditions to get his or her portion of the refund back from the IRS.

Amount Paid with a Request for Extension

If the taxpayer used Form 4868 to file an extension and is making a payment, the amount of the payment with the extension is reported on Form 1040, Schedule 5, line 71. Do not include the fees the taxpayer was charged when the individual paid by debit or credit card.

Señor 1040 Says: If the taxpayer itemizes his deductions and paid by credit or debit card, the convenience fees can no longer be a deduction on Schedule A for the following tax year.

Los contribuyentes pueden tener reembolsos depositados en sus cuentas corrientes o de ahorro personales. Para depositar directamente el reembolso, el profesional de impuestos debe tener el número de cuenta del contribuyente, el código de identificación bancaria y el nombre de la institución financiera. Toda esta información se puede encontrar en el cheque de un contribuyente.

El formulario 8888, *Asignación de reembolso*, permite al contribuyente dividir y depositar los reembolsos en varias cuentas. El formulario 8888 puede presentarse electrónicamente. Una cuenta calificada puede ser una cuenta corriente o de ahorro o algún otro tipo de cuenta, como una cuenta de mercado monetario o una cuenta IRA. El contribuyente no debe tratar de depositar dinero directamente en una cuenta que no esté a su nombre. Este formulario está limitado a tres cuentas y también se puede utilizar para comprar Bonos de ahorro de la Serie I de Estados Unidos.

Límites de depósito directo

El IRS ha impuesto un límite de tres depósitos directos que pueden depositarse electrónicamente en una sola cuenta financiera o cargarse en una tarjeta de débito prepaga. Cualquier depósito adicional se convertirá en un cheque impreso y se enviará por correo al contribuyente en un plazo de cuatro semanas. Los contribuyentes recibirán una notificación por correo postal de que su cuenta ha excedido el límite del depósito directo.

El IRS ha impuesto este límite de depósito directo para evitar que los delincuentes obtengan múltiples reembolsos. Las nuevas limitaciones también protegen a los contribuyentes de los preparadores de impuestos que obtienen ilegalmente sus honorarios de preparación de impuestos utilizando el Formulario 8888 para dividir el reembolso en múltiples cuentas. Los preparadores de impuestos que hagan esto pueden ser multados.

El señor 1040 dice: El IRS enviará reembolsos de menos de $1 solo si se solicita por escrito.

Si se presentó una declaración conjunta y el contribuyente o el cónyuge tienen una compensación de la deuda incobrable que pagar, el otro cónyuge puede ser un cónyuge lesionado, un término y concepto que está más allá del alcance de este curso. Si el IRS tomó el reembolso de uno de los cónyuges para pagar la obligación tributaria del otro cónyuge, el cónyuge afectado presentaría el Formulario 8379 para ver si cumplen con las condiciones para recuperar su parte del reembolso del IRS.

Monto pagado con una solicitud de prórroga

Si el contribuyente usó el Formulario 4868 para presentar una prórroga y está haciendo un pago, el monto del pago con la prórroga se declara en el Formulario 1040, Anexo 5, línea 71. No incluya las tarifas que se cobró al contribuyente cuando la persona pagó con tarjeta de crédito o débito.

El señor 1040 dice: Si el contribuyente detalla sus deducciones y paga con tarjeta de crédito o débito, las tarifas de conveniencia ya no pueden ser una deducción en el Anexo A para el siguiente año tributario.

Excess Social Security or Railroad Retirement Tax Withheld

When a taxpayer has more than one employer, too much tax may be withheld for social security or Railroad Retirement Tax Act (RRTA) benefits. If that is the case, the taxpayer may claim the excess payment on Form 1040, Schedule 5, line 72 as a refundable credit. If, however, one employer withholds too much of these taxes, that employer must make an adjustment for the taxpayer. Even if the employer does not refund the extra withholding to the employee, the taxpayer cannot make the adjustment on his or her income tax form but must instead file Form 843 to claim the refund.

The taxpayer is entitled to the credit if he or she had more than one employer and exceeded the following withholding limits for 2019:

> ➤ $132,900 in wages subject to social security and tier 1 RRTA withholding taxes of $8,239.80 or less.
> ➤ $95,400 in wages subject to tier 2 RRTA withholding tax of $4,674.60 or less. This applies only to railroad employees. To calculate the over-withholding, see the worksheet for railroad retirement tax withholding in Publication 505, *Tax Withholding and Estimated Tax*.

All wages are subject to Medicare tax withholding.

Segment 5

Earned Income Tax Credit (EITC)

The earned income tax credit (EITC), also referred to as the earned income credit (EIC), is a tax credit that is refundable for low to moderate-income working individuals and families. When the EITC exceeds the amount of taxes owed, it results in a refundable credit. The EITC is reported on Form 1040, page 2, line 17.

Some states have an EITC program; the District of Columbia, New York City, and Montgomery County of Maryland have all created independent EITC programs modelled after the federal program. Most use federal eligibility rules, and their version of the credit parallels major elements of the federal structure. In most states and localities, the credit is refundable (as is the federal EITC), although in a few areas, the EITC is used only to offset taxes owed. The city of San Francisco has a "working family's credit" (WFC). Part of the program is to actively promote the federal EITC program. For more information, go to www.irs.gov/eitc. The taxpayer must have earned income during the tax year to be eligible for the earned income credit. If a married couple is filing a joint return, and only one spouse worked, both would still meet the earned income requirement.

Exceso de retención del impuesto al seguro social o jubilación ferroviaria

Cuando un contribuyente tiene más de un empleador, se pueden retener demasiados impuestos para los beneficios del Seguro Social o de la Ley de Impuestos de Jubilación Ferroviaria (RRTA). Si ese es el caso, el contribuyente puede reclamar el pago del exceso en el Formulario 1040, Anexo 5, línea 72 como crédito reembolsable. Sin embargo, si un empleador retiene demasiado de estos impuestos, debe hacer un ajuste para el contribuyente. Incluso si el empleador no reembolsa la retención adicional al empleado, el contribuyente no puede realizar el ajuste en su formulario de impuesto sobre la renta, sino que debe presentar el Formulario 843 para reclamar el reembolso.

El contribuyente tiene derecho al crédito si tenía más de un empleador y excedía los siguientes límites de retención para 2019:

➢ $132,900 en salarios sujetos a impuestos de retención de seguro social y RRTA de nivel 1 de $8,239.80 o menos.

➢ $95,400 en salarios sujetos a impuestos de retención de seguro social y RRTA de nivel 2 de $4,674.60 o menos. Esto se aplica sólo a los empleados ferroviarios. Para calcular el exceso de retención, consulte la hoja de cálculo para la retención de impuestos de jubilación ferroviaria en la Publicación 505, *Retención de impuestos e impuesto estimado*.

Todos los salarios están sujetos a la retención de impuestos de Medicare.

Segmento 5

Crédito fiscal por ingreso del trabajo (EITC)

El crédito fiscal por ingreso del trabajo (EITC), también conocido como el crédito por ingreso del trabajo (EIC), es un crédito fiscal que es reembolsable para las personas y familias trabajadoras de ingresos bajos a moderados. Cuando el EITC excede la cantidad de impuestos adeudados, se obtiene un crédito reembolsable. El EITC se declara en el Formulario 1040, página 2, línea 17.

Algunos estados tienen un programa EITC; el Distrito de Columbia, la Ciudad de Nueva York y el Condado de Montgomery de Maryland han creado programas independientes de EITC siguiendo el modelo del programa federal. La mayoría utiliza las reglas federales de elegibilidad, y su versión del crédito es paralela a los elementos principales de la estructura federal. En la mayoría de los estados y localidades, el crédito es reembolsable (al igual que el EITC federal), aunque en algunas áreas, el EITC se usa solo para compensar los impuestos adeudados. La ciudad de San Francisco tiene un "crédito de familia trabajadora" (WFC). Parte del programa es promover activamente el programa federal EITC. Para más información, vaya a www.irs.gov/eitc. El contribuyente debe tener ingresos del trabajo durante el año tributario para ser elegible para el crédito por ingresos del trabajo. Si se trata de una pareja casada declarando de forma conjunta y solo un cónyuge trabaja, ambos cumplirían con el requisito de ingreso del trabajo.

Remember, earned income is income the taxpayer received for working and includes the following types of income:

➢ Wages, salaries, tips, and other types of taxable employee pay.
➢ Net earnings from self-employment.
➢ Gross income received as a statutory employee.
➢ Union strike benefits.
➢ Long-term disability benefits received prior to reaching the minimum retirement age.

Unearned income is any amount received indirectly and not as a direct repayment of any services rendered or work provided. Unearned income includes the following:

➢ Interest and dividends.
➢ Pensions and annuities.
➢ Social security and railroad retirement benefits (including disability benefits).
➢ Alimony and child support.
➢ Welfare benefits.
➢ Workers' compensation benefits.
➢ Unemployment compensation.
➢ Income while an inmate.
➢ Workfare payments (see Publication 596 for a definition).

A taxpayer and his or her spouse, if filing jointly, must have a valid SSN to qualify for the earned income tax credit. If the SSN says, "Not valid for employment," and if the SSN was issued so that the taxpayer or spouse could receive aid from a federally funded program, they do not qualify to receive earned income credit. If the SSN says, "Valid for work only with INS authorization," or "Valid only with DHS authorization," then the SSN is valid, but only if the authorization has not expired.

Community Property

If the taxpayer is married, lives in a community property state, and qualifies to file as head of household under the special rules of taxpayers living apart, then the taxpayer's earned income for EIC does not include any amount earned by his or her spouse. That income is treated as belonging to the spouse under the state law and is not earned income for the purposes of EIC, even though the taxpayer must include it in his or her gross income on the federal tax return where the taxpayer's earned income includes the entire amount he or she earned, even if part of it is treated as belonging to the other spouse under the state's community property laws. The same rules apply to taxpayers living in Nevada, Washington, and California who are registered as RDP's.

The IRS may ask the taxpayer to provide additional documentation to prove that the qualifying dependents belong to the taxpayer. The documents that might be asked for are as follows:

➢ Birth certificate.
➢ School records.
➢ Medical records.

Recuerde, el ingreso del trabajo es el ingreso que el contribuyente recibió por trabajar e incluye los siguientes tipos de ingresos:

> ➢ Sueldos, salarios, propinas y otros tipos de salarios de empleados sujetos a impuestos.
> ➢ Ingresos netos del trabajo como independiente.
> ➢ Ingresos brutos recibidos como empleado estatutario.
> ➢ Beneficios de huelga sindical.
> ➢ Beneficios por discapacidad a largo plazo recibidos antes de alcanzar la edad mínima de jubilación.

El ingreso no devengado es cualquier cantidad recibida indirectamente y no como un reembolso directo de cualquier servicio prestado o trabajo proporcionado. El ingreso no devengado incluye lo siguiente:

> ➢ Intereses y dividendos.
> ➢ Pensiones y anualidades.
> ➢ Seguro social y beneficios de jubilación ferroviaria (incluyendo beneficios por discapacidad).
> ➢ Pensión alimenticia y manutención infantil.
> ➢ Prestaciones sociales.
> ➢ Beneficios de Indemnización por Accidente Laboral.
> ➢ Indemnización de desempleo.
> ➢ Ingresos mientras que se encuentra recluido.
> ➢ Pagos del programa de trabajo fomentado por el gobierno (ver la publicación 596 para una definición)

Un contribuyente y su cónyuge, si presentan una declaración conjunta, deben tener un SSN válido para calificar para el crédito fiscal sobre el ingreso del trabajo. Si el SSN dice "No válido para el empleo", y si el SSN se emitió para que el contribuyente o su cónyuge puedan recibir ayuda de un programa financiado con fondos federales, no califican para recibir crédito por ingreso del trabajo. Si el SSN dice "Válido para trabajar solo con la autorización del INS" o "Válido solo con la autorización del DHS", entonces el SSN es válido, pero solo si la autorización no ha caducado.

Bienes gananciales

Si el contribuyente está casado, vive en un estado de bienes gananciales y reúne los requisitos para declarar como cabeza de familia según las reglas especiales de los contribuyentes que viven separados, el ingreso del trabajo del contribuyente para el EIC no incluye ninguna cantidad devengada por su cónyuge. Dichos ingresos se tratan como parte del cónyuge según la ley estatal y no son ingresos del trabajo para los fines de EIC, aunque el contribuyente debe incluirlos en su ingreso bruto en la declaración de impuestos federales donde los ingresos del trabajo del contribuyente incluyen la totalidad la cantidad que devengó, incluso si parte de ella se trata como parte del otro cónyuge según las leyes de bienes gananciales del estado. Las mismas reglas se aplican a los contribuyentes que viven en Nevada, Washington y California que están registrados como RDP.

El IRS puede solicitarle al contribuyente que proporcione documentación adicional para demostrar que los dependientes que califican pertenecen al contribuyente. Los documentos que se pueden solicitar son los siguientes:

> ➢ Certificado de nacimiento.
> ➢ Expediente educativo.
> ➢ Registros médicos.

When they interview them for the first time, tax professionals should inform their clients what they might need if they are ever audited for claiming EIC. If a taxpayer receives an audit letter, the letter will include the taxpayer's name, address, telephone number, and the name of the IRS employee responsible for the taxpayer's audit. This process will delay the client's refund. If the taxpayer is found to fraudulently claim the EIC, the taxpayer will be denied the credit for the current tax year and for the next nine years after that.

Minister's Housing.

The housing allowance provided to a minister as part of the minister's pay is generally not subject to income tax, but because it is included in net earnings from self-employment, it is included as earned income for the purposes of the EIC.

Earned Income Rules

To qualify for EIC, the taxpayer's adjusted gross income (AGI) must be below a certain amount, and the taxpayer (and spouse if married filing jointly) must meet the following requirements:

➢ Have a valid social security number (if filing MFJ, the spouse must also have a valid SSN).
➢ Have earned income from employment or self-employment income.
➢ Not file as married filing separately (MFS).
➢ File MFJ as a U.S. citizen, as a resident alien all year, or as a nonresident alien who is married to a U.S. citizen.
➢ Not file Form 2555 or Form 2555-EZ.
➢ Now have investment income over $3,500.
➢ Have a qualifying child who meets the four dependent tests (age, relationship, residency, and joint return; see "Qualifying Child" below).
  o Be at least age 25 and under age 65 at the end of the year.
  o Live in the United States for more than half the year.
  o Not qualify as a dependent of another person.
➢ The AGI must be less than:
  o $49,194 ($58,884 MFJ) with three or more qualifying children.
  o $45,802 ($51,492 MFJ) with two qualifying children.
  o $40,320 ($46,010 MFJ) with one qualifying child.
  o $15,270 ($20,950 MFJ) with no qualifying children.

The maximum EIC that a taxpayer who is filing jointly can receive with three or more qualifying children is $6,431.

For 2019, the Earned income credit (EIC) amounts are as follows:

➢ Three or more children lived with the taxpayer and earned less than $49,194 or $54,884 if married filing jointly.
➢ Two children lived with the taxpayer and earned less than $45,802 or $51,492 if married filing jointly.
➢ One child lived with the taxpayer and earned less than $40,320 or $46,010 if married filing jointly.
➢ A child did not live with the taxpayer and earned less than $15,270 or $20,950 if married filing jointly.

Cuando los entrevistan por primera vez, los profesionales de impuestos deben informar a sus clientes qué pueden necesitar si se los audita para reclamar el EIC. Si un contribuyente recibe una carta de auditoría, la carta incluirá el nombre, la dirección, el número de teléfono del contribuyente y el nombre del empleado del IRS responsable de la auditoría del contribuyente. Este proceso demorará el reembolso del cliente. Si se determina que el contribuyente reclama fraudulentamente el EIC, se le negará el crédito al contribuyente en el año tributario actual y durante los siguientes nueve años posteriores.

Vivienda de ministros

El subsidio de vivienda provisto a un ministro como parte de la paga del ministro generalmente no está sujeto al impuesto sobre la renta, pero, debido a que se incluye en las ganancias netas del trabajo como independiente, se incluye como ingreso del trabajo para los fines del EIC.

Prueba de ingresos del trabajo

Para calificar para el EIC, el Ingreso Bruto Ajustado (AGI) del contribuyente debe estar por debajo de cierta cantidad, y el contribuyente (y su cónyuge si es casado declarando conjuntamente) deben cumplir los siguientes requisitos:

> ➤ Tener un número de seguro social válido (si es casados declarando de forma conjunta, el cónyuge también debe tener un SSN válido).
> ➤ Tener ingresos del trabajo o ingresos del trabajo como independiente.
> ➤ No declarar como casado declarando por separado (MFS).
> ➤ Declarar como casado declarando de forma conjunta como ciudadano de los EE. UU., extranjero residente todo el año o extranjero no residente que esté casado con un ciudadano de los EE. UU.
> ➤ No presentar el Formulario 2555 ni el Formulario 2555-EZ.
> ➤ Tener ahora ingresos por inversiones superiores a $3,500.
> ➤ Tener un hijo calificado que cumpla con las cuatro pruebas dependientes (edad, relación, residencia y declaración conjunta; consulte "Hijo calificado" a continuación).
>   - o Tener por lo menos 25 años y menos de 65 años al final del año.
>   - o Vivir en los Estados Unidos por más de la mitad del año.
>   - o No calificar como dependiente de otra persona.
> ➤ El AGI debe ser menor que:
>   - o $49,194 ($58,884 MFJ) con tres o más hijos calificados.
>   - o $45,802 ($51,492 MFJ) con dos hijos calificados.
>   - o $40,320 ($46,010 MFJ) con un hijo calificado.
>   - o $15,270 ($20,950 MFJ) sin hijos elegibles.

El EIC máximo que un contribuyente que presenta la declaración conjunta puede recibir con tres o más hijos que califican es de $6,431.

Para 2019, los montos del Crédito por Ingreso del Trabajo (EIC) son los siguientes:

> ➤ Tres o más hijos vivían con el contribuyente y ganaron menos de $49,194 o $54,884 si son casados declarando de forma conjunta.
> ➤ Dos hijos vivían con el contribuyente y ganaban menos de $45,802 o $51,492 si eran casados declarando de forma conjunta.
> ➤ Un hijo vivió con el contribuyente y ganó menos de $40,320 o $46,010 si es casado declarando de forma conjunta.
> ➤ Un niño no vivió con el contribuyente y ganó menos de $15,270 o $20,950 si es casado declarando de forma conjunta.

The maximum EIC that a taxpayer who is filing jointly can receive with three or more qualifying children is $6,431.

Valid Social Security Number

The qualifying child must have a valid social security number (SSN) issued by the Social Security Administration (SSA), unless a child died in the same year he or she was born. Social security cards with the legend "not valid for employment" are issued to aliens who are not eligible to work in the United States, but who need an SSN so they can get a federally funded benefit such as Medicaid. If the immigration status of a taxpayer or spouse has changed to U.S. citizen or permanent resident, the taxpayer should ask the SSA for a new social security card without the legend. If the SSN says, "valid for work only with INS authorization or DHS authorization," this is considered a valid SSN, and the taxpayer may qualify for the credit. Taxpayers with an ITIN do not qualify for EIC.

Uniform Definition of a Qualifying Child

The Working Families Tax Relief Act of 2004, amended in 2008, added the joint return test and standardized the definition of a qualifying child for the five child-related tax benefits. Tax law also defined exceptions and special rules for dependents with a disability, children of divorced parents, and adopted children (who are always treated as the taxpayer's own child), including a child lawfully placed with the taxpayer for adoption.

Taxpayers that have missing or kidnapped children that were abducted by a non-family member may still be able to claim the child. The IRS treats a kidnapped child as living with the taxpayer for more than half of the year if the child lived with the taxpayer for more than half of the part of the year before the date the child was kidnapped, even if that length of time does not amount to half of a year. For example, if a child was kidnapped on March 1, then the parent can still claim the child if he or she lived with the taxpayer for at least half of two-month period (January and February) preceding the date of the kidnapping.

El EIC máximo que un contribuyente que presenta la declaración conjunta puede recibir con tres o más hijos que califican es de $6,431.

Número de seguro social válido

El hijo calificado debe tener un número de seguro social (SSN) válido emitido por la Administración del Seguro Social (SSA), a menos que el hijo falleciera el mismo año en que nació. Las tarjetas de seguro social con la leyenda "no es válida para el empleo" se emiten a los extranjeros que no son elegibles para trabajar en los Estados Unidos, pero necesitan un SSN para que puedan obtener un beneficio con fondos federales, como Medicaid. Si el estado migratorio de un contribuyente o cónyuge ha cambiado a ser ciudadano o residente permanente de los EE. UU., el contribuyente debe solicitar a la SSA una nueva tarjeta de seguro social sin la leyenda. Si el SSN dice "válido para trabajar solo con la autorización del INS o DHS", esto se considera un SSN válido y el contribuyente puede calificar para el crédito. Los contribuyentes con un ITIN no califican para el EIC.

Definición uniforme de un hijo calificado

La Ley de Reducción de Impuestos de Familias Trabajadoras de 2004, modificada en 2008, agregó la prueba de declaración conjunta y estandarizó la definición de un hijo calificado para los cinco beneficios fiscales relacionados con los hijos. La ley tributaria también definió excepciones y reglas especiales para dependientes con discapacidad, hijos de padres divorciados e hijos adoptados (que siempre son tratados como el hijo del contribuyente), incluido un hijo colocado legalmente con el contribuyente para su adopción.

Los contribuyentes que han perdido a un hijo o cuyos hijos han sido secuestrados por un miembro que no es de la familia todavía pueden ser capaces de reclamar al niño. El IRS trata a un hijo secuestrado como si viviera con el contribuyente durante más de la mitad del año si el hijo vivió con el contribuyente durante más de la mitad de la parte del año anterior a la fecha en que fue secuestrado, incluso si ese período de tiempo no equivale a la mitad de un año. Por ejemplo, si un hijo fue secuestrado el 1 de marzo, entonces el padre aún puede reclamar al hijo si él o ella vivió con el contribuyente por al menos la mitad del período de dos meses (enero y febrero) anterior a la fecha del secuestro.

Although there are five tests to claim a dependent, a qualifying child must meet only four of the dependent tests to qualify for the EIC:

> ➢ Relationship
> ➢ Age

> ➢ Residency
> ➢ Joint return

To review these tests' rules and guidelines, please refer to "Chapter 3: Federal Standard Deduction and Dependents."

Foster child

For the purposes of earning the EIC, a person is the taxpayer's foster child if the child is placed with the taxpayer by a judgment, decree, or some other order of any court of competent jurisdiction, or by an authorized placement agency such as a state or local government agency, a tax-exempt organization licensed by a state, an Indian tribal government, or an organization authorized by an Indian tribal government to place Indian children.

Example: Allison, who is 12 years old, was placed in the taxpayer's care 2 years ago by an authorized agency who is responsible for placing children in foster homes. Allison is the taxpayer's eligible foster child because Allison was placed there by an agency that was authorized and licensed to do so.

A Qualifying Child of More than One Person.

Sometimes a child meets the rules to be a qualifying child of more than one person. However, only one person can use a qualifying child to claim the EIC. If two eligible taxpayers have the same qualifying child, they can decide who will take all the following related tax benefits:

> ➢ The child's exemption.
> ➢ The child tax credit.
> ➢ Head of household filing status.
> ➢ The credit for child and dependent care expenses.
> ➢ The exclusion for dependent care benefits.
> ➢ The Earned Income Credit.

Only one taxpayer can claim these benefits, and they must claim either all of them or none of them. The benefits cannot be divided between the two competing taxpayers. If the taxpayer and the other person(s) cannot agree and if more than one person claims the EIC or the other benefits listed above using the same child, the tie-breaker rule applies. However, the tie-breaker rule does not apply if the other person is the taxpayer's spouse and they file a joint return.

If the taxpayer and someone else have the same qualifying child but the other person cannot claim the EIC because the taxpayer is not eligible or because his or her earned income or AGI was too high, the taxpayer may be able to treat the child as a qualifying child. If a taxpayer's EIC is denied because the qualifying child is treated as the qualifying child of another person for the current tax year, the taxpayer is not prohibited from attempting to claim the EIC if they already have another, separate qualifying child; however, the taxpayer cannot take the EIC using the qualifying child that was already claimed.

Si bien existen cinco pruebas para reclamar a un dependiente, un hijo calificado debe cumplir con solo cuatro de las pruebas dependientes para calificar para el EIC:

➢ Parentesco
➢ Edad

➢ Residencia
➢ Declaración conjunta

Para revisar las reglas y directrices de estas pruebas, consulte el "Capítulo 3: Deducción y Dependientes Federales Estándar".

Hijo adoptivo

Para los fines de obtener el EIC, una persona es el hijo adoptivo del contribuyente si el hijo es colocado con el contribuyente por una sentencia, un decreto o alguna otra orden de cualquier tribunal de jurisdicción competente, o por una agencia de colocación autorizada, como un estado o una agencia del gobierno local, una organización exenta de impuestos con licencia de un estado, un gobierno tribal indio o una organización autorizada por un gobierno tribal indio para colocar niños indios.

Ejemplo: Allison, que tiene 12 años de edad, fue puesta al cuidado del contribuyente hace 2 años por una agencia autorizada que es responsable de colocar a los niños en hogares de acogida. Allison es la hija adoptiva elegible del contribuyente porque Allison fue colocada allí por una agencia que estaba autorizada y con licencia para hacerlo.

Un hijo calificado de más de una persona

A veces, un hijo cumple con las reglas para ser calificado para más de una persona. Sin embargo, solo una persona puede usar un hijo calificado para reclamar el EIC. Si dos contribuyentes elegibles tienen el mismo hijo calificado, pueden decidir quién tomará todos los siguientes beneficios fiscales relacionados:

➢ La exención del hijo.
➢ El crédito fiscal por hijos.
➢ Estado civil de declaración como cabeza de familia.
➢ El crédito por gastos de cuidado de hijos y dependientes.
➢ La exclusión para los beneficios de cuidado de dependientes.
➢ El Crédito por Ingreso del Trabajo.

Solo un contribuyente puede reclamar estos beneficios, y deben reclamar todos o ninguno de ellos. Los beneficios no pueden dividirse entre los dos contribuyentes que compiten. Si el contribuyente y la(s) otra(s) persona(s) no pueden ponerse de acuerdo y si más de una persona reclama el EIC u otros beneficios mencionados anteriormente con el mismo niño, se aplica la regla de desempate. Sin embargo, la regla de desempate no se aplica si la otra persona es el cónyuge del contribuyente y presenta una declaración conjunta.

Si el contribuyente y otra persona tienen el mismo hijo calificado, pero la otra persona no puede reclamar el EIC porque el contribuyente no es elegible o porque su ingreso del trabajo o el AGI era demasiado alto, el contribuyente puede tratar al hijo como hijo calificado. Si se le niega el EIC de un contribuyente porque el hijo calificado es tratado como el hijo calificado de otra persona para el año tributario actual, no se le prohíbe al contribuyente intentar reclamar el EIC si ya tiene otro hijo calificado separado; sin embargo, el contribuyente no puede tomar el EIC utilizando el hijo calificado que ya fue reclamado.

Example: Pedro has two children, a daughter named Nora from his first marriage to Darla and a son named Francisco from his current marriage to Martha. Even if Pedro and Darla agree to let Darla claim the EIC for Nora, Pedro can still claim the EIC for his son Francisco. Pedro is not prohibited from claiming Francisco simply because he chose to give up his claim to Nora.

Tie-Breaker Rules

The tie breaker rules covered in Chapter 3 also apply to the EIC:

Example: 25-year-old Jeannie and her five-year-old son, Billy, lived with Jeannie's mother, Sarah, all year. Jeannie is unmarried, and her AGI is $8,100. Her only source of income was from a part-time job. Sarah's AGI was $20,000 from her job. Billy's father did not live with Billy or Jeannie. Billy is a qualifying child of both Jeannie and Sarah since he meets the relationship, age, residency, and joint return tests. Jeannie and Sarah must decide who will claim Billy as their dependent. If Jeannie does not claim Billy as a qualifying child for the EIC or head of household filing status, Jeannie's mother can claim Billy as a qualifying child for each of those tax benefits for which she qualifies. Remember that the dependent test for support does not apply for the EIC.

Special rule for divorced or separated parents

The special rules covered in Chapter 3 that apply to divorced or separated parents trying to claim an exemption for a dependent do not apply to the EIC. For more information, see Publication 501 and Publication 596.

The Taxpayer as a Qualifying Child of Another Person.

To review how to determine if a taxpayer is a qualifying child of another person, refer to Chapter 3. If the taxpayer (or spouse if filing a joint return) is a qualifying child of another person, the taxpayer or spouse cannot claim the EIC. This is true even if the person for whom the taxpayer or spouse is a qualifying child does not claim the EIC or meet all the rules to claim the EIC. Write "No" beside line 64a (Form 1040) to show that the taxpayer does not qualify.

Example: Max and his daughter, Letty, lived with Max's mother all year. Max is 22 years old and attended a trade school full time. Max had a part-time job and earned $5,100. Max had no other income. Because Max meets the relationship, age, and residency tests, he is a qualifying child of his mother. She can claim the EIC if she meets all the other requirements. Because the taxpayer is his mother's qualifying child, he cannot claim the EIC for his daughter.

EIC for Taxpayers without Qualifying Children

Taxpayers who do not have qualifying children may also be eligible for the EIC. To be eligible for the EIC the taxpayer must meet the following conditions:

- ➢ The taxpayer must be at least 25 years old, and under the age of 65 at the end of 2017 (the age requirement applies even if the taxpayer is filing a joint return; however, it is not required that both the taxpayer and the spouse meet the age requirement).
- ➢ The taxpayer must not be a dependent of another person.
- ➢ The taxpayer must not be the qualifying child of another person.

Ejemplo: Pedro tiene dos hijos, una hija llamada Nora de su primer matrimonio con Darla y un hijo llamado Francisco de su matrimonio actual con Martha. Incluso si Pedro y Darla aceptan que Darla reclame el EIC para Nora, Pedro todavía puede reclamar el EIC para su hijo Francisco. Pedro no tiene prohibido reclamar a Francisco simplemente porque eligió renunciar a su reclamo a Nora.

Reglas de desempate

Las reglas de desempate cubiertas en el Capítulo 3 también se aplican al EIC:

Ejemplo: Jeannie, de 25 años, y su hijo de cinco años, Billy, vivieron con la madre de Jeannie, Sarah, todo el año. Jeannie es soltera, y su AGI es $8,100. Su única fuente de ingresos era un trabajo de medio tiempo. El AGI de Sarah estaba a $20,000 de su trabajo. El padre de Billy no vivía con Billy o Jeannie. Billy es un hijo calificado tanto de Jeannie como de Sarah, ya que cumple con los requisitos de parentesco, edad, residencia y declaración conjunta. Jeannie y Sarah deben decidir quién reclamará a Billy como su dependiente. Si Jeannie no reclama a Billy como hijo calificado para el EIC o el estado civil de cabeza de familia, la madre de Jeannie puede reclamar a Billy como hijo elegible para cada uno de los beneficios fiscales para los cuales califica. Recuerde que la prueba de dependiente para la manutención no se aplica para el EIC.

Regla especial para padres divorciados o separados

Las reglas especiales cubiertas en el Capítulo 3 que se aplican a los padres divorciados o separados que intentan reclamar una exención para un dependiente no se aplican al EIC. Para obtener más información, consulte la Publicación 501 y la Publicación 596.

El contribuyente como hijo calificado de otra persona.

Para ver cómo determinar si un contribuyente es un hijo calificado de otra persona, consulte el Capítulo 3. Si el contribuyente (o su cónyuge declara como de forma conjunta) es un hijo calificado de otra persona, el contribuyente o cónyuge no puede reclamar el EIC. Esto es cierto incluso si la persona para quien el contribuyente o cónyuge es un hijo calificado no reclama el EIC ni cumple con todas las reglas para reclamar el EIC. Escriba "No" junto a la línea 64a (Formulario 1040) para demostrar que el contribuyente no califica.

Ejemplo: Max y su hija, Letty, vivían con la madre de Max todo el año. Max tiene 22 años y asistió a una escuela de comercio a tiempo completo. Max tenía un trabajo de medio tiempo y ganaba $5,100. Max no tenía otros ingresos. Debido a que Max cumple con las pruebas de relación, edad y residencia, él es un hijo calificado de su madre. Puede reclamar el EIC si cumple con todos los demás requisitos. Debido a que el contribuyente es el hijo calificado de su madre, no puede reclamar el EIC para su hija.

EIC para contribuyentes sin hijos calificados

Los contribuyentes que no tienen hijos calificados también pueden ser elegibles para el EIC. A fin de ser elegible para el EIC, el contribuyente debe cumplir con las siguientes condiciones:

- ➢ El contribuyente debe tener al menos 25 años de edad y ser menor de 65 años al final de 2018 (el requisito de edad se aplica incluso si el contribuyente presenta una declaración conjunta; sin embargo, no es necesario que tanto el contribuyente como el cónyuge cumplan con el requisito de edad).
- ➢ El contribuyente no debe ser dependiente de otra persona.
- ➢ El contribuyente no debe ser el hijo calificado de otra persona.

> ➤ The taxpayer's must have resided in the United States for more than half of the year.
> ➤ Income should be less than $15,010 or $20,600 if married filing jointly.

If the taxpayer does not meet the requirements listed above, write "No" next to line 64a, Form 1040.

Schedule EIC Worksheets

Taxpayers eligible for the EIC with qualifying children must complete Schedule EIC. Schedule EIC requires the inclusion of the child's name, social security number, year of birth, number of months lived in the home located in the United States, and the child's relationship to the taxpayer. Schedule EIC must be attached to the taxpayer's Form 1040. EIC is based on a comparison of the adjusted gross income (AGI) amount found on Form 1040, line 37 to earned income. Worksheets are available to help with the calculations of the EIC, and completing the EIC worksheets is essential to determining the amount of credit a taxpayer may claim on his or her return. The completed worksheet should be placed in the client's file and should not be attached to the federal tax return. Worksheets for the EIC can be found on the IRS website. If the taxpayer files Form 1040 Schedule SE, the taxpayer must complete EIC Worksheet B, found in Instructions Form 1040. Generally, all other taxpayers would figure their earned income by using Worksheet A of the Form 1040 Instructions.

EIC Disallowed

There are circumstances when the IRS does not allow the EIC. Some of the most common reasons for disallowance of the EIC are as follows:

> ➤ Claiming a child who does not meet all the qualifying child tests.
> ➤ The social security numbers are mismatched or incorrect.
>> o Example: A couple is married during the current tax year and the tax return is filed in her married name; however, the wife did not change her name with the Social Security Administration, so her social security number is assigned with her maiden name listed, making the information on the return incorrect.
> ➤ Filing as single or head of household when the taxpayer is married.
> ➤ Over or underreporting income.

If the taxpayer's EIC has been denied or reduced for any year after 1996 for any reason other than a mathematical error, the taxpayer will have to complete Form 8862, *Information to Claim Earned Income Credit after Disallowance* and attach it to his or her tax return. When interviewing the taxpayer, the tax preparer should ask if the taxpayer has ever received a notice from the IRS or filed Form 8862 in any year after 1996. If the taxpayer has received a notice that the EIC was denied or reduced from a previous tax year, the preparer should complete Form 8862 to claim the credit again if the taxpayer is eligible.

The purpose of Form 8862 is to claim the EIC after it has been disallowed or reduced in an earlier year. Form 8862 must be attached to the tax return if all the following apply:

> ➤ The EIC was reduced or disallowed for any reason other than a mathematical or clerical error for a year after 1996.
> ➤ The taxpayer wants to claim the EIC, and he or she meets all the requirements.

> ➢ El contribuyente debe haber residido en los Estados Unidos durante más de la mitad del año.
> ➢ El ingreso debe ser inferior a $15,010 o $20,600 si es casado declarando conjuntamente.

Si el/la contribuyente no cumple con los requisitos enlistado arriba, escriba "No" al lado de la línea 64a del Formulario 1040.

Hojas del cálculo del Anexo EIC

Los contribuyentes elegibles para el EIC con hijos calificados deben completar el Anexo EIC. El Anexo EIC requiere la inclusión del nombre del hijo, el número de seguro social, el año de nacimiento, la cantidad de meses que vivió en el hogar ubicado en los Estados Unidos y el parentesco del hijo con el contribuyente. El Anexo EIC debe adjuntarse al Formulario 1040 del contribuyente. El EIC se basa en una comparación de la cantidad del ingreso bruto ajustado (AGI) que se encuentra en el Formulario 1040, línea 37, con el ingreso del trabajo. Las hojas de cálculo están disponibles para ayudar con los cálculos del EIC; además, es esencial completar las hojas de cálculo del EIC para determinar la cantidad de crédito que un contribuyente puede reclamar en su declaración. La hoja de cálculo completa debe colocarse en el archivo del cliente y no debe adjuntarse a la declaración de impuestos federales. Las hojas de cálculo para el EIC se pueden encontrar en el sitio web del IRS. Si el contribuyente presenta el Formulario 1040 Anexo SE, el contribuyente debe completar la hoja de cálculo EIC B, que se encuentra en las Instrucciones del Formulario 1040. En general, todos los demás contribuyentes calcularán sus ingresos obtenidos utilizando la hoja de cálculo A de las Instrucciones del Formulario 1040.

EIC no permitido

Hay circunstancias en las que el IRS no permite el EIC. Algunas de las razones más comunes para el rechazo del EIC son las siguientes:

> ➢ Reclamo de un hijo que no cumple con todas las pruebas de hijos calificados.
> ➢ Los números del seguro social no coinciden o son incorrectos.
> > o Ejemplo: Una pareja está casada durante el año tributario actual y la declaración de impuestos se presenta con su nombre de casada; sin embargo, la esposa no cambió su nombre con la Administración del seguro social, por lo que su número de seguro social está asignado con su apellido de soltera, lo que hace que la información en la declaración sea incorrecta.
> ➢ Declarar como soltero o cabeza de familia cuando el contribuyente está casado.
> ➢ Ingresos declarados por encima o por debajo del monto correspondiente.

Si el EIC del contribuyente ha sido denegado o reducido por cualquier año posterior a 1996 por cualquier motivo que no sea un error matemático, el contribuyente deberá completar el Formulario 8862, *Información para reclamar un crédito por ingreso del trabajo después de la denegación* y adjuntarlo a su declaración de impuestos. Al entrevistar al contribuyente, el preparador de impuestos debe preguntar si el contribuyente ha recibido alguna vez una notificación del IRS o el Formulario 8862 en algún año posterior a 1996. Si el contribuyente ha recibido una notificación de que el EIC fue denegado o reducido de un año tributario anterior, el preparador debe completar el Formulario 8862 para reclamar el crédito nuevamente si el contribuyente es elegible.

El propósito del Formulario 8862 es reclamar el EIC después de que haya sido rechazado o reducido en un año anterior. El formulario 8862 debe adjuntarse a la declaración de impuestos si se aplican todas las siguientes condiciones:

> ➢ El EIC se redujo o denegó por cualquier motivo que no sea un error de tipo matemático o administrativo para un año después de 1996.
> ➢ El contribuyente quiere reclamar el EIC, y él o ella cumple con todos los requisitos.

The taxpayer must attach Schedule EIC and Form 8862 to the return if the taxpayer has any qualifying children. The taxpayer may be asked for additional information before a refund is issued. If the IRS contacts the taxpayer to request additional information, and the taxpayer does not provide all necessary information or documentation, the taxpayer will receive a statutory notice of deficiency from the IRS. The notice tells the taxpayer that an adjustment will be assessed unless the taxpayer files a petition in the tax court within 90 days. If the taxpayer fails to reply to the IRS or file a petition within 90 days, the IRS will deny their petition for the EIC and make the assessment to determine how much tax he or she might owe.

Example: Brittni claimed the EIC on the 2017 tax return that she filed in February 2018. The IRS determined that she was not entitled to the EIC due to fraud. She received a statutory notice of deficiency in September 2017 telling her the adjustment amount that would be assessed unless she filed a petition in the tax court within 90 days. Since Brittni did not file her petition, she was prohibited from claiming the EIC on her return until 2028. In that year, she will have to complete and attach Form 8862 to her return to attempt to claim the credit again.

EIC Taxpayer Penalties

The IRS may penalize the taxpayer if it is determined that the taxpayer has been negligent or has disregarded rules or regulations relating to the EIC. The taxpayer may be prohibited from claiming EIC for the next two years if he or she is found negligent. If the taxpayer is found to have fraudulently claimed the credit, the taxpayer will be prohibited from claiming the credit for the next 10 years.

The tax preparer may be assessed penalties as well for not performing their due diligence.

Claiming a Child in Error

The most common error is to claim a child that is not a qualifying child and does not meet the tests to be one. The knowledge requirement for paid tax preparers states that the preparer must apply a reasonable standard (as defined by the Circular 230 and the Form 8867 Instructions) to the information received from the client. If the information provided by the client appears to be incorrect, incomplete, or inconsistent, then the paid preparer must make additional inquiries of the client until they are satisfied that they have gathered the correct and complete information.

Example 1: Cindy tells Jack, her tax preparer, that she is 22 years old and has two sons, aged 10 and 11. Jack may need to ask Cindy the following questions:

> ➢ Are these Cindy's biological children, foster sons, or adopted sons…?
> ➢ Was Cindy ever married to the children's father?
> ➢ Were the children placed in Cindy's home for adoption or as foster children?
> ➢ Did the father live with Cindy?
> ➢ How long have the children lived with Cindy?
> ➢ Does Cindy have any records to prove that the children lived with her, such as school or medical records?

Example 2: Maria tells Andres, her tax preparer, that, last year, she filed single and claimed the EITC for her child, but that this year she has two children to claim for EITC. Andres may need to ask Maria the following questions:

El contribuyente debe adjuntar el Anexo EIC y el Formulario 8862 a la declaración si el contribuyente tiene hijos elegibles. Se le puede pedir al contribuyente información adicional antes de emitir un reembolso. Si el IRS se comunica con el contribuyente para solicitar información adicional, y el contribuyente no proporciona toda la información o documentación necesaria, el contribuyente recibirá una notificación legal de deficiencia del IRS. La notificación le indica al contribuyente que se evaluará un ajuste a menos que el contribuyente presente una petición en el tribunal fiscal dentro de los 90 días. Si el contribuyente no responde al IRS o no presenta una petición dentro de los 90 días, el IRS rechazará su petición para el EIC y realizará la evaluación para determinar cuánto impuesto podría adeudar.

Ejemplo: Brittni reclamó el EIC en la declaración de impuestos de 2017 que presentó en febrero de 2018. El IRS determinó que no tenía derecho al EIC debido a un fraude. Recibió una notificación legal de deficiencia en septiembre de 2017 que le informaba el monto del ajuste que se evaluaría a menos que presentara una petición en el tribunal fiscal dentro de los 90 días. Como Brittni no presentó su petición, se le prohibió reclamar el EIC a su regreso hasta 2028. En ese año, deberá completar y adjuntar el Formulario 8862 a su declaración para intentar reclamar el crédito nuevamente.

Multas de los contribuyentes de EIC

El IRS puede penalizar al contribuyente si se determina que ha sido negligente o no ha respetado las reglas o regulaciones relacionadas con el EIC. Se le puede prohibir al contribuyente reclamar el EIC durante los próximos dos años si se demuestra que fue negligente. Si se determina que el contribuyente ha reclamado fraudulentamente el crédito, se le prohibirá al contribuyente reclamar el crédito por los próximos 10 años.

El preparador de impuestos puede recibir sanciones y no cumplir con su diligencia debida.

Error al reclamar a un hijo

El error más común es reclamar a un hijo que no es un hijo calificado y que no cumple con los requisitos para serlo. El requisito de conocimiento para los preparadores de impuestos pagados establece que el preparador debe aplicar un estándar razonable (según se define en la Circular 230 y las Instrucciones del Formulario 8867) a la información recibida del cliente. Si la información provista por el cliente parece ser incorrecta, incompleta o inconsistente, entonces el preparador pagado debe hacer consultas adicionales al cliente hasta que esté satisfecho de haber reunido la información correcta y completa.

Ejemplo 1: Cindy le dice a Jack, su preparador de impuestos, que tiene 22 años y dos hijos, de 10 y 11 años. Jack puede necesitar hacerle a Cindy las siguientes preguntas:

> - ¿Son estos hijos biológicos, adoptivos o criados por Cindy...?
> - ¿Se casó Cindy con el padre de los hijos?
> - ¿Fueron los niños puestos al cuidado de Cindy para su adopción o como hijos adoptivos?
> - ¿Vivió el padre con Cindy?
> - ¿Cuánto tiempo han vivido los hijos con Cindy?
> - ¿Tiene Cindy algún registro que demuestre que los hijos vivieron con ella, como el historial escolar o médico?

Ejemplo 2: María le dice a Andrés, su preparador de impuestos, que el año pasado presentó una declaración como soltera y reclamó el EITC para su hijo, pero que este año tiene dos hijos que reclaman para el EITC. Es posible que Andrés necesite hacerle a María las siguientes preguntas:

> ➤ You claimed one child last year. What changed?
> ➤ How many months did the children live with you?
> ➤ Do you have any records to prove the children lived with you, such as school or medical records?

Nontaxable Combat Pay Election for EIC

Nontaxable combat pay for members of the armed forces is only considered earned income for the purposes of the EIC if they elect to include nontaxable combat pay in earned income to increase or decrease the EIC. Figure the credit with and without the nontaxable combat pay before making the election. If the taxpayer makes the election, he or she must include all nontaxable combat pay that he or she received as earned income. Examples of nontaxable military pay are combat pay, basic allowance for housing (BAH), and the basic allowance for subsistence (BAS). Combat pay is reported on Form W-2 in box 12 with code *Q*. If the election is made, the income would be reported on Form 1040, line 66b.

Summary and Review

A tax credit reduces the amount of tax the taxpayer is liable for. Unlike a deduction, which reduces what amount of income will be subject to tax, a tax credit directly reduces the taxpayer's liability. A tax credit is a sum deducted from the total amount a taxpayer owes. There are two categories of tax credits: nonrefundable and refundable.

There are a variety of credits and deductions for the taxpayer. This lesson covered a few credits that would allow taxpayers to lower their tax liability to zero and below, and possibly receive a refund from the credits. A refundable credit is a tax credit that is treated as a payment and can thus be refunded to the taxpayer by the IRS. Refundable credits can be used to help offset certain types of taxes that normally cannot be reduced and can even produce a federal refund.

Questions

These review questions are not part of the final exam and will not be graded by LTPA. To obtain the maximum benefit from this course, LTPA recommends that you complete the following questions before you compare your answers with the provided solutions.

1. Refundable credits are considered payments to the federal government. Which of the following is not a federal refundable credit?

    a. Earned income tax credit
    b. Excess CASDI
    c. Additional child tax credit
    d. American opportunity credit

2. Estimated payments are due in four equal payments. Which of the following is not a due date for estimated tax payments?

    a. April 15
    b. September 15
    c. June 15
    d. December 15

> ➤ Usted reclamó un hijo el año pasado. ¿Qué cambió?
> ➤ ¿Cuántos meses vivieron sus hijos con usted?
> ➤ ¿Tiene algún registro que demuestre que sus hijos vivieron con usted, como los registros escolares o médicos?

Elección de pago por combate no tributable para EIC

La paga no tributable por combate para los miembros de las fuerzas armadas solo se considera ingresos del trabajo para los fines del EIC si eligen incluir el pago por combate no tributable en los ingresos del trabajo para aumentar o disminuir el EIC. Calcule el crédito con y sin el pago de impuestos no tributable antes de realizar la elección. Si el contribuyente realiza la elección, él o ella debe incluir todos los pagos por combate no tributable que recibió como ingreso del trabajo. Ejemplos de paga militar no tributable son la paga por combate, la Asignación Básica para la Vivienda (BAH) y la Asignación Básica para Subsistencia (BAS). El pago por combate se declara en el Formulario W-2 en la casilla 12 con el código *Q*. Si se realiza la elección, los ingresos se declararán en el Formulario 1040, línea 66b.

Resumen y revisión

Un crédito fiscal reduce la cantidad de impuestos de los que el contribuyente es responsable. A diferencia de una deducción, que reduce qué cantidad de ingresos estará sujeta a impuestos, un crédito fiscal reduce directamente la obligación del contribuyente. Un crédito fiscal es una suma deducida del monto total que un contribuyente debe. Existen dos categorías de créditos fiscales: no reembolsables y reembolsables.

Existe una variedad de créditos y deducciones para el contribuyente. Esta lección cubrió algunos créditos que permitirían a los contribuyentes reducir su obligación tributaria a cero y por debajo, y posiblemente recibir un reembolso de los créditos. Un crédito reembolsable es un crédito fiscal que se trata como un pago y, por lo tanto, puede ser reembolsado al contribuyente por el IRS. Los créditos reembolsables se pueden usar para ayudar a compensar ciertos tipos de impuestos que normalmente no se pueden reducir e incluso pueden generar un reembolso federal.

Preguntas

Estas preguntas de revisión no forman parte del examen final y no serán calificadas por LTPA. Para obtener el máximo beneficio de este curso, LTPA recomienda que complete las siguientes preguntas antes de comparar sus respuestas con las soluciones proporcionadas.

1. Los créditos reembolsables se consideran pagos al gobierno federal. ¿Cuál de las siguientes opciones no es un crédito federal reembolsable?

    a. Crédito fiscal por ingreso del trabajo
    b. Exceso de CASDI
    c. Crédito fiscal adicional por hijos
    d. Crédito de Oportunidad Estadounidense

2. Los pagos estimados deben realizarse en cuatro pagos iguales. ¿Cuál de las siguientes opciones no es una fecha de vencimiento para los pagos de impuestos estimados?

    a. 15 de abril
    b. 15 de septiembre
    c. 15 de junio
    d. 15 de diciembre

3. Jerry has three qualifying children for the federal dependent care expense. What is the maximum amount Jerry can claim?

    a. $3,000
    b. $1,500
    c. $6,000
    d. No limit

4. Jenny files married filing separately. How much will she be able to claim for her education credit?

    a. $0
    b. $4,000
    c. $1,500
    d. $3,000

Answers

1. Refundable credits are considered payments to the federal government. Which of the following is not a federal refundable credit?

    a. Earned income tax credit
    b. Excess CASDI
    c. Additional child tax credit
    d. American opportunity credit

Feedback: Earned income tax credit, additional child tax credit, and a portion of the American opportunity credit are all federal refundable credits.

2. Estimated payments are due in four equal payments. Which of the following is not a due date for estimated tax payments?

    a. April 15
    b. September 15
    c. June 15
    d. December 15

Feedback: The due dates for estimated tax payments are April 15, June 15, September 15, and January 15, unless any of these dates falls on a holiday or the weekend, in which case the payment will be due on the next business day.

3. Jerry has three qualifying children for the federal dependent care expense. What is the maximum amount Jerry can claim?

    a. $3,000
    b. $1,500
    c. $6,000
    d. No limit

3. Jerry tiene tres hijos que califican para el gasto federal de cuidado de dependientes. ¿Cuál es la cantidad máxima que Jerry puede reclamar?

    a. $3,000
    b. $1,500
    c. $6,000
    d. No limit/Sin límite

4. Jenny es una persona casada declarando por separado. ¿Cuánto podrá reclamar por su crédito educativo?

    a. $0
    b. $4,000
    c. $1,500
    d. $3,000

Respuestas

1. Los créditos reembolsables se consideran pagos al gobierno federal. ¿Cuál de las siguientes opciones no es un crédito federal reembolsable?

    a. Crédito fiscal por ingreso del trabajo
    b. Exceso de CASDI
    c. Crédito fiscal adicional por hijos
    d. Crédito de Oportunidad Estadounidense

Comentarios: El crédito fiscal por ingresos del trabajo, el crédito fiscal adicional por hijos y una parte del crédito de oportunidad estadounidense son todos créditos reembolsables federales.

2. Los pagos estimados deben realizarse en cuatro pagos iguales. ¿Cuál de las siguientes opciones no es una fecha de vencimiento para los pagos de impuestos estimados?

    a. 15 de abril
    b. 15 de septiembre
    c. 15 de junio
    d. 15 de diciembre

Comentarios: Las fechas de vencimiento para los pagos de impuestos estimados son el 15 de abril, el 15 de junio, el 15 de septiembre y el 15 de enero, a menos que cualquiera de estas fechas sea un día festivo o fin de semana, en cuyo caso el pago se realizará el siguiente día hábil.

3. Jerry tiene tres hijos que califican para el gasto federal de cuidado de dependientes. ¿Cuál es la cantidad máxima que Jerry puede reclamar?

    a. $3,000
    b. $1,500
    c. $6,000
    d. No limit/Sin límite

Feedback: Expenses are limited to $3,000 for one and $6,000 for two or more qualified dependents.

4. Jenny files married filing separately. How much will she be able to claim for her education credit?

    a. $0
    b. $4,000
    c. $1,500
    d. $3,000

Feedback: Education credits are not allowed for taxpayers filing MFS. Credits also phase out when the modified AGI reaches the following limits:

➢ MFJ: $180,000 for the AOC and $130,000 for the lifetime learning credit.
➢ MFS: $0 (credits are not allowed).
➢ Others: $90,000 for the AOC and $65,000 for the lifetime learning credit.

Both credits are reported on Form 8863, Education Credits (AOC and Lifetime Learning Credits).

Now Complete the Review Questions

Go Online

Comentarios: Los gastos están limitados a $3,000 para uno y $6,000 para dos o más dependientes calificados.

4. Jenny es una persona casada declarando por separado. ¿Cuánto podrá reclamar por su crédito educativo?

    e. $0
    f. $4,000
    g. $1,500
    h. $3,000

Comentarios: Los créditos educativos no están permitidos para los contribuyentes casados declarando por separado. Los créditos también se eliminan gradualmente cuando el AGI modificado alcanza los siguientes límites:

➢ MFJ: $180,000 para el AOC y $130,000 para el crédito de aprendizaje de por vida.
➢ MFS: $0 (no se permiten créditos).
➢ Otros: $90,000 para el AOC y $65,000 para el crédito de aprendizaje de por vida.

Ambos créditos se declaran en el Formulario 8863, Créditos educativos (*AOC y Créditos de aprendizaje de por vida*).

Chapter 14: Other Federal Taxes

Introduction

This chapter provides an overview of miscellaneous taxes from across the Form 1040 and its Schedules that a taxpayer might be assessed. This includes excess social security tax, additional taxes on IRAs, the alternative minimum tax, and household employment taxes.

Objectives

At the end of this lesson, the student will be able to do the following:

➢ Fill out Schedule 4 of the Form 1040.
➢ Explain when a taxpayer must repay the premium tax credit.
➢ Understand the taxability of excess social security.
➢ Identify when a taxpayer must pay an additional tax on IRAs.
➢ Explain when to use Schedule H.

Resources

Form 1040	Publication 17	Instructions Form 1040
Form 4137	Publication 334	Instructions Form 4137
Form 5329	Publication 560	Instructions Form 5329
Form 5405	Publication 575	Instructions Form 5405
Form 6251	Publication 590-B	Instructions Form 6251
Form 8919	Publication 721	Instructions Form 8919
Form 8959	Publication 939	Instructions Form 8959
Form 8962	Publication 974	Instructions Form 8962
Form 8965	Tax Topic 410, 554,	Instructions Form 8965
Schedule H	556, 557, 558, 560,	Instructions for Schedule H
Schedule SE	561, 611, 612	Instructions for Schedule SE
Schedule SE-EZ		Instructions for Schedule SE-EZ

Segment 1

Other Taxes from Schedule 4

Other Taxes are miscellaneous taxes that were lumped together in their own category because they didn't fit anywhere else. Though previously a section of the Form 1040, the "Other Taxes" category has been moved to Schedule 4 (Form 1040) by the TCJA.

Capítulo 14: Otros impuestos federales y multas al contribuyente

Introducción

Este capítulo proporciona una descripción de los impuestos misceláneos de todo el Formulario 1040 y sus Anexos que podrían gravársele al contribuyente. Esto incluye el exceso de impuestos de seguro social, impuestos adicionales sobre las IRA, el impuesto mínimo alternativo y los impuestos sobre el empleo doméstico.

Objetivos

Al final de esta lección, el estudiante podrá:

> ➢ Llenar el Anexo 4 del Formulario 1040.
> ➢ Explicar cuándo un/a contribuyente debe pagar el crédito tributario de prima.
> ➢ Comprender la imponibilidad del exceso de seguro social.
> ➢ Identificar cuándo un/a contribuyente debe pagar impuestos adicionales sobre cuentas IRA.
> ➢ Explicar cuándo usar el anexo H.

Recursos

Formulario 1040	Publicación 17	Instrucciones del Formulario 1040
Formulario 4137	Publicación 334	Instrucciones del Formulario 4137
Formulario 5329	Publicación 560	Instrucciones del Formulario 5329
Formulario 5405	Publicación 575	Instrucciones del Formulario 5405
Formulario 6251	Publicación 590-B	Instrucciones del Formulario 6251
Formulario 8919	Publicación 721	Instrucciones del Formulario 8919
Formulario 8959	Publicación 939	Instrucciones del Formulario 8959
Formulario 8962	Publicación 974	Instrucciones del Formulario 8962
Formulario 8965	Temas de impuestos	Instrucciones del Formulario 8965
Anexo H	410, 554, 556, 557, 558,	Instrucciones para el Anexo H
Anexo SE	560, 561, 611, 612	Instrucciones para el Anexo SE
Anexo SE-EZ		Instrucciones para el Anexo SE-EZ

Segmento 1

Otros impuestos del Anexo 4

Otros impuestos son impuestos diversos que se agruparon en su propia categoría porque no encajaban en ningún otro lugar. Aunque anteriormente era una sección del Formulario 1040, la categoría "Otros Impuestos" ha sido movida al Anexo 4 (Formulario 1040) por la TCJA.

Other Taxes	57	Self-employment tax. Attach Schedule SE	57	
	58	Unreported social security and Medicare tax from Form: a ☐ 4137 b ☐ 8919 . .	58	
	59	Additional tax on IRAs, other qualified retirement plans, etc. Attach Form 5329 if required . .	59	
	60a	Household employment taxes from Schedule H	60a	
	b	First-time homebuyer credit repayment. Attach Form 5405 if required	60b	
	61	Health care: individual responsibility (see instructions) Full-year coverage ☐	61	
	62	Taxes from: a ☐ Form 8959 b ☐ Form 8960 c ☐ Instructions; enter code(s) ____	62	
	63	Add lines 56 through 62. This is your **total tax** . . . . ▶	63	

The image above is the section from the pre-TCJA 2017 Form 1040 from. Several lines in the section have been changed, removed, suspended, or moved to create the Schedule 4 shown below. This chapter will be covering the Schedule 4 line-items shown below as well as a few miscellaneous items from across the Form 1040 and its schedules.

SCHEDULE 4
(Form 1040)

Department of the Treasury
Internal Revenue Service

Other Taxes

▶ Attach to Form 1040.
▶ Go to *www.irs.gov/Form1040* for instructions and the latest information.

OMB No. 1545-0074

20**18**

Attachment
Sequence No. **04**

Name(s) shown on Form 1040

Your social security number

Other Taxes	57	Self-employment tax. Attach Schedule SE	57	
	58	Unreported social security and Medicare tax from: Form a ☐ 4137 b ☐ 8919	58	
	59	Additional tax on IRAs, other qualified retirement plans, and other tax-favored accounts. Attach Form 5329 if required	59	
	60a	Household employment taxes. Attach Schedule H	60a	
	b	Repayment of first-time homebuyer credit from Form 5405. Attach Form 5405 if required	60b	
	61	Health care: individual responsibility (see instructions)	61	
	62	Taxes from: a ☐ Form 8959 b ☐ Form 8960 c ☐ Instructions; enter code(s) _____	62	
	63	Section 965 net tax liability installment from Form 965-A . . . . | 63 |		
	64	Add the amounts in the far right column. These are your **total other taxes.** Enter here and on Form 1040, line 14	64	

For Paperwork Reduction Act Notice, see your tax return instructions.   Cat. No. 71481R   Schedule 4 (Form 1040) 2018

Although every line of the Schedule 4 is given an entry here, previously discussed topics will simply refer you back to where they were covered beforehand if you wish to review the information.

Line 57: Self-Employment tax. Attach Schedule SE

This concept was covered previously in Chapter 8, "Federal Business Income". Please refer back to that section if you wish to review the information.

Line 58: Unreported Social Security and Medicare Tax

There are two different types of unreported social security and Medicare tax that can be reported on this line: unreported social security and Medicare tax from tips and uncollected social security and Medicare tax.

Line 58a: Form 4137, Unreported Social Security and Medicare Tax

Form 4137 is used to calculate the social security and Medicare tax on tips not reported to the taxpayer's employer. This concept was covered previously in Chapter 5, "Federal Income". Please refer back to that section if you wish to review the information. If this form is used and needed, mark box a on this line, attach the form to the return, and report the amount on line 58 in the space provided.

Other Taxes	57	Self-employment tax. Attach Schedule SE	57	
	58	Unreported social security and Medicare tax from Form: a ☐ 4137 b ☐ 8919 . .	58	
	59	Additional tax on IRAs, other qualified retirement plans, etc. Attach Form 5329 if required . .	59	
	60a	Household employment taxes from Schedule H	60a	
	b	First-time homebuyer credit repayment. Attach Form 5405 if required	60b	
	61	Health care: individual responsibility (see instructions) Full-year coverage ☐	61	
	62	Taxes from: a ☐ Form 8959 b ☐ Form 8960 c ☐ Instructions; enter code(s) _____	62	
	63	Add lines 56 through 62. This is your **total tax** . . . . ▶	63	

La imagen de arriba es la sección del formulario 1040 pre-TCJA 2017. Varias líneas en la sección se han cambiado, eliminado, suspendido o movido para crear el Anexo 4 que se muestra a continuación. Este capítulo cubrirá los artículos del Anexo 4 que se muestran a continuación, así como algunos artículos diversos de todo el Formulario 1040 y sus anexos.

SCHEDULE 4
(Form 1040)

Department of the Treasury
Internal Revenue Service

Other Taxes

▶ Attach to Form 1040.
▶ Go to *www.irs.gov/Form1040* for instructions and the latest information.

OMB No. 1545-0074

20**18**

Attachment
Sequence No. **04**

Name(s) shown on Form 1040 | Your social security number

Other Taxes	57	Self-employment tax. Attach Schedule SE	57	
	58	Unreported social security and Medicare tax from: Form a ☐ 4137 b ☐ 8919	58	
	59	Additional tax on IRAs, other qualified retirement plans, and other tax-favored accounts. Attach Form 5329 if required	59	
	60a	Household employment taxes. Attach Schedule H	60a	
	b	Repayment of first-time homebuyer credit from Form 5405. Attach Form 5405 if required	60b	
	61	Health care: individual responsibility (see instructions)	61	
	62	Taxes from: a ☐ Form 8959 b ☐ Form 8960 c ☐ Instructions; enter code(s)	62	
	63	Section 965 net tax liability installment from Form 965-A	63			
	64	Add the amounts in the far right column. These are your **total other taxes**. Enter here and on Form 1040, line 14	64	

For Paperwork Reduction Act Notice, see your tax return instructions. | Cat. No. 71481R | Schedule 4 (Form 1040) 2018

Si bien cada línea del Anexo 4 tiene una entrada aquí, los temas discutidos anteriormente lo remitirán simplemente a donde se cubrieron de antemano si desea revisar la información.

Línea 57: Impuesto sobre el trabajo independiente. Adjuntar Anexo SE

Este concepto se trató anteriormente en el Capítulo 7, "Ingresos comerciales federales". Por favor, vuelva a esa sección si desea revisar la información.

Línea 58: Impuesto de seguro social y Medicare no declarado

Hay dos tipos diferentes de impuestos de seguro social y de Medicare no declarados que se pueden declarar en esta línea: impuestos de seguro social y de Medicare no declarados a partir de las propinas y los impuestos de seguro social y de Medicare no cobrados.

Línea 58a: Formulario 4137, Impuesto de seguro social y Medicare no declarados

El Formulario 4137 se usa para calcular el impuesto de seguro social y Medicare sobre las propinas que no se declaran al empleador del contribuyente. Este concepto se trató anteriormente en el Capítulo 6: "Ingresos federales". Por favor, vuelva a esa sección si desea revisar la información. Si usa y necesita este formulario, marque la casilla a en esta línea, adjunte el formulario a la declaración e informe la cantidad en la línea 58 en el espacio provisto.

| 58 | Unreported social security and Medicare tax from: Form a ☑ 4137 b ☐ 8919 | 58 | |

Line 58b: Form 8919, Uncollected Social Security and Medicare Tax

If the taxpayer was an employee but was treated as an independent contractor by the employer, Form 8919, *Uncollected Social Security and Medicare Tax on Wages*, is used to figure and report the taxpayer's share of uncollected social security and Medicare taxes due on compensation. Filing this form ensures that the social security and Medicare taxes will be credited to the correct social security record.

| 58 | Unreported social security and Medicare tax from: Form a ☐ 4137 b ☑ 8919 | 58 | |

Form 8919 must be filed if all the following apply:

> - The taxpayer performed services for a firm.
> - The firm did not withhold the taxpayer's share of social security and Medicare taxes from the employee's pay.
> - The pay from the firm was not for services as an independent contractor.
> - One of the reasons listed below and taken from the Form 8919 under "Reason Codes" applies to the taxpayer.

A—The taxpayer filed Form SS-8, *Determination of Worker Status for Purposes of Federal Employment Taxes and Income Tax Withholding*, and received a determination letter stating that the taxpayer was an employee of the firm. A taxpayer would file Form SS-8 if their income was reported to them on the 1099-MISC, but the IRS determined that the income should have been reported to the taxpayer on a W-2.

C—The taxpayer received other correspondence from the IRS that states, "I am an employee."

G—The taxpayer filed Form SS-8 with the IRS and has not received a reply.

H—The taxpayer received Form W-2 and Form 1099-MISC from his or her employer for the tax year 2018, but the amount on Form 1099-MISC should have been included as wages on Form W-2. Do not file Form SS-8 if code *H* was selected on Form 8919.

Line 59: Additional Tax on IRAs and Other Similar Plans and Accounts

The calculated amount from Form 5329 is reported on Line 59 of the Schedule 4. Form 5329 is used to report additional taxes on the following items:

> - IRAs.
> - Other qualified retirement plans.
> - Modified endowment contracts.
> - Coverdell ESAs.

> - QTPs.
> - Archer MSAs.
> - HSAs.
> - ABLE accounts.

Form 5329 should be filed if any of the following apply:

> - The taxpayer received a distribution from a Roth IRA and either the amount on line 25c, Form 8606, *Nondeductible IRAs*, is more than zero, or the distribution includes a recapture amount that is subject to the 10% additional tax, or the distributions is a qualified first-time home buyer.

58	Unreported social security and Medicare tax from: Form **a** ☑ 4137 **b** ☐ 8919	58	

Línea 58b: Formulario 8919, Impuesto de seguro social y Medicare no cobrado

Si el/la contribuyente era un empleado, pero fue tratado como un contratista independiente por el empleador, se utiliza el Formulario 8919, *Impuesto de seguro social y Medicare no cobrado sobre el salario*, para calcular y declarar la parte del contribuyente de los impuestos de seguro social y Medicare no cobrados sobre la remuneración. La presentación de este formulario garantiza que los impuestos de seguro social y de Medicare se acreditarán al registro de seguro social correcto.

58	Unreported social security and Medicare tax from: Form **a** ☐ 4137 **b** ☑ 8919	58	

El formulario 8919 se debe presentar si se aplica todo lo siguiente:

➢ El/la contribuyente realizó servicios para una firma.
➢ La firma no retuvo la parte del contribuyente de los impuestos del seguro social y de Medicare de la paga del empleado.
➢ El pago de la empresa no era por servicios como contratista independiente.
➢ Una de las razones enumeradas a continuación y tomadas del Formulario 8919 bajo "Códigos de motivo" se aplica al contribuyente.

A — El/la contribuyente presentó el Formulario SS-8, *Determinación de la condición del trabajador a los efectos de los impuestos federales de empleo y la retención del impuesto sobre la renta*, y recibió una carta de determinación que indica que el/la contribuyente era un empleado de la firma. Un/a contribuyente presentaría el Formulario SS-8 si declara sus ingresos en el formulario 1099-MISC, pero el IRS determinó que los ingresos deberían haberse declarado al contribuyente en un formulario W-2.

C— El/la contribuyente recibió otra correspondencia del IRS que dice: "Soy un empleado".

G— El/la contribuyente presentó el Formulario SS-8 ante el IRS y no ha recibido una respuesta.

H — El/la contribuyente recibió el Formulario W-2 y el Formulario 1099-MISC de su empleador para el año tributario 2018, pero la cantidad en el Formulario 1099-MISC debería haberse incluido como salario en el Formulario W-2. No presente el Formulario SS-8 si el código *H* fue seleccionado en el Formulario 8919.

Línea 59: Impuesto adicional sobre las cuentas IRA y otros planes y cuentas similares

La cantidad calculada del Formulario 5329 se declara en la Línea 59 del Anexo 4. El formulario 5329 se usa para declarar impuestos adicionales en los siguientes artículos:

➢ IRA.
➢ Otros planes de jubilación calificados.
➢ Contratos de dotación modificados.
➢ Coverdell ESA.
➢ QTP.
➢ Archer MSA.
➢ HSA.
➢ Cuentas ABLE.

El formulario 5329 debe presentarse si se cumple alguna de las siguientes condiciones:

➢ El/la contribuyente recibió una distribución de una cuenta IRA Roth y la cantidad en la línea 25c, Formulario 8606, *IRA no deducible*, es más que cero, o la distribución incluye un monto de recuperación que está sujeto al impuesto adicional del 10%, o las distribuciones son un comprador de casa por primera vez calificado.

- The taxpayer received a distribution subject to tax on early distributions from a qualified retirement plan other than a Roth IRA.
- The taxpayer received a distribution subject to the tax on early distributions from a qualified retirement plan other than a Roth IRA, and the taxpayer meets an exception to the tax, and code 1 (which shows that an early distribution penalty must be assessed) is in box 7 of the 1099-R.
- The taxpayer received a distribution subject to the tax on early distributions from a qualified retirement plan other than a Roth IRA and meets the exception, and code 7 (which shows that the distribution was normal and deserves no penalty) is in box 7 of the 1099-R.
- The taxpayer received taxable distributions from Coverdell ESAs or QTPs.
- The contributions for 2018 to traditional IRAs, Roth IRAs, Coverdell ESAs, Archer MSAs, or HSAs exceed the maximum contribution limit, or the taxpayer had a tax due from an excess on line 17, of 2017 Form 5329.
- The taxpayer did not receive the minimum required distribution (RMD) from his or her qualified retirement plan.

The additional tax on an early distribution is included in the taxpayer's gross income and is an additional 10%, although there are some exceptions to the rule. The additional 10% tax on an early withdrawal does not apply to the any of the following:

- A qualified disaster distribution.
- A qualified HSA funding distribution from an IRA.
- A distribution from a traditional or SIMPLE IRA that was converted to a Roth IRA.
- An in-plan Roth rollover.
- A distribution of certain excess IRA contributions.

The following qualified retirement plan rollover guidelines are in effect as of January 1, 2018:

- If the qualified retirement plan loan is offset due to termination or severance from employment, the taxpayer has until the due date, including extensions, to both file his or her tax return and to roll over the plan's offset amount.
- If the qualified retirement plan has been wrongfully levied by the IRS, the amount returned plus interest may be contributed to the account or to an IRA as long as the plan allows rollovers, but it may not be contributed to an endowment contract, which is beyond the scope of this course. The taxpayer has until the due date to make the contribution; no extensions can be filed.

In many instances, individuals who fail to take a required minimum distribution (RMD) on time do so inadvertently. IRA custodians and trustees are required to provide IRA owners with an RMD statement indicating their need to take an RMD, but circumstances may prevent an IRA owner from doing so in a timely manner. Individuals need to withdraw the proper amount by April 1 of the year after they turn 70½, or by December 31 of any subsequent year. Anyone who does not will be subject to a 50% excess accumulation penalty tax on the amount not withdrawn. IRA beneficiaries who fail to take a required death distribution timely are subject to the same penalty amount.

- ➤ El/la contribuyente recibió una distribución sujeta a impuestos sobre las distribuciones anticipadas de un plan de jubilación calificado que no sea una cuenta IRA Roth.
- ➤ El/la contribuyente recibió una distribución sujeta al impuesto sobre distribuciones anticipadas de un plan de jubilación calificado que no sea una cuenta IRA Roth, y el/la contribuyente cumple con una excepción al impuesto, y el código 1 (que indica que debe imponerse una multa por distribución anticipada) casilla 7 del 1099-R.
- ➤ El/la contribuyente recibió una distribución sujeta al impuesto sobre distribuciones anticipadas de un plan de jubilación calificado que no sea una cuenta IRA Roth y cumple la excepción, y el código 7 (que muestra que la distribución era normal y no merece ninguna multa) se encuentra en la casilla 7 del 1099 -R.
- ➤ El/la contribuyente recibió distribuciones imponibles de Coverdell ESA o QTP.
- ➤ Las contribuciones para 2018 a las IRA tradicionales, IRA Roth, Coverdell ESA, Archer MSA o HSA superan el límite máximo de contribución, o el/la contribuyente tenía un impuesto adeudado de un exceso en la línea 17 del Formulario 5329 de 2017.
- ➤ El/la contribuyente no recibió la distribución mínima requerida (RMD) de su plan de jubilación calificado.

El impuesto adicional sobre una distribución anticipada se incluye en el ingreso bruto del contribuyente y es un 10% adicional, aunque hay algunas excepciones a la regla. El impuesto adicional del 10% sobre un retiro anticipado no se aplica a ninguno de los siguientes:

- ➤ Una distribución de desastres calificada.
- ➤ Una distribución de fondos HSA calificada de una cuenta IRA.
- ➤ Una distribución de una cuenta IRA tradicional o SIMPLE que se convirtió en una IRA Roth.
- ➤ Una reinversión de Roth en el plan.
- ➤ Una distribución de ciertos aportes de IRA en exceso.

Las siguientes directrices de reinversión de planes de jubilación calificados están vigentes a partir del 1 de enero de 2018:

- ➤ Si el préstamo del plan de jubilación calificado se compensa debido a la terminación o la separación del empleo, el/la contribuyente tiene hasta la fecha de vencimiento, incluidas las prórrogas, para presentar su declaración de impuestos y reinvertir el monto de la compensación del plan.
- ➤ Si el IRS ha recaudado el plan de jubilación calificado de manera incorrecta, la cantidad devuelta más los intereses pueden ser aportados a la cuenta o a una IRA siempre que el plan permita reinversiones, pero no se puede contribuir a un contrato de dotación, que está fuera del alcance de este curso. El/la contribuyente tiene hasta la fecha de vencimiento para hacer la contribución; no se pueden solicitar prórrogas.

En muchos casos, las personas que no toman una distribución mínima requerida (RMD) a tiempo lo hacen inadvertidamente. Los custodios y fideicomisarios del IRA están obligados a proporcionar a los propietarios de IRA una declaración de RMD que indique su necesidad de tomar un RMD, pero las circunstancias pueden impedir que el propietario de la cuenta IRA lo haga de manera oportuna. Las personas deben retirar la cantidad adecuada antes del 1 de abril del año después de cumplir 70 años, o antes del 31 de diciembre de cualquier año subsiguiente. Cualquier persona que no lo haga estará sujeto a un impuesto de penalización por sobreacumulación excesiva del 50% sobre la cantidad no retirada. Los beneficiarios del IRA que no tomen una distribución de muerte requerida oportunamente están sujetos a la misma cantidad de pena.

Although IRA owners must be notified, the rules do not, however, require an RMD statement to be provided to beneficiaries, so in some cases a beneficiary may not know that he or she must take an RMD. A beneficiary that fails to timely take an RMD should discuss the completion of IRS Form 5329, Additional Tax on Qualified Plans (Including IRAs) and Other Tax-Favored Accounts with his or her tax professional to either pay or ask for a waiver of the 50% excess accumulation penalty tax.

An excess accumulation as it relates to traditional, simplified employee pensions (SEP), Savings Incentive Match Plans for Employees of Small Employers (SIMPLE), and beneficiary individual retirement accounts (IRAs) is defined as an amount remaining in an IRA as a result of an account owner or beneficiary failing to timely satisfy a required minimum distribution (RMD).

Failing to withdraw the RMD by the applicable deadline may result in owing the IRS an additional tax of 50% on the RMD. The taxpayer can request a waiver of the fee from the IRS with reasonable cause by including a letter of explanation with Form 5329 on his or her tax return. The taxpayer should complete lines 52 and 53 of Form 5329 using the form's instructions. Enter "RC" and the requested waiver amount in parentheses on the dotted line next to line 54. Subtract the requested amount from the "shortfall" (the amount of taxes owed before figuring in the waiver's amount) and enter the result on line 54 (the amount will flow to line 55) and pay the tax due on line 55.

For more information, see Instructions Form 5329.

Line 60a: Household Employment Taxes

Taxpayers who employ household workers may be required to pay and withhold employment taxes from their employees. Employment taxes include social security tax, Medicare tax, federal unemployment tax, federal income tax withholding, and state employment taxes. To determine if the worker is self-employed, the worker must provide his or her own tools and offer services to the general public in an independent business.

Some examples of household workers include the following: babysitters, caretakers, cleaning people, domestic workers, drivers, health aides, housekeepers, maids, nannies, private nurses, private chief, and yard workers. A worker who performs childcare services in their home is generally not the taxpayer's employee. Household workers are not considered to be the taxpayer's employees but are instead considered self-employed if their services are offered to the general public in an independent business.

Example: Melchior has made an agreement with Ezra to care for his lawn. Melchior runs a lawn care business and offers his services to the general public. Melchior provides his own tools and supplies, and he hires and pays his employees. Neither Melchior nor his employees are Ezra's household employees.

Form 1040, Schedule H, *Household Employment Taxes*, must be used to report household employment taxes if the taxpayer pays any of the following wages to the employee:

➢ Social security and Medicare wages of $2,100 or more.
➢ Federal Unemployment Tax Act (FUTA) wages.
➢ Wages from which federal income taxes were withheld.

Sin embargo, aunque los propietarios del IRA deben ser notificados, las normas no requieren que se proporcione una declaración de RMD a los beneficiarios, por lo que en algunos casos un beneficiario puede no saber que debe tomar un RMD. Un beneficiario que no tome oportunamente un RMD debe discutir la finalización del Formulario 5329 del IRS, Impuesto Adicional sobre Planes Calificados (incluyendo CUENTAs IRA) y Otras Cuentas Favorecidas por Impuestos con su profesional de impuestos para pagar o pedir una exención del 50% de exceso impuesto de penalización por acumulación.

Un exceso de acumulación en lo que se refiere a las pensiones tradicionales y simplificadas de los empleados (SEP), los planes de emparejamiento de incentivos de ahorro para empleados de pequeños empleadores (SIMPLE) y las cuentas de jubilación individuales (IRA) de los beneficiarios se define como un monto restante en una cuenta IRA como como resultado de que el propietario de una cuenta o beneficiario no satisfaga oportunamente una distribución mínima requerida (RMD).

No retirar el RMD antes de la fecha límite aplicable puede resultar en una deuda al IRS de un impuesto adicional del 50% sobre el RMD. El contribuyente puede solicitar una exención de la tarifa del IRS con causa razonable incluyendo una carta de explicación con el Formulario 5329 en su declaración de impuestos. El contribuyente debe completar las líneas 52 y 53 del Formulario 5329 utilizando las instrucciones del formulario. Ingrese "RC" y el importe de exención solicitado entre paréntesis en la línea de puntos junto a la línea 54. Restar el importe solicitado del "déficit" (el importe de los impuestos adeudados antes de calcular el importe de la exención) e introduzca el resultado en la línea 54 (el importe fluirá a la línea 55) y pague el impuesto adeudado en la línea 55.

Para más información, consulte las Instrucciones del Formulario 5329.

Línea 60a: Impuestos sobre el empleo doméstico

Los contribuyentes que emplean a trabajadores domésticos pueden ser obligados a pagar y retener los impuestos sobre el empleo de sus empleados. Los impuestos sobre el empleo incluyen el impuesto al seguro social, el impuesto de Medicare, el impuesto federal al desempleo, la retención del impuesto federal sobre la renta y los impuestos estatales sobre el empleo. Para determinar si el trabajador es independiente, debe proporcionar sus propias herramientas y ofrecer servicios al público en general en un negocio independiente.

Algunos ejemplos de trabajadores domésticos son los siguientes: niñeras, cuidadores, personal de limpieza, trabajadores domésticos, conductores, ayudantes de salud, amas de llaves, sirvientas, enfermeras privadas, jefes privados y trabajadores de jardinería. Un trabajador que realiza servicios de cuidado infantil en su hogar generalmente no es el empleado del contribuyente. Los trabajadores domésticos no se consideran empleados del contribuyente, sino que se consideran trabajadores independientes si sus servicios se ofrecen al público en general en un negocio independiente.

Ejemplo: Melchior ha llegado a un acuerdo con Ezra para cuidar su césped. Melchior dirige un negocio de cuidado del césped y ofrece sus servicios al público en general. Melchior proporciona sus propias herramientas y suministros, y contrata y paga a sus empleados. Ni Melchior ni sus empleados son los empleados domésticos de Ezra.

El Formulario 1040, Anexo H, *Impuestos sobre el empleo doméstico,* debe usarse para declarar los impuestos de empleo doméstico si el/la contribuyente paga cualquiera de los siguientes salarios al empleado:

> ➢ Salarios de seguro social y Medicare de $2,100 o más.
> ➢ Salarios de la Ley de Impuesto Federal al Desempleo (FUTA).
> ➢ Salarios de los cuales se retuvieron impuestos federales sobre la renta.

If the taxpayer pays more than $2,100 in a calendar year to a household employee, the taxpayer must pay social security and Medicare taxes for that employee and withhold (or pay) the employee's portion of those taxes.

The taxpayer, who is the employer, is not required to withhold federal income taxes for household employees unless the employee asks to have withholdings taken out and the employer agrees to withhold. If such an agreement is reached, the employer must have the employee(s) complete Form W-4, *Employee's Withholding Allowance Certificate*. As with the other employment taxes, withheld federal income taxes may be reported on Schedule H. An extension for the personal return does not extend the due date for the payment of these taxes. Schedule H is reported on Form 1040, Schedule 4, line 60a. Schedule H can be a standalone form if the taxpayer is not filing a yearly tax return. If a paid tax preparer completed the form for the taxpayer, then he or she would complete the Paid Preparer Use Only section on Schedule H.

Line 60b: First-Time Homebuyer Credit Repayment

If the taxpayer purchased his or her residence in 2008 and qualified for the first-time homebuyer credit, the taxpayer may have to repay the credit that was received on the 2008 tax return. The credit that was received in 2008 was an interest-free loan to the taxpayer and is to be repaid over a 15-year period. If the taxpayer purchased his or her home prior to April 8, 2008 and did not own another main home for 36 months prior to the date of purchase and received the credit, he or she will have to repay the loan.

If the taxpayer sold or converted the main home prior to repayment of the first-time homebuyer credit, the remaining portion of the loan must be repaid in the year the taxpayer sells or converts the property. This repayment is reported using Form 5405 on Form 1040, Schedule 4, line 60b.

Example: Watson has been repaying the 2008 first-time homebuyer credit that he received after purchasing his home in February of 2008. He converted his home to a rental in 2018. Watson will have to repay the remaining portion of the first-time homebuyer credit on his 2018 tax return because he converted it before the end of the 15-year repayment period.

Segment 2

Line 61: Health Care: Individual Responsibility

The Affordable Care Act (ACA) mandates that all individuals must have health care. The mandate applies to individuals of all ages, including children and senior citizens. The person claiming a child or other individual as a dependent is responsible for providing coverage for the dependent. If the taxpayer had qualifying health care coverage for every month of 2018 for themselves, a spouse (if filing jointly), or anyone claimed as a dependent, then the "full coverage" box on Form 1040, page 1 would be checked.

Si el/la contribuyente paga más de $2,100 en un año calendario a un empleado doméstico, el/la contribuyente debe pagar los impuestos del seguro social y de Medicare para ese empleado y retener (o pagar) la parte de esos impuestos del empleado.

El/la contribuyente, que es el empleador, no está obligado a retener los impuestos federales sobre la renta de los empleados domésticos, a menos que el empleado solicite que se retiren las retenciones y el empleador acepte retenerlas. Si se llega a un acuerdo de este tipo, el empleador debe hacer que el empleado complete el Formulario W-4, *Certificado de asignación de retención del empleado.* Al igual que con los otros impuestos sobre el empleo, los impuestos federales sobre la renta retenidos pueden declararse en el Anexo H. Una prórroga de la declaración personal no extiende la fecha de vencimiento para el pago de estos impuestos. El Anexo H se declara en el Formulario 1040, Anexo 4, línea 60a. El Anexo H puede ser un formulario independiente si el/la contribuyente no presenta una declaración de impuestos anual. Si un preparador de impuestos pagado completó el formulario para el/la contribuyente, entonces él o ella completará la sección solo para el uso del preparador pagado en el Anexo H.

Línea 60b: Reembolso de crédito para compradores de vivienda por primera vez

Si el/la contribuyente compró su residencia en 2008 y calificó para el crédito para compradores de vivienda por primera vez, es posible que el/la contribuyente tenga que reembolsar el crédito que se recibió en la declaración de impuestos de 2008. El crédito que recibió en 2008 fue un préstamo sin intereses para el/la contribuyente y se pagará en un período de 15 años. Si el/la contribuyente compró su vivienda antes del 8 de abril de 2008 y no fue propietario de otra vivienda principal durante los 36 meses anteriores a la fecha de compra y recibió el crédito, deberá reembolsar el préstamo.

Si el/la contribuyente vendió o convirtió la vivienda principal antes del reembolso del crédito para compradores de vivienda por primera vez, la parte restante del préstamo debe pagarse en el año en que el/la contribuyente vende o convierte la propiedad. Este reembolso se declara utilizando el Formulario 5405 en el Formulario 1040, Anexo 4, línea 60b.

Ejemplo: En junio de 2016, Watson reclamó el crédito por la vivienda que compró en agosto de 2011. Watson se mudó y convirtió su casa a un alquiler en 2018; Watson tendrá que reembolsar la parte restante del crédito para compradores de vivienda por primera vez en su declaración de impuestos de 2018 porque la vendió antes del final del período de pago de 15 años.

Segmento 2

Línea 61: Atención médica: Responsabilidad individual

La Ley de Asistencia Asequible (ACA) exige que todas las personas deben tener atención médica. El mandato se aplica a personas de todas las edades, incluidos niños y adultos mayores. La persona que reclama a un hijo u otra persona como dependiente es responsable de proporcionar cobertura para el dependiente. Si el/la contribuyente tenía cobertura de atención médica calificada para cada mes de 2018 para sí mismo, un/a cónyuge (si presentaba una declaración conjunta), o cualquier persona reclamada como dependiente, se marcaría la casilla de "cobertura completa" en el Formulario 1040, página 1.

Your standard deduction: ☐ Someone can claim you as a dependent	☐ You were born before January 2, 1954	☐ You are blind
If joint return, spouse's first name and initial	Last name	Spouse's social security number
Spouse standard deduction: ☐ Someone can claim your spouse as a dependent ☐ Spouse was born before January 2, 1954 ☐ Spouse is blind ☐ Spouse itemizes on a separate return or you were dual-status alien		☐ Full-year health care coverage or exempt (see inst.)

The health care exchanges, also known as "the marketplace," were established to help individuals and employers obtain coverage. The exchanges are intended to be a one-stop shop. Please see www.affordablecareact.com for more information. If the taxpayer lives in one of those states, the taxpayer who needs insurance would purchase through the state exchange and not through the marketplace.

Señor 1040 Says: Many individual states have their own marketplace health exchange.

Health Plans That Do Not Count as Coverage

Some products that help pay for medical services do not qualify as minimum essential coverage. If the taxpayer has only these kinds of products, they may have to pay the fee:

➢ Plans that only cover vision or dental care.
➢ Workers' compensation.
➢ Plans that only cover a specific disease or condition.
➢ Plans that only offer discounts on medical services.

Types of Coverage Exemptions

There are 19 exemptions listed in the instructions for Form 8965. To claim an exemption from "shared responsibility" (the ACA mandate that the taxpayer is responsible for the health insurance of any dependents claimed on their return), a taxpayer must generally file a tax return with Form 8965. If an exemption can only be granted through an exchange, the taxpayer must obtain the exemption from the Marketplace, receive an exemption certificate, and enter the certificate number on Form 8965. Depending on the type of exemption, the certificate may be used either once or annually. If the individual has been granted one or more coverage exemptions from the Marketplace or has a pending application, each exemption is reported on separate lines. If the tax household (everybody who lives in the same house as the taxpayer, whether or not they appear on the taxpayer's return) has been granted more than six coverage exemptions, attach a separate statement that shows the required information in columns A through C for each additional coverage exemption.

If the taxpayer has not received or does not know the exemption certificate number (ECN), the taxpayer should contact the Marketplace to obtain the ECN. If the Marketplace has not processed the application, enter "pending" in column C.

Your standard deduction: ☐ Someone can claim you as a dependent	☐ You were born before January 2, 1954	☐ You are blind
If joint return, spouse's first name and initial	Last name	Spouse's social security number

Spouse standard deduction: ☐ Someone can claim your spouse as a dependent	☐ Spouse was born before January 2, 1954	☐ Full-year health care coverage or exempt (see inst.)
☐ Spouse is blind ☐ Spouse itemizes on a separate return or you were dual-status alien		

Los intercambios de atención médica, también conocidos como "el mercado", se establecieron para ayudar a las personas y los empleadores a obtener cobertura. Los intercambios están destinados a ser un punto único de compra. Para más información, visite www.affordablecareact.com. Si el/la contribuyente vive en uno de esos estados, el/la contribuyente que necesita un seguro compraría a través del intercambio estatal y no a través del mercado.

> *El señor 1040 dice:* Muchos estados individuales tienen su propio mercado de intercambio de salud.

Planes de salud que no cuentan como cobertura

Algunos productos que ayudan a pagar los servicios médicos no califican como cobertura esencial mínima. Si el/la contribuyente solo tiene este tipo de productos, es posible que tenga que pagar la tarifa:

➤ Planes que solo cubren la visión o atención odontológica.
➤ Indemnización por accidente laboral.
➤ Planes que solo cubren una enfermedad o condición específica.
➤ Planes que solo ofrecen descuentos en servicios médicos.

Tipos de exenciones de cobertura

Existen 19 exenciones enumeradas en las instrucciones para el Formulario 8965. Para reclamar una exención de la "responsabilidad compartida" (el mandato de la ACA de que el/la contribuyente es responsable del seguro médico de los dependientes reclamados en su declaración), el/la contribuyente generalmente debe presentar una declaración de impuestos con el Formulario 8965. Si una exención solo puede otorgarse a través de un intercambio, el/la contribuyente debe obtener la exención del Mercado, recibir un certificado de exención e ingresar el número de certificado en el Formulario 8965. Dependiendo del tipo de exención, el certificado puede usarse una vez o anualmente. Si al individuo se le ha otorgado una o más exenciones de cobertura del Mercado o tiene una solicitud pendiente, cada exención se informa en líneas separadas. Si a la familia tributaria (todos los que viven en la misma casa que el/la contribuyente, ya sea que aparezcan o no en la declaración del contribuyente) se le han otorgado más de seis exenciones de cobertura, adjunte una declaración por separado que muestre la información requerida en las columnas A hasta la C para cada exención de cobertura adicional.

Si el/la contribuyente no ha recibido o no conoce el número de certificado de exención (ECN), el/la contribuyente debe comunicarse con el Mercado para obtener el ECN. Si el Mercado no ha procesado la solicitud, ingrese "pendiente" en la columna C.

Señor 1040 Says: For more information on coverage exemptions, visit www.healthcare.gov/fee-exemptions/hardship-exemptions.

Form 8965, Health Coverage Exemptions

Coverage exemptions are reported on Form 8965, *Health Coverage Exemptions*. The form consists of the following three parts:

> ➢ Part I is used to report exemptions granted by the Marketplace. There are separate lines for each member of the family.
> ➢ Part II is used to report an exemption because either the household income or the gross income is below the filing threshold.
> ➢ Part III is used to report exemptions that were claimed on the return. There are separate lines for each member of the household and separate columns for each month of the year and for the full year.

If the taxpayer, spouse, or dependent enrolled in health insurance through the Marketplace, they may be able to claim the premium tax credit (discussed further on in this chapter) and reported on Form 1040, line 69.

Line 62: Taxes from Various IRS Forms

Line 62 is used to report any taxes that were not reported elsewhere on the return. If the taxpayer's income is less than $100,000, the tax table would be used to compute the tax. If the taxable income is over $100,000, then the Tax Computation Worksheet would be used unless Form 8615 was filed. Using the Tax Computation Worksheet is beyond the scope of this course. Taxes that might be reported on line 62 include the following:

> ➢ Additional Medicare tax.
> ➢ Net Investment Income tax.
> ➢ Additional tax on health savings accounts (HSA) distribution.
> ➢ Additional tax on Archer MSA distributions.
> ➢ Additional tax on Medicare Advantage MSA distributions. (Beyond the scope of this course)
> ➢ Additional tax on an HSA because the taxpayer did not remain eligible for the testing period. (Beyond the scope of this course)
> ➢ Recapture of the following credits (beyond the scope of this course):
> > ○ Investment credit.
> > ○ Low income housing credit.
> > ○ Indian employment credit.
> > ○ New markets credit.
> > ○ Credit for employer-provided childcare facilities.
> > ○ Alternative motor vehicle credit.
> > ○ Alternative fuel vehicle refueling property credit.
> > ○ Qualified plug-in electric drive motor vehicle credit.

> *El señor 1040 dice:* Para obtener más información sobre las exenciones de cobertura, visite www.healthcare.gov/fee-exemptions/hardship-exemptions

Formulario 8965, Exenciones de cobertura de salud

Las exenciones de cobertura se informan en el Formulario 8965, *Exenciones de cobertura de salud*. El formulario consta de las siguientes tres partes:

➢ La Parte I se utiliza para declarar las exenciones otorgadas por el Mercado. Hay líneas separadas para cada miembro de la familia.
➢ La Parte II se utiliza para declarar una exención porque el ingreso del hogar o el ingreso bruto se encuentran por debajo del límite de declaración.
➢ La Parte III se utiliza para informar las exenciones que fueron reclamadas en la declaración. Hay líneas separadas para cada miembro del hogar y columnas separadas para cada mes del año y para todo el año.

Si el/la contribuyente, cónyuge o dependiente se inscribió en un seguro médico a través del Mercado, es posible que pueda reclamar el crédito tributario de prima (que se describe más adelante en este capítulo) y que se declare en el Formulario 1040, línea 69.

Línea 62: Impuestos de varios formularios del IRS

La línea 62 se usa para declarar cualquier impuesto que no se haya informado en otra parte en la declaración. Si el ingreso del contribuyente es inferior a $100,000, la tabla de impuestos se usaría para calcular el impuesto. Si el ingreso gravable es superior a $100,000, entonces se usará la Hoja de cálculo de impuestos a menos que se haya presentado el Formulario 8615. El uso de la hoja de cálculo de impuestos está fuera del alcance de este curso. Los impuestos que se pueden declarar en la línea 62 incluyen lo siguiente:

➢ Impuesto adicional de Medicare.
➢ Impuesto sobre la renta por inversiones netas.
➢ Impuesto adicional sobre la distribución de Cuenta de Ahorros de la Salud (HSA).
➢ Impuesto adicional sobre distribuciones de Archer MSA.
➢ Impuesto adicional sobre las distribuciones de Medicare Advantage MSA. (Fuera del alcance de este curso)
➢ Impuesto adicional en una HSA porque el/la contribuyente no permaneció elegible para el período de prueba. (Fuera del alcance de este curso)
➢ Recuperación de los siguientes créditos (fuera del alcance de este curso):
  ○ Crédito de inversión.
  ○ Crédito para vivienda de bajos ingresos.
  ○ Crédito por empleo de indios estadounidenses.
  ○ Créditos de mercado nuevos.
  ○ Crédito para instalaciones de cuidado de niños provistas por el empleador.
  ○ Crédito de vehículo alternativo.
  ○ Crédito a la propiedad para reabastecimiento de vehículos de combustible alternativo.
  ○ Crédito de vehículo motorizado calificado con accionamiento eléctrico.

➢ Recapture of a federal mortgage subsidy. (Beyond the scope of this course)
➢ Section 72(m)(5) excess benefits tax.
➢ Uncollected social security and Medicare or RRTA tax on tips or group-term life insurance.
➢ Golden parachute payments. (Beyond the scope of this course)
➢ Tax on the accumulated distribution of trusts. (Beyond the scope of this course)
➢ Excise tax on insider stock compensation from an expatriated corporation. (Beyond the scope of this course)
➢ Interest on the tax due on installment income from the sale of certain residential lots and timeshares. (Beyond the scope of this course)
➢ Interest on the deferred tax on gain from certain installment sales with a sales price over $150,000. (Beyond the scope of this course)
➢ Additional tax on recapture of a charitable contribution deduction relating to a fractional interest in tangible personal property. (Beyond the scope of this course)
➢ Look-back interest under section 167(g) or 460(b). (Beyond the scope of this course)
➢ Additional tax on income received from a nonqualified deferred compensation plan that fails to meet the requirements of IRC §409A. (Beyond the scope of this course)
➢ Additional tax on compensation received from a nonqualified deferred compensation plan described in IRC §457A, but only if the compensation would have been includable as income in an earlier year if the amount had been determinable before 2014. (Beyond the scope of this course)
➢ Tax on non-effectively connected income for any part of the year that the taxpayer was a nonresident alien. (Beyond the scope of this course)
➢ Any interest amount from Form 8261, line 16f relating to distributions from, and dispositions of, stock of a IRC §1291 fund. (Beyond the scope of this course)
➢ Any interest amount from Form 8261, line 24, identified as "1294INT". (Beyond the scope of this course)

Additional Taxes

The following forms are examples of other taxes reported on Form 1040, Schedule 4, line 62:

➢ Form 8611   *Recapture of Low-Income Housing Credit*
➢ Form 8828   *Recapture of Federal Mortgage Subsidy*
➢ Form 8834   *Qualified Plug-In Electric and Electric Vehicle Credit*
➢ Form 8697   *Interest Computation under the Look-Back Method for Completing Long Term Contracts*
➢ Form 8882   *Credit for Employer-Provided Child Care Facilities and Services*
➢ Form 8866   *Interest Computation under the Look-Back Method for Property Depreciation under the Income-Forecast Method*
➢ Form 8936   *Qualified Plug-In Electric Drive Motor Vehicle Credit*
➢ Form 8853   *Archer MSAs and Long-Term Care Insurance Contracts (Archer)*
➢ Form 8693   *Low-Income Housing Credit Disposition Bond*
➢ Form 4255   *Recapture of Investment Credit*
➢ Form 8845   *Indian Employment Credit*
➢ Form 8874   *New Markets Credit*
➢ Form 8889   *Health Savings Account*
➢ Form 8853   *Archer MSAs and Long-Term Contract (Medicare)*

➢ Recuperación de un subsidio hipotecario federal. (Fuera del alcance de este curso)
➢ Sección 72(m)(5) impuesto sobre beneficios excedentes.
➢ Seguro social sin cobrar y el impuesto Medicare o RRTA sobre las propinas o el seguro de vida grupal.
➢ Pagos de paracaídas dorados. (Fuera del alcance de este curso)
➢ Impuesto sobre la distribución acumulada de los fideicomisos. (Fuera del alcance de este curso)
➢ Impuesto al consumo sobre la compensación de acciones internas de una corporación expatriada. (Fuera del alcance de este curso)
➢ Intereses sobre el impuesto adeudado sobre los ingresos a plazos de la venta de ciertos lotes residenciales y multipropiedad. (Fuera del alcance de este curso)
➢ Intereses sobre el impuesto diferido sobre ganancias de ciertas ventas a plazos con un precio de venta superior a $150,000. (Fuera del alcance de este curso)
➢ Impuesto adicional sobre la recuperación de una deducción de contribución caritativa relacionada con un interés fraccionario en propiedad personal tangible. (Fuera del alcance de este curso)
➢ Interés retrospectivo bajo la sección 167(g) o 460(b). (Fuera del alcance de este curso)
➢ Impuesto adicional sobre los ingresos recibidos de un plan de compensación diferido no calificado que no cumple con los requisitos de IRC §409A. (Fuera del alcance de este curso)
➢ Impuesto adicional sobre la compensación recibida de un plan de compensación diferido no calificado descrito en IRC §457A, pero solo si la compensación hubiera sido incluida como ingreso en un año anterior si la cantidad se hubiese sido determinable antes de 2014. (Fuera del alcance de este curso)
➢ Impuesto sobre los ingresos no efectivamente conectados durante cualquier parte del año en que el/la contribuyente fuera un extranjero no residente. (Fuera del alcance de este curso)
➢ Cualquier monto de interés del Formulario 8261, línea 16f, relacionado con las distribuciones y disposiciones de las acciones de un fondo IRC§1291. (Fuera del alcance de este curso)
➢ Cualquier monto de interés del Formulario 8261, línea 24, identificado como "1294INT". (Fuera del alcance de este curso)

Impuestos Adicionales

Los siguientes formularios son ejemplos de otros impuestos declarados en el Formulario 1040, Anexo 4, línea 62:

➢ Formulario 8611 Recuperación del crédito para viviendas de bajos ingresos
➢ Formulario 8828 Recuperación del subsidio hipotecario federal
➢ Formulario 8834 Crédito calificado para vehículos eléctricos y de accionamiento eléctrico
➢ Formulario 8697 Cálculo de interés bajo el método de actualización para completar contratos a largo plazo
➢ Formulario 8882 Crédito para instalaciones y servicios de cuidado infantil provistos por
  ▪ el empleador
➢ Formulario 8866 Cálculo de intereses bajo el método de actualización para la Propiedad. Depreciación bajo el método de previsión de ingresos
➢ Formulario 8936 Crédito calificado para vehículo motorizado con accionamiento eléctrico
➢ Formulario 8853 Archer MSA y contratos de seguro de cuidado a largo plazo (Archer)
➢ Formulario 8693 Bono de Disposición de Créditos para Viviendas de Bajos Ingresos
➢ Formulario 4255 Recuperación del crédito de inversión
➢ Formulario 8845 Crédito por empleo de indios estadounidenses
➢ Formulario 8874 Crédito para Nuevos Mercados
➢ Formulario 8889 Cuenta de ahorros para la salud
➢ Formulario 8853 Archer MSA y contrato a largo plazo (Medicare)

If more research is needed to complete these forms, see each form's individual instructions.

Form 8959: Additional Medicare Tax

The taxpayer may be subject to a 0.9% additional Medicare tax that applies to Medicare wages, railroad retirement act compensation, and self-employment income over the filing status threshold. This tax is an employee tax, not an employer tax. The employer is responsible for withholding the additional tax once the taxpayer's compensation exceeds $200,000 (regardless of filing status) in a calendar year. The taxpayer cannot request their employer to stop the withholding of the additional tax. If the taxpayer has wages as well as self-employment income, the threshold is reduced on the self-employment income, but not below zero.

Filing Status	Threshold Amount
Married filing jointly	$250,000
Married filing separately	$125,000
Single	$200,000
Head of household	$200,000
Qualifying widow(er) with dependent child	$200,000

The above threshold amounts are not indexed for inflation.

Example: Kathy, a single filer, has $130,000 in self-employment income and $0 in wages. Kathy is not liable for the Additional Medicare Tax and does not have to file Form 8959.

Example: George and Jean are married and filing a joint return. George has $190,000 in wages and Jean has $150,000 in compensation subject to railroad retirement taxes. Neither George nor Jean has wages or compensation that exceed $200,000 because their employers do not combine the wages and railroad retirement compensation to determine whether they are in excess of the $250,000 threshold for a joint return. George and Jean are not liable for the additional tax.

Example: Carl, a single filer, has $220,000 in self-employment income and $0 in wages. Carl must file Form 8959 as he is liable to pay the additional Medicare Tax on $20,000 of his $220,000 of income ($220,000 minus the threshold of $200,000).

Line 63: Net Tax Liability Installment

This is line reports the amount calculated from Form 965-A. This is beyond the scope of this course. See Instructions Form 965-A for more information.

Line 64: Total Other Taxes

Add the amounts of lines 57 through 63 and report the total here. This is the total amount of Other Taxes. Report this amount on Form 1040, line 14 to add the amount towards the taxpayer's total tax liability.

Now Complete the Review Questions → Go Online

Si se necesita más investigación para completar estos formularios, consulte las instrucciones individuales de cada formulario.

Formulario 8959: Impuesto adicional de Medicare

El/la contribuyente puede estar sujeto a un impuesto de Medicare adicional del 0.9% que se aplica a los salarios de Medicare, a la indemnización por ley de jubilación ferroviaria y al ingreso por trabajo como independiente por encima del límite del estado civil de declaración. Este impuesto es un impuesto del empleado, no un impuesto del empleador. El empleador es responsable de retener el impuesto adicional una vez que la compensación del contribuyente supere los $200,000 (independientemente del estado civil) en un año calendario. El/la contribuyente no puede solicitar a su empleador que detenga la retención del impuesto adicional. Si el/la contribuyente tiene un salario, así como un ingreso de trabajo como independiente, el límite se reduce en el ingreso de trabajo como independiente, pero no por debajo de cero.

Estado civil de declaración	Monto Límite
Casado declarando conjuntamente	$250,000
Casado declarando por separado	$125,000
Soltero	$200,000
Cabeza de familia	$200,000
Viudo/a calificado/a con hijo dependiente	$200,000

Las cantidades de límite anteriores no están indexadas por inflación.

Ejemplo: Kathy, una declarante soltera, tiene $130,000 en ingresos de trabajo como independiente y $0 en salarios. Kathy no es responsable del Impuesto Adicional de Medicare y no tiene que presentar el Formulario 8959.

Ejemplo: George y Jean están casados y declaran de forma conjunta. George tiene $190,000 en salarios y Jean tiene $150,000 en compensación sujeta a los impuestos de jubilación ferroviaria. Ni George ni Jean tienen salarios o compensaciones que excedan los $200,000 porque sus empleadores no combinan los salarios y la compensación de jubilación ferroviaria para determinar si están por encima del límite de $250,000 para una declaración conjunta. George y Jean no son responsables del impuesto adicional.

Ejemplo: Carl, un declarante soltero, tiene $220,000 en ingresos de trabajo como independiente y $0 en salarios. Carl debe presentar el Formulario 8959 ya que está obligado a pagar el Impuesto adicional de Medicare sobre $20,000 de sus $220,000 de ingresos ($220,000 menos el límite de $200,000).

Línea 63: Cuota de responsabilidad fiscal neta

Esta es una línea que declara la cantidad calculada a partir del Formulario 965-A. Esto está fuera del alcance de este curso. Consulte las instrucciones del Formulario 965-A para obtener más información.

Línea 64: Total de otros impuestos

Sume las cantidades de las líneas 57 a 63 y coloque el total aquí. Esta es la cantidad total de Otros Impuestos. Declare esta cantidad en el Formulario 1040, línea 14, para agregar la cantidad a la obligación tributaria total del contribuyente.

Other Taxes from across the Schedules

Although the following taxes are not included as "Other Taxes" on the Schedule 4, they do not possess any specific category and affect items across the Form 140 and its Schedules and have thus been included here.

Alternative Minimum Tax

The alternative minimum tax (AMT), calculated using Form 6251 and reported on Schedule 2, line 45, is a tax on preference items, which are various pieces of income that are normally either tax-free or deductible. If too much of a taxpayer's income comes in the form of preference items and if a taxpayer's income exceeds a certain amount, the alternative minimum tax is triggered to ensure that the taxpayer's income is still taxed to some extent. The purpose of the AMT is to be, as the name suggests, the minimum tax possible so that taxpayers cannot go without paying taxes, despite whatever exclusions, credits, or deductions may have been taken. If enough of a taxpayer's income comes in the form of preference items and that income exceeds the amounts discussed below, they will still have to pay this tax even if they had otherwise lowered their tax liability below zero.

As mentioned above, whether or not a taxpayer is subject to AMT is determined based on income. If a taxpayer with an excess amount of deductions received an amount of income that exceeds $70,300 (for single and head of household), $109,400 (for qualifying widow(er) or married filing jointly), and $54,700 (for taxpayers filing separately), then the AMT tax will be triggered and applied. For tax year 2018, the AMT tax rate was 26% on the first $191,000 worth of income. If the taxpayer's income exceeds $191,000, the tax rate increased to 28%; however, if a taxpayer's income exceeds $500,000 (or $1,000,000 if a qualifying widow(er) or married filing jointly), it will revert back to the ordinary tax rates because they exceed 28% at that level of income.

Beginning in 2018, AMT is calculated using alternative minimum taxable income (AMTI) instead of their adjusted gross income (AGI). If the AMTI amount is zero, then the taxpayer would use his or her AGI to calculate the AMT after reducing the AGI amount by his or her itemized or standard deduction and qualified business income deduction. AMTI cannot be reduced by the standard deduction or the net qualified disaster loss that increased the standard deduction. This amount will be added back into the AMT calculation later.

The following list includes the preference items that trigger and are taxed by AMT:

> ➤ Addition of itemized deductions claimed for state and local taxes, certain interest, most miscellaneous deductions, and part of medical expenses.
> ➤ Subtraction of any refund of state and local taxes included in gross income.
> ➤ Changes to accelerated depreciation of certain property.
> ➤ Difference between gain or loss on the sale of property reported for regular tax purposes and AMT purposes.
> ➤ Addition of certain income from incentive stock options.
> ➤ Change in certain passive activity loss deductions.
> ➤ Addition of certain depletion that is more than the adjusted basis of the property.

Segmento 3

Otros impuestos en los anexos

Aunque los siguientes impuestos no están incluidos como "Otros impuestos" en el Anexo 4, no poseen ninguna categoría específica y afectan a los artículos en el Formulario 140 y sus Anexos y, por lo tanto, se han incluido aquí.

Impuesto mínimo alternativo

El impuesto mínimo alternativo (AMT), calculado utilizando el Formulario 6251 y declarado en el Anexo 2, línea 45, es un impuesto sobre los artículos preferenciales, que son varios ingresos que normalmente son libres de impuestos o deducibles. Si los ingresos de un/a contribuyente son excesivos en forma de artículos preferenciales y si los ingresos de un/a contribuyente superan una cierta cantidad, se activa el impuesto mínimo alternativo para garantizar que los ingresos del contribuyente sigan siendo gravables hasta cierto punto. El propósito del AMT es ser, como su nombre indica, el impuesto mínimo posible para que los contribuyentes no puedan irse sin pagar impuestos, a pesar de las exclusiones, créditos o deducciones que se hayan tomado. Si una cantidad suficiente de los ingresos de un/a contribuyente se presenta en forma de elementos preferenciales y ese ingreso excede los montos que se analizan a continuación, aún tendrá que pagar este impuesto, incluso si de otro modo hubieran reducido su obligación tributaria por debajo de cero.

Como se mencionó anteriormente, si un/a contribuyente está sujeto o no a AMT se determina con base en los ingresos. Si un/a contribuyente con una cantidad de deducciones en exceso recibió un monto de ingresos que supera los $70,300 (para soltero y cabeza de familia), $109,400 (para viudo o casado declarando conjuntamente) y $54,700 (para los contribuyentes que presentan la declaración por separado), el impuesto AMT será activado y aplicado. Para el año tributario 2018, la tasa impositiva de AMT fue del 26% sobre los primeros $191,000 en ingresos. Si el ingreso del contribuyente supera los $191,000, la tasa impositiva aumentó a 28%; sin embargo, si el ingreso de un/a contribuyente supera los $500,000 (o $1,000,000 si un viudo/a calificado/a o casado declarando conjuntamente), volverá a las tasas impositivas ordinarias porque superan el 28% en ese nivel de ingresos.

A partir de 2018, el AMT se calcula utilizando el ingreso del imponible mínimo alternativo (AMTI) en lugar de su ingreso bruto ajustado (AGI). Si la cantidad de AMTI es cero, entonces el/la contribuyente usaría su AGI para calcular el AMT después de reducir la cantidad de AGI por su deducción detallada o estándar y la deducción de ingresos de negocios calificados. El AMTI no puede reducirse por la deducción estándar o la pérdida neta por desastre calificada que aumentó la deducción estándar. Esta cantidad se agregará nuevamente al cálculo del AMT más adelante.

La siguiente lista incluye los elementos de preferencia que se activan y son gravados por AMT:

- ➢ Suma de deducciones detalladas reclamadas por impuestos estatales y locales, ciertos intereses, la mayoría de las deducciones y parte de los gastos médicos.
- ➢ Resta de cualquier reembolso de impuestos estatales y locales incluidos en el ingreso bruto.
- ➢ Cambios a la depreciación acelerada de determinados bienes.
- ➢ Diferencia entre la ganancia o pérdida en la venta de bienes declarados para fines de impuestos regulares y AMT.
- ➢ Suma de ciertos ingresos por incentivos de opciones sobre acciones.
- ➢ Cambio en ciertas deducciones por pérdida de actividad pasiva.
- ➢ Suma de cierto agotamiento que es más que la base ajustada de la propiedad.

➢ Addition of part of the deduction for certain intangible drilling costs.
➢ Addition of tax-exempt interest on certain private activity bonds.

Prior to the TCJA, these were also considered preference items for the purposes of the AMT:

➢ Addition of personal exemptions.
➢ Addition of the standard deduction (if claimed).

Although Form 6251, *Alternative Minimum Tax—Individuals*, is used to calculate the AMT, line-by-line instructions for it are beyond the scope of this course. For more information, please see Instructions Form 6251 and Publication 17 for more information on AMT.

Form 8962: Premium Tax Credit

Reported on Schedule 5, line 70 and calculated using Form 8962, the Premium Tax Credit (PTC) is a credit that can help individuals and their families pay for their health insurance if they have enrolled in a qualified health plan through the Marketplace. The Marketplace is an exchange for those who need qualified health care to purchase qualifying plans, and a taxpayer may be able to claim the premium tax credit if an individual and his or her tax family (as defined below) enrolled through the Marketplace for a qualified health plan. For more information, see Publication 974 and Instructions Form 8962. The premium tax credit is reported on both Form 1040 and Form 1040NR.

Terms to Know for PTC Purposes

➢ *Tax Family*: Consists of individuals whom the taxpayer (and spouse if married filing jointly) claims as a dependent on his or her tax return. A family's size is number of qualifying individuals on his or her tax family.

➢ *Household Income*: Household income is the modified gross income of the taxpayer (and spouse if filing a joint return) plus the modified AGI of each individual claimed as a dependent who is required to file a tax return because his or her income meets the threshold to file. Household income does not include the modified AGI of dependents who are only filing a current year tax return to claim a refund of their federal withholding.

➢ *Modified AGI*: Modified AGI is the AGI on the tax return plus certain income that is not subject to tax such as foreign earned income, tax-exempt interest, and the portion of social security benefits that is not taxable.

➢ *Coverage Family*: The coverage family includes all individuals in the tax family who are enrolled in a qualified health plan and are not eligible for minimum essential coverage (MEC) beyond the coverage in the individual market. Individuals included in the coverage family may change from month to month. If an individual in the tax family is not enrolled in a qualified health plan or is enrolled in a qualified health plan but is eligible for minimum essential coverage, he or she is not part of the coverage family. The premium tax credit is available to pay the coverage of those included in the coverage family.

➢ *Monthly Credit Amount*: The amount of tax credit for a month. The PTC for the year is the sum of all monthly credit amounts. The monthly credit amount is the least of the following:

    o The enrollment premiums for the month for one or more qualified health plans in which any individual in the tax family was enrolled.

➢ Suma de una parte de la deducción por ciertos costos de perforación intangibles.
➢ Suma de intereses exentos de impuestos sobre ciertos bonos de actividad privada.

Antes de la TCJA, estos también se consideraban elementos de preferencia a los fines del AMT:

➢ Suma de exenciones personales.
➢ Suma de deducciones estándar (si se reclama).

A pesar de que el Formulario 6251, *Impuesto mínimo alternativo — individuos*, se usa para calcular el AMT, las instrucciones línea por línea para el mismo están fuera del alcance de este curso. Para obtener más información sobre el AMT, consulte las instrucciones del Formulario 6251 y la Publicación 17.

Formulario 8962: Prima de crédito fiscal

Informado en el Anexo 5, línea 70 y calculado utilizando el Formulario 8962, el Crédito Fiscal Premium (PTC) es un crédito que puede ayudar a las personas y sus familias a pagar su seguro médico si se han inscrito en un plan de salud calificado a través del Mercado. El Mercado es un intercambio para aquellos que necesitan atención médica calificada para comprar planes calificados, y un/a contribuyente puede reclamar el crédito tributario de prima si una persona y su familia tributaria (como se define a continuación) se inscribieron a través del Mercado para un calificado plan de salud. Para obtener más información, consulte la Publicación 974 y las instrucciones del Formulario 8962. El crédito tributario de primas se informa tanto en el Formulario 1040 como en el Formulario 1040NR.

Términos que debe conocer para fines del PTC.

➢ *Familia tributaria:* Consiste en personas a las que el/la contribuyente (y su cónyuge si son casados presentando una declaración conjunta) reclama como dependientes en su declaración de impuestos. El tamaño de una familia es el número de personas calificadas en su familia tributaria.
➢ *Ingreso familiar:* El ingreso familiar es el ingreso bruto modificado del contribuyente (y del cónyuge si presenta una declaración conjunta) más el AGI modificado de cada individuo reclamado como dependiente que debe presentar una declaración de impuestos porque su ingreso cumple con el límite para declarar. El ingreso familiar no incluye el AGI modificado de los dependientes que solo presentan una declaración de impuestos del año actual para reclamar un reembolso de su retención federal.
➢ *AGI modificado:* El AGI modificado es el AGI en la declaración de impuestos más ciertos ingresos que no están sujetos a impuestos, como los ingresos devengados en el extranjero, los intereses exentos de impuestos y la parte de los beneficios del seguro social que no está sujeta a impuestos.
➢ *Familia de cobertura:* La familia de cobertura incluye a todos los individuos de la familia tributaria que están inscritos en un plan de salud calificado y no son elegibles para la cobertura esencial mínima (MEC) fuera de la cobertura en el mercado individual. Las personas incluidas en la familia de cobertura pueden cambiar de mes a mes. Si una persona en la familia tributaria no está inscrita en un plan de salud calificado o está inscrita en un plan de salud calificado, pero es elegible para la cobertura esencial mínima, él o ella no es parte de la familia de cobertura. El crédito tributario de prima está disponible para pagar la cobertura de aquellos incluidos en la cobertura familiar.
➢ *Monto de crédito mensual:* La cantidad de crédito fiscal por un mes. El PTC para el año es la suma de todos los montos de crédito mensual. El monto del crédito mensual es el menor de los siguientes:
  o Las primas de inscripción para el mes para uno o más planes de salud calificados en los cuales se inscribió cualquier individuo en la familia tributaria.

o The applicable, monthly amount of the Second Lowest Cost Silver Plan (SLCSP) premium after the monthly contribution amount has been subtracted.

To qualify for the monthly credit amount, at least one tax family member must be enrolled in a qualified health plan on the first day of the month. The monthly credit will not apply if the tax family was not enrolled in a qualified health plan on the 1st of the month. For more instructions see Instructions Form 8962.

➤ *Enrollment Premiums*: Total monthly premiums for one or more qualified health plans that any tax family member enrolled in. Form 1095-A reports the enrollment premiums. The tax professional should ask to see all forms related to health coverage.

➤ *Applicable Second Lowest Cost Silver Plan (SLCSP)*: The Second Lowest Cost Silver Plan is, as the name suggests, the plan in the silver category (discussed in the "Marketplace Plan Levels Section further on) that costs the second least. It is not the cheapest but the second-cheapest plan. It is important to know the premium of the SLCSP offered in your area, because that premium is one of the things that are used to calculate the PTC. The SLCSP premium is a different premium than the enrollment premium described above.

➤ *Monthly Contribution Amount*: The monthly contribution is also one of the things used to calculate the premium tax credit amount. The monthly contribution is the amount of income taxpayers are responsible to pay as their monthly premiums.

➤ *Qualified Health Plan*: A qualified health insurance plan (also referred to as a policy) purchased through the Marketplace at the bronze, silver, gold, or platinum level. Catastrophic health plans and stand-alone dental plans purchased through the Marketplace, as well as all plans purchased through SHOP (Small Business Health Options Programs), are not qualified health plans for the purposes of the PTC.

Minimum Essential Coverage (MEC)

Minimum essential coverage includes government-sponsored programs, eligible employer-sponsored plans, individual market plans, and any other coverage that the Department of Health and Human Services designates as minimum essential coverage:

➤ Health plans offered in the individual market.
➤ Grandfathered health plans.
➤ Government-sponsored programs.
➤ Employer-sponsored plans.
➤ Other health coverage plans designated as minimum essential coverage by the Department of Health and Human Services.

Señor 1040 Says: Minimum essential coverage does not include coverage consisting solely of excepted benefits. Excepted benefits include stand-alone vision and dental plans (except pediatric dental coverage), workers' compensation coverage, and coverage limited to a specified disease or illness. A taxpayer may have any of these types of coverage and still qualify for the PTC on their qualified health plan.

The following "essential health benefits" must be provided to be a qualified health plan:

➤ Ambulatory patient services.

- o El monto mensual aplicable de la prima del *Segundo Plan de Plata de Menor Costo* (SLCSP) después de que se haya restado el monto de la contribución mensual.
- ➤ Para calificar para el monto del crédito mensual, al menos un miembro de la familia tributaria debe estar inscrito en un plan de salud calificado el primer día del mes. El crédito mensual no se aplicará si la familia tributaria no estaba inscrita en un plan de salud calificado el 1ro. del mes. Para obtener más instrucciones, consulte las instrucciones del Formulario 8962.
- ➤ *Primas de inscripción:* Total de primas mensuales para uno o más planes de salud calificados en los que se inscribió a cualquier miembro de la familia tributaria. El formulario 1095-A declara las primas de inscripción. El profesional de impuestos debe solicitar ver todos los formularios relacionados con la cobertura de salud.
- ➤ *Segundo Plan de Plata de Menor Costo Aplicable (SLCSP):* El Segundo Plan de Plata de Menor Costo es, como su nombre lo indica, el plan en la categoría de plata (que se analiza en la sección "Niveles de los planes del mercado" más adelante) que está en el segundo lugar en costos más baratos. No es el plan más barato sino el segundo más barato. Es importante conocer la prima del SLCSP que se ofrece en su área, porque esa prima es una de las cosas que se utilizan para calcular el PTC. La prima de SLCSP es una prima diferente a la prima de inscripción descrita anteriormente.
- ➤ *Monto de la contribución mensual:* La contribución mensual también es una de las cosas que se utilizan para calcular el monto del crédito fiscal para la prima. La contribución mensual es la cantidad de ingresos que los contribuyentes son responsables de pagar como sus primas mensuales.
- ➤ *Plan de salud calificado:* Es un plan de seguro médico calificado (también conocido como una póliza) comprado a través del Mercado a nivel de bronce, plata, oro o platino. Los planes de salud catastróficos y los planes odontológicos independientes comprados a través del Mercado, así como todos los planes comprados a través de SHOP (Programas de Opciones de Salud para Pequeñas Empresas), no son planes de salud calificados para los fines de PTC.

Cobertura mínima esencial (MEC)

La cobertura esencial mínima incluye programas auspiciados por el gobierno, planes elegibles auspiciados por el empleador, planes de mercado individuales y cualquier otra cobertura que el Departamento de Salud y Servicios Humanos designe como cobertura esencial mínima:

- ➤ Planes de salud ofrecidos en el mercado individual.
- ➤ Planes de salud de derechos adquiridos.
- ➤ Programas auspiciados por el gobierno.
- ➤ Planes auspiciados por el empleador.
- ➤ Otros planes de cobertura de salud designados como cobertura esencial mínima por el Departamento de Salud y Servicios Humanos.

El señor 1040 dice: La cobertura esencial mínima no incluye la cobertura que consiste únicamente en beneficios exceptuados. Los beneficios exceptuados incluyen los planes odontológicos y de visión independientes (excepto la cobertura odontológica pediátrica), la cobertura de indemnización por accidente laboral y la cobertura limitada a una afección o enfermedad específica. Un/a contribuyente puede tener cualquiera de estos tipos de cobertura y aun así calificar para el PTC en su plan de salud calificado.

Los siguientes "beneficios de salud esenciales" deben proporcionarse para ser un plan de salud calificado:

- ➤ Servicios ambulatorios al paciente.

> ➤ Emergency services.
> ➤ Hospitalization.
> ➤ Maternity and newborn care.
> ➤ Mental health and substance abuse.
> ➤ Prescription drugs.
> ➤ Rehabilitative services and devices.
> ➤ Laboratory services.
> ➤ Preventive and wellness services and chronic disease management.
> ➤ Pediatric services, including oral and vision care.

The Individual Shared Responsibility Provision requires the taxpayer and each member of his or her family to do one of the following:

> ➤ Have qualifying health coverage.
> ➤ Qualify for a health coverage exemption.
> ➤ Make a shared responsibility payment when filing their federal income tax return.

Many people already have minimum essential coverage and do not have to do anything more than maintain the coverage and report their coverage when they file their tax return. If the taxpayer is covered by any of the following types of plans, they are considered covered under the health care law and do not have to pay a penalty or get a health coverage exemption:

> ➤ Any Marketplace plan or any individual insurance plan they already have.
> ➤ Any job-based plan, including retiree plans and COBRA coverage.
> ➤ Medicare Part A or Part C.
> ➤ Most Medicaid coverage.
> ➤ The Children's Health Insurance Program (CHIP).
> ➤ Most individual health plans bought outside the Marketplace, including "grandfathered" plans (not all plans sold outside the Marketplace qualify as minimum essential coverage)
> ➤ Dependents under the age of 24 who are covered under a parent's plan.
> ➤ Self-funded health coverage offered to students by universities for plan or policy years that started on or before Dec. 31, 2014 (check with your university to see if the plan counts as minimum essential coverage).
> ➤ Health coverage for Peace Corps volunteers.
> ➤ Certain types of veteran's health coverage through the Department of Veterans Affairs.
> ➤ Department of Defense Nonappropriated Fund Health Benefits Program.
> ➤ Refugee Medical Assistance.
> ➤ State high-risk pools for plan or policy years that started on or before December 31, 2014 (check with your high-risk pool plan to see if it qualifies as minimum essential coverage).

For a more detailed list of types of plans that do and do not count as minimum essential coverage, see Instructions Form 8965, *Health Coverage Exemptions*, from the IRS.

> ➢ Servicios de emergencia.
> ➢ Hospitalización.
> ➢ Cuidado de maternidad y al recién nacido.
> ➢ Salud mental y abuso de sustancias.
> ➢ Medicamentos con receta.
> ➢ Servicios y dispositivos de rehabilitación.
> ➢ Servicios de laboratorio.
> ➢ Servicios preventivos y de bienestar y manejo de enfermedades crónicas.
> ➢ Servicios pediátricos, incluyendo cuidado oral y de la vista.

La disposición de responsabilidad individual compartida requiere que el/la contribuyente y cada miembro de su familia hagan una de las siguientes acciones:

> ➢ Tener cobertura de salud calificada.
> ➢ Calificar para una exención de cobertura de salud.
> ➢ Hacer un pago de responsabilidad compartida cuando presente su declaración de impuestos federales.

Muchas personas ya tienen una cobertura esencial mínima y no tienen que hacer nada más que mantener la cobertura y declarar su cobertura cuando presentan su declaración de impuestos. Si el/la contribuyente está cubierto por alguno de los siguientes tipos de planes, se considera cubierto por la ley de atención médica y no tiene que pagar una multa ni obtener una exención de cobertura de salud:

> ➢ Cualquier plan del Mercado o cualquier plan de seguro individual que ya tenga.
> ➢ Cualquier plan basado en el trabajo, incluyendo los planes de jubilación y la cobertura COBRA.
> ➢ Medicare Parte A o Parte C.
> ➢ La mayoría de la cobertura de Medicaid.
> ➢ El Programa de Seguro de Salud Infantil (CHIP).
> ➢ La mayoría de los planes de salud individuales comprados fuera del Mercado, incluyendo los planes de "derechos adquiridos" (no todos los planes vendidos fuera del Mercado califican como cobertura esencial mínima).
> ➢ Dependientes menores de 24 años cubiertos por el plan de un padre.
> ➢ La cobertura de salud autofinanciada ofrecida a los estudiantes por universidades para años de planes o pólizas que comenzaron el 31 de diciembre de 2014 o antes (consulte con su universidad para ver si el plan cuenta como cobertura esencial mínima).
> ➢ Cobertura de salud para voluntarios del Cuerpo de Paz.
> ➢ Ciertos tipos de cobertura de salud para veteranos a través del Departamento de Asuntos de Veteranos.
> ➢ Programa de Beneficios de Salud del Fondo No Asignado del Departamento de Defensa.
> ➢ Asistencia médica para refugiados.
> ➢ Los grupos estatales de alto riesgo para los años de planes o pólizas que comenzaron el 31 de diciembre de 2014 o antes (consulte con su plan de grupos de alto riesgo para ver si califica como cobertura esencial mínima).

Para obtener una lista más detallada de los tipos de planes que cuentan y no cuentan como cobertura esencial mínima, consulte las instrucciones del Formulario 8965, *Exenciones de Cobertura de Salud*, del IRS.

Marketplace Plan Levels

The ACA requires that all new policies, including those plans that are sold on the exchange (except stand-alone dental, vision, and long-term care plans), comply with one of the four benefit categories set up by the Patient Protection and Affordable Care Act (PPACA). PPACA established four levels of coverage based on the concept of "actuarial value," which is the share of health care expenses the plan covers for a typical group of enrollees. As plans increase in actuarial value, they would cover a greater share of enrollee's medical expenses overall, though the details could vary across different plans. The levels of coverage provided for in the PPACA are central to the coverage that individuals will get and how each will ultimately perceive the effects of the health reform law. The four levels are as follows:

Bronze	60%
Silver	70%
Gold	80%
Platinum	90%

For people with low and modest incomes, the ACA provided reduced cost sharing if enrollees select a plan from the silver tier in the federal or state marketplace. The cost-sharing reductions are accomplished by requiring insurers to create variants of each standard silver plan, with each variant meeting a successively higher actuarial value. The federal government reimburses insurance companies for the loss of profit resulting from reducing costs for their customers. This act of reimbursement is also referred to as a "subsidy".

As the percentage of expenses paid by the health plan increases, the percentage of expenses paid by the individual decreases. The health plans that cover more medical expenses usually have a higher monthly payment, but individuals will pay less whenever they receive medical care. Individuals can choose to pay a higher monthly premium so that when they need medical care, they pay less. The taxpayer could choose to pay a lower monthly premium, but the taxpayer would pay more when he or she needs medical care.

Advance Payments of the Premium Tax Credit

If the taxpayer purchased insurance through the Health Insurance Marketplace, they may be eligible for an Advanced Premium Tax Credit (APTC) to help pay for the insurance coverage. Receiving too little or too much in advance will affect the taxpayer's refund or balance due. To avoid owing a balance, the taxpayer should contact the insurance provider to report changes in income or family size to the Marketplace as soon as possible.

If the taxpayer and members of their family enrolled in Marketplace coverage, Form 1095-A should be received from the Marketplace with the months of coverage and the amounts of APTC paid. If the taxpayer received a Form 1095-A showing APTC, Form 8962 must be filed, even if the taxpayer is not otherwise required to file. The taxpayer's Premium Tax Credit is determined by reference to the premium amount for the second lowest cost silver plan offered by an exchange in the rating area where the taxpayer resides.

Niveles del plan de mercado

La ACA requiere que todas las nuevas políticas, incluidos los planes que se venden en el intercambio (excepto los planes odontológicos, de visión y de cuidado a largo plazo independientes), cumplan con una de las cuatro categorías de beneficios establecidas por la Ley de Protección al Paciente y Asistencia Asequible (PPACA). La PPACA estableció cuatro niveles de cobertura basados en el concepto de "valor actuarial", que es la parte de los gastos de atención médica que el plan cubre para un grupo típico de afiliados. A medida que los planes aumentan en valor actuarial, cubrirían una mayor proporción de los gastos médicos del afiliado en general, aunque los detalles podrían variar entre los diferentes planes. Los niveles de cobertura provistos en la PPACA son fundamentales para la cobertura que recibirán los individuos y cómo cada uno percibirá los efectos de la ley de reforma de la salud. Los cuatro niveles son los siguientes:

Bronce	60%
Plata	70%
Oro	80%
Platino	90%

Para las personas con ingresos bajos y modestos, la ACA proporcionó una participación en los costos reducida si los afiliados seleccionan un plan del nivel de plata en el mercado federal o estatal. Las reducciones de costos compartidos se logran al exigir a las aseguradoras que creen variantes de cada plan de plata estándar, con cada variante que cumpla con un valor actuarial sucesivamente más alto. El gobierno federal reembolsa a las compañías de seguros por la pérdida de ganancias resultante de la reducción de costos para sus clientes. Este acto de reembolso también se conoce como un "subsidio".

A medida que aumenta el porcentaje de gastos pagados por el plan de salud, disminuye el porcentaje de gastos pagados por el individuo. Los planes de salud que cubren más gastos médicos generalmente tienen un pago mensual más alto, pero las personas pagarán menos cada vez que reciban atención médica. Las personas pueden optar por pagar una prima mensual más alta para que cuando necesiten atención médica paguen menos. El/la contribuyente podría optar por pagar una prima mensual más baja, pero el/la contribuyente pagaría más cuando necesite atención médica.

Pagos anticipados del Crédito Tributario de Prima

Si el/la contribuyente compró un seguro a través del Mercado de Seguros Médicos, puede ser elegible para un Crédito Tributario de Prima Anticipado (APTC) para ayudar a pagar la cobertura del seguro. Recibir muy poco o demasiado por adelantado afectará el reembolso o el saldo adeudado del contribuyente. Para evitar adeudar un saldo, el/la contribuyente debe comunicarse con el proveedor de seguros para declarar los cambios en el ingreso o el tamaño de la familia al Mercado tan pronto como sea posible.

Si el/la contribuyente y los miembros de su familia inscritos en la cobertura del Mercado, el Formulario 1095-A debe recibirse del Mercado con los meses de cobertura y los montos de APTC pagados. Si el/la contribuyente recibió un Formulario 1095-A que muestra el APTC, el Formulario 8962 debe presentarse, incluso si el/la contribuyente no está obligado a hacerlo. El Crédito Tributario de Prima del contribuyente se determina por referencia al monto de la prima para el segundo plan de plata de menor costo ofrecido por un intercambio en el área de calificación donde reside el/la contribuyente.

The premium tax credit is limited to the amount of premium paid for the chosen plan. The credit may be payable in advance, with the payments going directly to the insurance company. A taxpayer who is eligible for an advanced assistance payment may decline it and receive the full amount of the credit on the tax return. Eligibility and the amount of the credit itself are affected by the family size and household income. A married couple must file a joint return to claim the credit. If a married couple files married filing separately, they are not eligible for the credit. If taxpayers file separately because they are victims of domestic abuse, then see Notice 2014-23 for the criteria.

A taxpayer is allowed an advanceable and refundable credit to help subsidize the purchase of health insurance. The taxpayer must have household income of at least 100% but not more than 400% of the federal poverty line for a family of the size involved. The taxpayer must not receive health insurance under an employer-sponsored plan (including COBRA) or certain government plans such as Medicare.

Individuals purchasing health insurance through the Marketplace may choose to receive the credit in advance. With this choice, the government would make payments to the health insurance provider for the taxpayer. The difference between the advanced credit and the allowable credit may be claimed or paid when the taxpayer files their current tax return.

Household income means an amount equal to the sum of the following items:

➢ The taxpayer's modified gross income (MAGI).
➢ The MAGI of all other individuals who are both of the following:
   o Counted in family size.
   o Required to file an income tax return for the year under IRC §1 without regard to the exception for a child whose parents elect to use IRC §1(g)(7).

Remember, modified adjusted gross income (MAGI) is adjusted gross income, plus all of the following:

➢ The amount excluded under IRC §911, *Foreign-Earned Income Exclusion*.
➢ Tax-exempt interest income.
➢ The excluded portion of social security benefits.

Individuals who are not legally present in the U.S. or whom are incarcerated are excluded as applicable taxpayers. An applicable taxpayer will be eligible for the credit only for months when least one member of the taxpayer's family is any of the following:

➢ Is enrolled in a qualified health plan through an exchange.
➢ Is not eligible for coverage through a government program such as Medicaid, Medicare, Children's Health Insurance Program (CHIP), certain benefits for veterans and their families, and health coverage for Peace Corps volunteers (TRICARE).
➢ Is not able to get affordable coverage through an employer plan that provides minimum value.

For taxpayers who receive advance credits, the actual credit may not equal the amounts of credits paid in advance. The difference may occur when:

El crédito tributario de prima se limita a la cantidad de la prima pagada por el plan elegido. El crédito puede pagarse por adelantado, y los pagos van directamente a la compañía de seguros. Un/a contribuyente que es elegible para un pago de asistencia anticipada puede rechazarlo y recibir el monto total del crédito en la declaración de impuestos. La elegibilidad y el monto del crédito en sí se ven afectados por el tamaño de la familia y los ingresos del hogar. Una pareja casada debe presentar una declaración conjunta para reclamar el crédito. Si una pareja casada declara por separado, no son elegibles para el crédito. Si los contribuyentes presentan su declaración por separado porque son víctimas de abuso doméstico, consulte el Aviso 2014-23 para conocer los criterios.

A un/a contribuyente se le permite un crédito anticipado y reembolsable para ayudar a subsidiar la compra de un seguro médico. El/la contribuyente debe tener un ingreso familiar de al menos el 100%, pero no más del 400% de la línea federal de pobreza para una familia del tamaño involucrado. El/la contribuyente no debe recibir un seguro médico bajo un plan patrocinado por el empleador (incluido COBRA) o ciertos planes del gobierno como Medicare.

Las personas que compran un seguro médico a través del Mercado pueden optar por recibir el crédito por adelantado. Con esta opción, el gobierno haría los pagos al proveedor de seguro médico por el/la contribuyente. La diferencia entre el crédito anticipado y el crédito permitido se pueden reclamar o pagada cuando el/la contribuyente presenta su declaración de impuestos actual.

Ingreso familiar significa una cantidad igual a la suma de los siguientes artículos:

> ➢ Ingreso bruto modificado del contribuyente (MAGI).
> ➢ El MAGI de todos los demás individuos que son ambos de los siguientes:
>   ○ Contados en tamaño familiar.
>   ○ Requerido para presentar una declaración de impuestos sobre la renta para el año según IRC §1 sin tener en cuenta la excepción para un hijo cuyos padres eligen usar IRC §1(g)(7)

Recuerde, el ingreso bruto ajustado modificado (MAGI) es el ingreso bruto ajustado, más todo lo siguiente:

> ➢ La cantidad excluida bajo IRC §911, *Exclusión de ingresos devengados en el extranjero*.
> ➢ Ingresos por intereses exentos de impuestos.
> ➢ La porción excluida de los beneficios del seguro social.

Las personas que no están legalmente presentes en los EE. UU. o que están encarceladas están excluidas como contribuyentes aplicables. Un/a contribuyente aplicable será elegible para el crédito solo durante los meses en que al menos un miembro de la familia del contribuyente sea uno de los siguientes:

> ➢ Esté inscrito en un plan de salud calificado a través de un intercambio.
> ➢ No sea elegible para la cobertura a través de un programa gubernamental como Medicaid, Medicare, el Programa de seguro médico para niños (CHIP), ciertos beneficios para veteranos y sus familias, y la cobertura de salud para voluntarios del Cuerpo de Paz (TRICARE).
> ➢ No pueda obtener una cobertura asequible a través de un plan del empleador que proporciona un valor mínimo.

Para los contribuyentes que reciben créditos anticipados, el crédito real puede no ser igual a la cantidad de créditos pagados por adelantado. La diferencia puede ocurrir cuando:

➢ The taxpayer does not apply for the advanced credit or does not apply until after beginning to pay the premium.
➢ The taxpayer's income is different from the income that was used to compute the advanced credit.
➢ The number of dependents changed during the year.
➢ The marital status changed during the year.

Even if one is not otherwise required, a taxpayer must file a tax return if the individual received an advanced credit during the tax year or if the taxpayer declined the advanced credit to try to receive the refundable credit instead.

Excess Advanced Premium Tax Credit Repayment

The premium tax credit helps pay health insurance premiums that were purchased through the Health Insurance Marketplace. If the advanced payments of this credit were made for coverage for the taxpayer, spouse, or dependents, Form 8962 would be used. If the advanced payments were more than the premium tax credit, the taxpayer has an excess to be repaid, which is reported on Schedule 2, line 46 and added to their tax liability, meaning that paying their taxes will also repay that excess. An additional tax liability could be caused by the taxpayer or spouse having an increase in income and not reporting the change to the Marketplace. If the advanced payments exceed the credit allowed, the income tax liability imposed for the tax year is increased by the difference.

Shared Policy Allocation

For any month during the year that he taxpayer, spouse, or dependents does not have minimum essential coverage and does not qualify for a coverage exemption, the taxpayer will have to make an individual shared responsibility payment with his tax return. The annual payment amount is either a percentage of taxpayer's household income or a flat dollar amount whichever is greater, but it is capped at the national average premium for a bronze level health plan available through the Marketplace. Taxpayer will owe 1/12th of the annual payment for each month the taxpayer, spouse, or dependents don't have either coverage or an exemption.

If a taxpayer, spouse, or dependent did not have coverage, and the taxpayer's income was below the tax filing threshold for their filing status (Single, Married Filing Jointly, etc.), the taxpayer could qualify for a coverage exemption and would not be required to make a payment. Taxpayers do not have to file a return solely to claim this exemption. If taxpayers choose to file a tax return, they should not make a payment with their return but should complete Part II of Form 8965, *Coverage Exemptions for Your Household Claimed on Your Return*, to claim the coverage exemption.

Kiddie Tax Modifications

The TCJA simplified kiddie tax rules. Beginning after December 31, 2017 and ending after December 31, 2025, the net unearned income of a child subject to kiddie tax rules will be taxed at the capital gain and ordinary income rates that apply to trusts and estates. Therefore, the child's tax is unaffected by the parent's tax situation and by the unearned income of any siblings.

➤ El/la contribuyente no solicita el crédito anticipado o no aplica hasta después de comenzar a pagar la prima.
➤ El ingreso del contribuyente es diferente del ingreso que se utilizó para computar el crédito anticipado.
➤ El número de dependientes cambió durante el año.
➤ El estado civil cambió durante el año.

Incluso si no se requiere lo contrario, un/a contribuyente debe presentar una declaración de impuestos si la persona recibió un crédito anticipado durante el año tributario o si el/la contribuyente rechazó el crédito anticipado para intentar recibir el crédito reembolsable.

Reembolso del exceso de pago del crédito tributario de prima anticipado

El crédito tributario de prima ayuda a pagar las primas de seguro médico que se compraron a través del Mercado de seguros de salud. Si los pagos anticipados de este crédito se hicieran para la cobertura del contribuyente, cónyuge o dependientes, se usaría el Formulario 8962. Si los pagos anticipados fueron más que el crédito fiscal de la prima, el/la contribuyente tiene un exceso que pagar, que se declara en el Anexo 2, línea 46 y se agrega a su obligación tributaria, lo que significa que al pagar sus impuestos también pagará ese exceso. Una obligación tributaria adicional podría ser causada por el/la contribuyente o cónyuge que tiene un aumento en los ingresos y no declara el cambio al Mercado. Si los pagos anticipados superan el crédito permitido, la obligación tributaria sobre la renta impuesta para el año tributario aumenta por la diferencia.

Asignación de pólizas compartidas

Para cualquier mes durante el año en que el/la contribuyente, cónyuge o dependientes no tenga una cobertura esencial mínima y no califique para una exención de cobertura, el/la contribuyente deberá realizar un pago de responsabilidad individual compartido con su declaración de impuestos. El monto de pago anual es un porcentaje del ingreso familiar del contribuyente o un monto fijo en dólares, el que sea mayor, pero está limitado a la prima promedio nacional para un plan de salud de nivel de bronce disponible a través del Mercado. El/la contribuyente adeudará 1/12 del pago anual por cada mes que el/la contribuyente, el/la cónyuge o los dependientes no tengan cobertura ni exención.

Si un/a contribuyente, cónyuge o dependiente no tuviera cobertura, y los ingresos del contribuyente estuvieran por debajo del límite de declaración de impuestos para su estado civil de declaración (soltero, casado declarando conjuntamente, etc.), el/la contribuyente podría calificar para una exención de cobertura y no se le exigiría hacer un pago. Los contribuyentes no tienen que presentar una declaración únicamente para reclamar esta exención. Si los contribuyentes eligen presentar una declaración de impuestos, no deben realizar un pago con su declaración, sino que deben completar la Parte II del Formulario 8965, *Exenciones de cobertura para su hogar reclamado en su declaración*, para reclamar la exención de cobertura.

Modificaciones al impuesto Kiddie

Las reglas fiscales simplificadas de TCJA para niños. A partir del 31 de diciembre de 2017 y terminando después del 31 de diciembre de 2025, los ingresos netos no ganados de un niño sujeto a las reglas del impuesto para niños se gravarán con la ganancia de capital y las tasas de ingresos ordinarias que se aplican a fideicomisos y patrimonios. Por lo tanto, el impuesto del niño no se ve afectado por la situación fiscal del padre y por los ingresos no ganados de los hermanos.

Trusts and estates reach the highest tax bracket of 37% after only $12,500 of income, which is significantly faster than individuals, although high-income individuals who were already in the maximum tax bracket will not see a significant difference under the new rules; however, lower- and middle-income individuals subject to the new kiddie tax laws might see more of an impact. Regardless, a child's earned income will still be taxed at their own individual brackets and rates under the TCJA.

Kiddie tax applies to unearned income for children under the age of 19 and to college students under the age of 24. Remember, unearned income is income from sources other than wages and salary such as investments.

Kiddie tax applies when all four of the below requirements are met for the tax year in question (this will be an annual question to determine taxability of income):

➢ The child does not file a joint return for the current tax year.
➢ One or both of the child's parents are alive at the end of the year.
➢ The child's net unearned income for the year exceeds the threshold for the year, and the child has positive taxable income after subtracting any applicable deductions. The unearned income threshold for tax year 2018 was $2,100 and is $2,200 for 2019. If the unearned income threshold is not exceeded, the kiddie tax does not apply. If the threshold is exceeded, only unearned income in excess of the threshold will be taxed as kiddie tax.
➢ The child falls under one of the following, related rules:
  o Rule 1: The child is 17 or younger at year's end.
  o Rule 2: The child is 18 at year's end and does not have earned income that exceeds half of his or her support (support does not include scholarship amounts).
  o Rule 3: The child is age 19 to 23 at year's end and one of the following applies:
    ▪ The child is a student.
    ▪ The child does not have earned income that exceeds half of his or her support. A child is considered to be a student if he or she attends school full-time for at least 5 months during the year (support does not include scholarship amounts).

The four steps to calculate the federal income tax bill under the kiddie tax rules are as follows:

➢ Add up the child's net earned income and net unearned income.
➢ Subtract the child's standard deduction to arrive at taxable income.
➢ Compute tax for the portion of taxable income that consists of net earned income using the regular rates for a single taxpayer (see "Computing Tax on a Child's Earned Income" below for more information).
➢ The kiddie tax will be assessed on the portion of taxable income that consists of net unearned income and that exceeds the unearned income threshold, which was $2,100 for 2018. Compute the kiddie tax for this amount using the rates used for trusts and estates.

These are the 2018 Trust Tax on Capital Gains & Qualified Dividends that are used to calculate the Kiddie Tax:

Los fideicomisos y los patrimonios alcanzan el tramo impositivo más alto del 37% después de sólo $12,500 de ingresos, lo que es significativamente más rápido que los individuos, aunque las personas de altos ingresos que ya estaban en la franja máxima de impuestos no verán una diferencia significativa en el nuevo normas; sin embargo, las personas de ingresos bajos y medianos sujetas a las nuevas leyes fiscales para niños podrían ver más de un impacto. No obstante, los ingresos obtenidos de un niño seguirán tributos a sus propios tipos y tipos individuales en virtud de la TCJA.

El impuesto para niños se aplica a los ingresos no ganados para los niños menores de 19 años y a los estudiantes universitarios menores de 24 años. Recuerde que los ingresos no ganados son ingresos de fuentes distintas de los salarios y salarios, como las inversiones.

El impuesto sobre niños se aplica cuando se cumplen los cuatro requisitos siguientes para el año fiscal en cuestión (esta será una pregunta anual para determinar la trivialidad de los ingresos):

➤ The child does not file a joint return for the current tax year.
➤ One or both of the child's parents are alive at the end of the year.
➤ The child's net unearned income for the year exceeds the threshold for the year, and the child has positive taxable income after subtracting any applicable deductions. The unearned income threshold for tax year 2018 was $2,100 and is $2,200 for 2019. If the unearned income threshold is not exceeded, the kiddie tax does not apply. Si no se supera el umbral de ingresos no ganados, no se aplica el impuesto sobre niños. Si se supera el umbral, solo los ingresos no obtenidos que excedan el umbral se gravarán como impuestos para niños.
➤ El niño está bajo una de las siguientes reglas relacionadas:
  ○ Regla 1: El niño tiene 17 años o menos al final del año.
  ○ Regla 2: El niño tiene 18 años al final del año y no tiene ingresos que excedan la mitad de su manutención (la manutención no incluye los montos de la beca).
  ○ Regla 3: El niño tiene entre 19 y 23 años al final del año y se aplica una de las siguientes opciones:
    ▪ El niño es un student.
    ▪ El niño no ha obtenido ingresos que excedan la mitad de su manutención. Se considera que un niño es un estudiante si asiste a la escuela a tiempo completo durante al menos 5 meses durante el año (el apoyo no incluye los montos de la beca).

The four steps to calculate the federal income tax bill under the kiddie tax rules are as follows:

➤ Sume los ingresos netos obtenidos del niño y los ingresos netos no ganados.
➤ Reduzca la deducción estándar del niño para llegar a ingresos imponibles.
➤ Cambiar impuesto para la porción de ingresos imponibles que consiste en ingresos netos obtenidos utilizando las tasas regulares para un solo contribuyente (ver "Impuesto de Computación sobre los Ingresos Ganados de un Niño" a continuación para obtener más información).
➤ El impuesto para niños se evaluará sobre la porción de ingresos imponibles que consiste en ingresos netos no ganados y que excede el umbral de ingresos no ganados, que fue de $2,100 para 2018. Calcular el impuesto para niños por esta cantidad utilizando las tasas utilizadas para fideicomisos y patrimonios.

Estos son el Impuesto De Fideicomiso 2018 sobre Ganancias de Capital y Dividendos Calificados que se utilizan para calcular el Impuesto infantil:

Income	Tax Rate
$0 -$2,600	0%
$2,601 - $9,300	24%
$9,301 to 12,750	35%
$12,751 and above	37%

For 2018 through 2025, the TCJA specifies that these trust and estate rates and brackets are also used to calculate the kiddie tax when it applies to the long-term capital gains and qualified dividends collected by dependent children and young adults. The kiddie tax can potentially apply until the year that a dependent young adult turns 24 (under prior law, the kiddie tax was calculated using the marginal rates paid by the parents of affected children and young adults).

Summary and Review

There are many taxes that don't fit neatly into the Form 1040's many categories, and those taxes have been covered here. The AMT credit for any tax year is the excess of the adjusted net minimum tax imposed for all tax years beginning after 1986 over the amount allowable as a credit in previous years. The adjusted net minimum tax is the amount of net minimum tax (AMT) for a year reduced by the amount, which would be the net minimum tax (AMT) for that year if only certain adjustments and tax preferences were taken into account. The purpose of the minimum tax credit is to prevent the double taxation of deferral preference adjustments. AMT is a tax imposed in addition to the regular income tax to recapture the reductions resulting from the use of special tax relief provisions of the tax law. The repayment of the premium tax credit is based on the amount of the premium paid and the taxpayer's income. Other types of various additional taxes are added to the taxpayer's overall taxes due. The most common additional taxes are for the early withdrawal of retirement savings before the age of 59½ and for self-employment taxes for independent contractors who file Schedule C and Schedule F.

Questions

These review questions are not part of the final exam and will not be graded by LTPA. To obtain maximum benefit from the course, LTPA recommends that you complete the following questions before you compare your answers with the provided solutions.

1. Cesar pays Rosa $200 weekly to clean his house. Rosa does not live with Cesar, but she does clean other individuals houses as well. Which of the following scenarios best describes Cesar's tax responsibility?

    a. Cesar is required to withhold employment taxes for Rosa.
    b. Cesar is required to pay withholding taxes for Rosa.
    c. Cesar is not required to withhold employment taxes for Rosa.
    d. Cesar is not required to pay or withhold employment taxes for Rosa.

2. Which of the following taxpayers would report other taxes on Schedule 4, Line 62?

    a. Yesenia, who earned $75,000 as gross wages.
    b. Paul, who earned $12,000 as gross wages and $75,000 from self-employment.
    c. Jim, who earned $10,000 in interest and $360,000 as gross wages.
    d. Kathy, who only had social security benefits.

Ingreso	Tarifa tributaria
$0 -$2,600	0%
$2,601 - $9,300	24%
$9,301 to 12,750	35%
$12,751 and above	37%

Para 2018 hasta 2025, la TCJA especifica que estas tasas y corchetes de fideicomiso y patrimonio también se utilizan para calcular el impuesto para niños cuando se aplica a las ganancias de capital a largo plazo y dividendos calificados recaudados por niños dependientes y adultos jóvenes. El impuesto para niños puede aplicarse potencialmente hasta el año en que un adulto joven dependiente cumpla 24 años (según la ley anterior, el impuesto para niños se calculó utilizando las tasas marginales pagadas por los padres de niños y adultos jóvenes afectados).

Resumen y revisión

Existen muchos impuestos que no se ajustan a las muchas categorías del Formulario 1040, y esos impuestos se han incluido aquí. El crédito del AMT para cualquier año tributario es el exceso del impuesto mínimo neto ajustado aplicado a todos los años fiscales a partir de 1986 sobre el monto permitido como crédito en años anteriores. El impuesto mínimo neto ajustado es el monto del impuesto mínimo neto (AMT) para un año reducido por el monto, que sería el impuesto mínimo neto (AMT) para ese año si solo se tuvieran en cuenta ciertos ajustes y preferencias fiscales. El propósito del crédito fiscal mínimo es evitar la doble imposición de los ajustes de preferencia de diferimiento. El AMT es un impuesto aplicado además del impuesto sobre la renta regular para recuperar las reducciones resultantes del uso de disposiciones especiales de desgravación fiscal de la ley tributaria. El reembolso del crédito tributario de prima se basa en el monto de la prima pagada y los ingresos del contribuyente. Otros tipos de diversos impuestos adicionales se agregan a los impuestos generales adeudados del contribuyente. Los impuestos adicionales más comunes son para el retiro de los ahorros de jubilación antes de los 59 años y medio y para los impuestos sobre trabajo independiente para contratistas independientes que presentan el Anexo C y el Anexo F.

Preguntas

Estas preguntas de repaso no forman parte del examen final y no serán evaluados por LTPA. Para obtener el máximo beneficio del curso, LTPA recomienda que complete las siguientes preguntas antes de comparar sus respuestas con las soluciones proporcionadas.

1. César le paga a Rosa $200 semanales para limpiar su casa. Rosa no vive con César, sino que también limpia las casas de otras personas. ¿Cuál de los siguientes escenarios describe mejor la responsabilidad tributaria de César?

    a. Cesar debe retener los impuestos sobre el empleo para Rosa.
    b. Cesar está obligado a pagar los impuestos de retención para Rosa.
    c. Cesar no está obligado a retener los impuestos sobre el empleo para Rosa.
    d. César no está obligado a pagar o retener los impuestos sobre el empleo para Rosa.

2. ¿Cuál de los siguientes contribuyentes declararía otros impuestos en la Línea 62 del Anexo 4?

    a. Yesenia, quien ganó $75,000 como salario bruto.
    b. Paul, quien ganó $12,000 como salario bruto y $75,000 de trabajo como independiente.
    c. Jim, quien ganó $10,000 en intereses y $360,000 como salario bruto.
    d. Kathy, que solo tenía prestaciones de seguro social.

Answers

1. Cesar pays Rosa $200 weekly to clean his house. Rosa does not live with Cesar, but she does clean other individuals houses as well. Which of the following scenarios best describes Cesar's tax responsibility?

    e. Cesar is required to withhold employment taxes for Rosa.
    f. Cesar is required to pay withholding taxes for Rosa.
    g. Cesar is not required to withhold employment taxes for Rosa.
    h. **Cesar is not required to pay or withhold employment taxes for Rosa.**

Feedback: Household workers are not considered the taxpayer's employees and are considered self-employed if their services are offered to the general public as an independent business.

2. Which of the following taxpayers would report other taxes on Schedule 4, Line 62?

    e. Yesenia, who earned $75,000 as gross wages.
    f. Paul, who earned $12,000 as gross wages and $75,000 from self-employment.
    g. **Jim, who earned $10,000 in interest and $360,000 as gross wages.**
    h. Kathy, who only had social security benefits.

Feedback: If the taxpayer's income is less than $100,000, the tax table would be used to compute the tax. If the taxable income is over $100,000, then the Tax Computation Worksheet would be used unless Form 8615 was filed.

Respuestas

1. César le paga a Rosa $200 semanales para limpiar su casa. Rosa no vive con César, sino que también limpia las casas de otras personas. ¿Cuál de los siguientes escenarios describe mejor la responsabilidad tributaria de César?

    a. Cesar debe retener los impuestos sobre el empleo para Rosa.
    b. Cesar está obligado a pagar los impuestos de retención para Rosa.
    c. Cesar no está obligado a retener los impuestos sobre el empleo para Rosa.
    d. César no está obligado a pagar o retener los impuestos sobre el empleo para Rosa.

Comentarios: Los trabajadores domésticos no se consideran empleados del contribuyente y se consideran trabajadores independientes si sus servicios se ofrecen al público en general como un negocio independiente.

2. ¿Cuál de los siguientes contribuyentes declararía otros impuestos en la Línea 62 del Anexo 4?

    a. Yesenia, quien ganó $75,000 como salario bruto.
    b. Paul, quien ganó $12,000 como salario bruto y $75,000 de trabajo como independiente.
    c. Jim, quien ganó $10,000 en intereses y $360,000 como salario bruto.
    d. Kathy, que solo tenía prestaciones de seguro social.

Comentarios: Si el ingreso del contribuyente es inferior a $100,000, la tabla de impuestos se usaría para calcular el impuesto. Si el ingreso gravable es superior a $100,000, entonces se usará la Hoja de cálculo de impuestos a menos que se haya presentado el Formulario 8615.

Ya está listo/a para responder las preguntas de repaso

Vaya a su cuenta en línea

Chapter 15: Filing the Federal Return Electronically

Introduction

Electronic filing (also referred to as E-File and E-filing) is the process of submitting tax returns over the internet via properly certified tax software. The E-File system has made tax preparation significantly easier, and the IRS notifies software users within 24-48 hours if they accepted or rejected the tax return. E-filing is not available year-round but rather begins sometime in January and ends sometime in October; the IRS determines when exactly e-filing begins and ends each year, and states follow whatever dates the IRS sets. An electronic return originator (ERO), is the individual who originates the electronic submission of the tax return. To file a return electronically, the individual needs to be an Authorized IRS e-File Provider.

Objectives

At the end of this lesson, the student will be able to do the following:

➢ Understand the different e-filing options.
➢ Know which form(s) to use if the taxpayer wants to opt-out of e-filing.
➢ State which forms are unable to be e-Filed.

Resources

Form 8453	Publication 17	Instructions Form 8453
Form 8878	Publication 1345	Instructions Form 8878
Form 8878-A	Publication 3112	Instructions Form 8878-A
Form 8879		Instructions Form 8879
Form 9325		Instructions Form 9325

Capítulo 15: Presentar la declaración federal electrónicamente

Introducción

La declaración electrónica (también conocida como E-File y E-filing) es el proceso para presentar las declaraciones de impuestos a través de Internet mediante un software de impuestos debidamente certificado. El sistema de E-File ha facilitado considerablemente la declaración de impuestos, y el IRS notifica a los usuarios de software dentro de las 24 a 48 horas si aceptaron o rechazaron la declaración de impuestos. La declaración electrónica no está disponible durante todo el año, sino que comienza en algún momento de enero y finaliza en octubre; el IRS determina cuándo comienza y termina exactamente la declaración electrónica cada año, y los estados siguen las fechas que establezca el IRS. Un originador electrónico de declaraciones (ERO) es la persona que origina la declaración electrónica de la declaración de impuestos. Para presentar una declaración electrónicamente, la persona debe ser un proveedor autorizado de declaración electrónica del IRS.

Objetivos

Al final de esta lección, el estudiante podrá:

> ➢ Comprender las diferentes opciones de declaración electrónica.
> ➢ Saber qué formulario(s) usar si el contribuyente desea optar por no presentar la declaración electrónica.
> ➢ Indicar qué formularios no pueden ser presentados electrónicamente.

Recursos

Formulario 8453	Publicación 17	Instrucciones del Formulario 8453
Formulario 8878	Publicación 1345	Instrucciones del Formulario 8878
Formulario 8878-A	Publicación 3112	Instrucciones del Formulario 8878-A
Formulario 8879		Instrucciones del Formulario 8879
Formulario 9325		Instrucciones del Formulario 9325

Electronic Return Originator (ERO)

An electronic return originator (ERO) is the authorized IRS e-File provider that originates submissions of returns he or she either prepares or collects from taxpayers who want to e-File their returns. An ERO originates the electronic submission of a return after the taxpayer authorizes the e-filing of the tax return. The ERO must have either prepared the return or collected it from a taxpayer. An ERO originates the electronic submission by one of the following methods:

➢ Electronically sending the return to a transmitter that will transmit the return to the IRS.
➢ Directly transmitting the return to the IRS.
➢ Providing the return to an intermediate service provider to transmit it to the IRS.

Obtaining, Handling, and Processing Return Information from Taxpayers

If the return was prepared by a paid preparer, the ERO must always identify the paid preparer in the proper field of the electronic record and include the paid preparer's following information:

➢ Name
➢ Address
➢ EIN (if a member of a firm)
➢ PTIN

An ERO who chooses to originate returns that he or she has only collected and did not prepare becomes an income tax return preparer of the returns only when, as a result of entering the data, the ERO discovers errors that require substantive changes and then also makes the changes herself. A non-substantive change is a correction limited to a transposition error, a misplaced entry, a spelling error, or an arithmetic correction. The IRS considers all other changes substantive, and the ERO becomes a tax return preparer if he or she corrects them. As such, the ERO may be required to sign the tax return as the tax return preparer in this sort of instance.

e-File Providers

An Authorized IRS e-File Provider is a business or organization authorized by the IRS to participate in their e-File program. A Provider may be an Electronic Return Originator (ERO), an Intermediate Service Provider, a Transmitter, a Software Developer, a Reporting Agent, or an Affordable Care Act (ACA) Provider. These different roles are not mutually exclusive, and one person can be more than one of them at once. For example, a Provider may also be an ERO while also being a Transmitter or a tax return preparer. Even though the activities and responsibilities for IRS e-File and return preparation are distinct and different from each other, one person can possess both titles, duties, and responsibilities at the same time.

A Transmitter is the person, entity, or software that literally sends the return data electronically directly to the IRS. A Provider is one who has been authorized by the IRS to file tax returns electronically, typically through a third-party transmitter such as his or her tax software provider; filing a return is not the same thing as sending it.

Originador Electrónico de Declaraciones (ERO)

Un Originador Electrónico de Declaraciones (ERO) es el proveedor autorizado de la declaración electrónica del IRS que origina las presentaciones de las declaraciones que él o ella prepara o recopila de los contribuyentes que desean presentar sus declaraciones electrónicamente. Un ERO origina la declaración electrónica de una declaración después de que el contribuyente autoriza la declaración electrónica de la declaración de impuestos. El ERO debe haber preparado la declaración o haberla recopilado de un contribuyente. Un ERO origina la declaración electrónica mediante uno de los siguientes métodos:

➢ Enviar electrónicamente la declaración a un transmisor que transmitirá la declaración al IRS.
➢ Transmitir directamente la declaración al IRS.
➢ Proporcionar la declaración a un proveedor de servicios intermedios para transmitirla al IRS.

Obtener, manejar y procesar la información de declaración de los contribuyentes

Si la declaración fue preparada por un preparador pagado, el ERO siempre debe identificar al preparador pagado en el campo apropiado del registro electrónico e incluir la siguiente información del preparador pagado:

➢ Nombre
➢ Dirección

➢ EIN (si es miembro de una empresa)
➢ PTIN

Un ERO que elige originar las declaraciones que él o ella solo ha recopilado y no preparó se convierte en un preparador de declaraciones de impuestos sobre la renta solo cuando, como resultado de ingresar los datos, el ERO descubre errores que requieren cambios sustanciales y luego él mismo realiza los cambios. Un cambio no sustancial es una corrección limitada a un error de transposición, un registro mal colocado, un error de ortografía o una corrección aritmética. El IRS considera que todos los demás cambios son sustanciales, y el ERO se convierte en un preparador de declaraciones de impuestos si los corrige. Como tal, se puede requerir al ERO que firme la declaración de impuestos como el preparador de declaraciones de impuestos en este tipo de instancia.

Proveedores de declaración electrónica

Un Proveedor de declaración electrónica autorizado por el IRS es una empresa u organización autorizada por el IRS para participar en su programa de declaración electrónica. Un proveedor puede ser un originador electrónico de declaraciones (ERO), un proveedor de servicios intermedios, un transmisor, un desarrollador de software, un agente declarador o un proveedor de la ley de asistencia asequible (ACA). Estas diferentes funciones no se excluyen mutuamente, y una persona puede ser más de uno a la vez. Por ejemplo, un proveedor también puede ser un ERO mientras que también es un transmisor o un preparador de declaraciones de impuestos. A pesar de que las actividades y responsabilidades para la declaración electrónica del IRS y la preparación para la declaración son distintas y diferentes entre sí, una persona puede poseer ambos títulos, deberes y responsabilidades al mismo tiempo.

Un transmisor es la persona, entidad o software que literalmente envía los datos de la declaración directamente al IRS por vía electrónica. Un proveedor es aquél que ha sido autorizado por el IRS para presentar declaraciones de impuestos electrónicamente, por lo general a través de un transmisor de terceros, como su proveedor de software de impuestos. Presentar una declaración no es lo mismo que enviarla.

Becoming an e-File Provider

To become an e-File provider, an individual must submit a completed application to the IRS requesting the proper authorization, a process that usually takes 45 days. In order to complete the application quickly, the individual should have the following information prepared to complete the online application:

➤ Know what Provider options he or she would like to provide to taxpayers.
➤ Enter identification information for the firm (or your own if a sole proprietor).
  o Employer Identification Number.
  o Name of the company.
  o Enter the name, date of birth, social security number, current professional information, and citizenship status of the organization's Principal and Responsible Official and mark if either or both are an attorney, certified public accountant, enrolled agent, officer of a publicly traded corporation, or a bonded bank official.

Who are Principals and Responsible Officials?

The Principal is the individual who is ultimately responsible for anything and everything that occurs regarding e-filing at the firm. Although a firm can have more than one "Responsible Official", there can be only one Principal, and the individual designated as the Principal must be on the application. Any of the following individuals that participate in the e-File operations of the company are eligible to be designated as the Principal:

➤ A sole proprietor of the business. For sole proprietorships, the sole proprietor *must* be the Principal.
➤ A partner who has at least 5% or more interest in the partnership. If no partner has 5% or more, the Principal needs to be an individual who is authorized to act for the partnership in legal or tax matters.
➤ The president, vice-president, secretary, or treasurer of a corporation are all eligible to be a principal.
➤ The principal for an entity that is not any of the above needs to be an individual with the authority within the company to act on behalf of the entity in legal or tax matters.

If any of the above individuals are not involved in the e-File operation of the company, then a large firm with multilayered management can substitute a "Key Person" who participates substantially in the firm's electronic filing operations as the principal for the e-File application.

Unlike the Principal, who is a single person responsible for e-File matters across the whole company, Responsible Officials are the people in charge of the day-to-day e-File operations at specific locations such as offices. They are the first point of contact with the IRS and have the authority to sign and revise IRS e-File applications. Responsible Officials must set the revenue procedures for e-filing and for all publications and notices thereof and ensure that employees follow them. Responsible Officials can oversee the operations at more than one office, and though there can be more, each firm must have at least one Responsible Official, although it can always add more later; the Principal can also be the Responsible Official.

Convertirse en un proveedor de declaración electrónica

Para convertirse en un proveedor de declaración electrónica, una persona debe enviar una solicitud completa al IRS solicitando la autorización adecuada, un proceso que generalmente toma 45 días. A fin de completar la solicitud rápidamente, la persona debe tener la siguiente información preparada para completar la solicitud en línea:

➢ Saber qué opciones de proveedor le gustaría brindar a los contribuyentes.
➢ Ingresar la información de identificación de la empresa (o la suya si es una empresa individual).
  o Número de Identificación del Empleador
  o Nombre de la compañía.
  o Ingresar el nombre, la fecha de nacimiento, el número de seguro social, la información profesional actual y el estado de ciudadanía del director y funcionario responsable de la organización y marcar si uno o ambos son abogados, contadores públicos certificados, agentes inscritos, funcionarios de una corporación que cotiza en bolsa, o un funcionario bancario afiliado.

¿Quiénes son los directores y funcionarios responsables?

El director es la persona que es responsable en última instancia de todo lo que ocurra con respecto a la declaración electrónica en la empresa. Si bien una empresa puede tener más de un "funcionario responsable", solo puede haber un director, y la persona designada como director debe estar en la solicitud. Cualquiera de los siguientes individuos que participan en las operaciones de declaración electrónica de la compañía son elegibles para ser designados como el director:

➢ Un propietario único del negocio. Para empresas individuales, el propietario único debe ser el director.
➢ Un socio que tenga al menos un 5% o más de interés en la sociedad. Si ningún socio posee el 5% o más, el director debe ser una persona autorizada para actuar por la sociedad en asuntos legales o fiscales.
➢ El presidente, vicepresidente, secretario o tesorero de una sociedad anónima son elegibles para ser directores.
➢ El director de una entidad que no es ninguna de los anteriores debe ser un individuo con la autoridad dentro de la compañía para actuar en nombre de la entidad en asuntos legales o fiscales.

Si alguna de las personas mencionadas anteriormente no participa en la operación de declaración electrónica de la compañía, entonces una gran empresa con administración de múltiples niveles puede sustituir a una "Persona clave" que participa sustancialmente en las operaciones de declaración electrónica de la empresa como director para la solicitud de declaración electrónica.

A diferencia del director, que es una sola persona responsable de los asuntos de declaración electrónica en toda la compañía, los funcionarios pertinentes son los responsables de las operaciones diarias de declaración electrónica en ubicaciones específicas, como las oficinas. Son el primer punto de contacto con el IRS y tienen la autoridad para firmar y revisar las solicitudes de declaración electrónica del IRS. Los funcionarios responsables deben establecer los procedimientos de ingresos para la declaración electrónica y para todas las publicaciones y avisos de los mismos, y garantizar que los empleados los sigan. Los funcionarios responsables pueden supervisar las operaciones en más de una oficina, y aunque puede haber más, cada empresa debe tener al menos un funcionario responsable, aunque siempre puede agregar más adelante. El director también puede ser el funcionario responsable.

Filing the Federal Return Electronically

Step One: Creating an IRS e-Services Account

Before starting the e-File application process, the individual must create an account with e-Services on the IRS website. To do this, the individual will go to irs.gov, create a username, a password, and a PIN, and create a security question and its answer. After this, the taxpayer will be asked to provide the following information to create the account:

➤ Full legal name.
➤ Home address.

➤ Social security number.
➤ Date of birth.

➤ Phone number.
➤ Email address.

Any other individuals that the firm wishes to appoint as either the Principal or as Responsible Officials must also create e-services accounts. Account creators must return to the e-Services site within 28 days of receiving the confirmation code to confirm the registration and thus allow the firm to continue the application process.

Step Two: Submitting the Application

Once all relevant individuals have confirmed their e-Services accounts, the firm can apply to become an authorized IRS e-File provider. The next steps of the application process are as follows:

➤ Log in to e-Services and access the online application to become an IRS e-File provider.
➤ Select the e-File provider type (Transmitter, ERO, etc.).
➤ Enter the identification information of the firm and services provided.
➤ Enter the name, home address, SSN, DOB, and citizenship status for each principal and responsible party for the firm.
➤ Enter the Principal and Responsible Official(s) current professional status (attorney, certified public accountant, enrolled agent, etc.) and any other requested information.
➤ Each Principal and Responsible Official must answer several personal questions and sign the Terms of Agreement (TOA) using the PIN they selected when creating their e-services accounts.
➤ Each Principal and Responsible Official must declare under penalty of perjury that all the personal information they entered is true.

Submit the IRS e-File application and retain the tracking number provided after the submission of the application was successful.

Any individuals appointed to become the Principal or a Responsible Official who are not an EA, CPA, or attorney must first pass a background check before the application can continue. To do this, first request a fingerprint card from the IRS by calling their toll-free number (1-866-255-0654). Once the IRS has mailed the cards, take them to a trained professional at your local police department or to a company certified to provide that service. They will perform the fingerprinting and provide cards containing the fingerprints of each Principal and Responsible Official, who must each sign the card that contains their own fingerprints. Once signed, take the cards, write the e-File application's tracking number on each card, and then mail them (together or separately) to the following address:

> The IRS at Andover Campus
> ATTN EFU Acceptance, Testing Stop 983
> 310 Lowell Street
> Andover, Ma 01812

Primer paso: Crear una cuenta de servicios electrónicos del IRS

Antes de iniciar el proceso de solicitud de declaración electrónica, la persona debe crear una cuenta con los servicios electrónicos en el sitio web del IRS. Para hacer esto, la persona irá a irs.gov, creará un nombre de usuario, una contraseña y un PIN, y creará una pregunta de seguridad y su respuesta. Después de esto, se le pedirá al contribuyente que proporcione la siguiente información para crear la cuenta:

➢ Nombre legal completo.
➢ Dirección de habitación.
➢ Número de seguro social.

➢ Fecha de nacimiento.
➢ Número de teléfono.
➢ Dirección de correo electrónico.

Cualquier otro individuo que la empresa desee nombrar como director o como funcionario responsable también debe crear cuentas de servicios electrónicos. Los creadores de la cuenta deben regresar al sitio de servicios electrónicos dentro de los 28 días posteriores a la recepción del código de confirmación para confirmar el registro y así permitir que la empresa continúe con el proceso de solicitud.

Segundo paso: Presentar la solicitud

Una vez que todas las personas relevantes hayan confirmado sus cuentas de servicios electrónicos, la empresa puede solicitar convertirse en un proveedor autorizado de declaración electrónica del IRS. Los siguientes pasos del proceso de solicitud son los siguientes:

➢ Inicie sesión en servicios electrónicos y acceda a la solicitud en línea para convertirse en un proveedor de declaración electrónica del IRS.
➢ Seleccione el tipo de proveedor de declaración electrónica (transmisor, ERO, etc.).
➢ Ingrese la información de identificación de la empresa y los servicios prestados.
➢ Ingrese el nombre, la dirección de residencia, el SSN, la fecha de nacimiento y el estado de ciudadanía de cada director y parte responsable de la empresa.
➢ Ingrese el director y funcionario(s) responsable(s) (abogado, contador público certificado, agente inscrito, etc.) y cualquier otra información solicitada.
➢ Cada director y funcionario responsable debe responder varias preguntas personales y firmar los Términos del Acuerdo (TOA) utilizando el PIN que seleccionaron al crear sus cuentas de servicios electrónicos.
➢ Cada director y funcionario responsable debe declarar, bajo pena de perjurio, que toda la información personal que ingresaron es verdadera.

Envíe la solicitud de declaración electrónica del IRS y conserve el número de seguimiento proporcionado después de que la presentación de la solicitud sea exitosa.

Cualquier persona designada para convertirse en el director o un funcionario responsable que no sea un EA, CPA o abogado debe pasar primero una verificación de antecedentes antes de que la solicitud pueda continuar. Para hacer esto, primero solicite una tarjeta de huellas digitales del IRS llamando a su número gratuito (1-866-255-0654). Una vez que el IRS haya enviado las tarjetas por correo, llévelas a un profesional capacitado en su departamento de policía local o a una compañía certificada para proporcionar ese servicio. Realizarán la captación de huellas dactilares y proporcionarán tarjetas que contengan las huellas dactilares de cada director y funcionario responsable, quienes deberán firmar la tarjeta que contiene sus propias huellas dactilares. Una vez firmada, tome las tarjetas, escriba el número de seguimiento de la solicitud de declaración electrónica en cada tarjeta y luego envíelas (juntas o por separado) a la siguiente dirección:

> The IRS at Andover Campus
> ATTN EFU Acceptance, Testing Stop 983
> 310 Lowell Street
> Andover, Ma 01812

Step Three: Passing the Suitability Check

Once the IRS has received, processed, and review the application, they will conduct a "suitability check" to determine if the firm qualifies to become a e-File provider. The "suitability check" consists of the following checks on the firm, on each person listed as a principal or responsible official on the application, and on all documents related to the application:

> ➢ A credit check.
> ➢ A tax compliance check.
> ➢ A criminal background check.
> ➢ A check for prior noncompliance with IRS e-File requirements.

If the firm passes the suitability checks and is approved, it will receive an acceptance letter from the IRS with its electronic filing identification number (EFIN), which should not be confused with the firm's EIN.

Denial to Participate in IRS e-File

If the firm, a Principal, or a Responsible Official fails the suitability check, the IRS will notify the applicant of denial to participate in the program, the date they may reapply, and if they may reapply sooner if the suitability issues are resolved.

Acceptance to Participate in IRS e-File

After an applicant passes the suitability check and the IRS completes the processing of the application, the IRS will notify the applicant of its acceptance to participate in the program. A provider does not have to reapply unless the IRS suspends the provider from participation in the program for a violation. If any of the information on the original application changes, the provider will have 30 days to update the information by resubmitting the application with the assorted changes.

If the professional status of a Principal or Responsible Official changes, the firm must update its e-File application and resubmit the individual's fingerprints for a new background check. If a Principal or a Responsible Official dies, the Provider should remove or replace the deceased within thirty days by resubmitting their application. If this is not done, the IRS will remove the deceased individual(s) from the e-File application themselves, which may result in rejected returns as a result of leaving one of the firm's offices uncovered. The IRS will also remove Providers if they are unable to contact the provider or if the IRS' mail is returned to them as undeliverable because the Provider failed to update their physical mailing address, in which case the IRS will reject all returns submitted by the provider until the Provider updates their information.

e-File Provider Penalties

Monitoring

The IRS monitors Providers by visiting the locations (such as offices) where they perform IRS e-File activities and by reviewing the e-File records the IRS requires them to keep. Monitoring may include, but is not limited to the following:

Tercer paso: Pasar el control de idoneidad

Una vez que el IRS haya recibido, procesado y revisado la solicitud, realizarán una "verificación de idoneidad" para determinar si la empresa reúne los requisitos para convertirse en un proveedor de declaración electrónica. La "verificación de idoneidad" consiste en las siguientes comprobaciones en la empresa, en cada persona que figura como director o funcionario responsable en la solicitud, y en todos los documentos relacionados con la solicitud:

> ➢ Una verificación de crédito.
> ➢ Una verificación de cumplimiento de impuestos.
> ➢ Una verificación de antecedentes penales.
> ➢ Una verificación de incumplimiento previo con los requisitos de declaración electrónica del IRS.

Si la empresa aprueba las verificaciones de idoneidad y se aprueba, recibirá una carta de aceptación del IRS con su número de identificación de declaración electrónica (EFIN), que no debe confundirse con el EIN de la empresa.

Negativa en la participación en la declaración electrónica del IRS

Si la empresa, un director o un funcionario responsable no pasa la verificación de idoneidad, el IRS notificará al solicitante la negativa a participar en el programa, la fecha en que se pueden volver a solicitar y si pueden volver a solicitarla antes si se resuelven los problemas de idoneidad.

Aceptar la participación en la declaración electrónica del IRS

Después de que un solicitante pase la verificación de idoneidad y el IRS complete el procesamiento de la solicitud, el IRS notificará al solicitante de su aceptación para participar en el programa. Un proveedor no tiene que volver a solicitar a menos que el IRS suspenda la participación del proveedor en el programa por una infracción. Si alguna de la información en la solicitud original cambia, el proveedor tendrá 30 días para actualizar la información volviendo a enviar la solicitud con los cambios surtidos.

Si el estado profesional de un director o funcionario responsable cambia, la empresa debe actualizar su solicitud de declaración electrónica y volver a enviar las huellas digitales de la persona para una nueva verificación de antecedentes. Si un director o un funcionario responsable fallece, el proveedor debe retirar o reemplazar al fallecido dentro de los treinta días, volviendo a enviar su solicitud. Si esto no se hace, el IRS eliminará a la(s) persona(s) fallecida(s) de la solicitud de declaración electrónica, lo que puede resultar en declaraciones rechazadas como resultado de dejar una de las oficinas de la empresa sin cubrir. El IRS también eliminará a los proveedores si no pueden comunicarse con el proveedor o si se les devuelve el correo del IRS porque no se pudo entregar porque el proveedor no actualizó su dirección de correo física, en cuyo caso el IRS rechazará todas las declaraciones enviadas por el proveedor hasta que el Proveedor actualice su información.

Multas al proveedor de declaración electrónica

Supervisión

El IRS supervisa a los proveedores visitando las ubicaciones (como las oficinas) donde realizan las actividades de declaración electrónica del IRS y revisando los registros de la declaración electrónica que el IRS les exige que conserven. La supervisión puede incluir, pero no se limita a lo siguiente:

➢ Reviewing the quality of e-File submissions for rejects and other defects.
➢ Checking adherence to signature requirements on returns.
➢ Scrutinizing advertising material.
➢ Examining records.
➢ Observing office procedures.
➢ Conducting periodic suitability checks.

The IRS may monitor the regulations put in place by the Providers to ensure they are in compliance with IRC §6695(g).

Revocation

The IRS will revoke participation from an authorized Provider, Principal, or Responsible Official if so ordered by a federal court or a federal or state legal action. If the legal action expires or is reversed, the revoked Provider may reapply to participate in IRS e-File after the legal action expires or is reversed.

Sanctioning

IRS e-File violations may result in warning or sanctioning an Authorized IRS e-File Provider, a Principal, or a Responsible Official. Sanctioning may take the form of a written reprimand, a suspension, or an expulsion from participating in the e-File program. In most circumstances, a sanction is effective for 30 days after the date of the letter informing individuals of a sanction against them or the date that the reviewing officers or the Office of Appeals affirms the sanction, whichever is later. If a Provider, Principal, or Responsible Official is suspended or expelled from participation in e-Filing, every entity that listed the suspended or expelled Principal or Responsible Official on their e-File application may also be suspended or expelled. Although notice must eventually be given, the IRS has full authority to immediately suspend or expel anyone without a prior warning or notice.

Infractions

The IRS categorizes the seriousness of infractions in three different levels.

Level One Infractions are violations of IRS e-File rules and requirements that, in the opinion of the IRS, have little-to-no adverse effect on the quality of the returns or on the IRS e-File program. A Level One Infraction may result in a written reprimand but will not usually lead to a suspension or to expulsion.

Level Two Infractions are violations of IRS e-File rules and requirements that, in the opinion of the IRS, do have an adverse impact upon the quality of the returns or on the IRS e-File program. Even though they may not have an adverse effect, the repetition of level one infractions after the IRS has notified the person about the infraction can cause an escalation to a level two infraction. Depending on the nature of the infraction, the IRS may either limit participation in IRS e-File or suspend the Authorized IRS e-File Provider from participation in IRS e-File for a period of one year.

➢ Revisar la calidad de los envíos de declaración electrónica para los rechazos y otros defectos.
➢ Comprobar el cumplimiento de los requisitos de firma en las declaraciones.
➢ Escrutar material publicitario.
➢ Examinar registros.
➢ Observar los procedimientos de la oficina.
➢ Realizar comprobaciones periódicas de idoneidad.

El IRS puede supervisar las regulaciones establecidas por los proveedores para garantizar que cumplan con el IRC §6695(g).

Revocación

El IRS revocará la participación de un proveedor, director o funcionario responsable autorizado si así lo ordena un tribunal federal o una acción legal federal o estatal. Si la acción legal vence o se revierte, el proveedor revocado puede volver a solicitar participar en la declaración electrónica del IRS después de que la acción legal caduque o se revierta.

Sanción

Las infracciones de declaración electrónica del IRS pueden dar como resultado advertir o sancionar a un proveedor de declaración electrónica autorizado por el IRS, a un director o a un funcionario responsable. La multa puede tomar la forma de una amonestación por escrito, una suspensión o una expulsión de participar en el programa de declaración electrónica. En la mayoría de los casos, una multa es efectiva por 30 días después de la fecha de la carta que informa a las personas sobre una multa en su contra o la fecha en que los oficiales de revisión o la Oficina de Apelaciones confirman la multa, la que sea posterior. Si un proveedor, director o funcionario responsable es suspendido o expulsado de la participación en la declaración electrónica, todas las entidades que incluyeron al director o al funcionario responsable suspendido o expulsado en su solicitud de declaración electrónica también pueden ser suspendidas o expulsadas. Aunque eventualmente se debe dar un aviso, el IRS tiene plena autoridad para suspender o expulsar inmediatamente a cualquier persona sin previo aviso o notificación.

Infracciones

El IRS clasifica la gravedad de las infracciones en tres niveles diferentes.

Las Infracciones de Nivel Uno son infracciones de las reglas y requisitos de la declaración electrónica del IRS que, a juicio del IRS, tienen poco o ningún efecto adverso en la calidad de las declaraciones o en el programa de la declaración electrónica del IRS. Una Infracción de Nivel Uno puede resultar en una amonestación por escrito, pero generalmente no dará lugar a una suspensión o expulsión.

Las Infracciones de Nivel Dos son infracciones de las reglas y requisitos de la declaración electrónica del IRS que, a juicio del IRS, tienen un impacto adverso en la calidad de las declaraciones o en el programa de la declaración electrónica del IRS. Aunque no tengan un efecto adverso, la repetición de las infracciones de nivel uno después de que el IRS haya notificado a la persona sobre la infracción puede causar una escalada a una infracción de nivel dos. Dependiendo de la naturaleza de la infracción, el IRS puede limitar la participación en la declaración electrónica del IRS o suspender la participación del proveedor de declaración electrónica autorizado por el IRS para que participe en la declaración electrónica del IRS por un período de un año.

Level Three Infractions are violations of IRS e-File rules and requirements that, in the opinion of the IRS, have a significant adverse impact on the quality of the returns or on the IRS e-File program. Level Three Infractions include continued Level Two Infractions after the IRS has brought the Level Two Infraction to the attention of the Provider. A Level Three Infraction may result in suspension from participation in IRS e-File for two years or, depending on the severity of the infraction (such as fraud, identity theft, or criminal conduct), in expulsion without the opportunity for future participation. The IRS reserves the right to suspend or expel a Provider prior to administrative review for Level Three Infractions. See Publication 3112.

Segment 2

Transmitting Returns

Electronic filing is mandatory for tax preparers who file 11 or more Form 1040 returns during any calendar year. If the firm has more than one preparer, all individual returns prepared by the firm contribute to that number. For example, Javier is the owner of a tax preparation company and does not prepare returns. His employee, Rosemarie, prepares 5 tax returns that contain a Schedule C. Oscar prepares 10 returns, and Mario prepares 100 individual tax returns. Javier's company needs to file the returns electronically because the firm as a whole prepared more than 11 returns.

All authorized IRS e-File providers must ensure that returns are promptly processed on or before due date of the return (including extensions). An ERO must ensure that a stockpiling of returns does not occur at his or her firm. "Stockpiling" is both collecting returns from taxpayers prior to official acceptance in the IRS e-File program and waiting more than three calendar days to submit a return to the IRS once the ERO has all the necessary information for an e-File submission. Tax professionals who are EROs must advise their clients that they cannot transmit returns to the IRS until the IRS begins accepting transmissions. Tax returns held prior to that date are not considered "stockpiled".

Submission of Paper Documents

As has been discussed many times throughout this course, there are a multitude of forms that may need to be completed and attached to a taxpayer's return for submission to the IRS. Some software companies allow forms to be attached as PDFs to the tax return prior to submission, but if the software company does not support this feature, the documents need to be attached to Form 8453 (which does not need to be signed) and mailed to the IRS using the address on page 2 of Form 8453. The following is a list of the supporting documents that will need to be mailed with Form 8453 if the software does not allow PDF attachments to the return:

➤ Form 1098-C: *Contributions of Motor Vehicles, Boats, and Airplanes*, or some equivalent contemporaneous written acknowledgment of the value thereof.
➤ Form 2848: *Power of Attorney.*

Las Infracciones de Nivel Tres son infracciones de las reglas y requisitos de la declaración electrónica del IRS que, a juicio del IRS, tienen un impacto adverso significativo en la calidad de las declaraciones o en el programa de la declaración electrónica del IRS. Las Infracciones del Nivel Tres incluyen las Infracciones continuas del Nivel Dos después de que el IRS haya llevado la Infracción del Nivel Dos a la atención del proveedor. Una Infracción de Nivel Tres puede resultar en la suspensión de la participación en la declaración electrónica del IRS por dos años o, dependiendo de la gravedad de la infracción (como fraude, robo de identidad o conducta criminal), en la expulsión sin la oportunidad de una futura participación. El IRS se reserva el derecho de suspender o expulsar a un Proveedor antes de la revisión administrativa por infracciones del nivel tres. Consulte la Publicación 3112.

Segmento 2

Transmitir declaraciones

La declaración electrónica es obligatoria para los preparadores de impuestos que presentan 11 o más declaraciones del Formulario 1040 durante cualquier año calendario. Si la empresa tiene más de un preparador, todas las declaraciones individuales preparadas por la empresa contribuyen a ese número. Por ejemplo, Javier es el propietario de una empresa de preparación de impuestos y no prepara declaraciones. Su empleada, Rosemarie, prepara 5 declaraciones de impuestos que contienen un Anexo C. Oscar prepara 10 declaraciones y Mario prepara 100 declaraciones de impuestos individuales. La compañía de Javier necesita presentar las declaraciones electrónicamente porque la empresa en su conjunto preparó más de 11 declaraciones.

Todos los proveedores autorizados de declaración electrónica del IRS deben asegurarse de que las declaraciones se procesen de manera oportuna o antes de la fecha de vencimiento de la declaración (incluidas las prórrogas). Un ERO debe garantizar que no se produzca una acumulación de declaraciones en su empresa. "Acumulación" es tanto la recolección de las declaraciones de los contribuyentes antes de la aceptación oficial en el programa de declaración electrónica del IRS como la espera de más de tres días calendario para enviar una declaración al IRS una vez que el ERO tiene toda la información necesaria para un envío de la declaración electrónica. Los profesionales de impuestos que son ERO deben informar a sus clientes que no pueden transmitir declaraciones al IRS hasta que el IRS comience a aceptar transmisiones. Las declaraciones de impuestos mantenidas antes de esa fecha no se consideran "acumuladas".

Enviar documentos impresos

Como se ha discutido muchas veces a lo largo de este curso, hay una cantidad numerosa de formularios que deben completarse y adjuntarse a la declaración del contribuyente para su presentación al IRS. Algunas compañías de software permiten adjuntar formularios como archivos PDF a la declaración de impuestos antes del envío, pero si la compañía de software no admite esta función, los documentos deben adjuntarse al Formulario 8453 (que no es necesario firmar) y enviarse por correo al IRS a la dirección en la página 2 del Formulario 8453. A continuación, se muestra una lista de los documentos de respaldo que deberán enviarse con el Formulario 8453 si el software no permite adjuntar archivos PDF a la declaración:

➢ Formulario 1098-C: *Contribuciones de vehículos motorizados, barcos y aviones,* o algún reconocimiento por escrito equivalente contemporáneo del valor de los mismos.
➢ Formulario 2848: *Poder legal.*

- ➢ Form 3115: *Application of Change in Accounting Method.*
- ➢ Form 3468: *Investment Credit, Historical Structure Certificate.*
- ➢ Form 4136: *Certificate for Biodiesel and Statement of Biodiesel Reseller.*
- ➢ Form 5713: *International Boycott Report.*
- ➢ Form 8283: *Noncash Charitable Contributions, Section B Appraisal Summary.*
- ➢ Form 8332: *Release of Claim to Exemption for Children of Divorced or Separated Parents.*
- ➢ Form 8858: *Information Return of U.S. Persons with Respect to Foreign Disregarded Entities.*
- ➢ Form 8885: *Health Coverage Tax Credit.*
- ➢ Form 8864: attach *Certificate for Biodiesel and Statement of Biodiesel Reseller.*
- ➢ Form 8949: *Sales and Other Dispositions of Capital Assets,* or a statement with the same information.

Providing Information to the Taxpayer

The ERO must provide a complete copy of the return to the taxpayer. EROs may provide this copy in any medium, electronic or otherwise, that is acceptable to both the taxpayer and the ERO. The copy does not need the social security number of the paid preparer. A complete copy of a taxpayer's return includes, when applicable, Form 8453 and any other documents that the ERO cannot electronically transmit in addition to the electronic portion of the return.

The electronic portion of the return can be printed onto a copy of an official form or in some unofficial form. However, on an unofficial form, the ERO must match data entries with the relevant line numbers or with the descriptions found on official forms. If the taxpayer provided a completed paper return for electronic filing and the information on the electronic portion of the return is identical to the information provided by the taxpayer, the ERO does not have to provide a printout of the electronic portion of the return to the taxpayer. The ERO should advise the taxpayer to retain a complete copy of his or her return and any supporting material. The ERO should also advise taxpayers that amended returns cannot be e-Filed and must be filed as paper returns and mailed to the IRS submission processing center.

Processing Return Information from Taxpayers

Before an ERO can originate the electronic submission of a return, he or she must first either prepare the return or collect the already completed return and its various documents from the person who prepared it. If the return was prepared by someone else, the ERO must always identify the paid preparer in the appropriate field. EROs may either transmit the return directly to the IRS or transmit it through another provider. An authorized IRS e-File provider may disclose tax return information to other providers for the purpose of preparing a tax return under Reg. 301.7216. For example, an ERO may pass on return information to an intermediate service provider or a transmitter for the purpose of having an electronic return formatted or transmitted to the IRS.

What the Taxpayer Should Receive

➢ Formulario 3115: *Solicitud del cambio en el método contable.*
➢ Formulario 3468: *Crédito de inversión, certificado de estructura histórica.*
➢ Formulario 4136: *Certificado de biodiesel y declaración de revendedor de biodiesel.*
➢ Formulario 5713: *Informe de boicot internacional.*
➢ Formulario 8283: *Contribuciones caritativas no monetarias, resumen de la evaluación de la sección B.*
➢ Formulario 8332: *Liberación del reclamo de exención para hijos de padres divorciados o separados.*
➢ Formulario 8858: *Declaración de información de personas estadounidenses con respecto a entidades extranjeras excluidas.*
➢ Formulario 8885: *Cobertura de salud del crédito fiscal.*
➢ Formulario 8864: adjunte *el Certificado para biodiesel y la declaración del revendedor de biodiesel.*
➢ Formulario 8949: *Ventas y otras disposiciones de activos de capital,* o una declaración con la misma información.

Proporcionar información al contribuyente

El ERO debe proporcionar una copia completa de la declaración al contribuyente. Los ERO pueden proporcionar esta copia en cualquier medio, electrónico o de otro modo, que sea aceptable tanto para el contribuyente como para el ERO. La copia no necesita el número de seguro social del preparador pagado. Una copia completa de la declaración del contribuyente incluye, cuando corresponda, el Formulario 8453 y cualquier otro documento que el ERO no pueda transmitir electrónicamente además de la parte electrónica de la declaración.

La parte electrónica de la declaración puede imprimirse en una copia de un formulario oficial o en algún formulario no oficial. Sin embargo, en un formulario no oficial, el ERO debe hacer coincidir los registros de datos con los números de línea relevantes o con las descripciones que se encuentran en los formularios oficiales. Si el contribuyente proporcionó una declaración impresa completa para la declaración electrónica y la información en la parte electrónica de la declaración es idéntica a la información proporcionada por el contribuyente, el ERO no tiene que proporcionar una copia impresa de la parte electrónica de la declaración al contribuyente. El ERO debe recomendar al contribuyente que conserve una copia completa de su declaración y cualquier material de apoyo. El ERO también debe informar a los contribuyentes que las declaraciones enmendadas no pueden presentarse electrónicamente y deben presentarse como declaraciones impresas y enviarse por correo al centro de procesamiento de solicitudes del IRS.

Procesar información de declaración de los contribuyentes

Antes de que un ERO pueda iniciar el envío electrónico de una declaración, primero debe preparar la declaración o recoger la declaración ya completada y sus diversos documentos de la persona que la preparó. Si la declaración fue preparada por otra persona, el ERO siempre debe identificar al preparador pagado en el campo apropiado. Los ERO pueden transmitir la declaración directamente al IRS o transmitirla a través de otro proveedor. Un proveedor autorizado de declaración electrónica del IRS puede divulgar la información de la declaración de impuestos a otros proveedores con el fin de preparar una declaración de impuestos conforme a Reg. 301.7216. Por ejemplo, un ERO puede pasar la información de la declaración a un proveedor de servicios intermedios o un transmisor con el propósito de tener una declaración electrónica formateada o transmitida al IRS.

Lo que el contribuyente debe recibir

Filing the Federal Return Electronically

Taxpayers should keep copies of the following documents they received from their preparer:

- ➢ Form 8879 (PIN program).
- ➢ Any Form W-2, Form 1099, etc., and any other backup material for their return.
- ➢ A copy of the return that was electronically filed, in a form they can understand.
- ➢ A copy of Form 9325, *General Information for Taxpayers Who File Electronically*, which tells taxpayers the procedure to follow if they do not receive their refund.

File an Accurate Tax Return and Clients will receive their Refund Fast

Filing a tax return electronically is the best way for the tax professional to file an accurate tax return. To ensure the tax return is processed quickly, the ERO should take the following steps:

- ➢ File electronically.
- ➢ Submit an accurate, complete, error-free return.
- ➢ Verify that the social security number(s) or Taxpayer Identification Number(s) are accurate for any individuals included on the tax return.
- ➢ Provide the correct mailing address in case the IRS must mail the refund check.
- ➢ Use the correct bank account and routing number for a direct deposit.

Resubmitting Rejected Tax Returns

If the IRS rejects the electronic portion of a taxpayer's individual income tax return for processing and if the reason for the rejection cannot be rectified, the ERO must take reasonable steps to inform the taxpayer of the rejection within 24 hours of receiving the rejection notice and explain to the taxpayer why they were rejected. If the taxpayer chooses not to have the electronic portion of the return corrected and transmitted to the IRS or if it cannot be accepted for processing by the IRS, the taxpayer must file a new paper return, which must be filed by the due date of the return or within 10 calendar days after the date the IRS gave notice of the return's rejection, whichever of the two is later. The paper return should include an explanation of why the return is being filed after the due date.

Electronic Postmark

When a tax return is e-Filed, a transmitter will electronically postmark it to show when it was filed. The postmark is created at the time the tax return is submitted and includes the date and time of the transmitter's time zone. An e-Filed tax return is a timely filed return if the electronic postmark is on or before the filing deadline.

Refunds and Liabilities from e-Filed Return

Acknowledgment of Transmitted Returns

The IRS electronically acknowledges the receipt of all transmissions and will either accept or reject the transmitted returns for specific reasons. Accepted returns meet the processing criteria and are considered "filed" as soon as the return is signed electronically or by hand. Rejected returns fail to meet processing criteria and are considered "not filed." Publication 1345, *Handbook for Authorized IRS e-File Providers of Individuals Tax Returns*, is issued annually and contains information to help identify the cause of the rejection.

Los contribuyentes deben guardar copias de los siguientes documentos que recibieron de su preparador:

> - Formulario 8879 (programa PIN).
> - Cualquier formulario W-2, formulario 1099, etc., y cualquier otro material de respaldo para su declaración.
> - Una copia de la declaración que se presentó electrónicamente, en una forma que puedan entender.
> - Una copia del Formulario 9325, *Información general para los contribuyentes que presentan su declaración electrónicamente,* que les indica a los contribuyentes el procedimiento a seguir si no reciben su reembolso.

Presente una declaración de impuestos precisa y los clientes recibirán su reembolso rápidamente

La declaración electrónica de una declaración de impuestos es la mejor manera para que el profesional de impuestos presente una declaración de impuestos precisa. Para garantizar que la declaración de impuestos se procese rápidamente, el ERO debe seguir los siguientes pasos:

> - Presentar la declaración de manera electrónica.
> - Presentar una declaración precisa, completa y sin errores.
> - Verificar que el(los) número(s) de seguro social o el(los) número(s) de identificación del contribuyente sean correctos para cualquier persona incluida en la declaración de impuestos.
> - Proporcionar correctamente la dirección de correo en caso de que el IRS deba enviar por correo el cheque de reembolso.
> - Usar la cuenta bancaria y el código de identificación bancaria correctos para un depósito directo.

Reenvío de declaraciones de impuestos rechazadas

Si el IRS rechaza la parte electrónica de la declaración del impuesto sobre la renta individual de un contribuyente para su procesamiento y si el motivo del rechazo no puede rectificarse, el ERO debe tomar medidas razonables para informar al contribuyente del rechazo dentro de las 24 horas de haber recibido la notificación de rechazo y explicar al contribuyente por qué fue rechazado. Si el contribuyente opta por no corregir la parte electrónica de la declaración y la transmite al IRS o si el IRS no puede aceptarla para su procesamiento, el contribuyente debe presentar una nueva declaración impresa, que debe presentarse antes de la fecha de vencimiento de la declaración o dentro de los 10 días calendario posteriores a la fecha en que el IRS notificó el rechazo de la declaración, cualquiera que sea posterior. La declaración impresa debe incluir una explicación de por qué la declaración se presenta después de la fecha de vencimiento.

Matasellos electrónico

Cuando una declaración de impuestos se presenta en forma electrónica, un transmisor la sellará electrónicamente para mostrar cuándo se presentó. El matasellos se crea en el momento en que se envía la declaración de impuestos e incluye la fecha y la hora de la zona horaria del transmisor. Una declaración de impuestos presentada electrónicamente es una declaración presentada de manera oportuna si el matasellos electrónico indica la fecha límite de presentación o una fecha anterior.

Reembolsos y responsabilidades de la declaración presentada electrónicamente

Acuse de recibo de declaraciones

El IRS confirma electrónicamente la recepción de todas las transmisiones y aceptará o rechazará las declaraciones transmitidas por razones específicas. Las declaraciones aceptadas cumplen con los criterios de procesamiento y se consideran "presentadas" tan pronto como la declaración se firme electrónicamente o a mano. Las declaraciones rechazadas no cumplen con los criterios de procesamiento y se consideran "no presentadas". La Publicación 1345, *Manual para proveedores de declaración electrónica autorizados por el IRS para declaraciones de impuestos individuales,* se publica anualmente y contiene información para ayudar a identificar la causa del rechazo.

The acknowledgment record of accepted returns contains other useful information for originators such as if the IRS accepted a PIN, if the taxpayer's refund will be applied to a debt, if an elected electronic funds withdrawal was paid, and if the IRS approved a request for extension on Form 4868. EROs should check the acknowledgment records stored by their tax software regularly to identify returns that require follow-up action and then take reasonable steps to address the issues specified in those records. For example, if the IRS does not accept a PIN on an individual income tax return, the ERO must provide a completed and signed Form 8453 for the return.

Rejected returns can be corrected and retransmitted without new signatures or authorizations if changes do not differ from the amount in the electronic portion of the electronic return by more than $50 to "total income" or AGI or more than $14 to "total tax," "federal income tax withheld," "refund," or "amount you owe." The taxpayer must be given copies of the new electronic return data if changes are made. If the required changes are greater than the amounts discussed above, new signatures will be required, and the taxpayer must be given copies of their new signatures.

Balance Due Returns

As discussed previously, tax returns with amounts due can still be filed electronically, and the payment can also be made directly to the IRS via ACH withdrawals. The taxpayer can schedule a payment on or before the tax payment deadline. If a balance due return was submitted after the due date, the payment date must be the same day the Provider transmitted the return. Taxpayers can make payments by Electronic Fund Withdrawal for amounts due from the following forms:

> ➤ Current year Form 1040.
> ➤ Form 1040-ES, *Estimated Tax for Individuals*. When filing the tax return, the taxpayer can select all four dates to electronically make the payment.
> ➤ Form 4868, *Application for Automatic Extension of Time to File U.S. Individual Income Tax Return*.
> ➤ Form 2350, *Application for Extension of Time to File U.S. Income Tax Return for Citizens and Resident Aliens Abroad Who Expect to Qualify for Special Tax Treatment*.

The tax professional needs to make sure the client's banking information is accurate and includes the routing transit number (RTN), the bank account number, the account type (checking or savings), the date the payment will be withdrawn (year, month and day), and the amount of the payment. If the payment is being made after the due date, this should include interest and penalties as well.

As discussed previously, there are other ways to pay the balance due, such as IRS Direct Pay, via credit or debit card (though some credit card companies may charge an additional fee called a "cash advance" to use this method), using the Electronic Federal Tax Payment System (EFTPS), with cash (though this is not preferred, instructions can be found on the IRS website), by check or money order, or through an installment agreement.

El registro de acuse de recibo de las declaraciones aceptadas contiene otra información útil para los originadores, por ejemplo, si el IRS aceptó un PIN, si el reembolso del contribuyente se aplicará a una deuda, si se realizó un retiro electrónico de fondos electo y si el IRS aprobó una solicitud de prórroga en el formulario 4868. Los ERO deben verificar los registros de acuse de recibo almacenados por su software de impuestos con regularidad para identificar las declaraciones que requieren una acción de seguimiento y luego tomar medidas razonables para abordar los problemas especificados en esos registros. Por ejemplo, si el IRS no acepta un PIN en una declaración de impuestos sobre la renta individual, el ERO debe proporcionar un Formulario 8453 completado y firmado para la declaración.

Las declaraciones rechazadas se pueden corregir y retransmitir sin nuevas firmas o autorizaciones si los cambios no difieren de la cantidad en la parte electrónica de la declaración electrónica en más de $50 para "ingresos totales" o AGI o más de $14 en "impuestos totales", "impuesto federal sobre el ingreso retenido", "reembolso" o "monto que adeuda". El contribuyente debe recibir copias de los nuevos datos de la declaración electrónica si se realizan cambios Si los cambios requeridos son mayores que los montos mencionados anteriormente, se requerirán nuevas firmas, y el contribuyente deberá recibir copias de sus nuevas firmas.

Declaraciones con saldo adeudado

Como se mencionó anteriormente, las declaraciones de impuestos con cantidades adeudadas aún pueden presentarse electrónicamente, y el pago también se puede hacer directamente al IRS a través de retiros de ACH. El contribuyente puede programar un pago en la fecha límite de pago de impuestos o antes. Si se envió una declaración de saldo adeudado después de la fecha de vencimiento, la fecha de pago debe ser el mismo día en que el proveedor transmitió la declaración. Los contribuyentes pueden realizar pagos mediante retiro de fondos electrónicos por los montos adeudados de los siguientes formularios:

> ➢ Formulario 1040 del año actual.
> ➢ Formulario 1040-ES, *Impuesto estimado para personas naturales*. Al presentar la declaración de impuestos, el contribuyente puede seleccionar las cuatro fechas para realizar el pago electrónicamente.
> ➢ El Formulario 4868, *Solicitud de prórroga automática de tiempo para presentar la declaración de impuestos sobre la renta de los Estados Unidos para personas naturales.*
> ➢ El Formulario 2350, *Solicitud de prórroga de tiempo para presentar la declaración de impuestos sobre la renta de los Estados Unidos para ciudadanos y extranjeros residentes en el extranjero que esperan calificar para un tratamiento fiscal especial.*

El profesional de impuestos debe asegurarse de que la información bancaria del cliente sea precisa e incluya el número de código de ingreso directo en cuenta (RTN), el número de cuenta bancaria, el tipo de cuenta (corriente o ahorros), la fecha en que se retirará el pago (año, mes y día), y el importe del pago. Si el pago se realiza después de la fecha de vencimiento, debe incluir también intereses y multas.

Como se mencionó anteriormente, existen otras formas de pagar el saldo adeudado, como IRS Direct Pay, mediante tarjeta de crédito o débito (aunque algunas compañías de tarjetas de crédito pueden cobrar una tarifa adicional llamada "adelanto de efectivo" para usar este método), usando el Sistema Electrónico de Pago de Impuestos Federales (EFTPS), con efectivo (aunque es memos conveniente, las instrucciones se pueden encontrar en el sitio web del IRS), mediante cheque o giro bancario o mediante un acuerdo de pago a plazos.

Returns Not Eligible for IRS e-File

The following individual income tax returns and related return conditions must be paper filed ad they cannot be processed using IRS e-File:

➢ Tax returns with fiscal-year tax periods.
➢ Amended tax returns.
➢ Returns containing forms or schedules that cannot be processed by IRS e-File.

Refund Delays

Before giving a taxpayer a refund, the IRS will verify that the taxpayer does not owe any past taxes or other debts such as child support, student loans, unemployment compensation, or any state income tax obligation. If the taxpayer or spouse does owe, the refund amount will be applied to their amount owed before any refund amount is paid to the taxpayer. If the amount owed is greater than the amount of refund, then the entire amount of that refund and any future refunds will be applied to offset the amount owed until it has been paid in full.

The following are a few more reasons a refund might be delayed:

➢ The return has errors, is incomplete, or needs further review.
➢ The return includes a claim for refundable credits and was held until Feb 15.
➢ The return is impacted by identity theft or fraud.
➢ The tax return includes Form 8379, *Injured Spouse Allocation*, which can take up to 14 weeks to process and review.
➢ Errors in the direct deposit information that cause the refund to be sent by check.
➢ Financial institution's refusal of direct deposit, which will result in the refund being sent by check.
➢ The estimated tax payments differ from the amounts reported on a tax return.
➢ Bankruptcy.
➢ Inappropriate claims for EITC.
➢ Recertification to claim EITC.

When they delay a refund, the IRS will send a letter to the taxpayer explaining the issue(s) and how to resolve them. The letter or notice contains the telephone number and address for the taxpayer to use for to acquire further assistance. If there is a delay, the taxpayer can search for the needed information the IRS website discussed in the "Where's My Refund?" section.

Refund Offsets

When taxpayers owe a prior-year balance, the IRS will offset their current-year refund to pay the balance due on the following items:

➢ Back taxes.
➢ Child support.
➢ Federal agency non-tax debts such as student loans.
➢ State income tax obligations.

If taxpayers owe any of these debts, their refund will be offset until the debt has been paid off or the refund has been spent, whichever occurs first.

Declaraciones no elegibles para la declaración electrónica del IRS

Las siguientes declaraciones de impuestos sobre la renta individuales y las condiciones de declaración relacionadas deben presentarse impresas y no pueden procesarse utilizando la declaración electrónica del IRS:

> ➤ Declaraciones de impuestos con periodos fiscales del año tributario.
> ➤ Declaraciones de impuestos enmendadas.
> ➤ Declaraciones que contienen formularios o programas que no pueden ser procesados por la declaración electrónica del IRS.

Retrasos de reembolso

Antes de otorgarle un reembolso al contribuyente, el IRS verificará que el contribuyente no deba impuestos anteriores u otras deudas, tales como manutención infantil, préstamos estudiantiles, indemnización por desempleo o cualquier obligación estatal de impuestos sobre la renta. Si el contribuyente o su cónyuge tiene deudas, el monto del reembolso se aplicará a su monto adeudado antes de que se pague cualquier monto de reembolso al contribuyente. Si el monto adeudado es mayor que el monto del reembolso, entonces se aplicará el monto total de ese reembolso y cualquier reembolso futuro para compensar el monto adeudado hasta que se haya pagado en su totalidad.

Las siguientes son algunas de las razones por las que un reembolso podría retrasarse:

> ➤ La declaración tiene errores, está incompleta o necesita una revisión adicional.
> ➤ La declaración incluye un reclamo de créditos reembolsables y se mantuvo hasta el 15 de febrero.
> ➤ La declaración se ve afectada por el robo de identidad o el fraude.
> ➤ La declaración de impuestos incluye el Formulario 8379, *Asignación de cónyuge afectado*, que puede tardar hasta 14 semanas en procesarse y revisarse.
> ➤ Errores en la información del depósito directo que hacen que el reembolso se envíe por cheque.
> ➤ La negativa de la institución financiera al depósito directo, lo que resultará en que el reembolso se envíe por cheque.
> ➤ Los pagos de impuestos estimados difieren de los montos informados en una declaración de impuestos.
> ➤ Bancarrota.
> ➤ Reclamaciones inapropiadas para el EITC.
> ➤ Recertificación para reclamar el EITC.

Cuando se retrasa un reembolso, el IRS enviará una carta al contribuyente explicando el(los) problema(s) y cómo resolverlos. La carta o el aviso contiene el número de teléfono y la dirección que debe utilizar el contribuyente para obtener más ayuda. Si existe un retraso, el contribuyente puede buscar la información necesaria en el sitio web del IRS que se describe en la sección "¿Dónde está mi reembolso?".

Compensaciones de reembolso

Cuando los contribuyentes adeudan un saldo del año anterior, el IRS compensará su reembolso del año en curso para pagar el saldo adeudado en los siguientes apartados:

> ➤ Impuestos atrasados.
> ➤ Manutención de los hijos.
> ➤ Agencia federal de deudas no tributarias, tales como préstamos estudiantiles.
> ➤ Obigaciones del impuesto sobre la renta estatal.

Si los contribuyentes tienen alguna de estas deudas, su reembolso se compensará hasta que la deuda haya sido cancelada o el reembolso haya sido gastado, lo que ocurra primero.

Where's My Refund?

"Where's My refund?" is a portal on the IRS website that provides information about a taxpayer's refund status. This system is updated once every 24 hours (usually at night), and the taxpayer can begin checking where their refund is within 24 hours after the IRS has acknowledged the tax return.

Taxpayers will need the following information to track their refund:

> ➤ Their SSN.
> ➤ Their filing status.
> ➤ The exact whole dollar amount of their refund.

To receive assistance from the IRS or a Taxpayer Assistance Center (TAC) over the phone or in person, a return must have been filed electronically and also have a refund. Otherwise, they will not be able to help. Additionally, although the "Where's My Refund" portal is updated daily, IRS personnel can only research returns that were filed at least 21 days before. If the return was mailed, the taxpayer must wait at least 6 weeks for the return to be processed.

The Protecting Americans from Tax Hikes Act, or PATH Act, of 2015 allowed Congress to hold refunds from tax returns with refundable credits until February 15 to reduce the potential for fraud by giving the IRS more time to process and check those returns. Any refunds from tax returns with refundable credits that were held will be released after February 15 in the order that they were received and electronically approved. If the taxpayer is claiming a refundable credit, they should only call the IRS when the "Where's My Refund" portal directs them to call.

Bank Products

Tax-related bank products are another way for a taxpayer to receive his or her refund and can be offered to clients to defray the cost of tax preparation fees. The most common types of bank products are as follows:

> ➤ Bank Cards: When the deposit is loaded on a bank card to be used like a debit card. Additional fees may apply to the taxpayer.
> ➤ Cashier's Check: A paper check that the taxpayer can either cash at a check cashing service or deposit into their personal checking or savings account.
> ➤ Refund Advance Loans: A loan from the bank that is based on the taxpayer's refund.

The advantage of using a third-party bank is that the tax preparer's fee can be deducted from the taxpayer's refund. While tax-related bank products are a convenient option for many taxpayers, there are additional fees associated with each bank product which can vary from bank to bank. If the tax professional marks a tax return for electronic filing when preparing a tax return using software, he or she will be prompted to choose how they would like to receive their refund. There are additional fees charged by the bank and the filing software for each type of bank product. The remaining balance will be distributed to the taxpayer by direct deposit, prepaid debit card, or check. Each bank offers different products, so you should check with your bank to determine what products are available to your clients. The downside to using a bank product is that if the taxpayer owes child support, back taxes, student loans, or other debts, these debts must be paid before the tax professional receives his or her preparation fees, which could create an additional fee for taxpayers from their preparers who will now have to collect their fee themselves.

Dónde está mi reembolso?

"¿Dónde está mi reembolso?" es un portal en el sitio web del IRS que brinda información sobre el estado de reembolso del contribuyente. Este sistema se actualiza una vez cada 24 horas (generalmente por la noche), y el contribuyente puede comenzar a verificar dónde se encuentra su reembolso dentro de las 24 horas posteriores a que el IRS haya reconocido la declaración de impuestos.

Los contribuyentes necesitarán la siguiente información para rastrear su reembolso:

> ➢ Su número de seguro social.
> ➢ Su estado civil de declaración.
> ➢ La cantidad exacta en dólares de su reembolso.

Para recibir asistencia del IRS o de un Centro de asistencia al contribuyente (TAC) por teléfono o en persona, una declaración debe haber sido presentada electrónicamente y también debe tener un reembolso. De lo contrario, no podrán ayudar. Además, aunque el portal "Dónde está mi reembolso" se actualiza diariamente, el personal del IRS solo puede investigar las declaraciones que se presentaron al menos 21 días antes. Si la declaración se envió por correo, el contribuyente debe esperar al menos 6 semanas para que se procese la declaración.

La Ley de Protección de los estadounidenses contra Aumentos de Impuestos, o la Ley PATH de 2015 permitió al Congreso retener los reembolsos de las declaraciones de impuestos con créditos reembolsables hasta el 15 de febrero para reducir la posibilidad de fraude al darle al IRS más tiempo para procesar y verificar esas declaraciones. Todos los reembolsos de las declaraciones de impuestos con créditos reembolsables que se retuvieron se publicarán después del 15 de febrero en el orden en que se recibieron y se aprobaron electrónicamente. Si el contribuyente reclama un crédito reembolsable, solo debe llamar al IRS cuando el portal "¿Dónde está mi reembolso?" le indique que lo haga.

Productos bancarios

Los productos bancarios relacionados con los impuestos son otra forma de que un contribuyente reciba su reembolso y se puede ofrecer a los clientes para sufragar el costo de las tarifas de preparación de impuestos. Los tipos más comunes de productos bancarios son los siguientes:

> ➢ *Tarjetas bancarias*: Cuando el depósito se carga en una tarjeta bancaria para ser utilizado como una tarjeta de débito. Se pueden aplicar tarifas adicionales al contribuyente.
> ➢ *Cheque de caja*: Es un cheque impreso que el contribuyente puede cobrar en un servicio de cambio de cheques o depositarlo en su cuenta corriente o cuenta de ahorros.
> ➢ *Préstamos de reembolso anticipado*: Es un préstamo del banco que se basa en el reembolso del contribuyente.

La ventaja de utilizar un banco externo es que la tarifa del preparador de impuestos se puede deducir del reembolso del contribuyente. Si bien los productos bancarios relacionados con los impuestos son una opción conveniente para muchos contribuyentes, existen tarifas adicionales asociadas con cada producto bancario que pueden variar de un banco a otro. Si el profesional de impuestos marca una declaración de impuestos para la declaración electrónica cuando prepara una declaración de impuestos utilizando un programa informático, se le pedirá que elija cómo le gustaría recibir su reembolso. El banco y el software de presentación de declaración cobran tarifas adicionales para cada tipo de producto bancario. El saldo restante se distribuirá al contribuyente a través de depósito directo, tarjeta de débito prepaga o cheque. Cada banco ofrece diferentes productos, por lo que debe consultar con su banco para determinar qué productos están disponibles para sus clientes. La desventaja de usar un producto bancario es que, si el contribuyente adeuda manutención de los hijos, impuestos atrasados, préstamos estudiantiles u otras deudas, estas deben pagarse antes de que el profesional de impuestos reciba sus tarifas de preparación, lo que podría crear una tarifa adicional para los contribuyentes de sus preparadores quienes ahora tendrán que cobrar sus honorarios ellos mismos.

Segment 3

E-File Guidelines for Fraud and Abuse

A "fraudulent return" is a return in which an individual is attempting to file using someone else's name or SSN or in which the taxpayer is presenting documents or information that have no basis in fact. A potentially abusive return is a return that the taxpayer is required to file but which contains inaccurate information that may lead to an understatement of a liability or the overstatement of a credit that could result in a refund to which the taxpayer may not be entitled.

While all providers must be on the lookout for fraud and abuse, electronic return originators (ERO) must be particularly diligent because they are the first point of contact with taxpayers' personal information because they are ones who compile their information to prepare and file their returns. An ERO must be diligent in recognizing fraud and abuse, reporting it to the IRS and preventing it whenever possible. Providers must cooperate with the IRS's investigations by making information and documents related to returns with potential fraud or abuse available to the IRS upon request. An ERO who is also the paid preparer should exercise due diligence in the preparation of all returns involving refundable tax credits, as those credits are a popular target for fraud and abuse. IRC Section 6695(g) of the Internal Revenue Code requires paid preparers to exercise due diligence in determining a taxpayer's eligibility for the credit.

Verifying Taxpayer Identification Numbers (TINs)

To help safeguard taxpayers from fraud and abuse, the tax preparer should confirm the identity and identification number of taxpayers, spouses, and dependents listed on every return he or she prepares. Taxpayer Identification Numbers include SSNs, EINs, adopted taxpayer identification numbers (ATINs), and individual taxpayer identification numbers (ITINs). To confirm identities, the paid preparer should request to see both a current government issued photo ID and the taxpayer's original identification number.

If the identification card does not have the same address as the one on the tax return, ask additional questions to verify his or her identity. Although the addresses are not required to match, confirming the identity of the taxpayer is a fundamental part of a tax professional's due diligence. Using an incorrect identification number or the same number on multiple returns or an incorrect name with the wrong identification number are some of the most common causes of e-Filed returns being rejected. To minimize rejections, the preparer should verify the taxpayer's name and identification number prior to submitting the tax return electronically to the IRS.

Segmento 3

Directrices de la declaración electrónica para el fraude y el abuso

Una "declaración fraudulenta" es una declaración presentada por una persona que utiliza el nombre o el SSN de otra persona o para la que el contribuyente presenta documentos o información que no tienen ninguna base real. Una declaración potencialmente abusiva es una declaración que el contribuyente debe presentar pero que contiene información inexacta que puede llevar a una subestimación de un pasivo o la exageración de un crédito que a su vez podría generar un reembolso al cual el contribuyente no tenga derecho.

Si bien todos los proveedores deben estar atentos a fraudes y abusos, los originadores de declaraciones electrónicas (ERO) deben ser particularmente diligentes porque son el primer punto de contacto con la información personal de los contribuyentes y porque son quienes compilan su información para preparar y presentar sus declaraciones. Un ERO debe ser diligente en reconocer el fraude y el abuso, denunciarlo al IRS y prevenirlo siempre que sea posible. Los proveedores deben cooperar con las investigaciones del IRS al permitir que la información y los documentos relacionados con las declaraciones con posible fraude o abuso estén disponibles para el IRS cuando lo solicite. Un ERO que también sea el preparador pagado debe ejercer la diligencia debida en la preparación de todas las declaraciones que involucren créditos fiscales reembolsables, ya que esos créditos son un objetivo popular de fraude y abuso. La Sección 6695(g) del Código de Rentas Internas requiere que los preparadores pagados ejerzan la diligencia debida para determinar la elegibilidad de un contribuyente para el crédito.

Verificar los números de identificación del contribuyente (NIF)

Para ayudar a proteger a los contribuyentes contra el fraude y el abuso, el preparador de impuestos debe confirmar la identidad y el número de identificación de los contribuyentes, cónyuges y dependientes que figuran en cada declaración que él o ella prepara. Los números de identificación del contribuyente incluyen los SSN, EIN, los números de identificación de contribuyente adoptados (ATIN) y los números de identificación del contribuyente individual (ITIN). Para confirmar las identidades, el preparador pagado debe solicitar ver una identificación con foto emitida por el gobierno actual y el número de identificación original del contribuyente.

Si la tarjeta de identificación no tiene la misma dirección que la de la declaración de impuestos, haga preguntas adicionales para verificar su identidad. Si bien no se requiere que las direcciones coincidan, confirmar la identidad del contribuyente es una parte fundamental de la diligencia debida de un profesional de impuestos. El uso de un número de identificación incorrecto o el mismo número en varias declaraciones o un nombre incorrecto con un número de identificación incorrecto son algunas de las causas más comunes de rechazo de las declaraciones presentadas electrónicamente. Para minimizar los rechazos, el preparador debe verificar el nombre y el número de identificación del contribuyente antes de enviar la declaración de impuestos electrónicamente al IRS.

Nonstandard Document Awareness

The IRS has identified key indicators of potential abuse and fraud such as altered, forged, or fabricated Forms W-2, W-2G, and 1099-R, especially when prepared by hand. Information on the reporting forms should never be altered. If the employer must make any changes, the employer should provide the employee with a corrected document, and a corrected reporting form should be sent to the IRS and the SSA. Any time the tax professional has a questionable Form W-2 series or Form 1099 series, report it to the IRS as detailed on the IRS website or by calling 1-800-829-0433.

Double Check the Taxpayer's Address

Tax professionals should inform taxpayers that the address on the first page of the return, once processed by the IRS, will be used to update the taxpayer's recorded address. The IRS uses a taxpayer's address of record for required notices sent to a taxpayer's last known address under the Internal Revenue Code and for refunds of overpayments of tax (unless otherwise directed by taxpayers to use such means as direct deposit).

Avoiding Refund Delays

Tax professionals should make sure that all the information is current when they e-File a tax return to avoid refund delays. The tax professional should also inform his or her clients that they can avoid delays if their information is correct to encourage them to double check the info they provide as well. Be aware of the following to help avoid delays:

➢ Make sure to see the actual social security card and other forms of identification for all taxpayers and dependents.
➢ Double-check the data entry of all information prior to submission for e-File.
➢ Train the taxpayer to not insist upon filing erroneous tax returns (if the taxpayer does, return his or her documents and do not complete the return).
➢ If the client is new, ask if he or she had any issues with electronically filing in the past and if the issues have been corrected.
➢ Keep track of the issues that result in a client's refund delays, document the delays, and add the documentation to the client's files.

Signing an Electronic Tax Return

As with an income tax return submitted to the IRS in paper form, an electronic income tax return must be signed by both the taxpayer and the paid preparer. The taxpayer must sign income tax returns electronically. The taxpayer must also sign and date the "Declaration of Taxpayer" to authorize the origination of the electronic submission of the return to the IRS prior its transmission. The taxpayer must sign a new declaration if the electronic return data on an individual's income tax return is changed after the taxpayer signed the Declaration of Taxpayer and if the amounts differ by more than $50 to "total income" (or AGI) or $14 to "total tax," "federal income tax withheld," "refund," or "amount you owe."

Conocer los documentos no estándar

El IRS ha identificado indicadores clave de posibles abusos y fraudes, como los Formularios W-2, W-2G y 1099-R alterados, falsificados o fabricados, especialmente cuando se preparan a mano. La información en los formularios de declaración nunca debe ser alterada. Si el empleador debe hacer algún cambio, el empleador debe proporcionar al empleado un documento corregido y se debe enviar un formulario de informe corregido al IRS y a la SSA. Siempre que el profesional de impuestos tenga una serie cuestionable del Formulario W-2 o Formulario 1099, infórmelo al IRS según se detalla en el sitio web del IRS o llame al 1-800-829-0433.

Verificar la dirección del contribuyente

Los profesionales de impuestos deben informar a los contribuyentes que la dirección en la primera página de la declaración, una vez procesada por el IRS, se utilizará para actualizar la dirección registrada del contribuyente. El IRS utiliza la dirección de registro del contribuyente para las notificaciones requeridas que se envían a la última dirección conocida del contribuyente según el Código de Rentas Internas y para los reembolsos de sobrepagos de impuestos (a menos que los contribuyentes indiquen lo contrario, a utilizar dichos medios como depósito directo).

Evitar retrasos en el reembolso

Los profesionales de impuestos deben asegurarse de que toda la información esté actualizada cuando presenten una declaración de impuestos por correo electrónico para evitar demoras en los reembolsos. El profesional de impuestos también debe informar a sus clientes que pueden evitar demoras si su información es correcta para alentarlos a que también verifiquen la información que brindan. Tenga en cuenta lo siguiente para evitar retrasos:

➢ Asegúrese de ver la tarjeta de seguro social real y otras formas de identificación para todos los contribuyentes y dependientes.
➢ Verifique dos veces la entrada de datos de toda la información antes de enviar la declaración electrónica.
➢ Capacite al contribuyente para que no insista en presentar declaraciones de impuestos erróneas (si el contribuyente lo hace, devuelva sus documentos y no complete la declaración).
➢ Si el cliente es nuevo, pregúntele si tuvo algún problema con la declaración electrónica en el pasado y si los problemas se han corregido.
➢ Lleve un registro de los problemas que causan retrasos en el reembolso de un cliente, documente los retrasos y agregue la documentación a los archivos del cliente.

Firma de una declaración electrónica de impuestos

Al igual que con una declaración del impuesto sobre la renta presentada al IRS en forma impresa, tanto el contribuyente como el preparador pagado deben firmar una declaración electrónica del impuesto sobre la renta. El contribuyente debe firmar electrónicamente las declaraciones del impuesto sobre la renta. El contribuyente también debe firmar y colocar la fecha en la "Declaración del contribuyente" para autorizar el origen de la declaración electrónica de la declaración al IRS antes de su transmisión. El contribuyente debe firmar una nueva declaración si los datos de la declaración electrónica en la declaración del impuesto sobre la renta de una persona se modifican después de que el contribuyente firmó la Declaración del contribuyente y si los montos difieren en más de $50 para "ingresos totales" (o AGI) o $14 para "impuesto total", "impuesto federal sobre la renta retenido", "reembolso" o "monto que adeuda".

Electronic Signature Methods

Individual income tax returns are signed using PIN numbers generated in one of two ways: the taxpayers can pick it themselves, or the paid tax preparer can generate one for them. Both methods allow the taxpayer to use a personal identification number (PIN) to sign the various forms, although self-selecting a PIN requires the taxpayer to provide his or her prior year adjusted gross income (AGI) amount so the IRS can confirm the taxpayer's identity, link it with the taxpayer's other returns from across the years, and detect any returns fraudulently filed under the taxpayer's name in the future. Signature documents are not required when the taxpayer signs using the self-select method and enters his or her PIN directly into the electronic return. This does not apply to the practitioner-generated PIN. In all instances, the taxpayer must sign Form 8879, *Signature Authorization Form*, even if a practitioner-generated PIN was used.

IRS e-File Signature Authorization

When taxpayers are unable to enter their PINs directly into the electronic return, taxpayers must authorize the ERO to enter their PINs by completing Form 8879, *IRS e-File Signature Authorization*. Form 8878, *IRS e-File Authorization for Application of Extension of Time to File*, authorizes an ERO to enter taxpayers' PINs on Forms 4868, *Application for Additional Extension of Time to File U.S. Individual Income Tax Return*, and 2350, *Application for Extension of Time to File U.S. Income Tax Return*.

The ERO may enter the taxpayer's PIN in the electronic return record before the taxpayer signs Form 8879 or 8878, but the taxpayer must sign and date the appropriate form before the ERO originates the electronic submission of the return. In most instances, the taxpayer must sign and date Form 8879 or Form 8878 after reviewing the return and ensuring that the information on the form matches the information on the return.

The taxpayer who provides a completed tax return to an ERO for electronic filing may complete the IRS e-File signature authorization without reviewing the return originated by the ERO. The line items from the paper return must be entered on the application Form 8879 or Form 8878 prior to the taxpayer's signing and dating of the form. The ERO may use pre-signed authorizations as authority to input the taxpayer's PIN only if the information on the electronic version of the tax return agrees with the entries from the paper return.

The taxpayer and the ERO must always complete and sign Forms 8879 or 8878 for the practitioner PIN method for electronic signatures. The taxpayer may use the practitioner PIN method to electronically sign Form 4868, *Application for Automatic Extension of Time to File US Individual Income Tax Return*, if a signature is required. A signature is only required for Form 4868 when an electronic funds withdrawal is also being requested. The ERO must retain Form 8879 and Form 8878 for 3 years from the return's due date or the date received by the IRS, whichever is later. EROs must not send Form 8879 and Form 8878 to the IRS unless the IRS requests that they do so.

Guidance for Electronic Signatures

If the tax professional's software allows electronic signatures for Forms 8878 and 8879, the taxpayer can choose to sign it that way instead of using a PIN. Technology has created many different types of e-signatures. For tax preparation, it is not the specific technology that is important but rather that the acceptable signature method is used to capture the taxpayer's information. The following are examples of currently accepted methods by the IRS:

Métodos de firma electrónica

Las declaraciones individuales de impuestos sobre la renta se firman utilizando los números de PIN generados de una de las dos maneras siguientes: los contribuyentes pueden elegirlo ellos mismos o el preparador de impuestos pagado puede generar uno para ellos. Ambos métodos permiten al contribuyente usar un número de identificación personal (PIN) para firmar los distintos formularios, aunque la selección automática de un PIN requiere que el contribuyente le proporcione el monto de su ingreso bruto ajustado del año anterior (AGI) para que el IRS pueda confirmar la identidad del contribuyente, vincularlo con las otras declaraciones del contribuyente a través de los años y detectar cualquier declaración presentada de manera fraudulenta bajo el nombre del contribuyente en el futuro. No se requieren documentos de firma cuando el contribuyente firma con el método de selección automática e ingresa su PIN directamente en la declaración electrónica. Esto no se aplica al PIN generado por el profesional. En todos los casos, el contribuyente debe firmar el Formulario *8879, Formulario de autorización de firma,* incluso si se usó un PIN generado por un profesional.

Autorización de firma de declaración electrónica del IRS

Cuando los contribuyentes no pueden ingresar sus PIN directamente en la declaración electrónica, los contribuyentes deben autorizar al ERO a ingresar sus PIN completando el Formulario 8879, *Autorización de firma de declaración electrónica del IRS.* El Formulario 8878, *la Autorización de la declaración electrónica del IRS para la solicitud de prórroga del tiempo de declaración,* autoriza a un ERO a ingresar los PIN de los contribuyentes en el Formulario 4868, *Solicitud de prórroga adicional del tiempo de declaración del impuesto sobre la renta de los Estados Unidos,* y el Formulario 2350, *Solicitud de prórroga de tiempo de declaración del impuesto sobre la renta de los Estados Unidos.*

El ERO puede ingresar el PIN del contribuyente en el registro de la declaración electrónica antes de que el contribuyente firme el Formulario 8879 u 8878, pero el contribuyente debe firmar y colocar la fecha en el formulario correspondiente antes de que el ERO origine la declaración electrónica de la declaración. En la mayoría de los casos, el contribuyente debe firmar y colocar la fecha en el Formulario 8879 o el Formulario 8878 después de revisar la declaración y asegurarse de que la información del formulario coincida con la información de la declaración.

El contribuyente que proporciona una declaración de impuestos completa a un ERO para la declaración electrónica puede completar la autorización de firma de la declaración electrónica del IRS sin revisar la declaración originada por el ERO. Los artículos de la línea de la declaración impresa deben ingresarse en la solicitud del Formulario 8879 o Formulario 8878 antes de que el contribuyente firme y coloque la fecha en el formulario. El ERO puede usar autorizaciones firmadas previamente como autoridad para ingresar el PIN del contribuyente solo si la información en la versión electrónica de la declaración de impuestos está de acuerdo con los registros de la declaración impresa.

El contribuyente y el ERO siempre deben completar y firmar los Formularios 8879 o 8878 para el método de PIN del profesional para las firmas electrónicas. El contribuyente puede usar el método de PIN del profesional para firmar electrónicamente el Formulario 4868, *Solicitud de prórroga automática de tiempo para presentar la declaración de impuestos sobre la renta de los Estados Unidos para personas naturales,* si se requiere una firma. Solo se requiere una firma para el Formulario 4868 cuando también se solicita un retiro electrónico de fondos. El ERO debe conservar el Formulario 8879 y el Formulario 8878 por 3 años a partir de la fecha de vencimiento de la declaración o la fecha recibida por el IRS, la que sea posterior. Los ERO no deben enviar el Formulario 8879 y el Formulario 8878 al IRS a menos que el IRS solicite que lo hagan.

Orientación para firmas electrónicas

Si el software del profesional de impuestos permite firmas electrónicas para los Formularios 8878 y 8879, el contribuyente puede optar por firmarlo de esa manera en lugar de usar un PIN. La tecnología ha creado muchos tipos diferentes de firmas electrónicas. Para la preparación de impuestos, no es la tecnología específica lo que es importante, sino que se utilice el método de firma aceptable para capturar la información del contribuyente. Los siguientes son ejemplos de métodos actualmente aceptados por el IRS:

> A handwritten signature that is inputted on an electronic signature pad.
> A handwritten signature, mark, or command inputted on a display screen by means of a stylus device.
> A digitized image of a handwritten signature that is attached to an electronic record.
> A name typed in by the signer (for example, typed at the end of an electronic record or typed into a signature block on a website form).
> A digital signature.
> A mark captured as a scalable graphic.

The software must record the following data for the e-signature to be valid:

> Digital image of the signed form.
> Date and time of the signature.
> Taxpayer's computer IP address; used for remote transactions only.
> Taxpayer's login identification (username); used for remote transactions only.
> Method used to sign the record (typed name) or a system log or some other audit trail that reflects the completion of the electronic signature process by the signer.

Señor 1040 Says: Remember, no matter how you do it, an electronic income tax return must always be signed by both the taxpayer and the paid preparer.

IRS e-File Security and Privacy Standards

The IRS has mandated six security, privacy, and business standards to better serve taxpayers and protect the information collected, processed, and stored by Online Providers of individual income tax returns.

> Extended Validation SSL Certificate.
> External Vulnerability Scan.
> Website Challenge-Response Test.

> Public Domain Name Registration.
> Reporting of Security Incidents.
> Information Privacy and Safeguard Policies.

This course does not go into detail about these standards.

Safeguarding Taxpayer Information

"Taxpayer information" is any piece of information that has been furnished for or by the taxpayer in any form or manner such as in person, over the phone, by mail, or by fax for the purpose of preparing the taxpayer's tax return. It includes, but is not limited to the following pieces of information:

> Name
> Address
> Identification number

> Income
> Receipts
> Deductions

> Dependents
> Tax liability

➢ Una firma autógrafa que se ingresa en un panel de firma electrónica.
➢ Una firma, marca o comando escritos a mano en una pantalla de visualización por medio de un dispositivo de lápiz.
➢ Una imagen digitalizada de una firma autógrafa que se adjunta a un registro electrónico.
➢ Un nombre escrito por el firmante (por ejemplo, escrito al final de un registro electrónico o escrito en un bloque de firma en un formulario de sitio web).
➢ Una firma digital.
➢ Una marca capturada como un gráfico escalable.

El software debe registrar los siguientes datos para que la firma electrónica sea válida:

➢ Imagen digital del formulario firmado.
➢ Fecha y hora de la firma.
➢ Dirección IP de la computadora del contribuyente; se utiliza solo para transacciones remotas.
➢ Identificación de inicio de sesión del contribuyente (nombre de usuario); se utiliza solo para transacciones remotas.
➢ Método utilizado para firmar el registro (nombre escrito) o un registro del sistema o alguna otra pista de auditoría que refleje la finalización del proceso de firma electrónica por parte del firmante.

El señor 1040 dice: Recuerde, no importa cómo lo haga, el contribuyente y el preparador pagado siempre deben firmar una declaración electrónica del impuesto sobre la renta.

Normas de seguridad y privacidad de declaración electrónica del IRS

El IRS ha establecido seis normas de seguridad, privacidad y comercial para brindar un mejor servicio a los contribuyentes y proteger la información recopilada, procesada y almacenada por los proveedores en línea de las declaraciones de impuestos sobre la renta de personas naturales.

➢ Certificado SSL de Validación Extendida.
➢ Exploración de vulnerabilidad externa.
➢ Prueba de desafío-respuesta del sitio web.

➢ Registro de nombres de dominio público.
➢ Informes de incidentes de seguridad.
➢ Privacidad de la información y políticas de seguridad.

Este curso no describe en detalle dichas normativas.

Salvaguardar la información del contribuyente

La "información del contribuyente" es cualquier información que ha sido proporcionada por o para el contribuyente en cualquier forma o manera bien sea en persona, por teléfono, correo o fax con el propósito de preparar la declaración de impuestos del contribuyente. Esto incluye, pero no se limita a, los siguientes datos:

➢ Nombre
➢ Dirección
➢ Número de identificación
➢ Ingresos

➢ Recibos
➢ Deducciones
➢ Dependientes
➢ Responsabilidad fiscal

Under Title 26 IRC §301.7216.1 and §6713, criminal and monetary penalties may be imposed on any individuals engaged in the business of preparing or providing services in connection with the preparation of tax returns who knowingly or recklessly makes unauthorized disclosures or otherwise abuses information furnished to them in connection with the preparation of an income tax return. Some common safeguarding strategies are as follows:

➢ Locking doors to restrict access to paper or electronic files.
➢ Requiring passwords to restrict access to computer files.
➢ Encrypting electronically stored taxpayer data.
➢ Keeping a backup of electronic data for recovery purposes.
➢ Shredding papers containing taxpayer information before throwing them away.

For more information about safeguarding personal information, go to the official website of the Federal Trade Commission at www.ftc.gov.

Protecting your Clients

The IRS has created several basic security guidelines for tax preparers to follow while preparing returns which will make the clients data and their business safer:

➢ Learn to recognize phishing emails, especially those that look like they originated from the IRS. Never open an embedded link or attachment from an email that looks suspicious.
➢ Create a data security plan using the guidelines found in the Publication 4557, *Safeguarding Taxpayer Data*.
➢ Review your internal controls:
   o Install anti-malware and anti-virus security software on all devices (laptops, desktops, routers, tablets, phones, etc.) and keep the software up to date.
   o Use strong passwords of 8 or more characters with a mixture of upper and lowercase letters, numbers, and special symbols that do not start or end with a space or include common phrases or the names of loved ones or pets.
   o Encrypt all sensitive files and emails and use strong password protections.
   o Back up sensitive data to a safe and secure external source that is not connected to a network fulltime.
   o Wipe, clean, or destroy old hard drives or printers containing sensitive data.
   o Limit access to taxpayer data exclusively to individuals who need to know.
   o Perform weekly checks on the number of returns filed with your firm's EFIN through your eServices account, and compare that number with the number of returns your firm has actually prepared to make sure no one is fraudulently using your EFIN to e-file returns without your knowledge. Individuals can do the same thing via their PTIN account.
➢ Report any data theft or data loss to the appropriate IRS Stakeholder Liaison.
➢ Sign up on the IRS website to receive email notices from e-News for Tax Professionals, Quick Alerts, and Social Media.

Privacy and Security Rules at a Glance

Bajo el Título 26 IRC §301.7216.1 y §6713, se pueden imponer multas criminales y monetarias a cualquier persona involucrada en el negocio de preparar o proporcionar servicios relacionados con la preparación de declaraciones de impuestos que, deliberadamente o por imprudencia, realice divulgaciones no autorizadas o de alguna manera abuse de la información obtenida en relación con la preparación de una declaración del impuesto sobre la renta. Algunas estrategias comunes de protección son las siguientes:

> ➢ Bloqueo de puertas para restringir el acceso a documentos impresos o electrónicos.
> ➢ Uso de contraseñas para restringir el acceso a los archivos informáticos.
> ➢ Encriptación electrónica de datos del contribuyente.
> ➢ Mantenimiento de copias de seguridad de los datos electrónicos con fines de recuperación.

Para obtener más información sobre la protección de la información personal, visite el sitio web oficial de la Comisión Federal de Comercio en www.ftc.gov.

Proteja a sus clientes

El IRS ha creado varias directrices de seguridad básicas que los preparadores de impuestos deben seguir al preparar las declaraciones, lo que permitirá proteger los datos de los clientes y su negocio:

> ➢ Aprenda a reconocer los correos electrónicos de suplantación de identidad, especialmente aquellos que parecen haberse originado en el IRS. Nunca abra un enlace o archivo adjunto desde un correo electrónico que parezca sospechoso.
> ➢ Cree un plan de seguridad de datos utilizando las directrices que se encuentran en la Publicación 4557, *Protección de los datos del contribuyente.*
> ➢ Revise sus controles internos:
>   o Instale un software de seguridad antimalware y antivirus en todos los dispositivos (computadoras portátiles, computadoras de escritorio, enrutadores, tabletas, teléfonos, etc.) y mantenga el software actualizado.
>   o Use contraseñas seguras de 8 o más caracteres con una combinación de letras mayúsculas y minúsculas, números y símbolos especiales que no comiencen o terminen con un espacio o incluyan frases comunes o los nombres de seres queridos o mascotas.
>   o Cifre todos los archivos y correos electrónicos confidenciales y use protecciones de contraseña seguras.
>   o Realice una copia de seguridad de los datos confidenciales en una fuente externa segura y protegida que no esté conectada a una red a tiempo completo.
>   o Limpie o destruya discos duros o impresoras que contengan datos confidenciales.
>   o Limite el acceso a los datos de los contribuyentes exclusivamente a las personas que necesitan saber.
>   o Realice verificaciones semanales del número de declaraciones presentadas con el EFIN de su empresa a través de su cuenta de servicios electrónicos, y compare ese número con el número de declaraciones que su empresa realmente ha preparado para asegurarse de que nadie esté utilizando de manera fraudulenta su EFIN para realizar declaraciones electrónicas sin su conocimiento. Las personas pueden hacer lo mismo a través de su cuenta PTIN.
> ➢ Denuncie cualquier robo de datos o pérdida de datos al enlace de partes interesadas del IRS correspondiente.
> ➢ Regístrese en el sitio web del IRS para recibir avisos por correo electrónico de e-News para profesionales de impuestos, alertas rápidas y redes sociales.

Reglas de privacidad y seguridad de un vistazo

The Gramm-Leach-Biley Act

Enacted by Congress in 1999, the Gramm-Leach-Biley Act implemented various safeguard rules and the financial privacy rule to protect taxpayers' private information. The safeguard rules require financial institutions such as tax return preparers, data processors, transmitters (ERO), affiliates, service providers, and others who are significantly engaged in providing financial products or service that include the preparation and filing of tax returns to ensure the security and confidentiality of customer records and information. The financial privacy rule requires the following financial institutions to give their customers privacy notices that explain the financial institution's information collection and sharing practices:

➢ Tax return preparers.
➢ Data processors.
➢ Transmitters.
➢ Affiliates.
➢ Service providers.
➢ Anyone significantly engaged in providing financial products or services that include the preparation or filing of tax returns.

Reporting Security Incidents

Online Providers of individual tax returns shall report any adverse event or threat of an event that could result in an unauthorized disclosure, misuse, modification, or destruction of information. These types of incidents can affect the confidentiality, integrity, and availability of taxpayer information or the ability for a taxpayer to prepare or file a return. Types of incidents include theft of information, loss of information, natural disasters (such as floods, earthquakes, or fires that destroy unrecoverable information), and computer system or network attacks using such tools as malicious code or denials of service. If the tax professional experiences a security incident or is hacked, it should be reported to the IRS immediately. See the instructions for "Reporting Website Security Incidents" on the IRS website or search for "What to Do if You suffer a Data Breach or Other Security Incident" to find more information. Remember, the IRS is there to help stop crime and identity theft.

Summary and Review

Electronic filing is one of the safest ways to file a tax return, and paid tax preparers are mandated to e-File federal tax returns if they prepare more than 11 returns. Title 26 can impose criminal and monetary penalties on any person fraudulently engages in the business of preparing or providing services in connection with the tax preparation business. A paid tax professional must guard their clients' information to avoid such penalties. The adoption of E-filing has saved preparers time and resources. Although there are individuals who still prepare returns by hand, the vast majority use software and reap the benefits of all the advantages that come with being automated.

La Ley Gramm-Leach-Bliley

Promulgada por el Congreso en 1999, la Ley Gramm-Leach-Bliley implementó varias reglas de protección y la regla de privacidad financiera para proteger la información privada de los contribuyentes.

Las reglas de protección requieren que las instituciones financieras, tales como los preparadores de declaraciones de impuestos, procesadores de datos, transmisores (ERO), afiliados, proveedores de servicios y otros que se dediquen de manera significativa a proporcionar productos o servicios financieros que incluyan la preparación y presentación de declaraciones de impuestos garanticen la seguridad y confidencialidad de los registros e información del cliente. La regla de privacidad financiera requiere que las siguientes instituciones financieras proporcionen a sus clientes avisos de privacidad que expliquen las prácticas de recopilación e intercambio de información de la institución financiera:

- ➢ Preparadores de declaraciones de impuestos.
- ➢ Procesadores de datos.
- ➢ Transmisores.
- ➢ Afiliados.
- ➢ Proveedores de servicio.
- ➢ Cualquier persona involucrada significativamente en el suministro de productos o servicios financieros que incluyen la preparación o presentación de declaraciones de impuestos.

Denuncia de incidentes de seguridad

Los proveedores en línea de las declaraciones de impuestos de personas naturales deben denunciar cualquier evento adverso o amenaza de un evento que pueda resultar en una divulgación no autorizada, uso indebido, modificación o destrucción de información. Estos tipos de incidentes pueden afectar la confidencialidad, integridad y disponibilidad de la información del contribuyente o la capacidad de un contribuyente para preparar o presentar una declaración. Los tipos de incidentes incluyen robo de información, pérdida de información, desastres naturales (como inundaciones, terremotos o incendios que destruyen información irrecuperable) y ataques informáticos o de red que utilizan herramientas como códigos maliciosos o denegaciones de servicio. Si el profesional de impuestos experimenta un incidente de seguridad o es hackeado, debe informarlo al IRS inmediatamente. Consulte las instrucciones para "Denunciar incidentes de seguridad del sitio web" en el sitio web del IRS o busque "¿Qué hacer si sufre una violación de datos u otro incidente de seguridad?" para obtener más información. Recuerde, el IRS está allí para ayudar a detener el crimen y el robo de identidad.

Resumen y revisión

La declaración electrónica es una de las formas más seguras de presentar una declaración de impuestos, y los preparadores de impuestos pagados tienen la obligación de presentar electrónicamente las declaraciones de impuestos federales si preparan más de 11 declaraciones. El Título 26 puede imponer multas criminales y monetarias a cualquier persona que se dedique de manera fraudulenta al negocio de preparar o prestar servicios relacionados con el negocio de preparación de impuestos. Un profesional de impuestos pagado debe proteger la información de sus clientes para evitar tales multas. La adopción de la declaración electrónica ha ahorrado a los preparadores tiempo y recursos. Si bien hay personas que aún preparan declaraciones a mano, la gran mayoría usa software y obtiene los beneficios de todas las ventajas que se obtienen al ser automatizado.

Questions

These review questions are not part of the final exam and will not be graded by LTPA. To obtain maximum benefit from the course, LTPA recommends that you complete the following questions before you compare your answers with the provided solutions.

1. If the taxpayer has a balance due on his or her federal or state return, he or she cannot e-File the return.

    a. True
    b. False

2. Taxpayers may use a credit or debit card to pay their balance due.

    a. True
    b. False

Answers

1. If the taxpayer has a balance due on his or her federal or state return, he or she cannot e-File the return.

    a. True
    b. False

Feedback: Balance due returns can be filed electronically.

2. Taxpayers may use a credit or debit card to pay their balance due.

    a. True
    b. False

Feedback: Taxpayers may pay electronically using a credit or debit card. Taxpayers can also make credit or debit card payments when e-filing or over the telephone or the Internet. A third-party provider may charge a service fee to process the payment.

Now Complete the Review Questions → Go Online

Preguntas

Estas preguntas de revisión no forman parte del examen final y no serán calificadas por LTPA. Para obtener el máximo beneficio del curso, LTPA recomienda que complete las siguientes preguntas antes de comparar sus respuestas con las soluciones proporcionadas.

1. Si el contribuyente tiene un saldo adeudado en su declaración federal o estatal, no puede presentar la declaración electrónicamente.

    a. Verdadero
    b. Falso

2. Los contribuyentes pueden usar una tarjeta de crédito o débito para pagar el saldo adeudado.

    a. Verdadero
    b. Falso

Respuestas

1. Si el contribuyente tiene un saldo adeudado en su declaración federal o estatal, no puede presentar la declaración electrónicamente.

    a. Verdadero
    b. Falso

Comentarios: El saldo adeudado de las declaraciones puede presentarse electrónicamente.

2. Los contribuyentes pueden usar una tarjeta de crédito o débito para pagar el saldo adeudado.

    a. Verdadero
    b. Falso

Comentarios: Los contribuyentes pueden pagar electrónicamente utilizando una tarjeta de crédito o débito. Los contribuyentes también pueden realizar pagos con tarjeta de crédito o débito cuando realizan una declaración electrónica o por teléfono o por Internet. Un proveedor externo puede cobrar una tarifa de servicio para procesar el pago.

Chapter 16: Extending and Amending the Federal Return

Introduction

If taxpayers are unable to file their federal individual tax returns by the due date, he or she may be able to qualify for an automatic six-month extension of time to file. The taxpayer can either electronically file or mail Form 4868 to the IRS to file for the extension. If the taxpayer has filed a return and realizes that a mistake was made, he or she would file an amended return by using Form 1040X.

Objectives

At the end of this lesson, the student will be able to do the following:

> ➤ Understand when an amendment must be filed.
> ➤ Realize when to use Form 4868.
> ➤ Identify when the installment agreement should be used.

Resources

Form 1040	Publication 17	Instructions Form 1040
Form 1040X	Publication 54	Instructions Form 1040X
Form 4868	Tax Topic 308	Instructions Form 4868

Capítulo 16: Prórroga y enmienda de la declaración federal

Introducción

Si los contribuyentes no pueden presentar sus declaraciones de impuestos federales de persona natural antes de la fecha de vencimiento, él o ella puede calificar para una prórroga automática de seis meses para presentar la declaración. El contribuyente puede presentar o enviar por correo electrónico el Formulario 4868 al IRS para solicitar la prórroga. Si el contribuyente ha presentado una declaración y se da cuenta de que se cometió un error, él o ella presentarían una declaración enmendada utilizando el Formulario 1040X.

Objetivos

Al final de esta lección, el estudiante podrá:

> ➤ Comprender cuándo se debe presentar una enmienda.
> ➤ Reconocer cuándo usar el Formulario 4868.
> ➤ Identificar cuándo se debe utilizar el acuerdo de pago.

Recursos

Formulario 1040	Publicación 17	Instrucciones del Formulario 1040
Formulario 1040X	Publicación 54	Instrucciones del Formulario 1040X
Formulario 4868	Tema Tributario 308	Instrucciones del Formulario 4868

Segment 1

Form 4868: Extension of Time to File

File Form 4868, *Application for Automatic Extension*, to file for an automatic six-month extension for filing a federal return. The extension is for filing the tax return only. If the taxpayer has a balance due, the payment must be paid by April 15 or the due date of the return. There are three ways to request an automatic extension:

➢ File Form 4868 electronically.
➢ Pay all or part of the estimated income tax due using the Electronic Federal Tax Payment System (EFTPS) or a credit or debit card.
➢ Mail Form 4868 to the IRS and enclose the tax payment.

In order to qualify for the extension for extra time, taxpayers must estimate their tax liability as accurately as possible and enter it on Form 4868, line 4, before filing Form 4868 by the regular due date of the return. If the IRS does not accept the extension of time, the taxpayer will receive a letter of denial stating the need to file his or her tax return and how much time they have to file. If the application was accepted, the taxpayer can file any time prior to the extension's due date. For example, if Nolan filed an extension on April 15, 2019 for his 2018 tax return and had no balance due but was missing a W-2 that he didn't receive until July 1, 2019, he can wait to complete and file his return until July 2, 2019 if he so chooses.

Form **4868**	**Application for Automatic Extension of Time To File U.S. Individual Income Tax Return**	OMB No. 1545-0074
Department of the Treasury Internal Revenue Service (99)	For calendar year 2018, or other tax year beginning , 2018, and ending , 20 .	20**18**

Part I Identification			**Part II** Individual Income Tax		
1 Your name(s) (see instructions)			4 Estimate of total tax liability for 2018 . .	$	
			5 Total 2018 payments		
Address (see instructions)			6 **Balance due.** Subtract line 5 from line 4 (see instructions)		
			7 Amount you're paying (see instructions) . . ▶		
City, town, or post office	State	ZIP code	8 Check here if you're "out of the country" and a U.S. citizen or resident (see instructions) . . . . ▶		☐
2 Your social security number	3 Spouse's social security number		9 Check here if you file Form 1040NR or 1040NR-EZ and didn't receive wages as an employee subject to U.S. income tax withholding. . . . . ▶		☐
For Privacy Act and Paperwork Reduction Act Notice, see page 4.			Cat. No. 13141W		Form **4868** (2018)

If the taxpayer, who is a U.S. citizen or resident, is out of the country, the extension is valid for four months. Part I of Form 4868 is for identifying the taxpayer. Part II is for information about how the tax return should be filed.

Late Payment Penalty

The taxpayer may be charged a late payment penalty of $1/2\%$ of any tax not paid by the April filing deadline. An additional monthly penalty with a maximum rate of 25% of the unpaid amount is charged on any unpaid tax. If the taxpayer can show reasonable cause for not paying on time via a statement attached to his or her return (not to Form 4868), the late penalty payment will not be charged. A cause is "reasonable" if both of the following requirements are met:

Segmento 1

Formulario 4868: Prórroga de tiempo para presentar la declaración

Presente el Formulario 4868, *Solicitud de prórroga automática,* para solicitar una prórroga automática de seis meses para presentar una declaración federal. La prórroga es solo para presentar la declaración de impuestos. Si el contribuyente tiene un saldo pendiente, el pago debe hacerse antes del 15 de abril o la fecha de vencimiento de la declaración. Existen tres formas de solicitar una prórroga automática:

> ➢ Presentar el Formulario 4868 electrónicamente.
> ➢ Pagar la totalidad o parte del impuesto sobre la renta estimado utilizando el Sistema de Pago Electrónico de Impuestos Federales (EFTPS) o una tarjeta de crédito o débito.
> ➢ Enviar el Formulario 4868 al IRS y adjuntar el pago de impuestos.

A fin de calificar para la prórroga por tiempo adicional, los contribuyentes deben estimar su obligación tributaria con la mayor precisión posible e ingresarla en el Formulario 4868, línea 4, antes de presentar el Formulario 4868 antes de la fecha de vencimiento regular de la declaración. Si el IRS no acepta la prórroga, el contribuyente recibirá una carta de denegación en la que se indica la necesidad de presentar su declaración de impuestos y la cantidad de tiempo que tienen para presentarla. Si la solicitud fue aceptada, el contribuyente puede presentarla en cualquier momento antes de la fecha de vencimiento de la prórroga. Por ejemplo, si Nolan presentó una prórroga el 15 de abril de 2019 para su declaración de impuestos de 2018 y no tenía saldo adeudado, pero le faltaba un formulario W-2 que no recibió hasta el 1 de julio de 2019, puede esperar para completar y presentar su declaración de impuestos hasta el 2 de julio de 2019 si así lo desea.

Form **4868**	**Application for Automatic Extension of Time To File U.S. Individual Income Tax Return**	OMB No. 1545-0074 **2018**
Department of the Treasury Internal Revenue Service (99)	For calendar year 2018, or other tax year beginning , 2018, and ending , 20 .	

Part I Identification	**Part II** Individual Income Tax
1 Your name(s) (see instructions)	4 Estimate of total tax liability for 2018 . . $
	5 Total 2018 payments . . . . . .
Address (see instructions)	6 **Balance due.** Subtract line 5 from line 4 (see instructions) . . . .
	7 Amount you're paying (see instructions) . . ▶
City, town, or post office | State | ZIP code	8 Check here if you're "out of the country" and a U.S. citizen or resident (see instructions) . . . . . . ▶ ☐
2 Your social security number | 3 Spouse's social security number	9 Check here if you file Form 1040NR or 1040NR-EZ and didn't receive wages as an employee subject to U.S. income tax withholding . . . . ▶ ☐
For Privacy Act and Paperwork Reduction Act Notice, see page 4.	Cat. No. 13141W Form **4868** (2018)

Si el contribuyente, que es un ciudadano o residente de los Estados Unidos, está fuera del país, la prórroga es válida por cuatro meses. La Parte I del Formulario 4868 es para identificar al contribuyente. La Parte II es para obtener información sobre cómo se debe presentar la declaración de impuestos.

Multa por pago atrasado

Se puede cobrar al contribuyente una multa por pago atrasado del $\frac{1}{2}$% de cualquier impuesto que no se haya pagado en el plazo de presentación de abril. Se cobra una multa mensual adicional con una tasa máxima del 25% del monto impago sobre cualquier impuesto no pagado. Si el contribuyente puede demostrar una causa razonable para no pagar a tiempo a través de una declaración adjunta a su declaración (no al Formulario 4868), no se le cobrará la multa por pago atrasado. Una causa es "razonable" si se cumplen los dos requisitos siguientes:

> ➢ Paid at least 90% of the tax liability before the regular due date of the return via withholding, estimated payments, or payments made with Form 4868.
> ➢ The remaining balance is paid with tax return on the extended due date.

Remember, interest is accrued on the unpaid balance even if the taxpayer has a good reason for not paying on time (such as being out of the country). The penalty is usually 5% of the amount due for each month or part of a month the return is late. If the return is more than 60 days late, the minimum penalty is $210 or the balance of the tax due on the return, whichever is smaller. The maximum penalty is 25%.

Making Extension Payments

For extensions, payments can be made electronically by credit card, debit card, money order, the EFTPS system, a direct transfer from their bank account using Direct Pay, or an ACH from the taxpayer's checking or savings account. When making a payment with the extension, remember to include the payment amount on Form 1040, Schedule 5, line 71. EFTPS can also be paid via phone. The taxpayer must write down the confirmation number he or she received when making an electronic payment. If the electronic payment has been designated as an extension payment, then do not file Form 4868.

Señor 1040 Says: If the taxpayer and spouse filed separate Form 4868s with payments and then chose to file the tax return as married filing jointly, make sure to include both payment amounts on Form 4868, line 5.

When paying by check or cashier's check, Form 4868 should be included and mailed to the address on Form 4868. Make sure the check or money order is made payable to United States Treasury. The taxpayer should include their SSN and write Form 4868 in the memo on the check. Do not send cash. Checks over $100 million or more are not accepted, so any payments exceeding that amount will have to be split into two or more payments. The $100 million limit does not apply to other payment methods (such as electronic payments). As with Form 1040, there are specific mailing addresses to mail extension payments. To find which mailing address should be used, see Instructions Form 4868, page 4.

Go Online

➢ Pagó al menos el 90% de la obligación tributaria antes de la fecha de vencimiento regular de la declaración mediante la retención, pagos estimados o pagos realizados con el Formulario 4868.

➢ El saldo restante se paga con la declaración de impuestos en la fecha de vencimiento extendida.

Recuerde, el interés se acumula en el saldo impago, incluso si el contribuyente tiene una buena razón para no pagar a tiempo (por ejemplo, estar fuera del país). La multa suele ser el 5% del monto adeudado por cada mes o parte del mes en que la declaración se retrasa. Si la declaración tiene más de 60 días de retraso, la multa mínima es de $210 o el saldo del impuesto adeudado en la declaración, el que sea menor. La multa máxima es del 25%.

Hacer pagos de prórroga

Para las prórrogas, los pagos se pueden hacer electrónicamente con tarjeta de crédito, tarjeta de débito, giro bancario, el sistema EFTPS, una transferencia directa desde su cuenta bancaria mediante pago directo o un ACH de la cuenta corriente o de ahorro del contribuyente. Al realizar un pago con la prórroga, recuerde incluir el monto del pago en el Formulario 1040, Anexo 5, línea 71. El EFTPS también se puede pagar a través del teléfono. El contribuyente debe anotar el número de confirmación que recibió al realizar un pago electrónico. Si el pago electrónico ha sido designado como un pago de prórroga, no presente el Formulario 4868.

El señor 1040 dice: Si el contribuyente y su cónyuge presentaron Formularios 4868 separados con pagos y luego eligieron presentar la declaración de impuestos como casado declarando conjuntamente, asegúrese de incluir ambos montos de pago en el Formulario 4868, línea 5.

Cuando pague con cheque o cheque de caja, el Formulario 4868 debe incluirse y enviarse por correo a la dirección del Formulario 4868. Asegúrese de que el cheque o giro bancario se haga pagadero al Departamento del Tesoro de los Estados Unidos. El contribuyente debe incluir su SSN y escribir Formulario 4868 en una nota en el cheque. No envíe dinero en efectivo. No se aceptan cheques de más de $100 millones o más, por lo que cualquier pago que exceda esa cantidad deberá dividirse en dos o más pagos. El límite de $100 millones no se aplica a otros métodos de pago (como los pagos electrónicos). Al igual que con el Formulario 1040, existen direcciones de correo específicas para los pagos de prórroga por correo. Para saber qué dirección de correo debe usarse, consulte las Instrucciones del Formulario 4868, página 4.

Segment 2

Amended Returns

Form **1040X** (Rev. January 2018)	Department of the Treasury—Internal Revenue Service **Amended U.S. Individual Income Tax Return** ► Go to *www.irs.gov/Form1040X* for instructions and the latest information.	OMB No. 1545-0074

This return is for calendar year ☐ 2017 ☐ 2016 ☐ 2015 ☐ 2014
Other year. Enter one: calendar year _____ **or fiscal year (month and year ended):** _____

Your first name and initial	Last name	Your social security number
If a joint return, spouse's first name and initial	Last name	Spouse's social security number

Current home address (number and street). If you have a P.O. box, see instructions.	Apt. no.	Your phone number

City, town or post office, state, and ZIP code. If you have a foreign address, also complete spaces below (see instructions).

Foreign country name	Foreign province/state/county	Foreign postal code

Amended return filing status. You **must** check one box even if you are not changing your filing status. **Caution:** In general, you can't change your filing status from a joint return to separate returns after the due date.

☐ Single
☐ Married filing jointly
☐ Married filing separately
☐ Head of household (If the qualifying person is a child but not your dependent, see instructions.)
☐ Qualifying widow(er)

Full-year coverage.
If all members of your household have full-year minimal essential health care coverage, check "Yes." Otherwise, check "No."
See instructions.
☐ Yes   ☐ No

When the original return must be corrected and the corrections will alter the current tax calculations, an amended tax return must be filed. An amended return cannot be filed unless the original return has been completed, but once it has been filed, an amended return becomes the new tax return for the taxpayer. The amended return is used to change amounts that were previously claimed and now need adjusting because they were originally over or understated.

For example, if the taxpayer needs to report additional income from a W-2 that arrived after the taxpayer filed his or her original return or if the taxpayer needs to remove a dependent because he or she was not eligible to claim them, the taxpayer would file an amended return. Taxpayers who wish to receive a refund from an amended return must file the amendment within three years (including extensions) of the date the original return was filed or within two years of the date the tax was paid, whichever was later.

Example: Isabella filed her original return on March 1 of the current tax year, and her return was due April 15 of the same year. Isabella is considered to have filed her return by April 15. However, if Isabella had filed for an extension until October 15 and filed her return on July 1, her return is considered to be filed on July 1.

Other reasons a taxpayer might need to file an amendment are as follows:

➢ To claim additional dependents.
➢ To remove dependents that were previously claimed.
➢ To report the proper filing status.
➢ To report additional income from a W-2, Form 1099, or some other income statement.
➢ To make changes in above-the-line deductions, standard deductions, or itemized deductions.
➢ To claim additional tax credits, remove tax credits mistakenly taken, or recalculate the credit amounts.
➢ To report additional withholding from a W-2 or Form 1099.

Segmento 2

Declaraciones enmendadas

Form **1040X** (Rev. January 2018)	Department of the Treasury—Internal Revenue Service **Amended U.S. Individual Income Tax Return** ▶ Go to *www.irs.gov/Form1040X* for instructions and the latest information.	OMB No. 1545-0074

This return is for calendar year ☐ 2017 ☐ 2016 ☐ 2015 ☐ 2014
Other year. Enter one: calendar year _____ **or fiscal year (month and year ended):** _____

Your first name and initial	Last name	Your social security number
If a joint return, spouse's first name and initial	Last name	Spouse's social security number
Current home address (number and street). If you have a P.O. box, see instructions.	Apt. no.	Your phone number

City, town or post office, state, and ZIP code. If you have a foreign address, also complete spaces below (see instructions).

Foreign country name	Foreign province/state/county	Foreign postal code

Amended return filing status. You must check one box even if you are not changing your filing status. **Caution:** In general, you can't change your filing status from a joint return to separate returns after the due date.

☐ Single
☐ Married filing jointly
☐ Married filing separately
☐ Head of household (If the qualifying person is a child but not your dependent, see instructions.)
☐ Qualifying widow(er)

Full-year coverage.
If all members of your household have full-year minimal essential health care coverage, check "Yes." Otherwise, check "No."
See instructions.
☐ Yes ☐ No

Cuando se debe corregir la declaración original y las correcciones alterarán los cálculos de impuestos actuales, se debe presentar una declaración de impuestos enmendada. No se puede presentar una declaración enmendada a menos que se haya completado la declaración original, pero una vez que se haya presentado, una declaración enmendada se convierte en la nueva declaración de impuestos para el contribuyente. La declaración enmendada se usa para cambiar los montos que se reclamaron anteriormente y ahora es necesario ajustarlos porque originalmente estaban sobrevalorados o subestimados.

Por ejemplo, si el contribuyente necesita declarar un ingreso adicional de un formulario W-2 que llegó después de que el contribuyente presentó su declaración original o si el contribuyente necesita eliminar a un dependiente porque no era elegible para reclamarlo, el contribuyente presentaría una declaración enmendada. Los contribuyentes que deseen recibir un reembolso de una declaración enmendada deben presentar la enmienda dentro de los tres años (incluidas las prórrogas) de la fecha en que se presentó la declaración original o dentro de los dos años posteriores a la fecha en que se pagó el impuesto, lo que ocurra más tarde.

Ejemplo: Isabella presentó su declaración original el 1 de marzo del año tributario actual, y su declaración venció el 15 de abril del mismo año. Se considera que Isabella ha presentado su declaración antes del 15 de abril. Sin embargo, si Isabella solicitó una prórroga hasta el 15 de octubre y presentó su declaración el 1 de julio, se considerará que la declaración se presentó el 1 de julio.

Otras razones por las que un contribuyente podría necesitar presentar una enmienda son las siguientes:

> ➢ Para reclamar dependientes adicionales.
> ➢ Para eliminar dependientes que fueron reclamados anteriormente.
> ➢ Para declarar el estado de presentación adecuado.
> ➢ Para declarar ingresos adicionales de un Formulario W-2, Formulario 1099 o alguna otra cuenta de resultados.
> ➢ Para realizar cambios en las deducciones por encima de la línea, las deducciones estándar o las deducciones detalladas.
> ➢ Para reclamar créditos fiscales adicionales, eliminar los créditos fiscales tomados por error o volver a calcular los montos de crédito.
> ➢ Para declarar retenciones adicionales de un formulario W-2 o formulario 1099.

> ➢ To report bad debt or worthless security.
> ➢ To report foreign tax credit or deduction.

The status of an amended return can be tracked using the web portal "Where's My Amended Return?" on the IRS website after providing one's identification number (SSN, ITIN, etc.), date of birth, and Zip code.

Do Not File Form 1040X in the following situations:

> ➢ The taxpayer is requesting a refund of penalties and interest or an addition to tax that has already been paid. Instead, use Form 843, *Claim for Refund and Request for Abatement*.
> ➢ The taxpayer is requesting a refund for his or her share of a joint overpayment that was offset against a past-due obligation of his or her spouse. Instead, file Form 8379, *Injured Spouse Allocation*.

Interest and penalties will also be charged from the due date of the return for failure to file, negligence, fraud, substantial valuation misstatements, substantial understatements of tax, and reportable transaction understatements.

Complete Form 1040X

Part I of the 1040X is where the taxpayer would make changes that affect lines 1–31 of the original tax return. Part II is where the taxpayer can choose to have $3 go to the Presidential Election Campaign Fund. This must be done within 20.5 months after the original due date of the return. Part III is for the explanation of changes. The IRS wants to know what was changed on the return and why the taxpayer is filing Form 1040X.

The three columns on Form 1040X are as follows:

> ➢ Column A: The original return amount.
> ➢ Column B: The Net Change. Enter the change in amount for each line that is altered.
> ➢ Column C: The correct amount. Add or subtract column B (if there is an entry) from column A and enter amount in column C.

Example: Robert reported $41,000 as his adjusted gross income on his 2017 Form 1040. He then received another Form W-2 for $500 after he had already filed his return. He should complete line 1 of Form 1040X as follows:

	Column A	Column B	Column C
Line 1	$41,000	$500	$41,500

Use Part III on the back to explain any changes	A. Original amount or as previously adjusted (see instructions)	B. Net change—amount of increase or (decrease)—explain in Part III	C. Correct amount
Income and Deductions			
1 Adjusted gross income. If a net operating loss (NOL) carryback is included, check here ▶☐ 1			
2 Itemized deductions or standard deduction 2			
3 Subtract line 2 from line 1 3			
4 Exemptions. If changing, complete Part I on page 2 and enter the amount from line 29 4			
5 Taxable income. Subtract line 4 from line 3 5			

> ➢ Para declarar deudas incobrables o de título sin valor.
> ➢ Para declarar crédito o deducción fiscal extranjero.

El estado de una declaración enmendada se puede rastrear utilizando el portal web "¿Dónde está mi declaración enmendada?" en el sitio web del IRS después de proporcionar el número de identificación (SSN, ITIN, etc.), la fecha de nacimiento y el código postal.

No presente el Formulario 1040X en las siguientes situaciones:

> ➢ El contribuyente está solicitando un reembolso de multas e intereses o una adición a los impuestos que ya se han pagado. En su lugar, use el Formulario 843, *Reclamación de reembolso y solicitud de reducción*.
> ➢ El contribuyente, por su parte, está solicitando un reembolso de un pago en exceso conjunto que se compensó con una obligación vencida de su cónyuge. En su lugar, presente el Formulario 8379, *Asignación de cónyuge afectado*.

Los intereses y las multas también se cobrarán a partir de la fecha de vencimiento de la declaración por no presentación, negligencia, fraude, declaración con errores sustanciales, subestimaciones sustanciales de impuestos y devaluaciones informativas declarables.

Complete el Formulario 1040X

La parte I del 1040X es donde el contribuyente haría cambios que afectan las líneas 1 a 31 de la declaración de impuestos original. La Parte II es donde el contribuyente puede elegir que se asignen $3 al Fondo de Campaña de Elección Presidencial. Esto debe hacerse dentro de los 20.5 meses posteriores a la fecha de vencimiento original de la declaración. La parte III es para la explicación de los cambios. El IRS desea saber qué se cambió en la declaración y por qué el contribuyente presenta el Formulario 1040X.

Las tres columnas en el Formulario 1040X son las siguientes:

> ➢ Columna A: El importe de declaración original.
> ➢ Columna B: El cambio neto. Ingrese el cambio en la cantidad para cada línea que se modifica.
> ➢ Columna C: La cantidad correcta. Sume o reste la columna B (si hay un registro) de la columna A e ingrese la cantidad en la columna C.

Ejemplo: Robert declaró $41,000 como su ingreso bruto ajustado en su Formulario 1040 de 2017. Luego recibió otro Formulario W-2 por $500 después de que ya había presentado su declaración. Debe completar la línea 1 del formulario 1040X de la siguiente manera:

	Columna A	Columna B	Columna C
Línea 1	$41,000	$500	$41,500

Use Part III on the back to explain any changes		A. Original amount or as previously adjusted (see instructions)	B. Net change— amount of increase or (decrease)— explain in Part III	C. Correct amount
Income and Deductions				
1 Adjusted gross income. If a net operating loss (NOL) carryback is included, check here . . . . ▶☐	1			
2 Itemized deductions or standard deduction	2			
3 Subtract line 2 from line 1	3			
4 Exemptions. **If changing, complete Part I on page 2 and enter the amount from line 29**	4			
5 Taxable income. Subtract line 4 from line 3	5			

On Form 1040X, input the income, deductions, and credits as originally reported on the return in Column A, input the changes being made in Column B, and place the difference or sum in Column C. Next, figure the tax on the corrected amount of taxable income and calculate the amount owed or to be refunded. If the taxpayer owes taxes, the taxpayer should pay the full amount with Form 1040X. The tax owed will not be subtracted from any amount credited to estimated tax. If the taxpayer cannot pay the full amount due on the amended return, he or she can ask to make monthly installment payments using Form 9465. If the taxpayer overpaid taxes, he or she can have all or part of the overpayment refunded or have all or part of it applied to the estimated tax. The overpayment refunded based on the amended return is different and separate from any refund gained from the original return.

Part I of the 1040X is where the taxpayer would make changes that affect lines 1–30 of the original tax return. Part II is where the taxpayer can choose to have $3 go to the Presidential Election Campaign Fund, which must be done within 20.5 months after the original due date of the return. Part III is for the explanation of changes where the taxpayer explains what was changed on the return and why Form 1040X is being filed.

When assembling an amended return to be mailed, make sure that the schedules and forms are behind Form 1040X and that the taxpayer (and spouse if filing jointly) sign the 1040X. If the amendment was prepared by a paid tax preparer, the tax preparer must sign as well.

Señor 1040 Says: Make sure to use the correct form for the year that is being amended. To find the forms you need, go to www.irs.gov, and choose the correct form(s) to amend the tax return.

Attach these forms to the front of Form 1040X if they support changes made on the return:

➢ Forms W-2, W-2c, and Form 2439.
➢ Forms W-2G and 1099-R.
➢ Forms 1042S, SSA-1042S, RRB-1042S, and 8288-A.

When sending a check or money order to the IRS for payments of taxes due, do not attach the check to the return. Instead, enclose it in the envelope and make sure the check is made out to the "United States Treasury."

State Tax Liability

If a return is changed for any reason, it may affect the state income tax liability. This includes changes made as a result of an examination of the return by the IRS. The IRS will inform the taxpayer's state if adjustments are made on his or her federal tax return.

Summary and Review

This chapter gives a brief understanding of extensions and amendments. The paid tax professional must understand who must file for an extension and when to file an amendment as these are two separate processes.

Questions

En el Formulario 1040X coloque los ingresos, las deducciones y los créditos que se informaron originalmente en la declaración en la Columna A, ingrese los cambios que se están realizando en la Columna B y coloque la diferencia o suma en la Columna C. Luego, calcule el impuesto sobre el monto corregido de la renta imponible y calcule el importe adeudado o por reembolsar. Si el contribuyente debe impuestos, debe pagar el monto total con el Formulario 1040X. El impuesto adeudado no se restará de ninguna cantidad acreditada al impuesto estimado. Si el contribuyente no puede pagar el monto total adeudado en la declaración enmendada, puede solicitar el pago de cuotas mensuales utilizando el Formulario 9465. Si el contribuyente pagó los impuestos en exceso, puede hacer que se le reembolse la totalidad o parte del pago en exceso o que todo o parte se haya aplicado al impuesto estimado. El pago en exceso reembolsado basado en la declaración enmendada es diferente e independiente de cualquier reembolso obtenido de la declaración original.

La parte I del 1040X es donde el contribuyente haría cambios que afectan las líneas 1 a 30 de la declaración de impuestos original. La Parte II es donde el contribuyente puede elegir que se asignen $3 al Fondo de Campaña de Elección Presidencial, que debe realizarse dentro de los 20.5 meses posteriores a la fecha de vencimiento original de la declaración. La Parte III es para la explicación de los cambios donde el contribuyente explica qué se cambió en la declaración y por qué se presenta el Formulario 1040X.

Al reunir una declaración enmendada para ser enviada por correo, asegúrese de que los anexos y formularios estén detrás del Formulario 1040X y que el contribuyente (y su cónyuge, si declara conjuntamente) firmen el 1040X. Si la enmienda fue preparada por un preparador de impuestos pagado, el preparador de impuestos también debe firmar.

El señor 1040 dice: Asegúrese de usar el formulario correcto para el año que se está enmendando. Para encontrar los formularios que necesita, vaya a www.irs.gov, y elija los formularios correctos para modificar la declaración de impuestos.

Adjunte estos formularios al frente del Formulario 1040X si admiten los cambios realizados en la declaración:

> Formularios W-2, W-2c y Formulario 2439.
> Formularios W-2G y 1099-R.
> Formularios 1042S, SSA-1042S, RRB-1042S y 8288-A.

Al enviar un cheque o giro bancario al IRS para el pago de los impuestos adeudados, no adjunte el cheque a la declaración. En su lugar, adjúntelo al sobre y asegúrese de que el cheque se envíe al "Departamento del Tesoro de los Estados Unidos".

Obligación tributaria estatal

Si se modifica una declaración por cualquier motivo, puede afectar la obligación tributaria estatal sobre la renta. Esto incluye los cambios realizados como resultado de un examen de la declaración por parte del IRS. El IRS declarará el estado del contribuyente si se realizan ajustes en su declaración de impuestos federales.

Resumen y revisión

Este capítulo proporciona una breve comprensión de las prórrogas y enmiendas. El profesional de impuestos pagados debe entender quién debe solicitar una prórroga y cuándo debe presentar una enmienda, ya que estos son dos procesos separados.

Preguntas

These review questions are not part of the final exam and will not be graded by LTPA. To obtain maximum benefit from the course, LTPA recommends that you complete the following questions before you compare your answers with the provided solutions.

1. Which of the following is true when filing Form 4868?

    a. Interest is charged on the tax that was not paid by the due date of the return, even if an extension was filed.
    b. Electronic filing cannot be used to file an extension of time to file.
    c. Any U.S. citizen who is out of the country on April 15, 2019 is allowed an automatic six-month extension of time to file his or her return and pay any federal balance due.
    d. Filing Form 4868 provides an automatic two-month extension to file and pay income tax.

2. Which of the following is used to file a federal amended return?

    a. Form 1040
    b. Form 1040X
    c. Form 4868
    d. Form 2241

Answers

1. Which of the following is true regarding the filing of Form 4868?

    a. Interest is charged on the tax that was not paid by the due date of the return, even if an extension was filed.
    b. Electronic filing cannot be used to file an extension of time to file.
    c. Any U.S. citizen who is out of the country on April 18, 2017, is allowed an automatic six-month extension of time to file his or her return and pay any federal balance due.
    d. Filing Form 4868 provides an automatic two-month extension to file and pay income tax.

Feedback: File Form 4868, *Application for Automatic Extension*, for an automatic extension of six months for filing a federal return. This is an extension for filing only. The tax is still due on the regular due date and cannot be extended.

2. Which of the following is used to file a federal amended return?

    a. Form 1040
    b. Form 1040X
    c. Form 4868
    d. Form 2241

Feedback: An amended tax return is filed using Form 1040X if the original return must be corrected and if the corrections will alter the current tax calculations. An amended return cannot be filed unless the original return has already been completed. Form 4868 is used to file an extension. Form 2441 is used to report Child and Dependent Care Expenses, and Form 1040 is the original tax return form.

Estas preguntas de revisión no forman parte del examen final y no serán calificadas por LTPA. Para obtener el máximo beneficio del curso, LTPA recomienda que complete las siguientes preguntas antes de comparar sus respuestas con las soluciones proporcionadas.

1. ¿Cuál de las siguientes afirmaciones es verdadera al presentar el Formulario 4868?

    a. Se cobran intereses sobre el impuesto que no se pagó en la fecha de vencimiento de la declaración, incluso si se presentó una prórroga.
    b. La presentación electrónica no se puede utilizar para presentar una prórroga para declarar.
    c. A cualquier ciudadano de los Estados Unidos que se encuentre fuera del país el 15 de abril de 2019 se le permite una prórroga automática de seis meses para presentar su declaración y pagar cualquier saldo federal adeudado.
    d. El formulario de presentación 4868 proporciona una prórroga automática de dos meses para presentar y pagar el impuesto sobre la renta.

2. ¿Cuál de las siguientes opciones se utiliza para presentar una declaración federal enmendada?

    a. Formulario 1040
    b. Formulario 1040X
    c. Formulario 4868
    d. Formulario 2241

Respuestas

1. ¿Cuál de las siguientes afirmaciones es verdadera al presentar el Formulario 4868?

    a. Se cobran intereses sobre el impuesto que no se pagó en la fecha de vencimiento de la declaración, incluso si se presentó una prórroga.
    b. La presentación electrónica no se puede utilizar para presentar una prórroga para declarar.
    c. A cualquier ciudadano de los Estados Unidos que se encuentre fuera del país el 15 de abril de 2019 se le permite una prórroga automática de seis meses para presentar su declaración y pagar cualquier saldo federal adeudado.
    d. El formulario de presentación 4868 proporciona una prórroga automática de dos meses para presentar y pagar el impuesto sobre la renta.

Comentarios: Presente el Formulario 4868, *Solicitud de prórroga automática,* a fin de solicitar una prórroga automática de seis meses para presentar una declaración federal. Esta es una prórroga solo para presentar una declaración. El impuesto aún se debe a la fecha de vencimiento regular y no se puede extender.

2. ¿Cuál de las siguientes opciones se utiliza para presentar una declaración federal enmendada?

    a. Formulario 1040
    b. Formulario 1040X
    c. Formulario 4868
    d. Formulario 2241

Comentarios: Una declaración de impuestos enmendada se presenta utilizando el Formulario 1040X si la declaración original debe ser corregida y si las correcciones alterarán los cálculos de impuestos actuales. No se puede presentar una declaración enmendada a menos que ya se haya completado la declaración original. El formulario 4868 se utiliza para presentar una prórroga. El formulario 2441 se usa para declarar los gastos de cuidado de hijos y dependientes, y el formulario 1040 es el formulario de declaración de impuestos original.

Ya está listo/a para responder las preguntas de repaso

Vaya a su cuenta en línea

Appendix I
Glossary

§1031 exchange: a §1031 exchange (like-kind exchange) does not recognize gain if the replacement property is like-kind. The transferred and received properties must be held for productive use in either a trade or business or for investment. There are certain rules for like-kind exchanges between related parties.

Abstract fees: Expenses generally paid by a buyer to research the title of real property.

Academic period: A semester, trimester, quarter, or other period of study (such as summer school session) as reasonably determined by an educational institution. If an educational institution uses credit hours or clock hours and does not have academic terms, each payment period can be treated as an academic period.

Accrual method: An accounting method under which income is reported when the taxpayer earned it, whether or not the taxpayer has received it. Expenses are generally deducted when the taxpayer has incurred the liability.

Acknowledgment (ACK): A report generated by the IRS to a transmitter that indicates receipt of all transmissions. An ACK report identifies the returns in each transmission that are accepted or rejected for specific reasons.

ACRS: The accelerated cost recovery system (ACRS) is a method of depreciation that depreciates an asset using recovery periods instead of useful life.

Active conduct of a trade or business: Generally, for the section 179 deduction, a taxpayer is considered to conduct a trade or business activity if he/she meaningfully participates in the management or operations of the trade or business. A mere passive investor in a trade or business does not actively conduct the trade or business.

Active participation/Material participation: The taxpayer must have owned at least 10% of the rental property and must have made management decisions in a significant and bona fide sense.

Acquisition indebtedness: Can be incurred with respect to a taxpayer's principal residence plus one other residence, such as a vacation home.

Actual auto expense: Expense incurred by the taxpayer during the course of conducting his/her trade or business. Instead of using the standard mileage rate, the taxpayer deducts the actual cost of operating his/her vehicle for business.

Adequate disclosure: Sufficient revelation of facts or reasons for a position involving the preparation of a tax return.

Adopted child: A child in the taxpayer's home placed by an authorized placement agency. An authorized placement agency includes any person authorized by state law to place children for legal adoption. The adoption does not have to be final.

Adjustments to income: Deductions taken from the total income on line 22, Form 1040. This subtraction from total income results in the adjusted gross income.

Adjusted basis: A value used as a starting point to compute depreciation or gain on the disposition of fixed assets for tax purposes.

Adjusted gross income (AGI): Total income reduced by allowable adjustments, such as for an IRA, student loan interest, alimony, and Keogh deductions. The AGI is important in determining whether various tax benefits are phased out.

Adjusted qualified education expenses (AQEE): Qualified education expenses reduced by any tax-free educational assistance, such as a tax-free scholarship or employer-provided educational assistance. They must also be reduced by any qualified education expenses deducted elsewhere on the return, used to determine an education credit or other benefit, or used to determine a tax-free distribution.

Adjusted sales price: Selling price minus expenses of sale, fix-up expenses of property, or assets.

Adoption taxpayer identification number (ATIN): A tax-processing number issued by the IRS as a temporary taxpayer identification number for a child in the domestic adoption process who is not yet eligible for a social security number (SSN). An ATIN is not a permanent identification number and is intended only for temporary use. To obtain an ATIN, complete IRS Form W-7A, *Application for Taxpayer Identification Number for Pending US Adoptions.*

Advanced payment of the premium tax credit (APTC): A payment during the year to the taxpayer's insurance provider that pays part or all premiums for a qualified health plan covering the taxpayer or an individual in the tax family.

Advance rent: Any amount of rent the taxpayer receives before the period that the payment covers.

Aiding and abetting: The act of helping or assisting another individual in an attempt to evade that individual's tax liability.

Alimony: Alimony payments received from the taxpayer's spouse or former spouse; they are taxable in the year received.

Alternative minimum tax (AMT): A levy designed with the intent that everyone should pay a fair share of tax. The tax applies to individuals, estates, trusts, and corporations, and reduces the tax advantage of certain benefits known as tax preference items. The tax is imposed at a flat rate on the taxpayer's alternative minimum taxable income that exceeds his regular tax liability; the excess amount is payable in addition to the regular tax.

Amount realized: The total of all money received plus the fair market value of all property or services received from a sale or exchange. The amount realized also includes any liabilities assumed by the buyer and any liabilities to which the property transferred is subject, such as real estate taxes or a mortgage.

Amortization: The gradual reduction of an amount over time. Examples are amortized expenses on limited life intangible assets and deferred charges. Assets with limited life have to be written down over the period benefited.

Annual additions: Annual additions are the total of all of the taxpayer's IRA contributions in a year, employee contributions (not including rollovers), and forfeitures allocated to a participants account.

Annual benefits: Annual benefits are the benefits to be paid yearly in the form of a straight life annuity (with no extra benefits) under a plan to which employees do not contribute and under which no rollover contributions are made.

Annuity: A series of equal periodic payments or receipts. Examples of an annuity are semiannual interest receipts from a bond investment and cash dividends from a preferred stock.

Asset: A resource expected to provide future economic benefits. Anything owned that has monetary value; any interest in real or personal property. Property, including cash, that has value.

At-risk: The taxpayer's liability for an activity to the extent that cash and the adjusted basis of other property contributed to the activity and certain amounts borrowed for use in the activity.

At-risk rules: Rules that limit the amount of loss the taxpayer may deduct to the amount of the loss in the activity.

Audits: An examination of a taxpayer's books and records performed by the Internal Revenue Service.

Authorized IRS e-file provider: A firm accepted to participate in IRS e-file.

Automated clearing house (ACH): A system that administers electronic funds transfers (EFTs) among participating financial institutions. An example of such a transfer is the direct deposit of a tax refund from the IRS into a taxpayer's account at a financial institution.

Bankruptcy: Typically, a formal petition filed in Bankruptcy Court under Chapter 7, 11, or 13.

Bankruptcy exclusion: No amount of cancelled debt is included in a taxpayer's gross income by reason of a discharge of indebtedness (in whole or in part) in a bankruptcy proceeding.

Basis: A figure or value that is the starting point in computing gain or loss, depreciation, depletion, or amortization.

Basis of property: Cost of the property when purchased or built. If acquired by inheritance, it is the fair market value at the date of death. If received as a gift, the recipient's basis is that of the donors.

Batch: A single transmission consisting of the electronic data from single or multiple tax returns.

Beginning inventory: The cost of items available for sale. This should be the same as last year's closing inventory.

Beneficiary: An individual who will receive an inheritance upon the death of another.

Business: A business is an activity in which a profit motive is present and economic activity is involved. Service as a newspaper carrier under age 18 or as a public officer is not a business.

Business mileage: Mileage traveled by a taxpayer during the course of conducting his/her trade or business. The taxpayer must use a vehicle that he/she owns or leases.

Business/investment use: Usually, a percentage showing how much an item of property, such as an automobile, is used for business and investment purposes.

Candidate for a degree: A student who meets either of the following requirements:
1. Attends a primary or secondary school or pursues a degree at a college or university, or
2. Attends an accredited educational institution that is authorized to provide:
   a. A program that is acceptable for full credit toward a bachelor's or higher degree, or
   b. A program of training to prepare students for gainful employment in a recognized occupation.

Capital gain: Gain from the disposition or exchange of a capital asset.

Capital gain distribution: Paid by mutual funds and real estate investment trusts. Capital gains may be taxed at different rates.

Capital improvements: Costs that add to the value of the asset. These do not include repairs or maintenance.

Capital loss: Loss from the disposition or exchange of a capital asset.

Capitalized: Expended or treated as an item of a capital nature. A capitalized amount is not deductible as a current expense and must be included in the basis of property.

Carryover: An amount that is unable to be used in the current year due to restrictions.

Cash method: An accounting method under which the taxpayer reports income in the year in which it was actually or constructively received. Generally, expenses are deducted in the year they are paid.

Casualty and theft: The loss of property through a disaster, fire, storm, or theft.

Child support: Payments for support of a child pursuant to the court order, of divorce decree, or other legal obligation.

Class life: A number of years that establishes the property class and recovery period for most types of property under the general depreciation system (GDS) and alternate depreciation system (ADS).

Circumstantial evidence: Details or facts that indirectly point to other facts.

Codes of conduct: An established set of rules that are designated to determine the boundaries in which behavior is deemed acceptable.

Coercion: Intimidation or force.

Combat pay, nontaxable: If the taxpayer was a member of the U.S. armed forces and served in a combat zone, certain pay is excluded from his/her income (see "Combat Zone Exclusion" in Publication 3). The solider can elect to include this pay in his/her earned income when figuring EIC. The amount of the taxpayer's nontaxable combat pay should be shown in Form(s) W-2, box 12, with code Q. If he is filing a joint return and both the taxpayer and his/her spouse received nontaxable combat pay, they can each make their own election.

Common-law employee: A common-law employee is any individual who, under common law, would have the status of an employee. A leased employee can also be a common-law employee.

Commuting mileage: Mileage traveled from home to work and from work to home.

Compensation: A direct or indirect monetary or nonmonetary reward given to employees, usually taxed as ordinary income.

Constructive receipts: Income that has been credited or made available to the taxpayer even though the taxpayer may not have yet actually received it.

Contribution: A contribution is an amount the taxpayer paid into a plan for all those participating in the plan, including self-employed individuals. Limits may apply.

Convention: A method established under the modified accelerated cost recovery system (MACRS) to determine the portion of the year to depreciate property both in the year the property is placed in service and in the year of disposition.

Conversion: The changing of assets from a traditional, SEP, or SIMPLE IRA to a Roth IRA. A Roth conversion is treated as ordinary income to the IRA owner. Except for amounts attributable to after tax rollovers or nondeductible contributions, the conversion will be taxed.

Cost of goods sold: A total that represents the cost of buying new raw material and the cost of producing the finished goods such as overhead, labor, and utilities.

Cost of labor: The cost of labor used in the actual production of the goods.

Cost of a retirement plan: All of an employee's contributions paid into a qualified plan and any contributions paid into a plan by an employer that were taxable at the time they were paid.

Credits: A tax credit reduces the taxpayer's current tax liability dollar for dollar. There are two categories of credits: refundable and nonrefundable.

California Tax Education Council (CTEC): The governing board for the state of California that oversees paid tax preparers and the vendors who are able to teach tax courses in the state of California.

Debt indicator (DI): A field on an ACK report that indicates whether a debt offset or a taxpayer's refund will occur. It does not indicate how much the offset will be. Offsets taken by the IRS may be for current- and prior-year tax obligations. Offsets taken by the Financial Management IRS (FMS) are for past-due student loans, child support, federal taxes, or other governmental agency debts.

Decedent: A person who has died.

Declining balance method (DBM): An accelerated method to depreciate property. The general depreciation system (GDS) of MACRS uses the 150 percent or 200 percent declining balance methods for certain types of property. A depreciation rate (percentage) is determined by dividing the declining balance by the recovery period for the property.

Declaration control number (DCN): A unique fourteen-digit number assigned by the ERO (or transmitter, in the case of online filing) to each electronically filed tax return.

Deductible: An amount that allows a reduction of the AGI.

Deductions in respect to the decedent: Deductions for which the decedent would have been liable, such as business expenses, interest, taxes, or income-producing expenses, but that were not deductible on the decedent's final tax return.

Dependent: Individual who is supported by a taxpayer with respect to whom the taxpayer is entitled to claim an exemption allowance on his income tax return.

Depositor account number (DAN): The financial institution account to which a direct deposit refund is to be routed.

Depreciation: Spreading out of the original cost over the estimated life of the fixed assets such as plants and equipment. Depreciation reduces taxable income.

Designated beneficiary: The individual named in the document creating the account/plan that is to receive the benefit of the funds in the account/plan.

Director of Office of Professional Responsibility: An individual assigned to enforce the rules and regulations for tax professionals.

Direct deposit: An electronic transfer of a refund into a taxpayer's financial institution account.

Direct expense: Expenses incurred only as a result of conducting business in the home.

Disreputable conduct: Behavior that is considered dishonest or outside of the rules or guidelines set forth by the Internal Revenue Service.

Disability income: The amount paid to an employee under an insurance or pension plan while the employee is absent from work because of a disability. If the employer paid the insurance premiums, the amount received is taxable income. If the employee paid the premiums, it is nontaxable.

Disposed: Permanently withdrawn from use in a trade or business or from the production of income.

Distributions: A payment of cash or property made to a taxpayer.

Dividends: Distribution of earnings paid to stockholders based on the number of shares owned.

Documentary evidence: Written records that establish certain facts.

Drain: The IRS scheduled time for processing electronically filed return data.

Due diligence: The practice of assuring correctness in tax preparation through thorough tax client interviews. Thoroughly completing the proper worksheets and forms will aid in assuring correctness.

Early distribution: Amounts received by the taxpayer from a pension, annuity, or IRA prior to reaching age 59½. Early distributions are subject to a 10 percent penalty (some exceptions apply).

Earned income: Wages the taxpayer receives from working. There are two ways to receive earned income:

> ➤ The taxpayer works for someone who pays him/her.
> ➤ The taxpayer works in a business he/she owns.

Earned income credit (EIC): A refundable individual income tax credit for certain persons who work.

EIC recertification: A requirement for a taxpayer previously denied EIC to provide additional information on Form 8862, *Information to Claim Earned Income Credit after Disallowance*, when he/she files a similar EIC claim on a subsequent return.

Electronic federal tax payments systems (EFTPS): A free service from the US Treasury through which federal taxes may be paid. Taxes can be paid via the Internet, by phone, or through a service provider. After authorization, payments are electronically transferred from the authorized bank account to Treasury's general account.

Electronic filing identification number (EFIN): An identification number assigned by the IRS to accept applicants for participation in IRS e-file.

Electronic filing: A system whereby tax returns are transmitted electronically to the Internal Revenue Service.

Electronic funds transfer (EFT): The process through which direct refunds are transmitted from the government to the taxpayer's account at a financial institution.

Electronic funds withdrawal (EFW): A payment method that allows the taxpayer to authorize the US Treasury to electronically withdraw funds from his/her checking or savings account.

Electronic postmark: The date and time the electronic return is first received on the transmitter's host computer in the transmitter's time zone. The ERO, or the taxpayer in the case of online filing, adjusts the time to his/her time zone to determine timeliness.

Electronic Return Originator (ERO): An authorized IRS e-file provider who originates the electronic submission of returns to the IRS.

Electronic signature: Method of signing a return electronically through the use of a personal identification number (PIN).

Electronic Tax Administration (ETA): The office within the IRS with management oversight of the IRS's electronic commerce initiatives. The mission of the ETA is to revolutionize how taxpayers transact and communicate with the IRS.

Electronic Tax Administration Advisory Committee (ETAAC): An advisory group established by the IRS Restructuring and Reform Act of 1998 to provide an organized public forum for discussion of ETA issues in support of the overriding goal that paperless filing should be the preferred and most convenient method of filing tax and information returns.

Electronic transmitter identification number (ETIN): An identification number assigned by the IRS to a participant in IRS e-file that performs activity of transmission and/or software development.

Electronically transmitted documents (EDT): A system created to process electronic documents that are not attached to a tax return and are filed separately from the tax return.

Eligible educational institution:
1. American opportunity credit. Any college, university, vocational school, or other postsecondary educational institution eligible to participate in a student aid program administered by the Department of Education. It includes virtually all accredited public, nonprofit, and proprietary (privately owned profit-making) postsecondary institutions.
2. Coverdell education savings account (ESA). Any college, university, vocational school, or other postsecondary educational institution eligible to participate in a student aid program administered by the Department of Education. It includes virtually all accredited public, nonprofit, and proprietary (privately owned profit-making) postsecondary institutions. Also included is any public, private, or religious school that provides elementary or secondary education (kindergarten through grade 12), as determined under state law.
3. Education savings bond program. Same as American opportunity credit in this category.
4. IRA, early distributions from. Same as American opportunity credit in this category.
5. Lifetime learning credit. Same as American opportunity credit in this category.
6. Qualified tuition program (QTP). Same as American opportunity credit in this category.
7. Scholarships and fellowship grants. An institution that maintains a regular faculty and curriculum and normally has a regularly enrolled body of students in attendance at the place where it carries on its educational activities.
8. Student loan, cancellation of. Same as Scholarships and fellowship grants in this category.
9. Student loan interest deduction. Any college, university, vocational school, or other postsecondary educational institution eligible to participate in a student aid program administered by the Department of Education. It includes virtually all accredited public, nonprofit, and proprietary (privately owned profit-making) postsecondary institutions. Also included is an institution that conducts an internship or residency program leading to a degree or certificate from an institution of higher education, a hospital, or health care facility that offers postgraduate training.
10. Tuition and fees deduction. Same as American opportunity credit in this category.

Eligible student:

1. A student who meets all of the following requirements for the tax year for which the credit is being determined
   - ➤ Did not have expenses that were used to figure an American opportunity or Hope scholarship credit in any 4 earlier tax years.
   - ➤ ·Had not completed the first 4 years of postsecondary education (generally the freshman through senior years).
   - ➤ ·For at least one academic period beginning in the tax year, was enrolled at least half-time in a program leading to a degree, certificate, or other recognized educational credential at an eligible educational institution.
   - ➤ ·Was free of any federal conviction for possessing or distributing a controlled substance as of the end of the tax year.
2. Lifetime learning credit. A student who is enrolled in one or more courses at an eligible educational institution.
3. Student loan interest deduction. A student who was enrolled at least half-time in a program leading to a postsecondary degree, certificate, or other recognized educational credential at an eligible educational institution.
4. Tuition and fees deduction. A student who is enrolled in one or more courses at an eligible educational institution.

Employee contributions: Amounts paid by the employee into an employee benefit program or plan.

Employer identification number (EIN): A taxpayer identification number issued to an entity other than an individual.

Ending inventory: The cost of merchandise remaining in stock at the close of the tax year. This is inventory figured at the end of the tax year and is used as the beginning inventory for the next year's return.

Enrolled agents: A person who is qualified to practice before the Internal Revenue Service. Enrolled agents have passed a two-day IRS examination or have worked in a technical area of the IRS for at least five years.

Error reject code (ERC): Codes included on an acknowledgment (ACK) report for returns that are rejected by the IRS. ERC explanations are published annually prior to the filing season in Publication 1345A, *Filing Season Supplement for Authorized IRS e-file Providers of Individual Income Tax Returns*, and Publication 1346, *Electronic Return File Specifications and Record Layout for Individual Income Tax Returns*.

Estate tax: A levy paid to the federal government or state on a deceased person's assets that have been left to heirs. The estate pays the tax, not the recipients. No estate tax exists for property going from one spouse to another.

Estimated taxes: A quarterly payment made to the US Treasury Department on income not subject to withholding taxes. The payment represents a projection of the taxpayer's ultimate tax liability for the taxable period.

Ethics: Standards of conduct and moral judgment; the system of morals of an individual person.

Evade: To avoid by deceit or dishonesty.

Excess contributions: Contributions made to a tax-deferred arrangement in excess of the allowed limits.

Exchange: To barter, swap, part with, give, or transfer property for other property or services.

Exclusively: Must be used for business purposes only.

Exclusion: Income that is allowed by the Code to be excluded from gross income. The term may also be used to refer to amounts that may be excluded for estate tax, gift tax, and self-employment tax purposes.

Exemption: An additional amount that the taxpayer may deduct from his/her adjusted gross income to arrive at his/her taxable income. The taxpayer may deduct the personal exemption amount for him- or herself, spouse, and dependents.

Fair market value (FMV): The price that property brings when it is offered for sale by one who is willing but not obligated to sell and is bought by one who is willing or desires to buy but is not compelled to do so.

Fair rental value: An amount that a person who is not related to the taxpayer would be willing to pay for rental use.

FICA: Provides benefits for retired workers and their dependents as well as for disabled workers and their dependents. Also, known as the social security tax.

Fiduciary: One who acts on behalf of another as a guardian, trustee, executor, administrator, receiver, or conservator.

FIFO (first in, first out): A method of inventory valuation in which the first items entered into inventory are considered the first ones sold.

Financial Management Service (FMS): The agency of the Department of the Treasury through which payments to and from the government, such as direct deposit of refunds, are processed.

Form field number/Form sequence (SEQ) number: The identifier of specific data on an electronic tax return record layout as defined in Publication 1346, *Electronic Return File Specifications and Record Layouts for Individual Income Tax Returns.*

Foster child: A foster child is any child placed with the taxpayer by an authorized placement agency or by judgment, decree, or other order of any court of competent jurisdiction. For more details on authorized placement agencies, see Publication 596.

Fraud: Act of deceiving or misrepresenting. Persons who file or assist in filing a materially false or fraudulent return may be subject to a criminal penalty of up to $100,000 and/or up to three years in prison plus the cost of prosecution.

Fraudulent return: A return in which the individual is attempting to file using someone else's name or SSN on the return or where the taxpayer is presenting documents or information that have no basis in fact. Fraudulent returns should not be filed with the IRS.

Fringe benefit: An indirect compensation provided to an employee; generally, includes life and health insurance, as well as pension plans.

Frivolous: Lacking in substantial correctness or containing information that is knowingly incorrect; an attempt at evading taxes.

Fungible commodity: A commodity of a nature that one part may be used in place of another part.

Gain: Excess of money or fair value of property received on sale or exchange over the carrying value of the item.

Goodwill: An intangible property such as the advantage or benefit received in property beyond its mere value. It is not confined to a name but can be attached to a particular area where business is transacted, to a list of customers, or to other elements of value in business as a going concern.

Gramm-Leach-Bliley Act: An act that imposed requirements on financial institutions to protect the privacy of nonpublic personal information of their clients.

Grandchild: Any descendant of the taxpayer's son, daughter, adopted child, or stepchild. For example, a grandchild includes the taxpayer's great-grandchild, great-great-grandchild, etc.

Grantor: The one who transfers property to another.

Gross income: Money, goods, services, and property a person receives that must be reported on a tax return. Includes unemployment compensation and certain scholarships. It does not include welfare benefits and nontaxable social security benefits; Amount of total income received by the taxpayer from all sources before any adjustments or deductions are completed.

Half-time student: A student who is enrolled for at least half the full-time academic workload for the course of study the student is pursuing, as determined under the standards of the school where the student is enrolled.

Hobby: An activity not pursued for profit.

Holding period: A time interval that property has been owned by the entity.

Home mortgage interest: Interest paid on a personal residence.

Improvements: Adds to the value of the property and prolongs its useful life. For example, paving a driveway is considered an improvement.

Income in respect of the decedent: An amount that a decedent was entitled to receive as gross income. However, because of his/her method of accounting, it was not included in gross income for any period before death.

Independent contractor: A person who is self-employed and contracts his/her services to other businesses.

Indirect expenses: Expenses for running the entire home.

Individual taxpayer identification number (ITIN): A tax processing number that became available on July 1, 1996, for certain nonresident and resident aliens, their spouses, and their dependents. The ITIN is available only from the IRS for those individuals who cannot obtain a social security number (SSN). To obtain an ITIN, complete IRS Form W-7, *Application for IRS Individual Identification Number.*

Individual retirement account (IRA): A personal savings plan that offers the taxpayer tax advantages to set aside money for retirement or, in some plans, for certain education expenses. Contributions may be deductible or nondeductible depending upon the taxpayer's modified AGI.

Injured spouse: A taxpayer who files a joint return with a spouse and is due a refund that is likely to be assessed because the spouse owes past-due taxes, child support, or student loans.

Innocent spouse: A taxpayer who files a joint return with a spouse who has incorrectly reported information on their joint return.

Insolvent: There is an excess of liabilities over the FMV of assets, determined on the basis of the taxpayer's assets and liabilities immediately before the discharge.

Installment sale: A sale of property where at least one payment will be received in a taxable year following the year of sale.

Instrument: A legal document that records an act or an agreement. Instruments may also be considered as contracts, notes, and leases.

Intangible property: Property that has value that cannot be seen or touched, such as goodwill, patents, copyrights, and computer software.

Interest: Income received from investments on which payments received by the taxpayer reflect the time value of money.

Internal Revenue Code (IRC): Legislation passed by Congress that specifies what income is to be taxed, how it is to be taxed, and what deductions may be taken from taxable income.

Internal Revenue Service (IRS): A division of the Department of Treasury; the agency that is responsible for the administration and collection of federal taxes.

Investment interest: The interest paid or accrued on money borrowed that is allocable to property held for investment.

Itemized deduction: Individualized tax deductions of specific items allowed by the Internal Revenue Service.

Itemized deduction limitation: A restriction placed on taxpayers with an AGI that exceeds a predetermined threshold and that requires the taxpayer to limit his/her deductions.

Joint ownership: Owned equally by all parties on the deed.

Keogh: A tax-deferred pension plan designed for self-employed individuals or employees of unincorporated businesses

LIFO (last in, first out): A method of inventory valuation in which the last items entered into inventory are considered the first items sold.

Liquidating dividends: Dividends that are issued as a result of the corporation becoming partially or completely liquidated.

Listed property: Passenger automobiles; any other property used for transportation; property of a type generally used for entertainment, recreation, or amusement; computers and their peripheral equipment (unless used only at a regular business establishment and owned or leased by the person operating the establishment); and cellular telephones or similar telecommunications equipment.

Lump-sum distribution: The payment of a taxpayer's entire retirement or pension plan in one payment, instead of steady payments made over time.

MACRS: Modified accelerated cost recovery system (MACRS) is a method of depreciation that replaced the accelerated cost recovery system (ACRS). The asset is depreciated over a longer life than with ACRS.

Medical savings account (MSA): A medical savings account is an account in which tax-deferred deposits can be made for use as medical expenses.

Members of the military: If the taxpayer was on extended active duty outside the United States, his/her home is considered to be in the United States during that duty period. Extended active duty is military duty ordered for an infinite period or for a period of more than ninety days. Once the taxpayer begins serving extended active duty, he/she is considered to be on extended active duty even if he/she serves fewer than ninety days.

Misrepresentation: To represent falsely.

Modified adjusted gross income (MAGI):

1. American opportunity credit. Adjusted gross income (AGI) as figured on the federal tax return, modified by adding back any:
   - Foreign earned income exclusion,
   - Foreign housing exclusion,
   - Foreign housing deduction,
   - Exclusion of income by bona fide residents of American Samoa, and
   - Exclusion of income by bona fide residents of Puerto Rico.

2. **Coverdell education savings account (ESA).** Same as American opportunity credit in this category.

3. **Education savings bond program.** Adjusted gross income (AGI) as figured on the federal income tax return without taking into account any savings bond interest exclusion and modified by adding back any:
   - Foreign earned income exclusion,
   - Foreign housing exclusion,
   - Foreign housing deduction,
   - Exclusion of income by bona fide residents of American Samoa, and
   - Exclusion of income by bona fide residents of Puerto Rico.
   - Exclusion for adoption benefits received under an employer's adoption assistance program,
   - Deduction for student loan interest,
   - Deduction for tuition and fees and
   - Deduction for domestic production activities.

4. **Lifetime learning credit.** Same as American opportunity credit in this category.

5. **Student load interest deduction.** Adjusted gross income (AGI) as figured on the federal income tax return without taking into account any student loan interest deduction, tuition and fees deduction, or domestic production activities deduction, and modified by adding back any:
   - Foreign earned income exclusion,
   - Foreign housing exclusion,
   - Foreign housing deduction,
   - Exclusion of income by bona fide residents of American Samoa, and
   - Exclusion of income by bona fide residents of Puerto Rico.

6. **Tuition and fees deduction.** Adjusted gross income (AGI) as figured on the federal income tax return without taking into account any student loan interest deduction, tuition and fees deduction, or domestic production activities deduction, and modified by adding back any:
   - Foreign earned income exclusion,
   - Foreign housing exclusion,
   - Foreign housing deduction,
   - Exclusion of income by bona fide residents of American Samoa, and
   - Exclusion of income by bona fide residents of Puerto Rico.

Mutual fund: A mutual fund is a regulated investment company generally created by "pooling" funds of investors to allow them to take advantage of diversity of investments and professional management.

Name control: The first four significant letters of a taxpayer's last name used in connection with the taxpayer's SSN to identify the taxpayer, spouse, and dependents.

Necessary expense: An expense that is appropriate and helpful to the taxpayer's trade or business.

Net earnings: Earnings after deductions; net profit.

Net operating loss (NOL): A NOL may occur when the taxpayer's deductions exceed his/her income; the loss may be caused by one or more of the following:

➢ From a business
➢ From work as an employee
➢ For casualty and theft losses
➢ Moving expenses and rental property

Noncapital asset: Property that is not a capital asset.

Nondeductible: An expense that does not reduce AGI.

Nonrefundable credits: May reduce the taxpayer's tax liability to zero. If the credit is more than the tax liability, the excess is not refunded. Most credits are nonrefundable. Specifically, child- and dependent-care credits, child tax credits, credits for the elderly and disabled, education credits, foreign tax credits, and adoption credits are nonrefundable. (That is, they may reduce the tax due to zero but will not produce payments to the taxpayer.)

Nonresident aliens: If the taxpayer's filing status is married filing jointly, more research will be required. Obtain Publication 596.

Nonresidential real property: Most real property other than residential real property.

Nonqualified employee plan: An employer's plan that does not meet Internal Revenue Code requirements for qualified employee plans. It does not qualify for most of the tax benefits of a qualified plan.

Nontaxable income: Income that is exempt from tax. When a return must be filed, nontaxable income will be shown on the return but will not be added into the amount of income.

Nonsubstantive change: A correction or change limited to a transposition error, misplaced entry, spelling error, or arithmetic correction that does not require new signatures or authorizations to be transmitted or retransmitted.

Offer in compromise (OIC): An offer of settlement made by a taxpayer to the Internal Revenue Service regarding an unpaid tax when it is unlikely that the tax liability can be collected in full.

Ordering rule: If only a portion of a discharge indebtedness is qualified principal residence indebtedness, the exclusion applies only to so much of the amount discharged that exceeds the portion of the debt that is not qualified principal residence indebtedness.

Ordinary dividends: Dividends that are paid out of the corporation's earnings and profits.

Ordinary expense: An expense that is common and accepted in the taxpayer's trade or business.

Original issue discount (OID): A form of interest; the amount by which the stated redemption price at maturity of a debt instrument is more than its issue price.

Originate/Originator: Originator of an electronic tax return submission occurs when an ERO 1) directly transmits electronic returns to the IRS, 2) sends electronic returns to a transmitter, or 3) provides tax return data to an intermediate service provider.

Other costs: A proportion of overhead expenses related to creating a product.

Other income: Income that is not reportable under any of the other income categories. Examples of income that may be reportable under this category are commissions, insurance proceeds, patronage distributions, prizes, and racing purses.

Part-interest expense: If the taxpayer owns a part in a rental property, the taxpayer can deduct his/her part of the rental expenses for that property.

Part-interest income: If the taxpayer owns a part interest in a rental property, the taxpayer must report his/her part of the rental income from that property.

Partnership: Form of business organization created by an agreement between two or more persons who contribute capital and/or their services to the organization.

Passive activity: An income-producing activity or venture in which the taxpayer does not materially participate.

Pension plan: A plan set up by an employer for the benefit of employees that adheres to the rules mandated by the IRS.

Permanently and totally disabled child: Any child who cannot engage in any substantial gainful activity because of a physical or mental condition; a doctor has determined that this condition:

> ➢ Has lasted or can be expected to last continuously for at least a year
> ➢ Can lead to death

Personal exemptions: Additional amount the taxpayer may deduct from adjusted gross income to arrive at taxable income. This amount is adjusted every year.

Personal residence: A home of an individual. It is the place to which an individual plans to return as a home after temporary absences.

Phaseouts: The reduction or elimination of various tax benefits as a taxpayer's income exceeds specified levels.

Placed in service: Ready and available for a specific use whether in a trade or business, the production of income, a tax-exempt activity, or a personal activity.

Points: Interest that the lender charges to make a loan. On the settlement statement, points are "loan origination fees."

Preparer tax identification number (PTIN): An identifying number issued by the IRS to be used by a paid preparer on a tax return instead of the paid preparer's social security number.

Principal place of business: Place where a taxpayer conducts most of his/her business the majority of the time.

Professional conduct: Competent, honest, and ethical behavior.

Property class: A category for property under MACRS. It generally determines the depreciation method, recovery period, and convention.

Purchase: The inventory or raw materials for manufacturing, merchandising, or mining, plus costs of shipping minus purchases for personal use.

Qualified education expenses:

1. **American opportunity credit.** Tuition and certain related expenses (including student activity fees) required for enrollment or attendance at an eligible educational institution. Does not include expenses for room and board. Does not include expenses for courses involving sports, games, or hobbies (including noncredit courses) that are not part of the student's postsecondary degree program.
2. **Coverdell education savings account (ESA).** Expenses related to or required for enrollment or attendance of the designated beneficiary at an eligible elementary, secondary, or postsecondary school. Many specialized expenses included for K-12. Also included expenses for special needs services and contribution to qualified tuition program (QTP).
3. **Education savings bond program.** Tuition and fees required to enroll at or attend an eligible educational institution. Also includes contributions to a qualified tuition program (QTP) or Coverdell education savings account (ESA). Does not include expenses for room and board. Does not include expenses for courses involving sports, games, or hobbies that are not part of a degree or certificate granting program.
4. **IRA early distributions from.** Tuition, fees, books, supplies, and equipment required for enrollment or attendance at an eligible educational institution, plus certain limited costs of room and board for students who are enrolled at least half-time. Also includes expenses for special needs services incurred by or for special needs students in connection with their enrollment or attendance.
5. **Lifetime learning credit.** Tuition and certain related expenses required for enrollment or attendance at an eligible educational institution. Student-activity fees and expenses for course-related books, supplies, and equipment are included only if the fees and expenses must be paid to the institution as a condition of enrollment or attendance. Does not include expenses for room and board. Does not include expenses for courses involving sports, games, or hobbies (including noncredit courses) that are not part of the student's postsecondary degree program, unless taken by the student to acquire or improve job skills.
6. **Qualified tuition program (QTP).** Tuition, fees, books, supplies, and equipment required for enrollment or attendance at an eligible educational institution, plus certain limited costs of room and board for students who are enrolled at least half-time. Includes expenses for special needs services and computer access.
7. **Scholarships and fellowship grants.** Expenses for tuition and fees required to enroll at or attend an eligible educational institution, and course-related expenses, such as fees, books, supplies, and equipment that are required for the courses at the eligible educational institution. Course-related items must be required of all students in the course of instruction.

8. **Student loan interest deduction.** Total costs of attending an eligible educational institution, including graduate school (however, limitations may apply to the cost of room and board allowed).

9. **Tuition and fees deduction.** Tuition and certain related expenses required for enrollment or attendance at an eligible educational institution. Student-activity fees and expenses for course-related books, supplies, and equipment are included only if the fees and expenses must be paid to the institution as a condition of enrollment or attendance.

Qualified employee annuity: A retirement annuity purchased by an employer for an employee under a plan that meets Internal Revenue Code requirements.

Qualified employee plan: An employer's stock bonus, pension, or profit-sharing plan that is for the exclusive benefit of employees or their beneficiaries and meets Internal Revenue guidelines.

Qualified expense for higher education: Tuition and fees required for the taxpayer, his/her spouse, and dependents (for whom the taxpayer may claim an exemption) to attend an eligible educational institution.

Qualifying child: There are five tests that must be met for a child to be the taxpayer's qualifying child. The five tests are:

1. Relationship
2. Age
3. Residency
4. Support
5. Special test for qualifying child of more than one person

Qualifying relative: The taxpayer can claim an exemption for a qualifying relative only if the following three tests are met:

1. Dependent taxpayer test
2. Joint return test
3. Citizen or resident test

Railroad retirement tier 1: A retirement plan that is the equivalent of social security benefits.

Railroad retirement tier 2: A retirement plan that is treated as a pension.

Realistic possibility: A tax position is considered to have a realistic possibility of being sustained on its merits if the position has at least a one-in-three, or greater, likelihood of being sustained if challenged by the Internal Revenue Service.

Recapture: To include as income on the tax return an amount allowed or allowable as a deduction in a prior year.

Re-characterization: Can be either of the following: 1) changing a regular IRA contribution from (a) a Roth IRA contribution to a traditional IRA contribution or (b) a traditional IRA contribution to a Roth IRA contribution, or 2) reversing a Roth conversion to a Traditional, SEP, or SIMPLE IRA. This may be important for individuals with conversions that have since lost value.

Recovery period: The number of years over which the basis (cost) of an item of property is recovered.

Refundable credits: Treated as tax payments. The credit amount is added to federal income tax withheld. If the total of these credits is more than the tax liability, the excess will be refunded. There are only five refundable credits: additional child tax credit, earned income credit, excess social security withheld, credit for federal tax paid on fuels, and credit for taxes paid by regulated investment companies.

Example:	Total tax	$481
	Earned Income Credit	–$500
	Refund	$19

Refund anticipation loan (RAL): Money borrowed by a taxpayer that is based on a taxpayer's anticipated income tax refund. The IRS is not involved in RALs. A RAL is a contract between the taxpayer and the lender. A RAL may be marketed under various commercial or financial product names.

Refund cycle: The anticipated date that a refund would be issued by the IRS either by direct deposit or by mail to a taxpayer for a return included within a specific "drain." However, neither the IRS nor FMS guarantees the specific date that a refund will be mailed or deposited into a taxpayer's financial institution account.

Reinvested dividends: Dividends that are used to purchase additional stock.

Remainder interest: The part of an estate that is left after all the other provisions of a will have been satisfied.

Repairs and maintenance: Expenses incurred to merely keep the asset in good condition do not add value or prolong the life of the property; therefore, repairs and maintenance costs are not added to the basis of the asset.

Residential rental property: Real property, generally buildings or structures, if 80 percent or more of its annual gross rental income is from dwelling units.

Return of capital: A distribution paid out of the shareholder's investment in stock of the company.

Return period: The twelve-month period beginning on the same day of each year. For a calendar-year taxpayer, this is January 1.

Rollover: The timely moving of a taxpayer's pension plan from one financial institution to another without producing a taxable income.

Roth IRA: A personal savings plan that offers the taxpayer tax advantages to set aside money for retirement. Contributions are not deductible; however, qualified distributions are tax-free. The earnings from a Roth IRA are also distributed tax-free.

Routing transit number (RTN): A number assigned by the Federal Reserve to each financial institution.

Royalties: Income the taxpayer may receive from copyrights, patents, and oil, gas, and mineral properties.

Safe Harbor: A Provision in the Code or regulations that sets out terms or conditions that, if met and are compiled with, assure a particular tax result. Safe harbor provisions are helpful in connection with vague or confusing areas of the tax law.

Savings bond: A US government obligation that pays interest.

Salvage value: An estimated value of property at the end of its useful life. Not used under MACRS.

Section 179 expense deduction: Allows immediate expensing of tangible personal property. Limits apply and are adjusted annually.

Section 1245 property: Property that is or has been subject to an allowance for depreciation or amortization. Section 1245 property includes personal property, single-purpose agricultural and horticultural structures, storage facilities used in connection with the distribution of petroleum or primary petroleum products, and railroad grading or tunnel bores.

Section 1250 property: Real property (other than section 1245 property) that is or has been subject to an allowance for depreciation.

Self-employment tax (SE tax): Social security and Medicare taxes that self-employed individuals are required to pay. Currently, the self-employed individual pays 15.3 percent of his/her net self-employment earnings in self-employment taxes.

Self-select PIN method: An electronic signature option for taxpayers who e-file using either a personal computer or an ERO. This method requires the taxpayer to create a five-digit personal identification number (PIN) to use as the signature on the e-file return and to submit authentication information to the IRS with the e-file return.

Seller-paid points: A ruling in March 1994 made this deductible on the buyer's tax return, on Schedule A. The buyer's basis is then lowered by the amount of the seller-paid points when he/she sells the home.

Selling price: Total received for the sale of the property (including money, mortgages, and FMV of property received).

Short sale: The lender and creditor agree to let a third party purchase the property for less than the loan balance, and the lender agrees to cancel the balance of the debt.

SIMPLE IRA: A Savings Incentive Match Plan for Employees. Because this is a simplified plan, the administrative costs should be lower than for other, more complex plans. Under a SIMPLE IRA plan, employees and employers make contributions to traditional IRAs set up for employees (including self-employed individuals), subject to certain limits. It is ideally suited as a start-up retirement savings plan for small employers who do not currently sponsor a retirement plan. To establish a SIMPLE IRA plan, the business must have less than 100 employees and cannot have any other retirement plans

Social security number (SSN): For purposes of taking the EIC, a valid SSN is a number issued by the Social Security Administration, unless "Not Valid for Employment" is printed on the social security card and the number was issued solely to apply for or receive a federally funded benefit. The taxpayer should contact his/her local Social Security Administration to obtain a social security card.

Sole proprietor: An individual who is in business for him- or herself.

Specific identification: An inventory method that identifies each item by cost and sale.

Standard deduction: An amount that the taxpayer may deduct from adjusted gross income to arrive at taxable income. Standard deduction is adjusted yearly for inflation.

Start-up costs: Expenses incurred to establish a business. These expenses are incurred prior to the actual beginning of the business.

Stockpiling: Waiting more than three calendar days to submit returns to the IRS after the provider has all necessary information for the origination of the electronic return. Stockpiling may also occur when returns are collected for e-file prior to official acceptance for participation in IRS e-file. Collecting tax returns for the IRS e-file prior to the start-up of IRS e-file is not considered stockpiling. However, providers must advise taxpayers that the returns will not be transmitted to the IRS prior to the start-up date.

Straight-line method: A method of depreciation whereby the cost of the asset is divided by its useful life in order to obtain the annual expense.

Structural components: Parts that together form an entire structure, such as a building. The term includes those parts of a building such as walls, partitions, floors, and ceilings, as well as any permanent coverings such as paneling or tiling, windows and doors, and all components of a central air-conditioning or hearing system including motors, compressors, pipes, and ducts. It also includes plumbing fixtures such as sinks, bathtubs, electrical wiring, lighting fixtures, and other parts that form the structure.

Surviving spouse: Wife or husband who survives the other. A surviving spouse is entitled to the income-splitting advantages permitted on joint tax returns if the spouse dies during either of the two taxable years before the current taxable year. Also, the surviving spouse must have a dependent child at home and not have remarried.

Tangible property: Property you can see or touch, such as buildings, machinery, vehicles, furniture, and equipment.

Taxable income: Any income that is subject to tax. It must be reported on a tax return, unless the amount is so small that the taxpayer is not required to file a return.

Tax-deferred: Referring to an investment with accumulated earnings that are free from taxation until the investor takes possession of the assets.

Tax Court: A judicial system designed specifically for tax laws.

Tax evasion: The reduction or avoidance of taxes through illegal means.

Tax-exempt: Not subject to tax.

Tax home: An individual's main or regular place of business.

Tax professional: One who prepares tax returns for individuals, companies, trusts, or nonprofit organizations.

Tax-sheltered annuity (TSA) plan: Often referred to as a "403(b) plan" or a "tax-deferred annuity plan," a TSA is a retirement plan for employees of public schools and certain tax-exempt organizations. Generally, a TSA plan provides retirement benefits by purchasing annuity contracts for its participants.

Tax year: An annual accounting period for reporting income and keeping records.

Term interest: A life interest in property, an interest in property for a term of years, or an income interest in a trust. It generally refers to a present or future interest in income from property or the right to use property that terminates or fails upon the lapse of time, the occurrence of an event, or the failure of an event to occur.

Third-party designee: A family member, friend, or tax preparer who has been given permission to discuss a particular tax return with the Internal Revenue Service on behalf of the taxpayer. This authorization expires after the due date of the tax return.

Transfer: The moving of funds from a traditional IRA account directly into another account.

Trust: An agreement in which the trustee takes title to property (called the corpus) owned by the grantor (donor) to protect or conserve it for either the grantor or the trust's beneficiary. The trust is established by the grantor. The trustee is typically given authority to invest the property for a return. Trust may be revocable or irrevocable.

Unadjusted basis: The basis of an item of property for purposes of figuring the gain on a sale without taking into account any depreciation taken in earlier years but with adjustments for other amounts, including amortization, the section 179 deduction, any special depreciation allowance, any deduction claimed for clean-fuel vehicles or clean-fuel vehicle refueling property placed in service before January 1, 2006, and any electric vehicle credit.

Uncollected rent: If the taxpayer is a cash-basis taxpayer, the taxpayer cannot deduct uncollected rent. Since the cash-basis taxpayer never included the uncollected rent in income, he/she cannot deduct the uncollected rent as an expense or deduction. If the taxpayer is an accrual-basis taxpayer, he/she had to report income when it was earned. If the taxpayer is unable to collect the rent, he/she may be able to deduct it as a business bad debt.

Unearned income: Income that is not considered earned.

Unit-of-production method: A way to figure depreciation for certain property. It is determined by estimating the number of units that can be produced before the property is worn out. For example, if it is estimated that a machine will produce one thousand units in a year, the percentage to figure depreciation for that year is 10 percent of the machine's cost less its salvage value.

Unrelated business expenses: Expenses incurred for anything not used for business.

Useful life: An estimate of how long an item of property can be expected to be useable in trade or business or to produce income. Under MACRS, the taxpayer can recover the cost of property over a set recovery period. The recovery period is based on the property class to which the property is assigned. The class to which the property is assigned is generally determined by its class life.

Wages: Regular compensation received by an employee as a condition of employment. Wages are considered earned income and taxed as ordinary income.

Wash sale: A sale of stock or securities at a loss within thirty days before or after the taxpayer purchases or acquires in a fully taxable trade, or acquires a contract or option to buy, substantially identical stock or securities.

Withdrawal: The removal of a taxpayer's funds from a financial institution. This transaction may or may not produce taxable income.

Withholding: An employer retains a portion of an employee's wages for the purpose of paying various taxes, insurance plans, pension plans, union dues, and other deductions.

Withholding tax: Deductions by an employer from employee salaries for the payment of federal and state income taxes. It is paid in a prescribed manner to the taxing authority. Withholding tax is remitted by the employer to the IRS or deposited into the designated bank on a periodic basis as prescribed by the IRS.

The **Latino Tax Professionals Association (LTPA)** is a professional association dedicated to excellence in serving tax professionals who work in all areas of tax practice, including individual practitioners, accounting and bookkeeping services, enrolled agents, certified public accountants, and immigration attorneys. Our unique, interactive e-book and online training system provides the only tax and bookkeeping training in both English y en Español. Our mission is to provide knowledge, professionalism, and community to those who serve the Latino taxpayer, to help you grow your practice and increase your profits by attracting more Latino clients, and to provide the best tax preparation training available.

Latino Tax Professionals Association, LLC
1588 Moffett Street, Suite F
Salinas, California 93905
866-936-2587
www.latinotaxpro.com

For support: edsupport@latinotaxpro.org

69151075R00233

Made in the USA
Columbia, SC
14 August 2019